한국근대불교사론

문현인문학총서 21

한국근대불교사론

오경후 지음

문현
Mun Hyun

들어가면서

한국근대불교는 일제강점기뿐만 아니라 현대불교와 직접적인 연관성을 지니고 있어 학문분야뿐만 아니라 현실적 측면에서도 중요한 위상과 가치를 지니고 있다. 근대불교는 조선의 개항이라는 도전과 응전 속에서 출발하였다. 1895년 그동안 금지되었던 승려의 도성출입이 다시 허락되면서 다양한 변화가 예고되었다. 조선왕조 기간 동안 오랜 탄압과 수탈, 그리고 착취가 연속되는 상황 속에서 일본의 침략과 지배는 일본불교의 침투와 영향으로 이어졌다. 때문에 한국근대불교는 전통과 근대가 교차하고 있었고, 이제까지 경험해보지 못했던 다양한 변화가 진행되고 있었다. 시대상황은 무기력한 당시 한국불교를 오랜 잠에서 깨어나게 했지만, 일본불교와 근대라는 약에 취해 헤매기도 했다. 결국 한국근대불교는 고대와 중세의 그것과는 체질적으로 다른 것이었고, 그 연구 또한 시대의 영향 속에서 한국불교가 지닌 전통성과 근대성이 씨줄과 날줄이 되었다.

일제강점기를 중심으로 한 한국근대불교연구는 불교가 발전하지도 못했고, 불교를 반겨했던 시기도 아닌 탓에 일찍부터 연구자들의 관심을 끌지 못한 것이 사실이다. 더욱이 해방과 분단, 정화, 개혁이라는 불교안팎의 상황은 불교계의 일제잔재 청산과 개혁이라는 이름하에 연구의 수적 측면에서 충분치 못했고, 질적 측면은 객관적이지 못했다. 그러나 해방이후 격동기를 맞이한 불교계의 환경은 학자들로 하여금 친일과 항일, 그리고 근대에 대해 고민하게끔 했고, 승가의 대표적인 문중에서 시작된 큰스님 선양사업은 근대불교사를 적극적으로 연구하는 계기가 되었다. 이 가운데 일제강점기 불교계의 친일과 항일은 일본에 영향 받은 근대불교라는 서구화·선진화에 명확한 해석을 내리지 못하고 모호한 입장을 취하고 있다. 항일을 이야기한다고 해서 그것이 근대불교를 부정적으로 본다거나 개혁성을 평가절하하지는 않는다. 한국불교의 정체성 확립과 근대화는 모순되지 않기 때문이다. 아울러 불교계의 큰스님 선양사업은 근대불교 연구를 본격화시키는 계기는 되었지만, 엄정하고 객관적인 연구의 진전은 기대할 수 없는 한계를 지니고 있었던 것도 사실이다.

한국근대불교사는 일제의 불교정책, 친일과 항일, 근대성, 고승들의 생애와 사상, 개혁불교로 분류될 수 있다. 이제까지의 연구가 이 방면의 연구에 기본토양을 제공했다고 한다면 지금부터는 세분화와 전문성을 위한 고민을 해야 할 것이고, 여전히 딜레마로 남아있는 근대불교의 난맥상을 해소해야한다. 더욱이 현대불교와의 관련성과 연속성을 규명하여 법고창신法古創新의 의지로 한국현대불교의 발전을 모색해야 한다.

때문에 이 책은 근대불교의 역사적 사실에 기초한 역사인식을 체계화 시키고자 하였다. 일제강점기 불교계는 내적 소외와 외적 도전 속에서 자기 정체성을 정립하기 위해 진력했고, 전통성 회복을 위해 고군분투하였다. 보종운동과 항일은 당시 불교계의 대표적인 선지식과 지성들의 화두이기도 하였다. 잊혀진 과거의 불교사를 복원해 한국불교의 독자성과 우수성을 재확인하고자 하였다. 그렇다고 근대불교와 그 개혁성이 전통성과 다르다고 하여 비난한 것만은 아니다. 변화가 요구하는 시대에 부응하고자 고민하기도 했던 것이다. 요컨대 이 책은 일제강점기 불교계의 동향을 살폈고, 전통성을 지키고자 했던 불교계 지성들의 보종운동과 불교사 자료수집과 복원의 발자취를 살폈다.

한국근대불교사는 아직 체계적이지도 못하고 역사적 사실을 지닌 편린들 조차도 온전히 밝혀내지도 못하고 있다. 이 책이 이 분야연구를 심화시키고 체계화시키는 토양이 되기를 바란다.

2020년 5월
필자

개관

Ⅰ부 근대불교 인식과 평가의 기준

한국 근대불교는 1895년 승려의 도성 출입금지가 다시 허용되면서부터 시작된다. 조선왕조 전시기 동안 불교는 수탈과 착취, 소외의 길을 걸으면서 정체성이나 사상의 발전은 기대할 수 없었고, 겨우 그 명맥만을 유지하고 있었다. 일본의 한국점령이라는 무방비상태에서 맞이했던 근대불교의 물결은 당시 불교계가 감당하기 어려운 것이었다. 조선총독부의 사찰령 시행은 우선 민주적인 절차에 의해 진행되었던 사찰의 행정과 운영이 주지 1인 중심체제로 변했다. 조선총독부 관장하의 불교계는 친일적 성향이 짙어가면서 한국불교가 지닌 고유의 정체성은 희박해져 갔다. 특히 승려의 결혼 풍조는 일반화되어 가면서 금지하라는 청원서까지 제출할 정도였다. 최근의 근대불교 연구는 승려의 결혼이 일본불교에 영향받은 친일적이라는 그동안의 인식에 대해 비판적이다. 예컨대 그동안의 인식은 항일과 친일이라는 단순범주화에 불과하며, 다른 역사적 시각을 억압하고 있다는 것이다.

결국, 이와 같은 비판적 인식은 근대불교-승려의 결혼-선진불교라는 등식을 전개하고 있다. 아울러 한국 전통불교의 가치를 내세우며 그 정체성을 재확립하려는 당시 근대지성들의 노력은 근대불교와 조선불교의 격차에 대한 열등감을 보상받고자 하는 것에 불과하다는 입장이다. 근대불교와 정체성 회복이 비례하지 않고, 근대불교와 한국전통불교가 선진과 후진이라는 도식화된 인식은 적지 않은 한계를 지니고 있다. 근대시기 동안 한국불교가 겪었던 역사적 경험은 단순히 불교학적 측면만으로는 평가할 수 없기 때문이다.

선학원의 설립은 1910년에 진행된 임제종臨濟宗 운동과 같은 항일적 성격과 그 맥락을 함께 하고 있다. 조선불교가 일본불교에 종속되는 것을 반대하는 명분이라든지 운동의 주체 세력들이 선학원 설립에도 역시 적극적인 활동을 전개한 것이다.

선학원은 설립과 중흥을 통해 급격하게 쇠퇴해 가는 계정혜戒定慧 3학學의 체계를 면면히 계승하고 발전시키고자 한 의도 역시 강하게 지니고 있었다. 3학은 한국 불교가 지닌 독자성과 암울하고 질곡의 시기를 극복할 수 있었던 생명력의 근원이기도 하였다. 이 존립의 근간이 불교의 일본화와 탄압, 그리고 소외로 소멸될 위기에 처한 것이다. 당시 전통 선원禪院이나 강원講院은 수행자가 부인을 거느리고, 고기를 먹는 풍조와 신학문 강조로 인해 불교계의 관심에서 멀어져 갔다. 당시 불교계를 대표하는 교무원教務院과 대다수 본산 주지들이 학교 교육만을 강조하여 교리연구뿐만 아니라

지리학·심리학·천문학 등을 가미하고자 한 결과였다. 이러한 상황에서 현묘하고 헤아리기 어려운 교리教理를 연구한다는 자긍심이 생겨나리라고 기대하기는 어려운 일이다.

이와 같은 상황에서 선학원은 1931년 중흥을 계기로 다양한 활동을 전개하였다. 청정비구승의 수행풍토 개선을 위해 우선적으로 진력하였지만, 대승경전에 대한 설법과 백용성·송만공 등 고승들이 일반대중에게 다양한 설법과 강화를 펼치기도 하였다.

선학원의 설립과 중흥의 배경에는 일제하 불교계의 화두이기도 한 대처식육과 긴밀한 연관관계를 지니고 있다. 대처식육의 문제는 한국 불교의 이념, 수행, 교육, 일제의 불교정책 등 당시 불교계가 직면한 근본적이고도 실제적인 문제와 결부되어 있었으며, 해방 이후 불교계의 정화운동淨化運動으로 이어지기도 하였다. 수행자가 부인을 거느리는 풍조는 1910년대 일본 유학승이 귀국하기 시작한 1920년대부터 불교계의 일반적인 현상으로 나타났다. 결국 계율을 지키고 수행하는 불교의 전통은 사라져 버렸다. 이에 대해 백용성을 중심으로 한 비구승들은

1926년 수행자가 부인을 거느리고 고기를 먹는 풍조를 금지하는 것을 건의하는 건백서建白書를 2차에 걸쳐 제출하기도 하였다. 불교계의 이러한 요구는 1935년 선학원이 개최한 제3차 조선불교 수좌대회에서 재현되었다. 교무원 종회宗會에 수좌들의 안정적인 수행과 그 환경을 위해 청정 사찰을 할애해 달라는 건의서를 제출하였다. 이러한 요구는 1939년 선학원의 조선불교선종정기선회朝鮮佛教禪宗定期禪會가 개최될 당시에도 계속되었다.

결국 선학원은 침체된 선원의 부활과 수좌들의 수행여건 향상만을 위해 설립된 것은 아니었다. 일본의 침략과 일본불교의 유입으로 인한 불교계의 혼란과 위기를 총체적으로 극복하려는 의도를 지니고 있었다. 아울러 한국 불교가 지닌 독자성과 주체성을 보존하고 계승하기 위해 중흥의 면모를 보

이기도 하였다.

《선원禪苑》지는 일제하 불교계에서 설립된 선학원의 기관지다. 선학원의 설립정신이 한국불교의 정통성 수호와 선의 중흥과 대중화라면 《선원》지의 성격 역시 그와 무관하지 않다. 《선원》지는 1910년대 이후부터 불교계에 풍미했던 불교개혁과 유신에 관한 이론이 당시 간행된 잡지와 신문을 장악하고 있었던 것과는 뚜렷한 대조를 이루고 있었다.

《선원》지는 1931년 10월 6일 창간되었다. 1921년 설립된 선학원이 침체기를 극복하고 김적음의 중흥을 위한 노력으로 탄생하였다. 《선원》지는 4호를 마지막으로 정간되어 창간의 불교사적 의미를 충족시키지 못한 아쉬움을 지니고 있다. 그러나 일시적인 불교개혁론을 표방하지 않고 선의 중흥과 대중화, 한국불교의 정체성 확립을 위한 선학원의 설립정신을 충실히 이행하였다. 특히 36명에 달하는 집필진은 인도와 중국선의 차이, 우리나라 선의 효시와 선종사禪宗史를 게재하여 한국선이 지닌 역사적 위상과 가치를 소개하였다. 아울러 《선원》지가 선학원의 기관지인 만큼 1921년 창설 이후 침체기를 극복하고 재건된 경위라든가, 1934년 재단법인과 1935년 선종 창종의 노력, 그리고 수좌들의 수행여건 향상마련과 지방 선원 증설과 같은 선의 중흥을 위한 선학원 인사들의 활동을 소개하기도 하였다.

《선원》지가 지닌 대표적인 성격은 한국불교의 정체성을 표방하는 일이었다. 이른바 선학원 설립정신을 적극적으로 천명하고 반영하는 일이었다. 예컨대 대처식육으로 대표되는 일본불교와는 다른 한국불교가 지닌 독자성과 정통성을 확립하고자 진력한 선학원의 이념을 반영하는 것이었다. 또한 선학과 수좌들의 수행에 관심을 기울이고 향상시키고자 했다.

결국 《선원》지는 선학원의 설립과 침체, 재건과 재단법인 설립, 그리고 선종의 창종까지 일련의 선학원사를 기록하고 있다. 이와 같은 성격은 일제하 불교계의 잡지나 신문이 표방한 것과는 근본적으로 다르다.

2부 근대불교의 지성

경허·만공의 출현은 조선중후기 청허 휴정의 불교중흥을 위한 노력 이후 단절된 한국불교의 출발을 의미한다. 경허는 이른바 한국 근현대 불교의 새벽이며, 제자 만공은 선의 확립과 대중화에 기여했다는 찬사를 받고 있다. 또한 이들의 일생은 격동기 대한제국과 암울한 일제치하에서 한국불교가 지닌 독자성을 천명하고, 정통성을 수호했다는 점에서도 민족사적 평가를 받고 있다. 그러므로 경허·만공에 대한 연구는 단편적인 개인사 연구의 범위를 떠나 근현대 불교사와 사상을 연구하는 근간인 것이다.

우선 경허·만공의 법맥은 연구자의 인식에 따라 크게 3가지 유형으로 분류된다. 제1유형은 무사자오無師自悟한 경허가 스스로를 청허11세, 환성 7세손임을 천명한 이후, 후대에 이르러 대수계산에서 변화를 보이고 있다. 예컨대 제자 한암이 경허자설이라고 소개한 청허 11세, 환성 7세손 설은 경허법맥에 대한 인식의 기초로 삼거나 가장 신빙성있는 설로 삼고 있다. 그러나 이를 기초로 번역상의 오류를 가장한 자의적인 해석으로 평가되고 있는 12세, 8세손 설, 덕숭문중 후학들의 많은 문집과 연구에 의해 정립된 13세, 9세손 설 역시 그 정당성을 호소하고 있다. 법맥 자체에 대한 이와 같은 정의에 대해 제2유형은 학자들이 경허가 깨달음을 얻었을 때 그의 오도悟道를 인가해 줄 스승은 어디에도 없었음을 전제로 자신을 이미 입적한 용암 혜언의 사법을 자처하고 도통의 연원을 정리하고 밝힌 것은 이미 끊어진 선등禪燈을 밝히고 선의 부흥자로서의 사명의식이 있었기 때문으로 해석하였다. 그러나 3유형은 『대한불교조계종법령집』의 「종헌」을 기초로 스승과 제자의 직접적인 인가의 형식을 갖추지 않았다면, 그리고 후손인 제삼자가 정했다면 "법맥은 당사자가 정해야 한다."는 원칙에도 어긋난다 하여 청허뿐만 아니라 경허·만공의 법맥 역시 부정하고 있다. 아울러 법맥에 관한 문제는 제3자가 관여할 바가 아닌 문중의 중의를 거쳐 자체에서 해결해야 할 문제라고 해석하기도 했다.

학자들은 이 세 가지 유형가운데 제2유형에 대해 호의를 보이고 있다. 한국불교의 법맥문제는 그 자체에 대한 규정과 해석보다는 조선 중후기부터 전개된 불교사의 틀 속에서 평가할 필요가 있다는 것이다. 그것은 법맥문제 역시 한국불교사의 범주 안에서 해석되고 평가되어야 할 부분이라는 논리다. 법맥규정과 이해가 역사적 평가와 함께 진행되어야 한다는 논리로 필자 역시 여기에 동감하는 바이다. 그러나 제3유형은 법맥 이해에 대한 부정적이거나 소극적 자세라고 생각한다. 법맥이 안고 있는 문제 제기는 바람직하지만 부정적이거나 소극적 해석은 무의미하다. 또한 옛 일을 지금의 잣대로만 재는 일이 완전 타당한 것이라고 할 수 있는가. 이것은 부정적인 해석을 내리고 있는 연구자조차도 재검토의 여지를 마련해야 한다고 정리하고 있는 마당에서 바람직스럽지 못한 일이다. 앞으로 문중과 연구자 사이에 심도 있는 논의가 필요한 부분이다.

경허·만공의 법맥이 안고 있는 논란 속에서도 그들의 불교사적 위치는 여전히 확고하다. 우선 경허는 한국 근현대불교의 중흥조와 선의 부흥자로서의 위치이다. 청허 휴정이 풍전등화의 조선불교를 중흥시킨 것처럼 경허 역시 비록 도가 충실하지 못했지만, 일생동안 한 도리의 진리를 분명히 밝히는 것을 지향하고 있었다. 이것은 불교탄압과 소외로 이미 끊어진 종승의 전통을 회복하고자 한 중흥조로서의 사명의식을 지니고 있었음을 의미한 것이다. 그리고 경허는 격동기 대한제국과 일제치하 염불念佛이나 송경

誦經·송주誦呪만이 유행한 시기에 관심의 대상에서 벗어난 참선參禪을 통해 한국불교를 소생시키고자 했다는 점에서 선의 부흥자이다. 그는 선禪이 한국불교사와 모든 불학佛學의 근본임을 알고 확신하고 있었다. 쇠락한 선원을 창설하고, 수선결사의 조직은 제자 만공을 비롯해 김남전이나 오성월과 같은 후학에 이르러서 꽃을 피운다. 특히 선원 체계를 확립한 선승禪僧이자 한국불교의 전통성을 수호하기 위한 선학원 운동의 선봉에 선 개혁승으로도 평가받고 있다. 그는 덕숭산을 중심으로 40여 년간 선풍을 진작시켜 수덕사를 근현대 선의 요람으로 만든 덕숭산문의 확립자라는 찬사를 받고 있다. 예컨대 스승 경허에게 영향 받은 인물들과 참여한 선학원에서 지방선원을 증설하기 위한 노력은 괄목할 만한 것이었다. 만공이 오성월·김남전, 그의 제자 김적음과 전개한 지방선원 확충은 1931년 5개에 불과하던 것이 1935년에는 수좌 368명이 정진하고 있는 규모로 확대된 것이다. 자신 역시 스승의 수선결사를 이어갔고, 수덕사와 정혜사·견성암등을 중창하여 선풍을 크게 떨쳤던 것이다. 만공의 이러한 노력은 일제치하 우리불교의 왜색화를 막고, 청정수좌들의 수행여건을 향상시켜 우리 불교가 지닌 독자성과 정통성을 지키고자 한 노력의 결실이기도 하였다.

경허의 일생에 걸친 선의 부흥을 위한 노력은 제자들에게로 전해진다. 이른바 경허의 세 달이라고 할 수 있는 혜월·만공·수월은 스승이 채 완성하지 못한 불교중흥의 노력을 위해 팔도를 운수행각하였다. 한암漢巖을 포함한 이들의 노력은 헛되지 않아 일제치하와 해방이후 한국 현대불교는 지난至難한 상황을 정법正法의 기치 아래 굳건히 유지해 나갈 수 있었다. 혜암慧庵은 보암保菴을 은사로 출가하여 만공에게 전법게를 받고 30여 년 동안 후학들을 지도했으며, 조계종에 설치한 덕숭총림의 제1대 방장으로도 추대되어 제자들을 위해 방망이를 들었으며, 100세의 고령에도 불구하고 한국 선을 세계에 심으려는 의지 역시 보이고자 하였다.

적음寂音은 제산霽山을 은사로 득도하여 만공으로부터 초부당草夫堂이라는 당호를 받은 인물이다. 의술에도 신묘한 바가 있었던 적음은 일제치하 한국불교의 독자성과 정통성을 수호하고자 창설된 선학원의 중흥주이기도 하다. 선학원은 한국불교의 왜색화 경향을 막고 청정비구승의 수행여건을 개선하고 선풍진작을 위해 1921년 만공·용성·남전·성월 등이 주도하여 창설되었다. 그러나 창설정신은 재정적인 문제로 인하여 적극적인 활동이 중단되었다. 적음이 선학원에 온 이후 수좌들의 용맹전진은 계속되었고, 선학원 역시 대외적 변화를 맞이하였다. 만해·용성·남전·용성 등이 일반대중들에게 설법說法·강회講話의 행사를 적극적으로 전개하였다. 아울러 수좌들의 수행 여건을 향상시키기 위해 구체적인 노력을 하였으며, 이러한 노력은 지방선원을 증설하기에 이르렀다. 아울러 적음은 선학원을 재단법인화하여 근본적인 재정적인 안정을 마련하기도 하였다. 적음을 위시한 선학원의 지도자들은 당시 불교계의 대표기관인 교무원 종회에 대처승帶妻僧이 아닌 청정수좌들만이 수행할 수 있는 사찰을 할애해 달라고 요청하기도 했다. 이 요청은 비록 결실을 거두지는 못했지만 이미 백용성의 건백서建白書 사건을 계기로 시작된 요청을 계승한 것으로 청정사찰 할애보다는 한국불교의 정통성을 수호하고자 하는 큰 뜻이 담겨져 있었다.

적음이 일제치하에서 선학원의 중흥을 통해 선의 부흥과 한국불교의 독자성을 수호하고자 했다면, 금오金烏는 해방 이후 일본불교의 잔재청산을 위해 진력하였다. 1954년 불교정화운동 당시 청정승단을 재건하기 위해 참여하였다. 예컨대 선학원에서 정화추진위원장에 선출되어 정화운동의 선봉장 역할을 한 것이다. 대처승 때문에 청정승단의 존재가 어려웠고, 불보살과 역대 조사들에게 항상 부끄러웠다는 그의 말은 정화운동의 성패가 한국불교의 운명을 결정짓는 중요한 과제였음을 의미하는 것이었다. 다행히 "승단재건에 실패했을 경우 섬에 가서 다시는 세상에 나오지 말고 삶이 끝나도록 참선공부를 하자."고 했던 그의 각오와 강한 실천력으로 정화운동은 일단락될 수 있었다. 그는 조계종단의 부종정 소임까지 역임했지만, '움막중'이라는 별명에서와 같이 낮은 곳에서 자신의 본분사를 재확인하고 끊임없이 걸식과 고행을 통해 위법망구의 자세를 보였다.

이와 같이 경허·만공의 영향을 받은 후학들은 격동기와 암울한 시기를 사는 동안 위로는 정법正法을 수호하고자 했으며, 아래로는 중생의 삶까지도 외면하지 않았던 수행자로서의 본분을 잊지 않고자 하였다. 오늘날 한국불교가 더 많은 시련과 좌절 속에서도 그 자리를 굳건히 유지하고 있는 것 또한 그들의 행화의 흔적이 후학들 사이에서 사라지지 않고 있기 때문이다.

영호 박한영은 일제하를 중심으로 한 한국근현대 불교사에서 수행자이자 개혁가로 활동했던 인물이다. 그는 쇠퇴한지 오래된 한국불교가 중흥할 수 있는 길은 불교계의 인재양성과 포교에 있다고 확신했다. 때문에 그는 한국불교의 성숙과 발전을 저해하는 것은 자만심과 게으름, 이기심과 인색함, 그리고 정진의 부족함이라고 지적하기도 했다. 그러나 불교가 미래사회에 가장 적합한 종교이며, 불교의 화엄철학이 문화와 종교, 과학의 다원화를 통합할 수 있을 것이라고 확신했다.

이와 같은 박한영의 불교계에 대한 비판은 불교개혁으로 이어졌고, 호법護法과 항일운동으로 전개되었다. 그가 한용운과 함께 진행한 임제종운동臨濟宗運動은 일본불교의 침투와 일본불교에 경도되어가는 한국불교계에 각성과 함께 앞으로의 적극적인 대응을 주문하고 있었다. 그것은 불교청년회와 그 별도조직인 불교유신회의 활동으로 구체화되었다. 불교청년회는 30본산 주지회의 친일화에 저항했고, 불교유신회는 불교계를 분열시키고 황폐화시키는 사찰령 철폐를 위해 활동하였다.

한편 박한영은 국권회복과 나라의 독립을 위한 저항운동에도 참여하였다. 한성임시정부漢城臨時政府 수립 당시에는 이종욱과 함께 13도 대표이자 불교계 대표로서 〈국민대회취지서〉에 서명하였다. 또한 1921년 미국 워싱턴에서 개최되는 세계회의에 한국의 독립과 자주를 희망하는 〈한국인민치태평양회의서韓國人民致太平洋會議書〉에 서명하기도 했다. 국민대표와 각계의 지도자들이 참여한 이 회의서에는 "세계 여러 나라가 한국의 독립자유를 위해 노력해 줄 것"을 희망하고 있었다. 한국불교의 정통성과 자주권을 지키고자 했던 박한영의 의식은 독립운동의 기조와 일치한 것이었다. 결국 박한영은 자신의 소임을 불교개혁에만 국한시키지 않고 민족수호운동으로까지 확장시켰다.

경운 원기는 한국 역사의 전통과 근대를 살다 간 인물이다. 이 시기 한국불교 역시 큰 전환기를 맞이하고 있었다. 경운은 조선후기 불교계에서 부흥했지만, 19세기부터 그 명맥이 희미해진 한국불교의 선교학과 염불, 그리고 계율의 전통을 선암사의 스승들로부터 온전히 계승한 인물이다. 때문에 일본인조차도 결연하게 한국불교의 정체성을 보호 유지해온 인물로 평가하였다. 일제강점기 일본불교의 유입으로 승가의 질서가 혼란스러웠지만, 제자들은 경운을 보는 자체로 계율을 듣는 것처럼 마음에 두려움을 느꼈다고 하였다. 경운은 선암사의 무너진 계율을 체계화시키기도 하였다. 훗날 최남선은 경운이 계율을 지키는 것은 얽매여서 지키는 것이 아닌 좋아서 하는 고결한 실천이었다고 하였다. 그가 결성한 백련결사 역시 불교를 모르는 사람들조차도 불교에 입문할 정도로 깊은 영향을 끼쳤다. 그는 당시 불교계의 교단 설립과 함께 한국 불교의 방향설정에도 중요한 역할을 맡았다. 당시 불교교단의 한국 불교의 후학 양성과 포교 향상을 위한 노력은 경운이 유일하게 산문 밖을 나가는 이유였다. 경운의 제자들은 걸출했

다. 영호 정호·진응 혜찬·금봉 병연은 경운에게 선교학을 수학했을 뿐만
아니라 그의 불교정신을 따르고자 하였다. 제자들은 당시 불교계에서 경운
의 뒤를 이어 후학양성과 한국불교 안정과 발전에 진력하였다.

만해 한용운의 불교사상과 개혁론은 한국 근대불교사를 이해하는 근간
이다. 만해의 불교저술에 대한 연구는 초기 서지적 연구에서 벗어나 동시
대 서구와 일본에서 간행한 불교성전류를 비교하였다. 『십현담주해』 역시
원저자와 김시습, 그리고 만해의 인식을 각각 분석하여 차별성을 규명하기
도 하였다. 이와 같은 비교분석은 동시대 국내외 사상가들과 만해 개혁론
이 지닌 특성과 가치를 규명하는 경향으로 이어졌다. 연구태도 역시 한용
운의 사상만을 강조했던 이전의 연구경향에서 확실히 진전된 것이다. 만해
의 불교개혁론과 결부된 사상은 평등주의와 구세주의가 저변에 깔려 있다
는 입장이다. 만해의 평등과 구세는 그의 민족·평화·정치·사회참여 사
상의 근간이 되기도 한다. 만해의 사상은 서양철학에 영향을 받은 것이 사
실이다. 그러나 불교가 더욱 심오하고 우월하다는 인식을 가지고 있었다는
평가다. 만해의 불교사상과 개혁론 연구는 시와 문학연구와 비교했을 때
수적으로 부진하지만, 만해학과 한국근대불교사 연구를 객관적으로 이해
하는데 기여할 것이다.

3부 근대불교의 불교사 찬술과 인식

일제강점기 한국불교는 불교의 전통성과 가치를 회복해야하는 과제를
안고 있었다. 근대라는 시점에서 불교개혁을 진행해야했고, 교단을 비롯한

불교계의 현안을 체계화시켜야 했다. 일제강점기 불교계 지성들의 불교사 연구는 이와 같은 명실상부한 배경 속에서 진행되었다. 불교는 수용이후부터 한국의 역사적 상황과 함께 운명을 같이 했다. 당시의 지성들은 한국불교사 연구를 통해 불교수용 이전과 이후의 변화를 주목하였다. 예컨대 한국인의 생활, 사상, 문명의 변화와 발달에는 반드시 불교가 자리 잡고 있음을 강조하였다. 아울러 한국불교는 인도와 중국불교를 집대성했을 뿐만 아니라 두 나라와는 다른 역사적 전개를 통해 그 정체성과 독자성을 선명히 하고 있음도 소개하였다. 이밖에 불교는 일제강점기라는 암울한 시대상황에 대해 민족주의자들이 주장했던 한국문화와 문명이 지닌 정체성과 우월성을 강조하는데 중요한 요소가 되기도 하였다. 결국 일제강점기 지성들은 한국불교사 연구를 통해 불교계의 현안뿐만 아니라 당면하고 있는 민족의 암울한 상황을 극복하기 위한 중요한 인자로 활용하고자 하였던 것이다.

일제강점기를 중심으로 한 한국 근대 불교사는 최근 다양한 방면에서 그 연구가 진행되고 있다. 그러나 정체성이나 성격, 본질은 시각차가 존재하는 것이 사실이다. 그 간극을 좁히기 위해서는 당시 진행된 불교사 연구에 대한 이해가 선행될 필요가 있다. 당시 고대불교사 연구는 우리 불교사에 대한 복원과 체계화의 노력, 그리고 근대 불교 교단의 재건이라는 시대적 과제 속에서 진행되었다. 불교계의 지식인들은 오랜 기간 동안 자료수집과 정리를 통해 삼국의 불교를 연구했다. 사상과 인물, 불교문학·미술·음악 등의 문화 등을 폭넓게 다루기도 하였다. 이와 같은 일련의 노력은 우선 자료수집과 정리를 통해 연구기반을 확보할 수 있었다. 아울러 조선시대 이후 탄압과 소외된 채 겨우 명맥을 유지하고 있었던 한국불교사가 복원되기 시작했다. 특히 수용이후부터 불교가 한국 문화와 문명화에 기여한 측면이라든가, 고승들의 사상과 행적이 중국과는 다른 독자성과 우수성을 지니고 있음을 강조하였다. 이와 같은 고대불교사에 대한 발전적 해석은 국학진흥운동의 차원에서도 진행되어 일반 지식인들 사이에서도 고대불교사가 지닌 위상과 가치가 발굴되어 재평가되기도 하였다.

일제강점기 우리 불교사 연구는 식민지 시기의 암울한 상황을 극복하고자 전개한 국학진흥운동의 차원에서 시작되었다. 더욱이 조선에서 근대기로 넘어오는 과정에서 불교수용부터 근대까지 계통을 세워 정리한 개론서 한 권 없었던 지성들의 한탄에서 비롯된 것이기도 하다. 과거의 흔적들에서 그 편린만을 보고서 우리 불교가 지닌 자긍심과 정체성을 회복하기란 기대하기 어려운 일이었다. 더욱이 당시 조선시대 불교사 연구는 고대와 고려시대 불교와는 달리 내세울 만한 사상도 인물도 없었던 것이다. 그러나 당시의 지성들은 우리 불교사의 편린을 찾기 시작했고, 복원과 체계화를 시도했다.

조선시대 불교사가 비록 이전 시대와 견줄 수 없는 암울한 역사이기는 하지만, 탄압과 소외를 감추지 않고 있는 그대로 묘사했다. 비록 다까하시 토오루와 같은 학자들이 조선시대 불교사를 비천하게 그렸고, 선진적인 일본불교와 사찰령이 한국불교를 발전시켰다는 논리를 내세웠지만 역시 사실 史實을 통해 자긍심을 고취시키기도 하였다. 나라의 위기를 구하고자 했던 서산과 사명대사를 기렸고, 그 정신을 일제강점기라는 엄혹한 시절을 극복하는 정신의 기초로 삼고자 하였다. 일본인 학자조차도 세종과 세조 때 간행된 국역불전을 통해 이전 시대와 비견되는 문화사적 가치를 찾고자 했다.

석전 박한영은 일제강점기를 살다간 불교계의 대표적인 지성知性이다. 그는 근대의 격랑 속에서 한국불교의 정체성을 회복하고자 하였고, 불교개혁운동을 통해 한국불교의 미래를 준비하고자 하였다. 석전의 한국불교사 연구는 이와 같은 실제적인 과제해결을 위한 기초였다. 한국불교사에서 그의 관심은 조선朝鮮과 미래불교未來佛敎에 있었다. 불교수용 이후 그 발달과 성숙이 중국과 일본보다 우수했지만, 조선의 오랜 탄압과 소외로 그 명맥만을 유지하고 있으며, 후학들은 그 흔적조차도 관심두지 않고 있음을 안타까워 한 것이다. 석전은 불교의 침체를 동시대 지성들의 여론과는 달리 불교내부의 모순에서 찾고자 하였다. 아울러 화엄사상華嚴思想에 기초한 미래불교의 발전사관을 피력하기도 하였다. 그는 한국불교사의 복원을 위해 자료를 찾아 소개하였고, 이전의 연구를 새롭게 해석하고자 노력하였다. 결국 석전이 우리 불교사 자료를 찾고, 다시 정리한 것은 과거 불교의 모순을 정확하고 냉정하게 지적하여 미래불교의 기반을 마련하기 위한 것으로 해석할 수 있다.

1917년 조선총독부의 고적조사위원이었던 이마니시 류今西龍는 삼각산의 유적과 유물을 조사한 후 최종보고서를 제출하였다. 그는 이 보고서에서 삼각산은 인수봉·백운봉·만경봉에 국한시켜 삼각산으로 정의하였다. 그러나 북한산은 삼각산을 포함한 주변의 많은 산과 강, 개천 등을 거론하며 그 영역을 확대하였다. 때문에 이마니시는 삼각산이 옛 문헌에 기술된 것처럼 북한산의 다른 이름이기보다는 북한산의 한 부분으로 이해하고 있을 뿐이었다.

그러나 이마니시 역시 조선시대 삼각산에 옛 북한산성이 있을 것으로 단정하고 다시 산성을 축조한 이후 '북한산성'으로 명명하고 그 이후부터 이 산의 일반적 이름을 북한산이라고 부르게 된 것 같다고 하였다. 삼각산은 2,000여 년 동안의 역사만큼이나 그 이름도 다양하다. 부아악負兒嶽·화산華山·삼각산으로 명명되었다. 반면 북한산은 다산 정약용의 『아방강역고我

邦疆域考』에 의하면 한강이북의 서울지역을 가리키는 이름이었다. 산의 명칭 보다는 지정학적 성격이 강한 것이다. 이와 같은 사례는 오늘날 소위 북한산에 자리 잡고 있었던 산들이 모두 '삼각산 삼천사三川寺'·'삼각산 진관사津寬寺' 등 사찰 앞에 삼각산을 표기하고 있는 것에서도 알 수 있다. 요컨대 북한산의 명칭은 역사적 문화적 사실을 기초로 검토했을 때 삼각산으로 그 명칭이 재고되어야 한다.

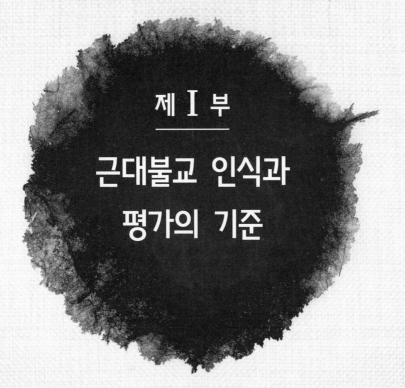

제 I 부

근대불교 인식과
평가의 기준

I. 일제식민정책과 조선불교의 일본화에 대한 재검토

1. 사찰령寺刹令과 시행규칙施行規則

한국근대불교는 일본의 한국침략과 지배의 시기를 중심으로 전개되었다. 이것은 한국불교사가 지닌 정체성 측면에서 중요한 의미와 함께 적지 않은 문제를 야기시켰다. 예컨대 개항 이전의 불교가 겨우 명맥만 유지한 채 어떠한 내용이나 성격이 존재하지 않았던 점, 일본인 승려에 의해 도성 출입이 허용되면서 한국불교의 변화가 시작된 점, 근대불교의 유입으로 인한 불교개혁이 진행된 점 등은 현대불교사의 시작이자 연속이라는 점에서 적지 않은 과제를 남겨두고 있다.

당시 불교계나 불교계의 지성들은 이 변화의 물결 속에서 한국 고유의 전통불교 수호와 근대불교에 기초한 불교개혁이라는 두 가지 화두를 실현하기 위해 진력하였다. 그러나 조선총독부가 반포한 사찰령寺刹令이나 승려에게 결혼을 허용하는 대처식육帶妻食肉의 풍조는 불교개혁의 의지를 반감시켰고, 이질감으로 작용하기도 하였다. 이른바 항일불교나 친일불교와 같은 근대불교사의 성격논란과 논쟁은 이와 같은 일제강점기 불교사라는 역사적 경험의 소산이다.

비교적 짧은 시기 동안 진행된 한국근대불교사 연구는 역사적 사실에 대한 해석과 의미를 면밀하게 검토할 정도로 질적 양적 측면에서 충분치 않다.[1] 학문적 관심이나 불교사 정립 이외에 한국현대불교의 진행과정에서 해방이후의 불교정화라든가 90년대 불교개혁과 같은 실제적인 과제를 해결하기 위한 필요조건에 의해서 그 관심이 시작되었다고 해도 과언이 아니다.[2] 근대불교사가 지닌 역사적 경험을 소개하는 작업은 한국불교의 전통과 개혁을 거론하면서 일본의 한국불교 지배를 언급할 수밖에 없었다. 이것은 한편으로 항일과 친일이라는 이분법적 구분을 자연스럽게 도출할 수밖에 없었다. 이분법적 구분은 대처식육 풍조와 같은 역사적 경험을 두고 학자들 사이에 논란을 일으키게끔 하고 있다. 소위 일제강점기 근대불교와 불교개혁이라는 명제를 두고 대처식육의 반대와 허용의 두 경향에 대한 해석은 극단적이다. 대처식육이 왜색불교의 영향으로 친일과 항일의 기준으로 삼기도 했던 불교사적 시각과는[3] 달리 최근의 철학적 시각은 대처식육을 근대불교의 요소라든지 개혁운동의 차원에서 긍정적으로 인식하였다.[4]

---

1) 한국근대불교사의 대표적인 연구자라고 할 수 있는 김광식은 1990년대 초반 이후라고 한다. (김광식, 「근대 불교사 연구의 성찰·회고와 전망」, 『민족문화연구』 45, 고려대학교 민족문화연구원, 2006, 39쪽) 연구경향은 여전히 근대불교와 관련한 자료발굴과 그 역사적 경험을 소개하고 있는 초기수준이다. 이것은 근대불교를 체계화·종합화시키는 과정으로 이해할 수 있다. 해석의 문제는 이와 같은 기초적인 문제 이후라야 가능할 것으로 보인다.

2) 여기에는 불교계의 근대 高僧의 행적을 발굴하고 규명하는 학술회의 개최·자료집·평전 발간과 같은 일련의 학술활동이 중요한 배경으로 작용하였다.

3) 대처식육을 일제의 불교정책 속에서 이해하고자했던 연구 성과는 다음과 같다 ; 정광호, 「한국 근대불교의 대처식육」, 『한국학연구』 3, 고려대학교철학연구소, 1991 ; 김광식, 「1926년 불교계의 대처식육론과 백용성의 건백서」, 『한국독립운동사연구』 11, 한국독립운동사연구소, 1997 ; 오경후, 「선학원운동의 정신사적 기초」, 『선문화연구』 창간호, 한국불교선리연구원, 2006 ; 김용태, 「한국근대불교의 대중화 모색과 정치적 세속화 - 대처식육을 중심으로 -」, 『불교연구』 35, 한국불교연구원, 2011.

4) 심재관, 「근대 한국불교의 한 珍景 - 고기먹기와 마누라 꿰차기」, 『불교평론』 22, 만해사상실천선양회, 2005 ; 조성택, 「근대불교학과 한국 근대불교」, 『민족문화연구』 45호, 고려대학교

근대불교는 곧 왜색불교라는 역사학계의 인식은 정당한 역사이해가 아님을 지적하기도 하였다. 이들은 대체로 근대불교와 불교개혁에 초점을 맞추고 있으며, 불교학이나 철학적 측면에서 대처식육에 대한 기존의 부정적 입장에 대해 강하게 비판하고 있다. 그러나 근대불교나 그것을 기초로 한 개혁운동의 밑바탕에는 한국과 일제강점기라고 하는 시공時空이 자리 잡고 있음을 인식해야 한다.

대처식육에 대한 관심은 학문적 논의의 범주를 벗어나 근대불교의 연속과 계승의 길을 걷고 있는 한국 현대불교와도 긴밀한 연관성을 지니고 있기 때문에 실제적 중요성 역시 지니고 있다. 이 글은 사찰령이라고 하는 일본의 한국불교정책에 대한 검토 속에서 대처식육문제를 분석하고자 한다. 근대불교사의 전개과정에서 항일과 친일이라는 이분법적 구분이 과연 부적절한지, 혹은 대처식육이 곧 근대불교나 불교개혁의 상징으로 만 설명될 수 있는지 검토의 기회를 마련하고자 한다. 아직까지 자료나열이나 역사적 경험만을 소개하는 근대불교 연구의 수준을 고려한다면 이와 같은 기회는 한국근대불교의 폭과 깊이를 더하는데 도움이 될 것으로 생각한다.

사찰령은 일제강점기 식민통치를 원활하게 수행하기 위해 불교계를 통제하려는 의도로 만들어진 법령이었다. 먼저 사찰령은 1911년 6월 3일 제령 제7호로 공포하였고5) 「사찰령시행규칙」은 1911년 7월 8일자로 공포하였다.6) 사찰령의 대체적인 내용은 사찰을 병합하거나 이전(1조), 혹은

민족문화연구원, 2006 ; 박재현, 「근대불교의 대처식육 문제에 관한 윤리적 고찰」, 『철학』93, 한국철학회, 2007 ; 조성택, 「근대한국불교사 기술의 문제 : 민족주의적 역사기술에 관한 비판」, 『민족문화연구』53호, 고려대학교 민족문화연구원, 2010.

5) 『朝鮮總督府官報』 제227호, 1911. 6. 3 制令 7호. 김순석은 사찰령이 1898년 일본 문부성이 제14회 제국의회에 제출한 「종교법안」을 참조하여 만들어졌다고 하였다.(김순석, 『조선총독부의 불교정책과 불교계의 대응』, 고려대학교 박사학위논문, 2001, 34쪽.

6) 『朝鮮總督府官報』 제257호, 1911. 7. 8.

매각할 때는 조선총독의 허가를 받아야 했다.(5조) 또한 사찰은 지방장관의 허락을 받지 않으면 전법과 포교, 법요집행, 승려 거주의 목적 이외에는 사용하지 못했다.(2조) 사찰령시행규칙 또한 주지를 정하는 방법이나 주지의 교체 절차 등을 사법寺法 중에 명시하도록 했으며, 조선의 큰 사찰 30개를 본산으로 지정하였다. 이 30본산 체제는 1924년 11월 20일자로 화엄사華嚴寺가 본사로 승격되어[7] 31본사체제로 변화되었다.

한편 사찰령 제4조는 "사찰의 주지는 그 사찰에 속하는 일체의 재산을 관리하고 사무寺務·법요法要집행 등의 책임을 지며 또한 사찰을 대표한다."고 하였다. 비록 본사 주지는 본사에 소속된 승려들이 선거를 거쳐서 선출하게 되어있지만, 총독부에서 내정한 사람이 선출되었다. 이른바 주지전횡제도인 것이다. 예컨대 사찰행정의 기본적 주체인 주지를 관권官權으로 임면하였으며, 주지들은 그 관권을 배경으로 사찰의 온갖 실권을 행사하였다.

> 과거 조선의 승가 규범에는 사찰의 재산을 처분하는 일에 관련된 사항과 營辦法會, 기타의 일체 사무를 주관하는 승려가 있어 寺衆의 집회를 열어 의견을 수렴한 후에야 행하였다.[8]

인용문은 주지전횡제도 이전의 지극히 민주적이었던 산중공의제도山中公議制度의 흔적이다. 사중의 대소사에 대해서는 집회를 열어 의견을 수렴하여 행했다고 하는데 이를 '원융산림圓融山林'이라고 했다. 결국 사찰령은 조선 팔도의 사찰을 조선총독부의 관장 하에 두었으며, 주지를 관권으로 임면하여 전횡하는 대신 조선총독의 조정으로 통제가 가능하도록 하였다. 총

---

7) 『朝鮮總督府官報』 제3680호, 1924. 11. 20.
8) 李能和, 「理判事判寺利內情」, 『朝鮮佛敎通史』 下, 신문관, 1918, 930쪽.

독부가 불교계의 인사권을 장악한 것이다. 사찰령 반포 이후 30본사의 초대주지들은 1911년부터 1913년 4월까지 모두 임명되었다.[9] 이 30본사는 아울러 각기 사법寺法을 제정하였는데[10] 전문 13장 100개조로 되어 있다. 그 대체적인 내용은 총칙總則·사격寺格·주지住持·직사職司·회계會計·재산財産·포교布敎·징계懲戒 등으로 구성되어있다. 총독부의 이와 같은 법령제정은 조선불교를 지배하기 위함이었다. 30본사 주지들에게 막강한 권한을 부여한 것 역시 그 효율성을 위해서였다. 사찰령 제정 이후 "조선사찰의 권리를 빼앗고, 조선 승려를 박멸하려 한다."라는[11] 말이 유포될 정도로 반발이 심했다.

여러분이 아시다시피 지금 조선의 불교는 완전히 식민지 총독 관할 밑에 들어가 있지 않습니까. 그래서 우리는 지금 총독의 허가 없이는 사찰의 이전, 폐합으로부터 절간에 있는 온갖 재산, 기물에 이르기까지 조금도 손댈 수가 없게 되어 있는 것입니다. … 우리는 사찰령과는 관계가 없는 순전히 조선 사람끼리만 운영하는 선방을 따로 하나 만들어 보자. 이런 생각을 가지고 오늘 회의를 부치게 된 거 올시다.[12]

1921년 만공滿空이 사찰령으로부터 간섭받지 않는 선학원禪學院을 창설하자는 논의의 과정에서 언급한 말이다. 한국불교가 사찰령의 제약을 받아

---

9) 한동민, 「1910년대 禪敎兩宗 30本山聯合事務所의 설립과정과 의의」, 『민족운동사연구』 25, 한국민족운동사학회, 2000, 16~17쪽.
10) 寺法은 총독부 내무국 지방과의 촉탁으로 있던 와타나베가 일본 僧政의 예를 참작하여 식민 통치에 편리하도록 만들었다.(韓晳曦, 『日本の朝鮮支配と宗敎政策』, 未來社, 1988, 67~68쪽.)
11) 『朝鮮總督府官報』 제318호, 1911. 9. 18.
12) 修德寺 惠公 編, 『滿空語錄』, 1968, 50쪽(정광호, 「한국 전통 선맥의 계승운동」, 『근대한일불교관계사연구』, 인하대학교 출판부, 1994, 191쪽에서 재인용)

사찰과 승려가 자유스럽지 못했음을 상징적으로 대변하고 있는 것이다. 결국 선학원은 '사寺'나 '암庵'이라는 명칭을 쓰지 못하고 창설되었다. 아울러 "주지의 완폭頑暴한 횡정橫政으로 말미암아 학인군學人群·강사군講師群이 교정자敎政者에게 추방되는" 사례가13) 사찰령이 시행되는 기간 동안 비일비재하였다. 요컨대 사찰령을 근거로 한 조선총독부의 통제·간섭으로 사찰행정뿐만 아니라 수행과 포교의 향상진전은 기대하기 어려웠다.

現今 朝鮮寺刹에서 20년이나 30년 동안을 久參衲子로 禪院生活을 하던 진실한 수행납자의 말로를 보면 비참하기 짝이 없다. 그들이 향하는 곳은 갈수록 산이요 갈수록 물이라 어느 곳이든지 住接할 곳이 없다. 독신으로 지내는 몸이 되고 본즉 세속생활과 다름이 없는 在家寺院에 들어가서는 발붙일 곳이 없으며, 금전이 없어 無人空庵같은 곳에 가서는 먹고 공부할 수가 없다. 그러므로 할 수없이 불완전한 禪室이나마 찾아가면 한 三冬을 지내기가 무섭게 廢止宣言을 듣고 축출을 당하며, 또는 폐지까지는 이르지 않는다 하더라도 우리 선원은 식량이 없으므로 인원을 제한하기 때문에 한 사람이라도 더 방부를 받을 수가 없다고 거절을 당하고 만다. 그래서 春風秋雨에 회한을 품고 황량한 길거리에 서서 헤매다가 뜻하지 않게 병이 들면 간호한번 받지 못하고 길거리에서 사망하는 자가 非一非再하다.14)

인용문은 당시 불교계의 수행상을 상징적으로 보여주고 있는 대목이다. 일제하 불교계의 안정적인 수행환경 마련은 왜색화와 신식교육의 장려로 기대하기 어려웠다. 당시 종단이나 해당 사찰들은 신식교육만을 주장하여

---

13) 장도환, 「關北巡廻槪感」, ≪불교≫ 100, 불교사, 1932, 125쪽.
14) 金泰洽, 「護禪論」, ≪선원≫ 第2號, 선학원, 1932, 6쪽.

지원하였고, 대처승들 역시 이들을 괄시하였다. 선원禪院은 식량의 부족 등 수행여건이 열악하여 오래 있을 수 없어서 결국은 길거리를 헤매다가 그대로 사망한다는 내용이다. 사찰령의 시행과 근대불교에 기초한 개혁운동을 적극적으로 전개하고 있었던 시기의 상황인 것이다. 더욱이 대처승 중심의 주지가 전횡했던 시기는 전통불교와 근대불교가 전환되고 있었던 시점으로 인식하더라도 긍정적 변화의 과정은 아닌 것이 분명하다. 요컨대 이와 같은 사찰령의 시행과 주지전횡제도는 대처식육을 전통적으로 금하는 한국불교의 정체성까지도 퇴색시키는 계기가 되었다.

2. 대처식육帶妻食肉

일제하 불교계의 대처식육문제는 한국불교의 호법護法과 항일抗日, 그리고 불교개혁佛敎改革의 성격을 동시에 안고 있었던 불교계의 화두였다. 특히 한국불교의 정체성과 근대와 현대불교의 본질을 이해하는 기준이기도 하다.

> 得度 후에 연령이 만20세 이상에 이른 자는 比丘戒를 受持하게 함.
> 다만 帶妻食肉하는 승려에게는 이를 불허함[15]

1912년 10월 15일 조선총독부가 인가한 각 본말사법은 대처식육하는 승려가 비구계를 수지하는 것을 금하고 있으며, 본말사 주지 역시 될 수 없었다. 조선총독부는 적어도 1910년대 초까지는 취처자체를 금지하지는

---

15) 「各本末寺法」第8章 僧規 58條, 『朝鮮佛敎通史』下, 민속원, 1918, 1149쪽.

않았지만, 한국불교가 지닌 청정지계淸淨持戒를 법적으로 인정하고 있었다. 그러나 한용운은 1910년 3월 중추원 의장 김윤식金允植에게 「중추원헌의서中樞院獻議書」를, 동년同年 9월 조선총독에게 「통감부건백서統監府建白書」를 각각 제출하여 승려의 결혼을 허락하여 줄 것을 청원하기도 하였다.16) 즉 그는 승려의 취처를 금지하면 자손이 끊어져 윤리에 해롭다. 둘째, 승려가 결혼하지 않으면 인구가 감소되어 국력國力에 손실이 크다. 셋째, 승려가 취처문제로 환속하기 때문에 포교에 어려움이 있다. 넷째, 인간의 욕망가운데 큰 즐거움인 식색食色을 억지로 통제하면 풍속교화風俗敎化에 해롭다고 했다.

> 현재 조선에서 종전 30본산의 주지직에 있는 자는 계율을 엄격히 지킨 청정한 승려가 아니면 안 되었다고 한 것이 寺法의 明文에 규정되어 왔지만, 근래 內地 유학출신 승려의 귀국이 늘어남에 따라 그 본산에 들어가는 자가 많아진 일이 원인이 되어 내밀히 부녀를 거느리고, 僧戒를 문란하게 하는 자가 증가함에 따라 오히려 寺法을 다시 고쳐 육식대처를 공식적으로 허락하자고 주장하자는 자가 적지 않았다. 본산 측에서 당국의 양해를 구하는 운동에 이르렀으며…17)

이후 대처식육의 풍조는 1920년대부터 상황이 달라졌고 심각해져 갔다. 유학승들은 일본불교의 영향을 받아 대부분 결혼하였고, 귀국 후에는 당시 불교계의 개혁세력으로 등장하여 보수 세력과 대립하기도 하였다. 백성욱이 급기야 "축처畜妻 여부는 개인에 관한 문제여서 공인公認하는 것은 불가하지만, 그렇다고 지나치게 거론할 필요도 없지 아니한가"하는 논의까지

---

16) 한용운 지음 / 이원섭 옮김, 『조선불교유신론』, 운주사, 1992, 25~130쪽.
17) 「僧侶肉喰妻帶の可否」, 『朝鮮佛敎』 제26호, 1926, 23쪽.

일어났다.[18] 결국 대처승들은 총독부 당국에 대처식육을 인정하는 사법寺法의 개정운동을 전개하였다. 1926년 10월 총독부에서는 사법寺法 가운데 '주지 자격규정'에 관한 항목에서 '비구계를 구족해야 한다.'는 조항을 삭제할 것을 종용함으로써 1929년까지는 대부분의 사찰이 이 조항을 삭제해 버렸다.[19]

현今 朝鮮의 승려는 妻帶喰肉을 감행하여 청정사원을 오염시키고 더럽히는 마굴로 만들어 운영하고 있으니 僧體를 바로 보면 실로 통탄할 뿐입니다. 부처님이 僧侶에게 妻帶할 것을 허락했다면 在家二部衆을 둘 필요가 없을 것이라는 것은 당연한 일입니다. 바라옵건대 각하는 僧規를 明察하여 출가자의 처대육식을 엄금하십시오. 그렇게 하기 위해서는 破戒僧의 比丘戒를 취소하여 淸信士女의 지위에 처하게 하는 것이 당연하다고 믿습니다. 처대승려가 날로 증가하여 전 조선사찰이 부패되어 가는 점을 일일이 열거하기 어렵습니다. 現今에는 처대승려가 조선 사찰의 권리를 장악한 까닭에 진실한 승려로 공익을 우선시하고 검소하거나, 계율을 준수하거나, 승속의 모범이 되는 年高衲僧과 修行衲子들은 자연히 쫓겨나 눈물을 흘리고 방황하기에 이르렀습니다. 금후 이 사천대중이 어느 곳에서 편안히 지내겠으며, 또 불교의 殘命은 어떻게 되겠습니까.[20]

인용문은 백용성과 127명의 비구승들이 조선총독에게 보낸 탄원서의 내용이다. 1926년 5월 건백서를 제출하였지만, 조선총독부가 아무런 반응을 보이지 않자 2차 건백서를 보낸 것이다. 5월에 보낸 1차 건백서와 그 내용

---

18) 백성욱, 「현대적 불교를 건설하려면」, 《불교》 24, 1926, 8~16쪽.
19) 崔錦峯, 「三十一本住持會同見聞記」, 《佛敎》 新第2號, 불교사, 1936.(정광호, 앞의 논문, 100쪽)
20) 白龍城, 「僧侶肉喰妻帶問題に關する嘆願書」, 『朝鮮佛敎』 第27號, 1926, 33쪽.

이 크게 다르지 않지만, 2차 건백서에서는 그 요구상항이 보다 구체적으로 정리되어 있음을 볼 수 있다. 예컨대 불교계가 대처육식의 풍조가 만연하고 있음을 지적하고 승려의 대처행위를 금지하고자 하였다.21) 그 구체적인 조치로 대처승의 비구계를 취소하여 재가불자인 청신사녀清信士女의 지위에 있게 할 것을 원하였다. 또한 "지계持戒승려에게는 몇 곳의 본산本山 사찰을 할당해주어 안심하고 도를 닦게 할 것이며, 대처승려 역시 몇 곳의 사찰을 지정해 주어 파계승과 지계승의 구별을 명확하게 해줄 것"을22) 탄원하였다. 실제로 대처와 관련하여 당시 불교계의 재일 유학생에 대한 인식은 매우 비판적이었다.

> 첫째, 공부만 시키면 俗人이 되고 만다고 합니다. 동경유학생의 역사가 이미 오래였지만, 業을 마치고 돌아 온 자들 중에 娶妻를 하지 않은 자는 한 사람도 없다고 합니다. 둘째, 자기를 길러 준 은인인 주지축출운동이 가장 長技인 特点이라 합니다. 셋째, 불교를 모른다고 합니다. 이 세 가지 이유는 背恩忘德이란 표어가 되어 학생을 기르는 것은 養虎遺患이요, 한 가지라도 필요가 없다고 따라서 종래 학비거절, 금후로는 학생은 기르지 말자는 것이 그네들의 不文律로 지켜오는 共通決心이라 합니다.23)

인용문은 재일유학생과 대처식육에 대한 정서를 반영하고 있다. 즉 재일유학생은 취처와 함께 주지가 되기 위해 스승을 축출한다는 경향이 있다는

---

21) 1925년 교무원에의 통계에 따르면 전국 비구·비구니는 7,188명으로 집계되었는데, 결혼하지 않은 승려는 4천여 명으로 추정되고 있었다.(具萬化, 「その罪三千大千世界に唾棄する處無し」, 『朝鮮佛教』 第28輯, 1926, 19쪽.
22) 백용성, 앞의 글, 1926.
23) 伽倻衲子, 「背恩忘德(第一信)」, ≪佛教≫ 第23號, 1926, 31~32쪽.

것이다. 결국 이 대처식육의 문제는 해방이후 발생한 불교정화운동 당시 친일청산을 위한 중요한 화두이기도 하였다.

3. 대처식육을 바라보는 두 관점

일제강점기 한국불교는 사찰령과 대처식육에 의해 그 양상과 성격이 규정되었다. 민족불교로 대변되는 고유의 전통불교 속에서 정체성을 회복하고자 한 움직임은 조선총독부의 강력한 통제와 근대불교에 기반한 개혁운동으로 한계를 맞이하고 있었다. 예컨대 산중공의제도山中公議制度 대신 주지전횡제도의 시행은 이전 불교계의 행정이라든가 풍속을 근본적으로 탈바꿈시켜 불교계의 독자성을 상실하는 계기가 되었다. 아울러 조선총독부의 엄격한 통제 하에 친일적 성향으로 변질되는 근간을 형성하였다. 대처식육의 풍조 역시 확실히 한국전통불교와는 다른 체질이어서[24] 동시대 불교계에서도 그 찬반논쟁이 심화되었다.

동시대의 불화는 최근 불교철학과 불교사 사이에서도 재점화되기도 하였다. 이른바 대처식육의 풍조는 친일적 성향이 강한 것이었고, 민족불교의 구현이나 한국불교의 정체성을 상실했다는 불교사적 이해에 대한 강한 비판적 시도가 불교철학 일부에서 제기되었다. 우선 박재현은 "일제강점기 조선불교계에서 대두된 대처식육 옹호론은 조선불교의 자발적 근대성이 나타난 것도 아니고 개화의식에 경도된 순진한 유학승들이 왜색불교문화를 단순 이식한 것도 아니다. 그것은 종교가 본질적으로 떠안을 수밖에 없고

---

24) 한국불교사상 대처식육의 현상은 근대적 경험만은 아니다. 고대는 물론 고려나 조선불교사의 여러 장면에서도 '隨院僧徒'라든가 '帶妻'의 무리들이 나타난다. 그러나 이들을 순수 수행자로 보지는 않는다.

특히 사회적 참여와 역할을 지속적으로 요구해온 동아시아 사회에서 불교가 필연적으로 감당해야 하는 윤리적 문제였다."고25) 하였다. 요컨대 시대상황에 따른 변화의 소산으로 해석하고 있는 것이다. 그러나 박재현은 대처식육에 대한 반대론과 옹호론을 설명하면서 옹호하는 측의 사회적 역할 혹은 책임을 거론하면서 옹호론에 무게중심을 두고는 있지만,26) 분명한 자신의 입장을 밝히지는 않았다. 대처식육론이 단순히 시대상황과 윤리적 문제에 국한시켜 해석해도 될 만큼 간단한 문제는 아니다. 한국불교의 계율과 관련한 역사적 경험이 이를 대변해주고 있지 않은가. 세부적으로는 한국불교 존립과도 직결된 문제다. 일제강점기 대처식육을 반대했던 인물들 역시 그 비판을 한국불교전통과 그 문화에 기반하고 있다.

한편 대처식육과 근대불교를 연관시켜 옹호론적 입장을 취한 대표적 연구자가 조성택이다. 그는 두 편의 근대불교에 대한 논문을 발표하면서 대처식육을 기초로 근대불교가 지닌 본질과 현대불교가 지닌 한계를 규명하고자 했다.27) 요컨대 그가 주장했던 키워드는 '근대불교'와 '개혁운동'이었다. 그러므로 대처식육은 곧 근대불교의 표상이라는 기본적 입장을 취하고 있다. 때문에 그동안 국사학계 및 불교학계에서 시도한 근대불교 연구의 방법론의 편협성이나 연구범위의 제한성을 우선 지적하였다. 즉 그동안의 근대불교사 연구는 '항일'과 '친일'의 도식만으로 전개되었다는 것이다.28)

---

25) 박재현, 「근대불교의 대처식육 문제에 관한 윤리적 고찰」, 『철학』 93, 한국철학회, 2007, 65~66쪽.
26) 박재현, 앞의 논문, 55쪽.
27) 조성택, 「근대불교학과 한국 근대불교」, 『민족문화연구』 제45, 고려대학교 민족문화연구원, 2006 ; 조성택, 「근대한국불교사 기술의 문제 : 민족주의적 역사기술에 관한 비판」, 『민족문화연구』 53호, 고려대학교 민족문화연구원, 2010.
28) 조성택, 「근대불교학과 한국 근대불교」, 『민족문화연구』 제45, 고려대학교 민족문화연구원, 2006, 79쪽.

한국 근대불교 연구에 있어 항일-친일의 연구 패러다임이 함의하고 있는 역사인식에는 일본 근대불교는 타락한 불교이며, 반불교적이며 나아가 '악'이라는 것이 자리 잡고 있다. 그리고 타락한 일본불교의 반대편에는 오랜 전통의 청정한 그러나 쇠약해진, 조선불교를 위치시키고 있다. 그래서 일본불교의 한반도 진출은 곧 타락한 불교가 청정한 불교를 정복하는 것을 의미하게 된다.29)

조성택이 근대불교를 바라보는 기본입장은 기존의 연구 성과가 일본 근대불교=타락한 불교·악으로 이해하고 있다. 근대불교와 관련해서 일본불교의 영향은 변화와 발전의 요소 역시 자리 잡고 있기 때문에 소홀히 할 수 없는 문제이기도 하다. 때문에 이 방면의 기존의 연구자 역시 조성택과 반대의 입장이라면 일본의 영향이 없는 문명개화 즉 불교개혁이나 근대화를 설명해야 할 것이다. 그러나 그의 근대불교연구에 대한 비판은 "일본불교의 한반도 진출은 곧 타락한 불교가 청정한 불교를 정복하는 것을 의미한다." 이와 같은 그의 입장은 자신의 논지를 구체화시키기 위한 극단적인 도식화이며 확대해석으로 생각한다. 아울러 민족불교 차원에서 근대불교와 대처식육론을 거론했던 기존의 연구를 부정해버린 것이다.

근대 일본불교는 하나의 역사적 과정의 산물이고, 불교사적 의미에서 볼 때 전통에 속하는 종교가 근대라고 하는 새로운 종교 환경에 적응을 시도한 최초의 예다. 여기에 선-악의 가치개념을 적용할 수 없다. 그럼에도 불구하고 항일-친일의 패러다임의 연장선상에서 일본 근대불교는 곧 '왜색불교'이며 이는 곧 악이라는 도식적 이해는 정당한 역사이해라고 할 수 없다. '왜색불교' 운운은 당시 열세적 조선불교 교단의 입장

---

29) 조성택, 앞의 논문, 2006, 85쪽.

에서 자신의 정체성을 지키고자 하는 저항논리이며, 하나의 방어논리일 수 있지만, 특정 교단의 입장을 대변하는 것이 아닌 학자적 입장에서는 일본 근대불교를 평가하는 적절한 용어는 아니라고 생각한다.[30]

조성택의 이와 같은 입장은 근대불교를 바라보는 두 가지 기초적인 측면에서 재검토의 여지가 있다. 첫째, 항일-친일의 패러다임이다. 이 용어와 패러다임은 친선이나 교류가 아닌 '침략'이라는 용어가 근간이 되어 형성된 등식이다. '패러다임'이 아닌 '역사적 사실'에 기초한 용어인 것이다. 근대불교를 불교학적 입장에서 순진하게만 생각할 수 없는 대표적 이유이기도 하다. 때문에 항일-친일의 이분적 해석은 필요불가결한 문제다. 결국 항일과 한국불교의 정체성 찾기를 후진後進, 근대불교라는 이름하에 포함된 친일적 요소를 선진先進으로 해석하는 것은 적지 않은 한계를 지니고 있다.

둘째, 역사학계가 "왜색불교는 곧 악이라고 도식적으로 이해하고 있다." 는 지적이다. 틀린 말은 아니다. 그러나 왜색불교는 한국의 정체성과는 판이하게 다른 일본풍의 불교라는 것이다. 곧 대처식육은 한국불교의 정체성에서는 찾아 볼 수 없는 왜색불교의 상징인 것이다. 현전現傳하는 자료를 기초로 "1920년대 한국불교에서의 대처화 경향은 일본 정부의 강제에 의한 것도 아니었고, 당시 일본 불교인들이 전적으로 대처의 문제에 찬성하는 입장을 보인 것도 아니었다."고[31] 한 그의 지적은 옳다. 그러나 대처에 대한 사찰령의 내용에 변화를 보인 것은 당시 '주지전횡제도', 그리고 '일본 유학생'이라는 단어가 지닌 의미를 생각했을 때 그 혐의가 짙은 것은 사실이다. 예컨대 1912년 반포한 본말사법本末寺法 제60조는 "대처식육하는 승려는 비구계 수지를 불허하며, 비구계를 구족하지 않으면 보살계를 수지할

---

30) 조성택, 앞의 논문, 2006, 88쪽.
31) 조성택, 앞의 논문, 2010, 589쪽.

수 없다."고 하였다. 사찰령은 본말사 주지가 되기 위해서는 비구계 수지가 필요요건이다. 아울러 본말사법 제87조는 사찰 안에 처자를 머물게 하거나 여인을 재우는 경우 근신의 징계에 처한다고도 하였다. 그런데 "1926년 10월 사찰령 3조에 근거한 본말사법에서 취처 금지의 조항을 삭제, 개정하여 승려의 대처식육을 공식 허용하였다. 이후 일부 본산에서 대처승도 본사주지에 취임할 수 있도록 사법의 재개정을 신청하였고, 1929년에는 대다수 본산에서 대처승도 주지가 될 수 있도록 본말사법을 수정하였다. 이것으로 보면 조선총독부의 대처식육에 대한 정책이 '일본정부의 강제에 의한 것'으로 해석하는 것도 무리는 아니다.[32] 더욱이 사찰령을 기초로 한 조선총독부의 불교정책이 한국전통불교의 체질을 바꾸어 놓았다는 점에서 대처식육-왜색불교-악이라고 하는 등식이 성립되는 것이다. 그러나 주목할 것은 문명개화의 기초가 되는 근대불교의 요소가 왜색불교이고 악이라는 논리는 아니다. 동시대 보수적 불교지성들이 강조했던 불교개혁 역시 이전의 전통불교와는 다른 근대불교나 불교개혁의 범주에 들지 않는가. 이점에서 조성택이 제시한 "근대불교는 근대라는 공간에서 일어나는 제 변화에 반응하는 새로운 형태의 불교를 의미한다."는 주장은 설득력을 지니고 있다.[33]

　　그는(최남선) 한국문화를 이해하고 한국문화의 민족적 정체성을 확립
　　하기 위해서는 불교연구가 필수적이라고까지 한다. … 하지만 한국전통
　　문화의 일부로서 불교를 바라보는 것과 당대 현실불교를 바라보는 것이

---

32) 이와 관련하여 김광식은 일제가 대처식육을 강요했다고 볼 수는 없지만, 공인 장려한 것으로는 말할 수 있다고 하였다.(김광식, 「용성의 건백서와 대처식육의 재인식」, 『선문화연구』 4집, 한국불교선리연구원, 2008, 227쪽.)
33) 조성택, 앞의 논문, 2006, 81쪽.

같을 수 없었다. 현실불교의 모습을 바라보는 데에는 아무래도 근대일본 불교의 선진적인 모습, 즉 "세간적 활동과 문화적 교섭"이 크며 서양의 철학적 체계와도 견줄만한, 그 일본불교와 당시 후진적인 조선불교의 현실이 겹치지 않을 수 없었기 때문이다.[34]

한편 조성택은 당시 한국불교의 정체성과 그것을 근간으로 한 한국 전통 문화의 가치를 재확인하고자 진력했던 최남선 역시 지적하고 있다. 즉 그에 의하면 최남선을 비롯한 당시 불교계의 지성들이 한국불교의 전통과 정체성을 강조한 것은 "과거의 불교를 통해 지금 일본 근대불교와 조선불교의 격차에 대한 열등감을 보상받고자 한 것이다."라고[35] 하였다. 이 논리는 한국사에서 전개된 불교의 제 현상을 통해 한국불교가 지닌 독자성이나 가치를 부정하는 것이기도 하다. 적어도 최남선이 기술한 일련의 글들은[36] 조성택이 지적한 것과는 근본적으로 다른 의미를 지니고 있다. 최남선은 적지 않은 글을 통해 한국불교가 지닌 의미와 가치를 발굴하고, 그 우수성을 선양하여 국민을 계몽시키고자 하였다. 특히 불교가 한국인의 생활에 미친 영향을 최우선적으로 관찰하였다. 과거의 우수한 가치를 통해 오늘의 암울한 상황을 극복하는 근간으로 삼고자 한 것이다. 때문에 조성택의 지적은 '근대불교'·'일본불교'·'선진적'이라는 용어에 집착하여 글이 지닌 본질을 왜곡시키는 결과를 초래한 것이다. 그는 2010년 후속연구에서 박노자나 마이카 아워백과 같은 외국의 한국불교연구자들의 목소리를 통해

---

34) 조성택, 앞의 논문, 2010, 608쪽.
35) 조성택, 앞의 논문, 2010, 610쪽.
36) 최남선, 조선불교대관으로부터 『조선불교통사』에 급함」, 『조선불교총보』 11·12, 31본산 연합사무소, 1918.
   최남선, 「조선역사에 대한 불교」, ≪불교≫ 7, 불교사, 1924.
   최남선, 「조선불교-동방문화사상에 잇는 그 지위」, ≪불교≫ 74, 불교사, 1930.

그동안의 한국근대불교연구가 편협하고 후진적이라는 입장을 구체화하기도 했다.[37]

한편 조성택이 민족주의적 역사기술자로 비판하고 있었던 김광식은 1997년 백용성의 대처식육론 반대에 관한 연구에서는 "민족의식과 전통불교를 수호하려는 의지가 결합되어 일본불교의 침투로 나타난 대처식육반대의 최일선에 서게 되었다."고[38] 하였다. 그는 결론적으로 "대처식육론이 당시 불교계에서 보편화되었으며, 이것은 일제의 불교정책이 관철되고 있음을 말해주는 단서라고 했다."[39]고 하여 비교적 민족주의적 측면에서 대처식육론을 바라보았다. 그러나 2008년의 연구에서는 좀더 유연한 자세와 인식을 확장시키는 태도를 취했다. 예컨대 "백용성의 건백서와 그에 담긴 승려들의 대처식육의 문제는 백용성·조계종단·정화운동 차원에서만 접근될 것이 아니라 한국 근현대불교 100년 역사의 거대한 흐름을 인식할 수 있는 시각이 있다."고[40] 하였다. 또한 그는 조선총독부가 대처식육을 공인·장려했다든지"[41] 승려의 도성출입 해금이후 승려의 인권고양이나 도회지 포교의 필요성, 일본유학의 영향 등 승려들이 대처식육을 받아들인 배경에 대해서도 검토하였다. 아울러 그는 일제강점기의 대처식육이 큰 반발, 이의 제기 없이 수용될 수 있었던 요인의 하나를 종단부재에서 찾았

---

37) 조성택, 「근대한국불교사 기술의 문제 : 민족주의적 역사기술에 관한 비판」, 『민족문화연구』 53호, 고려대학교 민족문화연구원, 2010. 조성택은 이 논문 588쪽을 통해 "마이카 아워백은 최근 그의 한 논문에서 항일과 친일의 단순 범주화로 인해 "역사연구가 범죄수사 행위로 전락해왔음"을 지적하고 이로 인해 한국학계의 근대불교사 연구가 결과적으로 "다른 역사적 시각들을 억압해 왔으며, 이러한 이분법(친일-항일)의 무비판적 사용은 역사연구의 잠재력을 심각하게 훼손해왔다."고 지적하고 있다."고 하였다.
38) 김광식, 「1926년 불교계의 대처식육론과 백용성의 건백서」, 『한국독립운동사연구』11집, 한국독립운동사연구소, 1997, 24쪽.
39) 김광식, 앞의 논문, 1997, 27쪽.
40) 김광식, 「용성의 건백서와 대처식육의 재인식」, 『선문화연구』4집, 한국불교선리연구원, 2008, 216쪽.
41) 김광식, 앞의 논문, 2008, 227쪽.

다. "종단이 부재하였기 때문에 일제당국의 입장표명은 종단의 결정과 같은 것"이라고[42] 했다. 그러나 불교는 수탈과 착취가 진행되었던 지난한 조선시대를 지나왔고, 그 과정에서 출가의 동기나 수행 등에 대한 승려 개개인의 자긍심은 고사하고 그 정체성이나 본분 역시 챙길 수 없었던 역사적 경험 또한 근본적 배경이다. 당시 불교계를 대표하는 종단이나 단체가 설령 있었다하더라도 사찰령 체제와 주지전횡 등 당시 불교계의 총체적인 측면을 고려한다면 종단의 존재여부와는 일정한 거리를 지니고 있다.

4. 맺음말

한국근대불교와 대처식육은 근대불교의 본질적 성격을 규명할 수 있는 중요한 단서이다. 더욱이 그것이 과거의 역사적 사실에 국한되지 않고 현대불교의 여러 중요한 요소를 산출했으며, 전개시키고 있다는 점에서 일련의 과제를 남겨두고 있다.

첫째, 근현대불교에 대한 연구의 지평을 확대하는 일이다. 90년대 초반부터 본격화된 이 방면의 연구는 사실史實을 발굴하고 소개하는 정도에 그치고 있다. 개별적인 연구를 통해 전체를 조망하고 분석하려는 시도가 있어야 한다. 전통시대의 불교사 내용과는 근본적인 차이를 지니고 있고, 현대불교와 연결되어 있다는 점에서 현재진행형이기 때문이다.

둘째, 친일과 항일에 대한 인식문제이다. 최근 일련의 연구는 그동안의 근대불교사 연구가 항일과 친일의 단순범주화로 인해 편협하며, 다른 역사적 시각을 억압하고 있다하여 연구 성과에 대한 획일적 결과에 대해 강한

---

42) 김광식, 앞의 논문, 241쪽.

비판을 가하고 있다. 심지어 항일과 친일의 단순 범주화로 인해 "역사연구가 범죄수사 행위로 전락해왔음"을 지적하는 견해까지 있었다. 이러한 불만은 결국 근대불교-대처식육-선진불교라는 등식을 출현시킨 배경이다. 더욱이 당시 한국불교의 정체성을 회복하려는 움직임이 후진적인 조선불교의 현실을 대변해주고 있다는 평가다. 이와 같은 불교철학의 극단적인 인식은 결국 역사의식의 부재에 원인이 있다. '항일'과 '친일'의 용어가 생성된 배경이라든가, 일제강점기 지성들의 민족불교와 전통불교 표방과 회복을 위한 노력들에 대해서는 부정적 시각을 지니고 있는 점이다. 이것은 근대불교-일본불교-대처식육이라는 등식만을 전제로 하고 있기 때문이다. 근대불교의 다양한 여러 요소와 현상은 어느 한가지만을 기준으로 판단할 수 없다. 대처식육에 대한 교리적 측면뿐만 아니라 시대상황, 대처식육에 대한 인식의 엇갈린 반응, 그리고 그것에 대한 역사적 경험 등에 대한 객관적 분석이 반드시 선행되어야 한다. 계율이 불교사적 경험의 축적이 가져다준 산물이라면 종합적 측면에서의 관찰은 필수다. 더욱이 불교철학의 입장에서 대처식육은 근대불교와 개혁운동의 기준으로 삼고 있지 않은가. 대처식육이 당시 불교의 선진적 모습이라면 그에 대한 부정적 입장에 설득력 있는 반론을 제시해야 할 것이다.

요컨대 한국근대불교를 바라보는 다양한 시각은 필요하다. 시대나 전개된 역사적 경험에 비한다면 아직 그 연구의 진척이 사론史論이나 인식認識이 질적 양적 측면에서 다양하게 진행되지 못한 실정이다. 대처식육은 해방이후 한국불교의 정체성 확립이나 승풍僧風과 관련하여 현재진행형이다. 계율과 같은 불교학적 측면에서 대처식육의 문제는 근본적으로 거론되어야 하지만, 한국불교의 오랜 역사전통과 일제강점기라고 하는 시공간의 기본적 개념에서 폭넓게 생각해야 할 문제이기도하다.

II. 일제하日帝下 선학원禪學院의 설립設立과
중흥重興의 배경背景

1. 임제종운동臨濟宗運動의 계승繼承

　　1921년 11월 30일 설립된 선학원禪學院이 전통불교 수호를 표방하고 그 활동으로 한국근현대 불교사에서 중요한 위치를 차지하고 있는 것은 주지의 사실이다. 더욱이 선학원의 활동이 호법護法과 항일抗日을 기본적인 성격으로 하고 있다는 점에서 그 역사적 의의는 확고하다. 또한 일제시대 일본불교의 침투와 불교탄압에 대한 항거와 해방 이후부터 진행된 불교계의 정화운동淨化運動은 선학원이 한국 근현대불교에서 정체성 확립의 산실임을 증명하고 있다.

　　선학원사에 관한 연구는 그 불교사적 가치와는 달리 미진하여 초기적 형태를 면치 못하고 있다. 1972년 정광호는 선학원의 설립배경과 전개를 포함한 대략적인 내용을 소개하였다.[1] 그는 문헌자료와 함께 선학원 관련자와의 인터뷰를 통한 구술자료 역시 소개하고 있는데, 선학원사에 관한 최초의 연구 성과라는 의미와 함께 그 정확성과 구체성을 더해 주고 있다. 이후 김광식은 정광호의 논고를 기초로 1920~30년대 불교계에서 간행된 문헌자료의 수집과 분석을 통해 선학원의 활동을 시기별로 세분화·체계화시켜 정리하기도 하였다.[2] 이러한 면모는 정광호의 연구보다 한 단계 진전된 것이 사실이지만, 설립배경과 전개, 변화라는 원론적 연구가 지닌 성격과 한계를 극복하지 못하고 있다. 선학원에 관한 연구는 이밖에도 선학원에서 출가한 강석주스님의 생생한 증언 기록이나[3] 조계종교육원[4] 그리고 김순석의 연구[5]가 있다.

한편 선학원사에 대한 그동안의 연구는 불교사적 위상과는 달리 소극적으로 이루어져 왔으며, 그 성과 역시 불교계의 항일抗日적 면모라든가 성격만을 전제하여 그 활동만을 규명하는 지극히 단선적인 차원에 머무르고 있다.[6] 예컨대 선학원의 선우공제회나 부인선원의 활동, 선학원 소속 승려

---

1) 정광호는 1972년 5월부터 9월까지 ≪대한불교≫에 「선학원반세기」라는 제목으로 연재하였다. 이 글은 「한국전통선맥의 계승운동」, 『근대한일관계사연구』, 인하대출판부, 1994으로 정리되었으며(김광식, 「일제하 선학원의 성격」, 『한국근대불교사연구』, 민족사, 1996, 96쪽) 그의 저서 『일본침략시기의 한·일불교관계사』, 아름다운세상, 2001에 재수록되었다.

2) 김광식, 「일제하 선학원의 운영과 성격」, 『한국독립운동사연구』 18, 독립기념관 한국독립운동연구소, 1994 ; 「일제하 선학원의 성격」, 『순국』 63, 서울: 순국선열유족회, 1996 ; 『한국근대불교사연구』, 민족사, 1996 ; 「선학원의 설립과 전개」, 『선학원설립의 사적 의미고찰』, 선학원부설한국불교선리연구원 학술세미나자료집, 2005.

3) 강석주·박경훈공저, 『제8장 한국불교 왜색화에 대한 저항』, 『불교근세백년』, 민족사, 2002 ; 선우도량 한국불교근현대사연구회, 「석주스님-선학원과 함께 한 40년-」, 『22인의 증언을 통해본 근현대불교사』, 선우도량출판부, 2002.

4) 조계종교육원, 「선학원의 창립과 전통불교수호」, 『조계종사』(근현대편), 서울 : 조계종출판사, 2001, 97~100쪽 『조계종사』(근현대편)는 선학원사가 한국근현대불교사에서 차지하는 위상에도 불구하고 3페이지에 걸쳐 아주 소략하게 취급하고 있는 실정이다.

5) 김순석, 「선학원의 전통 선맥 계승운동과 '帶妻食肉'금지론의 전개」, 『일제시대 조선총독부의 불교정책과 불교계의 대응』, 경인문화사, 2004. ; 「1930년대 후반 선학원의 성격변화」, 『선학원 설립의 사적 의미 고찰』, 선학원부설한국불교선리연구원 학술세미나자료집, 2005.

6) 이와 같은 지적은 2005년 선학원의 한국불교선리연구원이 주최한 학술회의에서 구체적으로 제기되기도 하였다.(『선학원 설립의 사적 의미 고찰』, 선학원부설한국불교선리연구원 학술세미

들의 행적과 같은 세부적이고 본질적인 연구는 미진한 실정이다. 여기에는 관련 자료의 부족과 같은 한계 역시 남아 있다. 아울러 이 시기 불교사라는 전체적인 틀 속에서 근본적인 이해나 새로운 해석의 시도는 이루어지고 있지 않은 실정이다. 요컨대 선학원사는 그 설립배경부터 그 역사적 의의까지 구체적이고 체계적으로 진전시켜야 할 과제를 남기고 있다. 특히 선학원의 설립배경은 조선총독부의 통치정책 변화와 3·1운동의 영향 하에 일제의 사찰정책에 대항하려는 발로에서 창설되었다고 한다.[7] 아울러 쇠퇴한 선풍진작과 선방의 체계적인 통할을 그 설립의 배경으로 지적하기도 하였다.[8]

이러한 주장들은 선학원의 설립과 중흥의 직접적인 배경 요소로서 설득력을 지니고 있지만, 선학원이 일제하 불교계의 항일적 성격뿐만 아니라 한국 전통불교가 지닌 정체성 확립을 규명하는 것에 대해서는 일정한 한계를 지니고 있다. 적어도 선학원의 설립 배경은 시기적으로 일본의 조선지배가 시작되었고, 불교탄압이 이루어진 시점부터 포함되어야 한다. 그리고 선학원의 중흥 역시 한국 불교계의 본질이자 정체성이라고 할 수 있는 계정혜戒定慧 삼학三學의 붕괴와 함께 결부시켜 설명되어야 한다. 때문에 선학원의 설립 배경과 중흥은 불교정책의 시기적 추이라든가 당시 불교계의 동향을 기초로 면밀하고도 종합적으로 검토할 필요성이 있다.

본 논문은 선학先學들의 연구 성과를 토대로 선학원의 설립배경을 1910년부터 전개된 불교계의 동향 속에서 구체적이고도 종합적으로 파악하고자 한다. 선학원의 설립은 1911년 임제종운동臨濟宗運動과 긴밀한 연관성을 지

나자료집, 2005)

7) 김순석, 앞의 책, 2004, 137쪽 ; 김광식, 앞의 책, 1996, 96쪽.
8) 정광호, 「한국전통의 선맥 계승운동-선학원을 중심으로-」, 『일본침략시기의 한·일불교관계사』, 아름다운세상, 2001, 275~277쪽.

니고 있으며, 일제하 강원講院과 선원禪院의 쇠퇴, 그리고 계율戒律의 문란 등 한국불교의 정체성이나 존립문제와도 직접적으로 연결된다. 때문에 선학원의 설립과 중흥의 배경이 지닌 본질을 파악하기 위해서는 창설기인 1920년대와 함께 침체기 이후의 중흥기인 1930년대까지도 시간적 범위에 포함시켜야 한다.

이와 같은 선학원의 설립과 중흥의 배경에 관한 검토는 일제의 불교정책과 당시 불교계의 동향 속에서 선학원의 설립과 중흥 문제를 근본적이고도 총체적으로 검토한다는 점에서 그 의의를 지니고 있다.

1921년 5월 15일 서울의 석왕사포교당에서는 보살계菩薩戒 계단戒壇이 마련되었다. 선학원 창설에 필요한 자금을 마련하기 위한 자리이기도 하였다. 이 회의에서 송만공宋滿空은 조선불교가 식민지 총독 관할 밑에 있어서 총독부의 허가 없이는 사찰의 이전이나 폐합, 심지어 재산이나 사찰에 있는 기물까지도 손을 댈 수가 없다고 지적하였다.

> 이런 판국이라 지금 조선 중들은 자꾸만 일본 중처럼 변질이 돼가고 있단 말입니다. 진실로 佛祖 正脈을 계승해 보려는 衲子들이 점점 줄어들고 있다 그런 말이죠. … 우리는 사찰령과는 관계가 없는, 순전히 조선 사람끼리만 운영을 하는 선방을 하나 따로 만들어 보자 이런 생각을 가지고 오늘 회의를 부치게 된 거올시다.9)

만공은 일제의 조선불교에 대한 간섭과 탄압으로 불교계가 왜색화倭色化되어가고 청정비구승들이 줄어든다고 하였다. 때문에 선학원 설립은 조선불교가 지닌 독자성을 수호하고 탄압에 대한 항거를 표방하고 실천하는데

---

9) 혜공편, 『만공어록』, 1968, 50쪽

있었다.10) 그런데 선학원 설립의 배경과 그 정신은 이미 1910년 청정비
구승들에 의해 진행된 임제종운동11)에 그 직접적인 연원이 있었다.

임제종 운동은 1908년 3월 각 도 사찰대표 52인이 결성한 원종圓宗 종
무원宗務院의 대종정大宗正 이회광李晦光이 원종圓宗을 일본의 조동종과 연합시
키고자 했던 움직임에서 비롯되었다. 이회광은 불교계의 주도권을 장악하
고 일제의 정치권력에 이를 인정받기 위해 일본 조동종 승려 다케다 한시
를 고문으로 추대하고 1910년 10월 6일 조동종과 7개 조항의 연합조약을
체결하였다. 이 조약은 이회광이 원종 종무원을 대표하여 전국 72개 사찰
의 위임장을 가지고 일본으로 가서 체결한 연합맹약이지만, 실질적으로는
매종賣宗행위였다. 일본 조동종이 원종의 인가를 얻는데 도움을 주고, 원종
이 조동종의 포교사를 초빙하여 일본포교와 청년승려의 교육을 촉탁한다는
맹약의 내용은12) 한국불교의 전통과 독자성을 무시한 결과이기도 하였다.

원종과 조동종간의 연합맹약이 불교계에 알려지자 많은 승려들이 연합
에 반발했으며, 반대운동을 전개하였다.

① 반대가 격렬히 일어났으니 실상은 다 같은 禪宗이지만, 曹洞은 그
계통이 다른 파이고 臨濟는 自家라고 하는데서 생겨난 반감으로 인한 것
이고, 宗旨의 역사가 분명하지 않아 黨派사이에 암투가 이어서 일어
났던 것이다. 朴漢永·陳震應·金鍾來 등이 文字와 言說로서 諸方으로
하여금 격렬히 일어나게 하여 경술년 음력 10월 5일 광주 證心寺에
서 모임을 열기로 하였다. 그러나 개회날짜가 되었지만 와서 모이는

---

10) 이러한 흔적은 선학원의 〈선우공제회취지서〉(『한국근세불교백년사』 제2권, 삼보학회,
    1965, 9~10쪽)에도 잘 나타나 있다.
11) 임제종운동에 대해서는 다음의 논고가 참고된다; 정광호, 「불교계 항일운동의 유형 및 투쟁」,
    『일본침략기의 한일불교관계사』, 아름다운세상, 2001, 211~217쪽 ; 김광식, 「1910년대
    불교계의 조동종 맹약과 임제종 운동」, 『한국근대불교사연구』, 민족사, 1996, 53~94쪽.
12) 이능화, 「梵魚一方臨濟宗旨」, 『朝鮮佛敎通史』 下, 민속원, 1918, 938쪽.

이가 없어 대회를 시행할 수조차 없었다.13)

　② 이 맹약이 실시되면 조선불교의 사원은 완전히 조동종의 손에 들어
가고 마는 것인즉 그때의 조선불교는 실로 한 치도 용납하기 어려운 위
기에 있었다.14)

임제종 운동의 발단은 임제와 조동은 동일한 선종이지만, 그 계파는 엄
연히 다르다는 지적에서 비롯되었다. 박한영 역시 "조선 현재 불교의 연원
이 임제종에서 발하였음은 즉, 일본 조동종과의 연합할 수 없다는 취지로
반대하였다."15) 결국 조동종과의 연합은 조선불교를 일본불교에 부속시킨
다고 인식하여 조약의 반대를 분명히 하고, 한국 불교의 연원을 임제종으
로 천명하였다.

1911년 1월 영남과 호남의 승려들이 송광사松廣寺에서 회의를 갖고 임제
종 임시 종무원을 송광사에 설립하기로 결의하고, 선암사仙巖寺의 김경운金
擊雲 스님을 종무원의 관장으로 선출하였지만, 노쇠하여 한용운이 그 권한
을 대리하게 하였다. 이후 임제종은 임시 종무원을 범어사에 두기도 하였
다. 아울러 1912년 조선임제종중앙포교당이 범어사 주축으로 추진되어 경
성에 개교되는 진전을 보였다. 그러나 임제종 운동은 일제 총독부의 사찰
령寺刹令 제정 공포로 지속되지 못하였다. 원종과 임제종은 사찰령에 의해
해산명령을 받고, 30본산제의 새로운 교단이 형성되었다.16) 이후 이회
광은 조선임제종중앙포교당을 병합하고자 하였지만, 오성월吳惺月의 반대로

---

13) 이능화, 앞의 책 하, 1918, 938~939쪽.
14) 한용운, 「불교청년총동맹에 대하여」, 《불교》 86호, 1931, 2~8쪽
15) 정광호, 「불교계 항일운동의 유형과 투쟁」, 『일본침략기의 한일불교관계사』, 아름다운세상,
　　2001, 217쪽.
16) 강석주·박경훈공저, 『불교근세백년』, 민족사, 47쪽.

이루어지지 못하였고 임제종은 일제 당국에 의해 철폐되었지만, 해산하지 않고 범어사를 중심으로 활동을 계속하였다.

결국 임제종 운동은 사찰령과 총독부의 탄압 때문에 미완으로 끝났지만, 우리나라 불교의 연원이 임제종지臨濟宗旨를 계승하고 있음을 천명하였다. 이것은 민족적 자각이 매우 뚜렷한 형태로 작용하고 있던 호법운동護法運動이며, 항일운동抗日運動이기도 하였다.17) 이와 같은 임제종 운동의 정신은 1921년 선학원 설립을 계기로 부활하였다.

그것은 선학원의 설립 목적이 사찰령의 지배를 받지 않고 불조정맥佛祖正脈을 계승하고자 했던 만공의 말에서도 알 수 있다.18) 예컨대 그의 말은 조선불교의 독자적 발전을 염원하는 의미를 지니고 있었다. 더욱이 임제종 운동에 주도적으로 참여했던 인물들이 선학원 설립에도 역시 적극적인 활동을 전개한 점 또한 이를 뒷받침하고 있다.

〈표 1〉 임제종운동과 선학원 설립의 주도인물

臨濟宗運動	禪學院 設立
白龍城 · 吳惺月 · 朴漢永 · 金擎雲 · 金擎山 · 韓龍雲 · 湛海 · 金尙昊 · 金法麟	宋滿空 · 白龍城 · 韓龍雲 · 吳惺月 · 金南泉 · 康道峰 · 金石頭

표는 임제종 운동과 선학원 설립에 주도적인 역할을 담당하였던 인물들이다. 이들 가운데 대표적 인물들의 행적을 통해 선학원 설립의 근본적인 배경을 검토하고자 한다. 백용성白龍城은 1912년 5월 26일 범어사가 주축이 되어 진행된 조선임제종중앙포교당朝鮮臨濟宗中央布教堂 개교식을 주도하였다. 이 개교식은 1300여 명이 참석할 정도로 성황리에 종료되었다.19) 당

---

17) 정광호, 앞의 책, 2001, 217쪽
18) 각주 9) 참조.

시 백용성은 임제종의 조선선종중앙포교당의 포교사로 활동하였다. 그는 1919년 3·1운동 당시 한용운과 함께 불교계를 대표하여 민족대표로 가담하기도 하였는데, 일제에 체포되어 옥고를 치르기도 하였다. 그는 1921년 오성월吳惺月·송만공宋滿空·김남전金南泉 등과 함께 선학원 창설에 주도적인 역할을 하였으며[20] 1931년 선학원 재건 당시에는 송만공·한용운 등과 함께 일반대중에게 설법·강화 등의 행사를 거행하기도 하였다.[21]

백용성의 정법수호와 항일운동가운데 대표적인 것은 1926년 5월과 9월 127명의 비구승과 함께 조선총독과 일본 내무성 앞으로 제출한 '파계생활 금지'에 관한 건백서建白書였다. 당시불교계에 풍미했던 대처식육帶妻食肉의 현상은 일본불교의 영향으로 1920년대 중반을 전후하여 일본 유학생간에 현저히 증가하게 되었다.[22] 이것은 단순히 일본 유학생들에게만 국한된 왜색화倭色化의 경향이 아니라 한국불교의 전통을 말살하고, 청정비구승의 수행풍토를 저해하는 당시 불교계 최대의 위기상황이었다. 당시 백용성의 건백서는 재가신자와 출가대중의 구별이 엄연히 있는데, 근자 출가 대중 가운데 함부로 대처식육하는 마속들이 발생, 청정도량을 더럽히고 있으니 하루 속히 시정토록 해달라는 탄원서였다. 비록 일제의 미온적인 태도로 그 실효를 거두지는 못했지만, 백용성의 노력은 한국불교의 정통성을 유지하고자 하는 움직임이었다.

한용운韓龍雲은 역시 3·1운동 당시 민족대표의 한 사람으로 불교계의 호법운동과 항일운동에서 핵심적인 인물이다.

---

19) 「布敎堂의 盛況」, 《매일신보》1912. 5. 28.
20) 「朝鮮佛敎禪學院本部創建上樑文」, 『禪學院略史』, 1986, 7쪽.
21) 老婆, 「禪學院日記抄要」, 《선원》, 1931, 28~29쪽.
22) 「佛敎月旦」, 《佛敎》 제4호, 1924, 61쪽.

그러나 이와 같은 중대 문제를 그대로 둘 수 없어서 지금 47인의 한 사람으로 서대문 감옥에 들어가 있는 한용운과 나와 두 사람이 경상도·전라도에 있는 각 사찰에 通文을 내어 반대운동을 하는데 물론 우리의 主義는 역사적 생명을 가진 우리 불교를 일본에 부속케 하는 것이 좋지 못하여 그리하는 것이었지만, 그때 형편으로는 도저히 그러한 사상을 발표할 수 없으므로 조선불교의 연원이 임제종에서 발하였은 즉 일본 조동종과 연합할 수 없다는 취지로 반대하였었오.23)

인용문은 임제종 운동의 주역이었던 박한영朴漢永의 술회다. 예컨대 한국불교를 일본불교에 부속시키는 것을 반대하는 것을 직접적으로 표명하는 것이 부적절했기 때문에 단순히 종파가 다르므로 연합을 반대한 것이라고 표현하였다. 당시 한용운은 반조동종反曹洞宗 투쟁을 위해 전라도全羅道와 경상도慶尙道의 각 사찰을 왕래하며 임제종 운동에 포함시키고자 하였다. 그는 1911년 1월 15일 송광사에서 개최한 임제종 임시 종무원 총회에서 임시 종무원 관장대리로 선출되었다.24) 이듬해인 1912년 경성京城에 조선임제종 중앙포교당이 건립되었을 때는 백용성白龍城과 함께 개교식開敎式을 주도하기도 하였다. 이후 한용운은 선학원 창설을 주도하였으며, 1924년 선우공제회禪友共濟會 정기총회 임시의장 및 수도부修道部 이사理事로 활동하였다. 선학원이 침체기를 극복하고 1931년 재건되면서부터는 백용성·송만공 등과 함께 선풍진작禪風振作과 대중화를 위해 일반대중에게 다양한 법회를 거행하였다.

한편 오성월吳惺月은 일제하 불교계의 호법운동과 항일운동의 중심인물이기도 하다. 그는 임제종 임시 종무원이 범어사로 옮긴 이후부터 적극 참여

---

23)「佛敎改宗問題(五)」, 『東亞日報』, 1920. 6. 28.
24) 이능화,「梵魚一方臨濟宗旨」, 『朝鮮佛敎通史』 下, 민속원, 1918, 939쪽.

하여 1912년 서울 사동寺洞에 조선임제종중앙포교당朝鮮臨濟宗中央布敎堂 건립
에 결정적인 역할을 하였다.

> 이때에는 사찰령이 이미 반포되어 30본사가 법으로 정해졌고, 30본
> 사 주지가 차례로 승인을 받게 되었다. 그러므로 寺法을 제정하는 일을
> 맞이하자 宗旨와 稱號를 하나로 통일하는 일이 주지총회(5월 28일 원흥
> 사에서 개최)에서 큰 문제가 되었다. 南黨(즉 臨濟宗)은 범어사 주지 오
> 성월을 중견으로 임제종지의 의견을 제출하였고, 北黨(즉 圓宗)은 이회
> 광을 영수로 하여 宗旨의 기선을 따로 세우기로 내정하고 총독부의 뜻이
> 있는 곳을 살펴보았다.[25]

오성월은 임제종 운동 당시 이회광을 중심으로 한 30본사주지회가 일제
의 사찰정책을 수용하고자 했을 때 임제종의 종지를 한국불교의 종지로 채
택하기 위해 진력하였다. 또한 이회광이 원종의 각황사覺皇寺와 임제종의
포교당을 합병하고자 하였을 때 오성월의 반대로 무산되기도 하였다.[26]
그는 1921년 선학원 창설 당시에는 송만공·백용성·김석두 등과 함께 발
기인의 한 사람이었으며, 이전의 범어사포교당을 처분하여 선학원 설립자
금으로 지원하기도 하였다. 이후 오성월은 선학원의 활동에 적극적으로 참
여하였다. 1935년 선학원이 조선불교선리참구원朝鮮佛敎禪理參究院으로 개편
되면서 김남전金南泉·김적음金寂音과 함께 상무이사를, 조선불교수좌대회 때
는 院長소임을 거쳐 1941년에는 2대 이사장理事長이 되었다. 오성월은 3·1
운동 이후 상해 임시정부에 사재寺財를 출연하여 헌납하기도 하였는데, 임

---

25) 이능화, 「梵魚一方臨濟宗旨」, 『朝鮮佛敎通史』 下, 민속원, 1918, 939~940쪽.
26) 「合倂이也自好」, ≪매일신보≫ 1912. 6. 19(김광식, 앞의 책, 1996, 82~83쪽에서 재인
    용)

시정부는 담해湛海·경산擎山 등과 함께 고문으로 추대하기도 하였다.[27]

이상 임제종 주도인물들은 단순히 이회광과 원종의 매종행위를 비판하는 것에 머무르지 않고 한국불교계를 독자적이고도 주체적으로 주도하겠다는 의지를 분명히 하였다. 이러한 의지는 10여 년 이후 선학의 설립에서도 변하지 않았다. 임제종 운동이 미완으로 끝난 이후 사찰령寺刹令에 기초한 일제의 탄압은 심화되었고, 왜색화倭色化 역시 당시 불교계의 일반적인 현상으로 정착되기에 이르렀다. 한국불교가 지닌 존립과 정체성의 기반마저 위협을 받고 있었다. 백용성·한용운·오성월 등 임제종 운동의 주도인물들은 불조佛祖의 정맥正脈을 잇는 정법구현운동을 전개하였다. 이들의 정법구현운동은 이른바 한국불교의 정통성을 계승하고자 한 것이고, 그것은 청정비구승의 수행을 강조한 것이었다. 결국 이들의 정법구현의지는 왜색불교에 대한 저항으로 나타났고 그것은 불교계의 항일운동抗日運動으로 해석된다.

2. 전통傳統 선교학禪敎學의 계승繼承과 진흥振興

일제하 불교계의 뚜렷한 변화는 일제의 탄압과 간섭, 왜색화倭色化로 선교학禪敎學의 위기와 쇠퇴가 급속하게 진행되고 있었다는 점이다. 계정혜戒定慧 삼학三學의 체계가 와해된 것은 한국불교가 지닌 전통성과 생명력의 중요한 근간이 상실한 것을 의미한다. 선학원의 설립은 침체된 선풍진작뿐만 아니라 쇠퇴해져 가는 선교학을 중심으로 한 한국불교의 전통성 부활을 목

---

27) 임혜봉, 「임제종의 자주화 운동과 법정사의 항일무장투쟁」, 『일제하불교계의 항일운동』, 민족사, 2001, 64쪽.

적으로 하고 있었다고 해도 과언이 아니다.

> 지금이라고 專門 講院이 없는 것은 아니요, 땔감을 지고 스승을 쫓는
> 학인이 아주 없는 것도 아니다. 그러나 무슨 까닭인지 講堂이라는 그 곳
> 에는 쓸쓸하고 적막하기가 찬바람 부는 빈들과 같이 아무 화기애애한 맛
> 을 발견할 수 없이 그저 기계적인 것 같으며, 身接講肆한다는 학인들도
> 아무 용기 없이 그저 두 어깨가 처지고 마치 도살장에 들어온 소처럼 낙
> 오의 한숨만으로 일종의 取食客的, 浪漫的, 虛名的으로만 허송세월하려
> 는 것은 통계수자가 증명하는 바이다. 나는 여기에서 무엇보다도 먼저
> 두 가지 원인이 도화선이 되어서 내재적 모순이 생겼다는 것을 단언하고
> 자 한다.28)

1928년 1월 최기정이 묘사한 1920년대 전통강원傳統講院의 실태다. 한국
불교가 유지되고 발전할 수 있는 근간인 교학敎學이 학인들조차도 무기력할
정도로 쇠퇴해졌음을 알 수 있다. 최기정은 그 원인을 두 가지로 분석하였
다. 첫째는 속인俗人이나 일반 승려, 더욱이 사승師僧조차도 강당학인講堂學人
을 시대에 뒤진 인물들로 인식하여 의식衣食을 구걸하고 어려운 생활난을
유지하고자 하는 기생충의 한 부류로 증오한다는 것이다. 전통 강원교육의
부활을 주장했던 운허스님은 당시 교무원敎務院이나 대다수 본산本山 주지들
이 교학 진흥의 방책을 학교 교육에 두고 강원교육을 배척하였다고 하였
다. 아울러 "재래의 강원교육이 신지식과는 아주 담을 쌓은, 너무 태고적
이며, 수구적이라고 비판하면서 경학을 연구하는 데는 심리학·종교학·지
리학·생리학·수학·천문학 등을 가미해야 한다"고 주장하였다.29) 둘째

---

28) 崔其正, 「金剛山楡岾寺의 經院設立을 듣고」, ≪佛敎≫ 43, 1928, 39쪽.
29) 강석주·박경훈 공저, 「교학진흥의 움직임」, 『불교근세백년』, 민족사, 2002, 127쪽

는 '소위 학인들이 현실의 가시덤불에 얽매이고 끄달려서 다만 소극적으로 낙망, 우울, 번뇌의 그물 속에서 끝없이 헤매일 뿐이어서[30] 스스로 시대에 낙오된 인물로 자포자기한다는 것이다. 요컨대 '현묘난칙玄妙難則한 교리敎理와 무한대의 진리를 연구한다'는 자긍심이 없다는 것이다. 때문에 매월 많은 돈으로 학교교육을 시키면서 자가보장自家寶藏을 탐구하려는 학인들에게는 삼합료三合料도 오히려 아깝게 여기는 것은 남의 것을 부러워하고 '나의 것'을 아름답게 여길 줄 모른다고 개탄하였다. 최기정의 기고는 불교계의 침체는 불교가 탄압받기 시작한 조선시대 이후 지속화되어 일제하에서 극단적 면모를 보이고 있음을 의미한다.

한편 1920년대 불교계의 신진 승려들은 재래식 강원교육講院敎育으로는 새로운 시대에 맞는 인재를 양성할 수 없을 뿐 아니라 불교가 사회에 기여할 수도 없으므로 강원교육보다는 신학문을 익혀야 하고 학교교육을 받아야 한다고[31] 하였다. 때문에 1910년대부터 신교육우선정책으로 인해 기존 강원은 지방학림으로 전환되었고, 강원이 폐교되는 사례가 속출하였다. 각 사찰에서는 경성 또는 일본으로 유학승留學僧을 선발해서 사비寺費로 파견하였다. 일본 유학승의 출현은 1910년대 말경으로 1914년경에는 13명의 유학생이 있었다고[32] 한다. 그러나 당시 불교계의 재일 유학생에 대한 인식은 매우 비판적이었다.

---

30) 최기정, 앞의 글, 1928, 39쪽
31) 강석주·박경훈 공저, 「교학진흥의 움직임」, 『불교근세백년』, 민족사, 2002, 124쪽에서 재인용
32) 姜裕文, 「東京朝鮮佛敎留學生沿革一瞥」, 『金剛杵』 21호, 1933, 22쪽(김광식, 「1920년대 재일 불교유학생단체 연구」, 『한국근대불교의 현실인식』, 민족사, 1998, 128쪽에서 재인용) 실제로 일본 동경에 유학승으로 가있던 당시의 학승들은 60여 명이었지만, 이중 정규학교에 나가는 자가 40여 명, 그중에 駒澤·大正·立正大學 등 불교대학에 다니는 학승이 13명이었다고 한다.(강석주·박경훈, 앞의 책, 2002, 126쪽)

첫째, 공부만 시키면 俗人이 되고 만다고 합니다. 동경유학생의 역사가 이미 오래였지만, 業을 마치고 돌아 온 자들 중에 娶妻를 하지 않은 자는 한 사람도 없다고 합니다. 둘째, 자기를 길러 준 은인인 주지축출 운동이 가장 長技인 特点이라 합니다. 셋째, 불교를 모른다고 합니다. 이 세 가지 이유는 背恩忘德이란 표어가 되어 학생을 기르는 것은 養虎遺患이요, 한 가지라도 필요가 없다고 따라서 종래 학비거절, 금후로는 학생은 기르지 말자는 것이 그네들의 不文律로 지켜오는 共通決心이라 합니다.33)

인용문은 일제하 일본 유학승을 둘러싼 불교계의 인식을 반영하고 있다. 1920년대 불교유학생 단체인 조선불교유학생학우회朝鮮佛敎留學生學友會는 한국불교를 일본의 임제종에 합병하려 한 이회광의 의도를 분쇄하려는 움직임도 보였다.34) 그러나 유학승들이 귀국 후 보여 준 왜색화와 주지축출이나 교학에 대한 소극적 태도는 한국불교 전통의 계승과 발전을 저해하는 심각한 문제였다. 그러한 유학승들에게 불교의 진흥을 위한 사명감을 기대하기란 어려웠기 때문이다. 실제로 대부분의 유학승들은 불교보다는 다른 전공을 택하였고, 갈 때는 혼자 가서 돌아 올 때는 아내와 둘이서 돌아왔다.35) 1928년 3월 개최된 조선불교학인대회朝鮮佛敎學人大會 당시 최초 발기인이었던 운허스님은 "강원을 마친 학인이 아주 드물게 강사가 되면 그래도 절에서 밥을 얻어먹을 수가 있었으나 그렇지 못한 강원출신은 어디 의탁할 곳이 없었으며 계속해서 경학經學을 공부할 길이 없었다"고 발기의 동기를 술회하였다. 이것은 학인대회가 강원 교육제도의 개선을 위한 것이었

---

33) 伽倻衲子, 「背恩忘德(第一信)」, ≪佛敎≫ 第23號, 1926, 31~32쪽
34) 金光植, 「1920年代 在日留學生團體硏究」, 『죽당이현희교수화갑기념한국사학논총』, 동방도서, 1997 :「1920年代 在日留學生團體硏究」, 『한국근대불교의 현실인식』, 민족사, 1998.
35) 강석주·박경훈 공저, 앞의 책, 2002, 125~127쪽

지만, 궁극적으로는 한국불교의 근간이 쇠퇴하여 그 진흥이 정지될까 염려한 운동이었음을 의미한다.36) 실제로 운허스님은 이후 학인들의 각성을 촉구하는 글에서 대처승帶妻僧을 두고 "불교인으로서의 행동은 추호도 없으면서 삼보三寶를 남취하여 속가의 처자식 양육에 충당하며, 세력 확장과 분쟁을 일삼는다"고 지적한 바 있다.37)

한편 선원禪院 또한 암울한 강원講院의 현실과 다르지 않았다. 장황한 인용문은 그 처참한 상황을 생생하게 전하고 있다.

現今 朝鮮寺刹에서 20년이나 30년 동안을 久參衲子로 禪院生活을 하던 진실한 수행납자의 말로를 보면 비참하기 짝이 없다. 그들이 향하는 곳은 갈수록 산이요 갈수록 물이라 어느 곳이든지 住接할 곳이 없다. 독신으로 지내는 몸이 되고 본즉 세속생활과 다름이 없는 在家寺院에 들어가서는 발붙일 곳이 없으며, 금전이 없어 無人空庵같은 곳에 가서는 먹고 공부할 수가 없다. 그러므로 할 수없이 불완전한 禪室이나마 찾아가면 한 三冬을 지내기가 무섭게 廢止宣言을 듣고 축출을 당하며, 또는 폐지까지는 이르지 않는다 하더라도 우리 선원은 식량이 없으므로 인원을 제한하기 때문에 한 사람이라도 더 방부를 받을 수가 없다고 거절을 당하고 만다. 그래서 春風秋雨에 회한을 품고 황량한 길거리에 서서 헤매다가 뜻하지 않게 병이 들면 간호한번 받지 못하고 길거리에서 사망하는 자가 非一非再하다.38)

---

36) 일제하 불교계의 강원문제에 대해서는 다음의 논고가 참고된다.(김광식, 「1930~1940년대 재일 불교유학생 단체연구」, 『한국근대불교의 현실인식』, 민족사, 1998; 김광식, 「1930년대 강원제도개선문제」, 『근현대불교의 재조명』, 민족사, 2000; 김광식, 「조종현·허영호의 불교교육제도인식과 대안」, 『근현대불교의 재조명』, 민족사, 2000; 조계종교육원, 『조계종사』(근현대편), 조계종출판사, 2001, 104~108쪽; 강석주·박경훈, 「교학진흥의 움직임」, 『불교근세백년』, 민족사, 2002.)
37) 耘虛沙門, 「宗敎와 宗敎人을 論하여 學人의 覺醒을 促함」, 『弘法友』 제1집, 1938, 16쪽.
38) 金泰洽, 「護禪論」, 《선원》 第2號, 1932, 6쪽.

일제하 불교계에서 청정비구승의 안전한 수행환경 마련은 왜색화와 신식교육의 장려기대하기 어려웠다. 당시 종단이나 해당 사찰들은 신식교육만을 주장하여 지원하였고, 대처승들 역시 이들을 괄시하였다. 선원禪院은 식량의 부족 등 수행여건이 열악하여 오래 있을 수 없어서 결국은 길거리를 헤매다가 그대로 사망한다는 내용이다. 선풍禪風을 진작振作하고 포교布敎하기 위한 것이 선학원 창설의 직접적인 목적이었지만, 한국불교의 명맥을 독자적으로 유지하고 발전시키는 것이 궁극적이고 창설 목적의 본질이었을 것이다. 예컨대 침체기를 극복하고 1931년 재건기의 선학원은 그 중흥의 목표를 단순히 선학원에만 국한시키지 않았다. 백용성·송만공·한용운 등이 일반대중에게 설법과 강화 등이 거행되었으며, 포교목적을 위한 대중지 『선원禪苑』를 간행하였고, 지장地藏기도와 『열반경涅槃經』 등 대승경전에 대한 설법39)도 적극적으로 진행하였다. 아울러 쇠퇴한 선풍을 진작시키고, 청정비구승의 수행환경을 향상시키고 자립의 활로를 개척하기 위해 선우공제회禪友共濟會를 결성하기도 하였다.

선학원은 이와 같은 노력을 통해 1931년 중흥을 맞이하여 3차례의 전국 수좌대회를 개최하여 청정비구승의 수행조건을 향상시키기 위해 진력하였고, 재단법인 구성이후인 1935년에는 재산이 14만원으로 확충되었고, 확충된 선원禪院에서 전국 수좌 368명이 선학원의 후원 하에 수행하는 결실이 나타나기도 하였다.40) 예컨대 선학원의 중흥은 적음스님의 재원 마련과 독신으로 지내는 청정비구승의 암울한 수행여건을 개선하려는 노력에서부터 비롯되었다. 선학원은 전국수좌대회를 통해 '수좌들을 위해 청정사찰

---

39) 「禪學院日記要抄」, ≪선원≫ 第2號, 1932, 85쪽. 선학원에서는 선수행을 통한 선풍진작뿐만 아니라 다양한 법회를 거행하였다. 1931년 2월 20일에는 칠일기도가 시작되었고 炭翁和尙이 『維摩經』을 설하였으며, 5월 31일에는 金泰洽和尙이 『圓覺經』 講話가 있었다.(「禪學院日記要抄」, ≪선원≫ 創刊號, 1931, 28~29쪽)
40) ≪선원≫ 제4호, 1935, 42~43쪽.

몇 곳을 할애해 달라'는 건의서를 작성하여 종회에 제출하였다. 종회의 미온적인 대응은 1934년 재단법인인가로 이어졌고, 1935년에는 인적 물적 기반이 마련되었다.

요컨대 선학원의 설립과 활동은 단순히 일제하 침체된 불교계의 선풍진작과 선원禪院만을 진흥하는데 국한된 것은 아니었다. 일본의 간섭과 탄압이 시작된 직후부터 더욱 침체된 불교계의 총체적인 위기상황을 극복하려는 배경에서 설립되었으며, 청정비구승의 수행환경 향상을 위해 1931년 중흥된 것으로 해석할 수 있다.

3. 대처식육帶妻食肉 금지禁止를 통한 호법운동護法運動

대처식육帶妻食肉의 문제는 한국불교의 호법護法과 항일抗日의 성격을 동시에 포함한 일제하 불교계의 화두였다. 더욱이 대처문제는 교육제도의 개선과 유학승 문제, 총독부의 불교정책 등 한국불교의 존립과 관련된 다양한 문제들과 직간접적으로 연결되어 있어 중요한 의미를 지니고 있었다. 또한 선학원의 정체성과도 관련이 있어 일제시대부터 현대에 이르기까지 지속적으로 전개된 정화운동淨化運動의 배경이 되기도 하였다. 요컨대 대처식육의 풍조는 한국불교의 호법護法과 항일抗日의 중심에 있었다.

> 또한 세속에 관해서는 일체 行事를 멈추고 출가하여 도를 닦는 二衆을 比丘 · 比丘尼라고 하는데 佛律의 二百五十戒, 十重大戒, 四十八輕戒를 받고 妻帶肉食을 엄히 금하는 것이 霜雪과 같다.[41]

---

41) 白龍城, 「僧侶肉喰妻帶問題に關する嘆願書」, 『朝鮮佛敎』 第27號, 1926, 33쪽.

출가수행자들이 삼보三寶의 하나로서 귀의와 공양 공경을 받게 되는 것은, 청정한 계행에 근거한 수행을 하기 때문이다. 계와 율은 개인의 청정과 해탈, 그리고 승단의 청정과 화합을 실현하기 위한 출가자의 삶의 질서이고 수행의 내용이다. 그러나 이와 같은 현대 한국불교의 계율에 대한 인식과는 달리 일제하의 대처식육문제는 불교계의 전통과 개혁의 중심과제 역할을 하였다. 대처식육帶妻食肉은 살생과 음행 금지에 대한 파계 행위다. 사미율의 십계율沙彌律儀十戒律에서는 첫째, 불살생不殺生과 셋째, 불사음不邪婬으로 경계하고 있으며, 『사분율四分律』에 의한 250조의 비구계 가운데는 4조의 바라이법이 있다. 음행은 이 가운데 첫 번째 항목인데 출가자로서 여성과의 성교를 말한다.[42] 한국불교는 전통적으로 청정지계淸淨持戒를 원칙으로 삼고 있었는데, 그 사례는 승려의 비문碑文이나 각종 승전僧傳기록에서도 어렵지 않게 볼 수 있다.

得度 후에 연령이 만20세 이상에 이른 자는 比丘戒를 受持하게 함.
다만 帶妻食肉하는 승려에게는 이를 불허함.[43]

1912년 10월 15일 조선총독부가 인가한 각본말사법은 대처식육하는 승려가 비구계를 수지하는 것을 금하고 있다. 조선총독부는 적어도 1910년대 초까지 대처식육의 건의[44]와 풍조가 있었지만, 한국불교가 지닌 청정지계淸淨持戒를 법적으로 보호하고 있었다. 그러나 일본 유학승들이 귀국하

---

42) 凝然大德著 平川彰譯, 「律宗」, 『수행과 계율』 제10회, 선우논강 발표요지문, 2004, 109쪽.
43) 「各本末寺法」 第8章 僧規, 58條, 『朝鮮佛教通史』下, 민속원, 1918, 1149쪽.
44) 한용운은 1910년 3월 「中樞院獻議書」와 同年 9월 「統監府建白書」를 제출하여 승려의 결혼을 허락하여 줄 것을 청원하기도 하였다.(한용운 지음, 이원섭 옮김, 『조선불교유신론』, 운주사, 1992, 25~130쪽)

기 시작한 1920년대부터 상황은 심각해져 갔다. 유학승들은 일본불교의 영향을 받아서 대부분 결혼을 하였고, 귀국 후에는 당시 불교계의 개혁세력으로 등장하여 보수 세력과 대립하기도 하였다.[45] 더욱이 대처유학승들은 귀국 후 본산本山의 사찰의 주지에 취임하고자 그 사법寺法을 개정하고자 하였다.

> 현재 조선에서 종전 30본산의 주지직에 있는 자는 계율을 엄격히 지킨 청정한 승려가 아니면 안 되었다고 한 것이 寺法의 明文에 규정되어 왔지만, 근래 內地 유학출신 청년 승려의 귀국이 늘어남에 따라 그 본산에 들어가는 자가 많아진 일이 원인이 되어 내밀히 부녀를 거느리고, 僧戒를 문란하게 하는 자가 증가함에 따라 오히려 寺法을 다시 고쳐 육식 대처를 공식적으로 허락하자고 주장하는 자가 적지 않았다. 본산 측에서 당국의 양해를 구하는 운동을 하기에 이르렀으며….[46]

1926년 불교계의 상황은 한국불교의 근간이었던 청정지계淸淨持戒의 정신이 세속의 유행에 따라 변질될 위기에 처한 것이다. 더욱이 "축처畜妻 여부는 개인에 관한 문제여서 공인하는 것은 불가하지만, 그렇다고 지나치게 거론할 필요도 없지 아니한가"하는 논의까지 일어났다.[47] 결국 대처승들은 총독부 당국에 대처식육을 인정하는 사법寺法의 개정운동을 전개하기 시작하였다.

한편 백용성을 위시한 비구승들은 "승僧된 자의 지계수도持戒修道함은 당

---

45) 유학승들이 졸업하여 귀국하는 날이면 경성 역에서 하차하기 전에 娶妻부터 해서 지나간다고 하여 스승들이 제자들의 유학을 싫어한다고 하였다.(「佛敎月旦」, 《佛敎》 제4호, 1924, 61쪽)
46) 「僧侶肉喰妻帶の可否」, 《朝鮮佛敎》 제26호, 1926, 23쪽.
47) 백성욱, 「현대적 불교를 건설하려면」, 《불교》 24, 1926, 8~16쪽.

연한 본분사인데 어찌 사법寺法을 개정하여 대처자로서 주지되기를 당국에 희망하리오 …"라는 내용으로 '파계생활금지'에 관한 건백서를 제출하였다.[48]

現今 朝鮮의 승려는 妻帶喰肉을 감행하여 청정사원을 오염시키고 더럽히는 마굴로 만들어 운영하고 있으니 僧體를 바로 보면 실로 통탄할 뿐입니다. 부처님이 僧侶에게 妻帶할 것을 허락했다면 在家二部衆을 둘 필요가 없을 것이라는 것은 당연한 일입니다. 바라옵건대 각하는 僧規를 明察하여 출가자의 처대육식을 엄금하십시오. 그렇게 하기 위해서는 破戒僧의 比丘戒를 취소하여 淸信士女의 지위에 처하게 하는 것이 당연하다고 믿습니다. 처대승려가 날로 증가하여 전 조선사찰이 부패되어 가는 점을 일일이 열거하기 어렵습니다. 現今에는 처대승려가 조선 사찰의 권리를 장악한 까닭에 진실한 승려로 공익을 우선시하고 검소하거나, 계율을 준수하거나, 승속의 모범이 되는 年高衲僧과 修行衲子들은 자연히 쫓겨나 눈물을 흘리고 방황하기에 이르렀습니다. 금후 이 사천대중이 어느 곳에서 편안히 지내겠으며, 또 불교의 殘命은 어떻게 되겠습니까.[49]

인용문은 백용성과 127명의 비구승들이 조선총독에게 보낸 탄원서의 내용이다. 1926년 5월 건백서를 제출하였지만, 조선총독부가 아무런 반응을 보이지 않자 2차 건백서를 보낸 것이다. 5월에 보낸 1차 건백서와 그 내용이 크게 다르지 않지만, 2차 건백서에서는 그 요구상항이 보다 구체적으로 정리되어 있음을 볼 수 있다. 예컨대 불교계가 대처육식의 풍조가 만연하고 있음을 지적하고 승려의 대처행위를 금지하고자 하였다.[50] 그 구체적

---

48) 김태흡 편, 『용성선사어록』 하, 1941, 제26장.
49) 白龍城, 「僧侶肉喰妻帶問題に關する嘆願書」, ≪朝鮮佛教≫ 第27號, 1926, 33쪽.
50) 1925년 교무원에의 통계에 따르면 전국 비구 · 비구니는 7,188명으로 집계되었는데, 결혼하

인 조치로 대처승의 비구계를 취소하여 재가불자인 청신사녀淸信士女의 지위에 있게 할 것을 원하였다. 또한 "지계持戒승려에게는 몇 곳의 본산本山 사찰을 할당해주어 안심하고 도를 닦게 할 것이며, 대처승려 역시 몇 곳의 사찰을 지정해 주어 파계승과 지계승의 구별을 명확하게 해줄 것"을51) 탄원하였다. 그러나 청정비구승의 건백서에도 불구하고 조선총독부는 승려들에게 대처식육을 허용하였으며, 대처승도 본사주지가 될 수 있도록 사법개정을 신청하도록 각 본사에 지시하였다.52) 이것은 1926년 사법寺法 가운데 '주지자격규정'에 관한 항목에서 '비구계를 구족해야 한다'는 조항을 삭제할 것을 종용하면서부터 비롯되었으며, 대부분의 사찰이 1929년까지 이 조항을 삭제했다는 것이다.53)

이와 같이 1926년 두 차례의 건백서 사건은 한국 전통불교에 대한 호법護法과 항일抗日의 의미를 동시에 지니고 있었다. 그런데 건백서에서 제시한 구체적인 요구사항이 10여 년 후 선학원에서 동일한 형태로 계승되고 있다는 점이다. 이른바 "취처담육娶妻噉肉하는 승려들이 사원을 장악케 됨으로 말미암아 수행납자修行衲子와 연고납자年高衲子에게 몇 개 본산을 할급割給하여 청정사원의 전통을 유지케 하라"는 부분이다.

선학원은 1931년 중흥을 계기로 한국불교 선종의 중심기관임을 내세우면서 그 위상을 확대하고자 하였다. 그 가운데 3차례에 걸쳐 개최된 조선불교수좌대회朝鮮佛敎首座大會는 청정비구승의 수행환경을 향상시키는 것이 기본적인 목적이었다. 특히 1935년 제3차 수좌대회에서는 당시 불교계 통일기관이었던 교무원敎務院 종회宗會에 수좌들을 위해 청정사찰 몇 곳을 할애해

지 않은 승려는 4천여 명으로 추정되고 있었다.(具萬化, 「その罪三千大千世界に唾棄する處無し」, 《朝鮮佛敎》 第28輯, 1926, 19쪽.

51) 백용성, 앞의 글, 1926.
52) 「寺刹住持의 選擧資格 改正」, 《매일신보》, 1926. 11. 26.
53) 최금봉. 「三十一本山主持會同見聞記」, 《佛敎》 第2號, 1937.

달라는 건의서를 작성하여 제출하였다.54) 그러나 대처풍조가 더 이상 새로운 것이 아닌 일반적 현상으로 정착한 이상 선학원의 요구조건은 무의미한 것이었다. 그 맥락은 역시 1926년 백용성을 위시한 127명의 비구승이 제출한 건백서의 성격과 동일하였고, 그 결과 역시 다르지 않은 것이었다. 때문에 선학원은 자력구제방안으로 재단법인을 설립하였다. 이른바 조선불교중앙선리참구원朝鮮佛教中央禪理參究院으로 인가를 받았는데, 1935년 자본금은 설립 당시 9만원에서 여러 곳에서 답지한 기부금으로 14만원이 되었고, 재단법인에서 운영하는 선원이 5개나 된다고 하였다.55) 재단법인 설립 당시 만공滿空 · 혜월慧月 · 한암漢岩 · 성월惺月과 같은 대표적 인물들은 선학원 설립 이전부터 진행해 온 호법과 항일운동을 선학원의 재단법인 설립을 통해 계승하고자 했던 것이다. 수좌들을 위한 청정사찰 할애에 대한 요청은 1939년 조선불교선종정기선회朝鮮佛教禪宗定期禪會에서도 거듭되었다. 당시 선학원은 경상 · 구하 · 종헌 3인을 교섭위원으로 정하여 모범 총림叢林 건설을 위해 지리 · 가야 · 오대 · 금강 · 묘향 등 5대 산을 구체적으로 지적하여 요구하였다.56)

요컨대 선학원은 전통 불교수호를 위한 자구책을 모색하면서 대처승과 구별되는 청정사찰 할애를 지속적으로 요청하였다. 대처식육의 풍조로 인한 한국 불교의 전통성 와해는 강원과 선원의 황폐화보다 더욱 심각한 것이었고, 한국불교의 정체성과 함께 존립조차도 위협하는 것이었다. 때문에

---

54) 정광호, 「한국 전통선맥의 계승운동─선학원을 중심으로─」, 『일본침략시기의 한일불교관계사』, 아름다운세상, 2001, 290쪽. 이러한 요구는 1926년 백용성의 建白書에서부터 지속적으로 제기된 문제였다.

55) 「우리 각 기관의 활동상황」, ≪선원≫ 4호, 1935, 29~34쪽.

56) 정광호, 앞의 글, 2001, 293~294쪽. 조선불교선종정기선회는 이전 朝鮮佛教首座大會의 다른 이름이다. 당시 禪會에서는 금강산 마하연을 모범선원으로 지정하여 초심납자들을 지도하자는 논의가 있었고, 一鉢無碍의 雲水僧에게 정식으로 救療費를 예산에 넣어서 질병구호를 시행하자고 하였다.

청정비구승에 대한 보호는 필연적이었고, 그것은 선학원 중흥의 일차적인 목적이 되었다. 선학원은 이후 대처식육과 같은 왜색화의 경향을 해방이후부터 본격적으로 종식시키고자 진력하였다. 이것이 이른바 한국 현대불교사의 한 획을 그었던 정화운동淨化運動이다.

4. 맺음말

선학원의 설립과 중흥은 한국 근현대 불교사를 이해하는 기초이자 근간이다. 그 자체가 단순히 일제하 불교계의 한 단체가 설립되어 전통불교 수호운동을 전개했다는 것만으로 설명하기에는 실제적 역할이나 상징성 그리고 역사적 의미가 지대하다. 선학원에 대한 이해는 곧 일제하 불교계의 동향이나 이념 등을 본질적으로 이해하는 척도로 해석할 수 있기 때문이다. 본 논문은 이제까지의 선학원사禪學院史 연구에서 미진했던 그 설립과 중흥의 배경을 면밀히 검토하여 당시 불교계에 대한 이해뿐만 아니라 선학원사가 지닌 그 불교사적 의의를 재정립시키는 단초를 마련하고자 하였다.

우선 선학원의 설립은 조선시대 이래 쇠퇴한 선풍禪風을 진작시키고, 일제의 간섭을 받지 않고 수좌들이 수행할 수 있는 환경을 마련하는 것이 직접적인 배경이다. 그러나 근본적인 설립 배경은 이미 1910년에 진행된 임제종 운동과 같은 항일적 성격과 그 맥락을 함께하고 있다. 조선불교가 일본불교에 종속되는 것을 반대하는 명분이라든지 운동의 주체세력들이 선학원 설립에도 역시 적극적인 활동을 전개한 것이다. 일본 조동종과의 연합반대와 같은 항일을 표방한 것은 일제하 한국 불교계가 시종일관 표방한 것이었고, 그 실현을 위해 진력했던 것은 조선불교의 독자적이고 주체적인 발전을 의미한 것이었다. 송만공이 언급한 바에 따르면 선학원은 "순전히 조선 사람끼리만 운영하는 선방禪房을 꾸려 불조佛祖 정맥正脈을 계승하자"는 취지에서 설립되었는데, 그것은 임제종 운동의 성격과 결코 다르지 않다. 아울러 백용성·한용운·오성월 등 임제종 운동의 주역들이 10여 년 후 선학원 설립에도 참여하여 보여 준 주체적 면모는 호법護法과 항일抗日이라는 일맥상통한 측면을 강하게 지니고 있다. 호법과 항일의 표방은 선학원의 설립과 중흥이 일제하 불교계의 다양한 항일과 개혁운동을 관통하는 근본적이고 상징적인 역할을 담당하고 있었음을 의미한다.

선학원은 설립과 중흥을 통해 급격하게 쇠퇴해 가는 계정혜戒定慧 삼학三學의 체계를 면면히 계승하고 발전시키고자 한 의도 역시 강하게 지니고 있었다. 삼학三學은 한국 불교가 지닌 독자성과 암울하고 질곡의 시기를 극복할 수 있었던 생명력의 근원이기도 하였다. 이 존립의 근간이 불교의 왜색화와 탄압, 그리고 소외로 소멸될 위기에 처한 것이다. 당시 전통 선원이나 강원은 대처육식의 풍조와 신학문 강조로 인해 불교계의 관심에서 멀어져 갔다. 전통 선원의 상황은 처참하기까지 하였다. 전 생애를 정각正覺을 위한 수행에 바친 수좌들은 마땅한 수행처가 없었으며, 대처승의 사원에서는 쫓겨나기 십상이었다. 더욱이 식량이 없다는 이유로 선원에서는 방부를 받기가 어려웠고, 결국은 길거리를 헤매다가 병이 들어 사망하기에 이르렀다. 이러한 상황은 전통 강원도 다르지 않았다. 학인들은 그 스승조차도 시대에 뒤진 인물로 바라보았고, 더욱 중요한 것은 학인들 스스로 자포자기하여 의식衣食을 구걸하거나 쫓겨날 지경에 놓여 있었다. 당시 불교계를 대표하는 교무원과 대다수 본산 주지들이 학교교육만을 강조하여 교리연구뿐만 아니라 지리학·심리학·천문학 등을 가미하고자 한 결과였다. 이러한 상황에서 현묘하고 헤아리기 어려운 교리敎理를 연구한다는 자긍심이 생겨나리라고 기대하기는 어려운 일이다.

결국 당시 불교계의 선교학과 선원·강원의 존립은 총체적인 위기상황을 맞이하고 있었다. 이와 같은 상황에서 선학원 설립과 중흥은 단순히 선풍 진작과 대중화에만 국한된 것은 아니었다. 1928년 조선학인대회가 전통 강원의 부활을 목적으로 개최되기도 하였지만, 선학원은 1931년 중흥을 계기로 다양한 활동을 전개하였다. 청정비구승의 수행풍토 개선을 위해 우선적으로 진력하였지만, 대승경전에 대한 설법과 백용성·송만공 등 고승들이 일반대중에게 다양한 설법과 강화를 펼치기도 하였다.

한편 선학원의 설립과 중흥의 배경에는 일제하 불교계의 화두이기도 한 대처식육과 긴밀한 연관관계를 지니고 있다. 대처식육의 문제는 한국 불교의 이념, 수행, 교육, 일제의 불교정책 등 당시 불교계가 직면한 근본적이고도 실제적인 문제와 결부되어 있었으며, 해방 이후 불교계의 정화운동淨化運動으로 이어지기도 하였다. 대처의 풍조는 1910년대 유학승이 귀국하기 시작한 1920년대부터 불교계의 일반적인 현상으로 나타났다. 이들은 불교계의 개혁세력으로 등장하기도 하였지만, 스승을 축출하고 주지직을 희망하여 총독부 당국에 대처식육을 인정하는 사법개정운동을 전개하기도 하였다. 결국 지계수도持戒修道의 전통적인 불가佛家의 전통은 사라져 버렸다. 이에 대해 백용성을 중심으로 한 비구승들은 1926년 수행자의 대처식육 금지를 건의하는 건백서를 2차에 걸쳐 제출하기도 하였다. 이 가운데 "수행납자修行衲子와 연고납자年高衲子에게 몇 개 본산本山을 할급해 달라는 요청은 10여 년 후 선학원의 활동으로 계승되었다. 예컨대 1926년 9월 제2차 건백서는 파계破戒승려에게 몇 곳의 본산本山 사찰을 할당해 주고, 지계持戒승려에게 역시 몇 곳의 본산 사찰을 지정해 주어 파계승과 지계승의 구별을 명확하게 해줄 것을 탄원하였다. 불교계의 이러한 요구는 1935년 선학원이 개최한 제3차 조선불교 수좌대회에서 재현되었다. 교무원 종회宗會에 수좌들의 안정적인 수행과 그 환경을 위해 청정 사찰을 할애해 달라는 건의서를 제출하였다. 이러한 요구는 1939년 선학원의 조선불교선종정기선회朝鮮佛教禪宗定期禪會가 개최될 당시에도 계속되었다. 이때에는 지리산과 금강산 등 5대산을 구체적으로 지적하여 청정사찰로 할애해 줄 것을 요청하기 위해 교섭위원까지 구성하였다. 대처풍조가 일반화되어버린 당시 선학원의 요구조건은 비록 무의미하게 끝나버렸지만, 그 역사적 의미는 불교계의 왜색화에 대항한 호법과 항일정신의 계승이었다. 선학원의 전통불교 수호의지는 결국 자구적 노력으로 이어졌다. 예컨대 선학원은 재단법인을 설립하여 청정비구승들이 안정적으로 수행할 수 있도록 여건을 마련하였다.

결국 선학원은 침체된 선원의 부활과 수좌들의 수행여건 향상만을 위해 설립된 것은 아니었다. 일본의 침략과 일본불교의 유입으로 인한 불교계의 혼란과 위기를 총체적으로 극복하려는 의도를 지니고 있었다. 아울러 한국불교가 지닌 독자성과 주체성을 보존하고 계승하기 위해 중흥의 면모를 보이기도 하였다. 특히 대처식육의 풍조에 대응한 수좌들의 청정사찰 할애요청은 1920년대부터 불교계에서 지속적으로 등장한 문제이기도 하였다. 선학원은 중흥기인 1930년대부터 해방이후 그리고 1990년대에 이르기까지 지속적으로 주장하였다. 대처종단에 대한 대응은 한국불교의 독자성이나 자존과 관련된 중요한 문제이기 때문이었다.

Ⅲ. 일제하日帝下 ≪선원禪苑≫지誌의 창간創刊과 그 성격性格

1. ≪선원禪苑≫의 창간배경創刊背景

일제침략기 한국의 불교계는 사찰령 반포 이후 일제의 탄압과 시대상황에 맞는 변화와 발전을 모색해가는 시기였다. 이른바 사회진화론社會進化論과 유물론唯物論을 기초로 한 한국불교의 근대화와 개혁을 위한 노력은 당시 불교계의 공통된 화두였다. 이 시기 간행된 불교계의 잡지雜誌 역시 불교계의 '개혁改革'과 '유신維新'이라는 최대 관심사를 주제로 소개하고 있었다.[1] 조선시대의 극심한 탄압에 시달렸던 불교의 낙후성을 지적하고, 변화하는 시대상을 선도할 것을 강조하였다. 이른바 전통을 부정하고 개혁을 통한 한국 불교의 근대화를 위해 잡지가 지니고 있는 소임을 다하고자 하였다.

한편 1931년 창간된 ≪선원禪苑≫지誌는 1921년 창설된 선학원禪學院의

---

1) 일제하 불교계의 잡지·신문의 발간에 대해서는 대한불교조계종 교육원편, 『조계종사』-근현대편-, 조계종출판사, 2005, 110~111쪽의 〈1910년~1945년의 잡지·신문일람표〉가 참고할 만하다.

기관지다. 선학원은 일본불교의 침투와 불교계의 왜색화 경향에 항거한 수좌들이 과거의 것만으로 이해한 선禪을 중심으로 한국불교의 정체성을 수호하고, 선풍진작을 위해 창설하였다.[2] ≪선원≫지는 창간된 이후 선학원의 설립정신을 불교계에 소개하고, 그동안 개혁과 유신의 유행으로 관심사에서 멀어진 선의 대중화와 한국 선의 정체성을 확립하고자 진력하였다. 때문에 ≪선원≫지는 일제하 불교개혁과 근대화를 강조했던 여타의 불교계 잡지와는 그 성격이 근본적으로 다르다.

일제하 불교계의 잡지에 관한 직접적인 연구 성과는 활발하지 않다.[3] 당시 불교의 종교정체성이나 근대화와 관련한 연구를 일제하 불교계에서 간행한 잡지의 글을 통해서 검토하려는 노력이 있었을 뿐이다.[4] 특히 ≪선원≫지에 관한 연구는 해제차원에 그치고 있어 성격이나 불교사적 의미를 검토하지 못한 한계를 지니고 있다.

이 글은 일제하 불교계의 관심사였던 개혁과 유신이 아닌 한국불교의 정체성과 선의 중흥, 선의 대중화를 강조했던 ≪선원≫지가 지닌 성격과 그 불교사적 의미를 검토하는 것이 궁극적인 목적이다.[5] 일제하 불교계의 동

---

2) 일제하 선학원의 창설과 활동에 대해서는 다음의 논고가 참고된다. 정광호, 「한국전통선맥의 계승운동」, 『근대한일관계사연구』, 인하대출판부, 1994 ; 조계종교육원, 「선학원의 창립과 전통불교수호」, 『조계종사(근현대편)』, 조계종출판사, 2001 ; 한국불교근현대사연구회, 「석주스님-선학원과 함께 한 40년-」, 『22인의 증언을 통해 본 근현대불교사』, 선우도량출판부, 2002 ; 김광식, 「선학원의 설립과 전개」, 『선문화연구』 창간호, 한국불교선리연구원, 2006 ; 김순석, 「중일전쟁 이후 선학원의 성격 변화」, 『선문화연구』 창간호, 한국불교선리연구원, 2006 ; 오경후, 「선학원 운동의 정신사적 기초」, 『선문화연구』 창간호, 한국불교선리연구원, 2006 ; 법진, 「禪學院 中央禪院 芳啣錄과 禪宗復興」, 『選佛場』 -安居芳啣錄과 首座大會會錄-, 한국불교선리연구원, 2007.
3) 일제하 불교계에서 간행한 잡지에 대한 연구는 다음의 논고가 참고된다. 백순재, 「한국불교잡지사」 1~4, ≪범성≫ 1~5호, 1973, 1월~6월 ; 백순재, 〈한국불교잡지서지고〉, ≪법륜≫ 100~105호, 1977, 6월~11월 ; 김광식, 「일제하의 불교출판」, 『대각사상』 9, 대각사상연구원, 2006.
4) 송현주, 「근대한국불교의 종교정체성인식 - 1910~1930년대 불교잡지를 중심으로-」, 『불교학연구』 7, 불교학연구회, 2003.

향 속에서 ≪선원≫지가 창간된 배경은 선학원의 창설내지는 활동과 직접적인 연관성을 지니고 있다. ≪선원≫지는 당시 불교계에서 선학원과 교무원敎務院과의 관계라든가 암울한 선원수좌들의 생활을 지적하고 수행여건 마련을 위한 선학원의 노력들을 지속적으로 수록하고 소개하고 있어 주목된다. 주요 집필진의 글은 당시 불교계의 진화론과 유물론을 앞세운 개혁의 한계를 지적하고, 그 대안으로 선을 강조하기도 하였다. 이들은 선의 중흥과 대중화를 위해 선 수행을 둘러싼 기초적인 개념을 소개하고, 선사의 어록과 공안집인 ≪선문염송≫을 풀이하기도 하였다.

결국 본 연구는 ≪선원≫지의 분석을 통해 일제하 불교계의 동향부터, 당시 불교계가 개혁과 일제의 불교정책과 관련하여 선禪과 수좌首座들을 어떻게 인식하고 대우하였는가를 살필 수 있을 것이다. 또한 주요 집필자들이 ≪선원≫지를 통해 표방하고 강조하고자 했던 것은 무엇인지를 알 수 있을 것이다. 요컨대 ≪선원≫지의 간행을 통해서 일제하 불교계의 또 다른 측면을 살필 수 있는 기회를 마련하고자 한다.

≪선원≫지는 일제하 불교계의 동향 속에서 창간되었다. 이 시기는 일제의 불교계 탄압과 그에 대한 저항으로 선학원이 창설되었고, 불교계 내부의 갈등, 한국불교의 근대화를 위한 개혁과 유신의 움직임, 그리고 대처식

---

5) 이와 관련하여 조성택은 국사학계와 불교학계에서의 근대불교 연구의 문제점을 비판하였다. 예컨대 한국 근대불교의 연구가 항일-친일의 패러다임으로 근대불교를 바라보고 있으며, 대처로 상징되는 일본 불교는 '타락'이며 비구로 상징되는 한국불교는 '청정'하다는 도식으로 전개되고 있다는 점을 지적하였다. 아울러 그 연장선상에서 일본 근대불교는 곧 왜색불교이며 이는 곧 악이라는 도식적 이해는 정당한 역사이해라 할 수 없다고(조성택, 「근대불교학과 한국 근대불교」, 『민족문화연구』 제45호, 고려대학교 민족문화연구소, 2006, 80~88쪽) 하였다. 그러나 한국 근대불교의 연구가 왜색불교는 곧 악이라는 논리는 한국불교의 오랜 역사이해를 기초로 내린 결론이다. 예컨대 대처식육으로 대표되는 왜색불교는 한국불교가 지닌 정통성에 위배되는 것이었고, 근대불교도 아닌 악인 것이다. 이것은 당시 조선불교 교단의 입장에서 자신의 정체성을 지키고자하는 저항논리이며, 하나의 방어논리(조성택, 앞의 논문, 88쪽) 그 이상의 의미를 지니고 있다. 요컨대 당시 일본 불교가 근대불교라고 인식된다하더라도 그것이 조선에서도 여전히 근대불교라고 규정될 수 없는 것이다.

육으로 상징되는 왜색불교에 대항한 한국불교의 정체성 확립과 선의 대중화를 위한 노력 등 복잡한 변화를 겪었다. ≪선원≫지는 이와 같은 일제하 불교계의 다양한 양상을 상징하기도 한다.

佛敎에서는 이 靈而覺하고 寂而照하는 一物을가르쳐서 或은佛이라 或은如來라일르며 禪宗에서는 이것을 가르쳐서 或은一靈의眞性이라 或은涅槃의妙心이라하는바 禪學의工夫로써 此一物을 發見하고 捕捉하는 妙理가 至簡至易하고 至明至瞭하야 直下에 信得하면 本來成佛이라 瓦礫이放光하고 當下에 悟入하면 觸處에 解脫이라 淨域이 脚下에 建設되는 것입니다. 그러나 이런 理趣를 입으로말하지아니하고 붓으로 써보이지아니하면 누가알겟슴닛가 그래서 本是부터 文字에 서투른 禪學의 修者라도 時代기時代인만큼 精究黙守만 할때가아니라하야 本誌를 世上에 보내게된지라 蕪辭로써 創刊辭를 代하는 바로소이다.[6]

≪선원≫지 창간의 배경은 첫째, 한국불교의 정체성 확립에 있었다. 인용문은 선학禪學 가운데 훌륭하고도 미묘한 이치가 많지만, 말로써 표현하지 못하는 '일물一物'을 입과 붓으로 보이기 위해 ≪선원≫지를 세상에 내놓았다는 것이다. 그러나 선학의 의미를 알기 쉽게 풀이해서 소개하고자 한 것도 있지만, 당시 불교계의 상황을 단적으로 암시하고 있는 것이다.

우선 ≪선원≫지의 창간은 선학원이 설립된 이후 침체기를 딛고 이룩한 중흥과 긴밀한 연관성을 지니고 있다. 선학원은 선禪의 부흥과 불조정맥佛祖正脈을 계승하기 위해 설립되었지만, 당시 불교계는 선원禪院에 대한 인식의 희박과 대처풍조의 만연으로 독신 수좌들을 배척하는 분위기가 심화되어갔다. 이것은 재정문제를 야기시켰고 급기야 운영난에 직면하였다.

---

6) 「創刊辭」, ≪禪苑≫ 創刊號, 禪學院, 昭和6年(1931), 3쪽.

1924년부터 어려움이 심화되어 1926년에는 범어사 포교소로 전환되기도 하였다.[7] 선학원의 폐쇄와 선우공제회의 해산을 극복하고 재건된 것은 김적음金寂音이 1931년 1월 21일 선학원을 인수하면서부터였다.[8] 그는 선학원 인수 직후 전선수좌대회全鮮首座大會를 개최하고, 당시 불교계 대표기관인 교무원教務院 종회宗會에 중앙선원中央禪院 설치 건의안을 제출하는 등 선禪을 중흥시키고자 하였다. 아울러 남녀선우회男女禪友會를 조직하고, 한용운·백용성·김남전 등이 설법과 강화를 통해 선의 대중화 역시 모색하였다. 결국 김적음은 선학원을 일제하 불교계에서 선의 대표기관으로 확립시키고자 진력하였다. 그러므로 선학원의 창설과 침체, 재건의 과정은 당시 불교계가 선禪이 차지하는 전통과 위상에 대한 소극적 인식, 그리고 그에 대한 극복을 의미하는 것이다.

1900년을 전후하여 1930년대 중반까지 한국불교는 '개혁'·'혁명'·'유신'의 몸살을 앓고 있었다. 일제하 불교계의 지식인들은 조선시대의 극심한 탄압에서 벗어나 타종교에 대한 새로운 인식과 그들과의 경쟁에서 살아남기 위한 자성自省과 개혁改革에 앞장서기 시작하였다. 그들이 수용한 이른바 사회진화론의 생존경쟁원리는 전통불교를 변화하는 시대에 알맞게 개혁해야 한다는 인식의 기초로 활용하였다. 기독교를 비롯한 타종교의 급속한 전파와 발전은 불교계에 위기의식을 가져다주었고, 자기개혁과 계몽의 필요성은 당연한 것이었다. 한용운(1879~1944)·권상로(1879~1965)·박한영(1870~1948) 등은 사회진화론에 기초한 불교개혁의 구체적 방안을 제시하기도 하고, 개혁의 당위성을 계몽하기도 하였다.[9] 예컨대 포교를

7) ≪南泉禪師文集≫, 人物研究所, 1978, 213쪽.
8) 老姿, 「禪學院日記抄要」, ≪禪苑≫ 創刊號, 禪學院, 昭和6年(1931), 28쪽.
9) 일제하 불교개혁론에 대한 연구는 다음의 논고가 참고된다. 김광식, 「근대불교개혁론의 배경과 성격」, 『종교교육학연구』 7, 한국종교교육학회, 1998 ; 이재헌, 「근대 한국 불교개혁 패러다임의 성격과 한계」, 『종교연구』 18, 한국종교학회, 1999 ; 조현범, 「종교와 근대성 연구

중시하고 염불당念佛堂을 폐지하며, 사원의 위치를 도회지로 옮기자고 주장했으며, 개혁의 방법, 개혁의 전례와 대상을 교계 언론에 소개하기도 하였다.[10] 그러나 일본불교를 선진문명의 대상으로 인식하고 점차 일본불교에 경도된 점이나 한국 불교가 지닌 정체성을 근대불교와 개혁의 이름하에 부정하고 척결해야 할 요소로 이해하기도 하였다. 이와 같은 개혁론은 일제의 사찰령과 거기에 순응하는 보수기득권층의 확산으로 점차 그 생기를 잃었다.[11] 결국 일제하라는 한 시대를 풍미했던 불교개혁론은 시대상황에 대한 정확한 이해부족과 본질적인 자기반성, 그리고 선교禪敎를 기초로 한 자기정체성에 대한 성찰 부족으로 충분한 효과를 보지 못하고 막을 내렸다. 그러므로 ≪선원≫지 창간의 본질적 출발은 여기에서 비롯된다고 할 수 있다.

선학원과 ≪선원≫지의 집필진들은 선禪이 사회진화론과 유물론이 휩쓸고 지나간 자리를 채워주기를 기대하고 있었다. 그동안 불교계의 관심의 대상에서 멀어진 선이 한국 불교의 왜색화를 막고 폐허가 된 정체성을 회복할 수 있는 유일한 대안으로 인식하였다. 선종의 본래면목을 회복하기 위해 찬란한 한국불교의 선종사를 기술했고, 선의 효용성을 강조하기도 하였다. 아울러 진정한 불교개혁은 선수행禪修行을 통한 깨침에서 비롯되어야 함을 천명하였다. 요컨대 ≪선원≫지는 선이 지닌 개념과 역할, 선의 역사 등을 소개하여 그동안의 불교개혁론의 한계를 지적하고 선의 효용성과 한국선이 지닌 실제적인 위상과 가치를 알리고자 하였다. 선풍진작과 선의 대중화를 모색하기 위한 ≪선원≫지의 창간은 여기에서 비롯된 것이다.

의 성과와 과제」, 『근대 한국종교문화의 재구성』, 한국학중앙연구원 종교문화연구소, 2006 ; 조성택, 「근대불교학과 한국근대불교학」, 『민족문화연구』 45, 고려대학교민족문화연구소, 2006.
10) 권상노, 「조선불교개혁론」, ≪조선불교월보≫ 3~18호, 1912.4~1913.7.
11) 이재헌, 앞의 논문, 77쪽.

한편 ≪선원≫지는 선의 중흥과 대중화를 이루기 위한 선학원의 목적과 활동을 불교계에 소개하고자 1931년 창간되었다. ≪선원≫지는 창간 직후에는 선학원 인수의 과정과 인수직후 대방大房에서 참선參禪을 시작한 모습이라든지 당시 고승들의 설법說法과 강화講話의 면모도 소개하고 있다. 그리고 〈선학원일기초요禪學院日記抄要〉라는 이름으로 선학원의 크고 작은 활동들을 일단위로 정리하였고12) 수좌들의 지방선원에서의 수행 역시 기술하였다. ≪선원≫지의 이와 같은 기관지로서의 면모는 1934년 12월 5일 재단법인 조선불교선리참구원朝鮮佛敎禪理參究院으로 개편되면서 더욱 활발해졌다. 1935년 재단의 조직개편과 창종創宗의 의미를 지닌 조선불교수좌대회朝鮮佛敎首座大會와 같은 선학원 본부의 활동13)뿐만 아니라 지방 각 선원의 소식과 심지어 재단법인 설립 당시 기부 재산자 일람표도 소개하였다.14) 선학원이 재단법인으로 개편되고 난 이후 규모가 확대되고 그 활동 역시 체계적으로 진행되면서 ≪선원≫지의 역할 역시 중요해졌다.

요컨대 ≪선원≫지 창간의 두 번째 배경은 선의 중흥과 대중화를 위한 선학원의 설립정신과 활동을 일제하 불교계에 천명하고 충실히 전달하는 것에서 비롯되었다. 비록 선학원이 개혁의 주체가 되지 못했고, 불교계의 주류를 차지하지는 못했지만 선의 대중화를 위한 ≪선원≫지의 노력은 주목할 만 한 것이었다.

---

12) 老姿, 「禪學院日記抄要」, ≪禪苑≫ 創刊號, 禪學院, 昭和6年(1931), 28~29쪽; 老姿, 「禪學院日記要抄」, ≪禪苑≫ 2號, 禪學院, 昭和7年(1932), 85~86쪽.
13) 「우리각기관의활동상황」, ≪禪苑≫ 4號, 禪學院, 昭和10年(1935), 29~34쪽.
14) 「財團法人朝鮮佛敎中央禪理參究院設立當時寄附財産者一覽表」, ≪禪苑≫ 4號, 禪學院, 昭和10年(1935), 44~45쪽.

2. ≪선원禪苑≫의 면모面貌

1) 집필진 분석

≪선원≫지는 선학원이 침체기를 극복하고 재건된 1931년 10월 6일에 창간되어 4호까지 간행하였다. 창간호와 2호(1932.2.1.)·3호(1932.8.16)는 정상적으로 간행되었지만, 4호는 1935년 10월에 간행되었다. 선학원은 재단법인 인가를 받고 난 이후 조직개편이 있었고, 1935년 3월에는 조선불교선종수좌대회朝鮮佛敎禪宗首座大會를 개최하였다. 수좌들은 이 대회를 통해 선종禪宗의 종단을 표방하고, 종정宗正을 추대했으며, 전국선원의 중앙기관인 조선불교선종종무원이 성립되면서 간부진도 선출하였다.15) 때문에 ≪선원≫지의 간행 역시 늦었고, 확대된 조직개편과 종단의 위상 역시 소개하고 있다.

≪선원≫지의 필진은 36명이다. 이 가운데 주요 집필진은 만해萬海 한용운韓龍雲을 위시하여 석전石顚 박한영朴漢永, 백용성白龍城, 방한암方漢岩, 김태흡金泰洽, 권상로權相老 등 당대의 고승이자 지식인들이었으며, 불교개혁론을 주장했던 인물들이기도 하였다. 이밖에 필명만을 표기한 사람은 마하사문·속아俗兒·RWH·병납·노자老姿16) 등으로 각 1편의 글을 게재하였다. 만해는 1913년 5월『불교유신론佛敎維新論』출간을 통해 불교개혁론을 전개하고 대중적 확산과 이념 형성에 진력하였다. 아울러 1918년 ≪유심惟心≫를 창간하여 불교를 통한 중생구원과 불교사상의 계몽적인 글을 소개하였

---

15) 法眞, 「學院 中央禪院 芳啣錄과 禪宗復興」, ≪選佛場≫ -安居芳啣錄과 首座大會會錄-, 한국불교선리연구원, 2007, 26쪽.
16) 姿는 婆의 오류로 보인다.

다.17) 그는 선학원 창설에 기여했으며, 선우공제회 발기인이자 수도부 이사, 재건 이후 일반 대중들에게 설법說法과 강화講話 등 선학원과 깊은 관련을 맺고 있었다. 한용운은 ≪선원≫지 창간호의 권두언卷頭言과 "불이문자不離文字는 성性의 원성圓成인 동시에 도생度生의 대용大用이 되는 것"이라는 요지의 〈문자비문자文字非文字〉라는 비교적 간략한 글을 싣고 있을 뿐이다. 그러나 자신이 이전에 적극적으로 강조했던 불교개혁론의 성격을 담은 글은 찾아 볼 수 없다.

박한영은 '석전사문石顚沙門'이라는 이름으로 〈불시선不是禪〉18)·〈서진선西震禪의 동별同別〉19) 두 편의 글을 게재하였다. 그는 1910년 이회광을 비롯한 불교계의 친일인사들이 불교계의 개혁을 일본 조동종과의 연합을 통해 진행하고자 했을 때 항거한 인물이다. 당시 조동종과의 맹약은 외형적으로는 연합이지만, 그 내용은 한국불교를 일본 조동종에 매종시킨 면이 내재되어 있었다.20) 박한영·백용성白龍城·진진응陳震應 등은 이회광의 매종행위를 비판하고 한국불교는 선종중에서도 임제종 계통인데, 그 연합의 대상은 계파가 다른 조동종이라는 것에 비판의 논거를 마련하고 한국불교의 연원은 임제종임을 천명하였다. 이들은 1911년 1월 15일 송광사 총회에서 임제종 임시 종무원을 송광사에 설치하고, 관장 임시대리로 한용운을 선출하였다. 동년 2월 6일 박한영을 비롯한 15명의 임제종주도자들은 '임제종문臨濟宗門'을 일층확장하기 위한 임시총회를 광주 증심사에서 개최하였다. 결국 임제종운동은 사찰령 이후 불교계의 조직적인 항일적 성격을 지니고 있었으며, 그 정신은 선학원의 설립정신에도 직접적으로 영향을 미쳐 계승

---

17) 白淳在, 「韓國佛敎雜誌書誌考」, ≪法輪≫ 中①, 月刊法輪社, 1977.7, 93~96쪽.
18) 石顚沙門, 「不是禪」, ≪禪苑≫ 創刊號, 禪學院, 昭和6年(1931), 4~5쪽.
19) 石顚沙門, 「西震禪의 同別」, ≪禪苑≫ 2號, 禪學院, 昭和7年(1932), 8~10쪽.
20) 金光植, 「1910년대 佛敎界의 曹洞宗 盟約과 臨濟宗 運動」, 『韓國近代佛敎史硏究』, 민족사, 1996, 67쪽.

으로까지 전개되었다.21) 이와 같이 박한영은 임제종운동의 주도인물이었으며22), 1913년 창간된 ≪해동불교≫의 편집겸 발행인으로 활동하기도 하였다. ≪해동불교≫는 1912년 창간된 ≪조선불교월보≫의 개명改名 속간물續刊物로 불교진흥을 목적으로 국민대중의 교화와 계몽적 목적을 구현코자 한 ≪조선불교월보≫의 특색을 계승하고 있었다.23)

박한영은 권상노·한용운과 함께 당시 불교개혁론의 대표인물로 불교 근본정신의 진면목을 기초로 시대변천과 문명사조의 세례를 유의해야 한다는 인식을 지니고 있었다. 그러나 ≪선원≫지에 게재한 두 편의 글에서는 기초적인 선 논설과 인도와 중국 선의 동이성同異性을 규명했을 뿐 개혁론과 관련된 논조의 글은 게재하지 않았다. 결국 1910년대와 20년대 사회진화론에 기초한 불교개혁론을 주장했고, 그 이론을 전개했던 위 사람들은 1930년대 ≪선원≫지에서는 선에 관한 논설과 선종사 중심의 글을 게재했을 뿐 개혁과 유신의 성격을 띤 불교이념을 전개하지는 않았다.

한편 백용성은 8편의 글을 게재했다. 화두의 개념과 참구의 방법을 소개했는데24) 『선문염송禪門拈頌』을 중심으로 한 화두풀이에 대한 강화講話가 대부분을 차지하고 있다. 백용성 역시 일본불교의 침투에 항거하여 임제종운동臨濟宗運動을 주도하였고, 1926년 5월과 9월 127명의 비구승과 함께 조선총독과 일본 내무성 앞으로 '파계생활금지'에 관한 건백서建白書를 제출하기도 하였다. 그의 건백서는 재가신자와 출가대중의 구별이 엄연히 있는

---

21) 오경후, 「선학원운동의 정신사적 기초」, 『선문화연구』 창간호, 한국불교선리연구원, 2006, 348~355쪽.
22) 그러나 박한영은 1912년 7월 이회광이 과거사는 잊고 불교발전을 위해 공동으로 노력하자는 제의를 받고 노선의 전환을 단행했다고 한다. 예컨대 일제가 인정하는 교단에 협조하여 불교발전을 기하겠다는 노선을 택한 것이다.(김광식, 「근대불교개혁론의 배경과 성격」, 『종교교육학연구』 제7권, 한국종교교육학회, 1998, 59쪽.)
23) 백순재, 앞의 글, 127~130쪽.
24) 백용성, 「화두법이라」, ≪선원≫ 3호, 선학원, 昭和7年(1932), 31쪽.

데, 근자 출가 대중 가운데 함부로 대처식육하는 마속들이 발생, 청정도량을 더럽히고 있으니 하루 속히 시정토록 해달라는 탄원서였다. 비록 일제의 미온적인 태도로 그 실효를 거두지는 못했지만, 백용성의 노력은 한국불교의 정통성을 유지하고자 하는 일련의 움직임이었다.25) 백용성 역시 당시 불교계의 지도자답게 역경 및 출판사업을 통해 불교의 대중화 및 혁신을 위한 운동을 전개하였다.26) 그는 오성월吳惺月·송만공宋滿空·김남전金南泉 등과 함께 선학원 창설에 주도적인 역할을 하였으며27) 선학원 재건 당시에는 송만공·한용운 등과 함께 일반대중에게 설법과 대승경전 강화 등의 행사를 거행하기도 하였다.28)

김태흡金泰洽(1899~1989)은 법주사 출신으로서 고학으로 일본 대학에서 인도철학과 종교학을 공부하고 동경제국대학 사료편찬실에서 일한 경력이 있는 일제하의 대표적인 엘리트승려다. 1928년 귀국하여 재단법인 조선불교중앙교무원 최초의 포교사로 임용되어 활동하였다. 김태흡은 '김대은金大隱'·'김소하金素荷'라는 별명을 사용하여 「심즉시불心卽是佛」·「선禪의 인생관人生觀」과 같은 선에 대한 기초적인 논설을 게재하기도 했지만, 일제하 불교계의 선에 대한 인식과 수좌의 암울한 수행생활 등을 소개하기도 하였다.29) 또한 ≪선원≫ 제4호에는 일제의 관제운동이었던 심전개발心田開發운동에 대한 글도 게재하였다.30) 조선총독부가 심전개발운동을 통해 달성하고자 한 목적은 조선인들로 하여금 정책에 순응하게하고 천황에게 충성을

25) 오경후, 앞의 글, 351~352쪽.
26) 백용성은 三藏譯會를 통해 역경사업을 추진하였다.(김광식, 「일제하의 불교출판」, 『대각사상』 제9집, 대각사상연구원, 2006, 16~19쪽.
27) 「朝鮮佛教禪學院本部創建上樑文」, 『禪學院略史』, 선학원, 1986, 7쪽.
28) 老婆, 「禪學院日記抄要」, ≪禪苑≫ 創刊號, 禪學院, 昭和6年(1931), 28~29쪽.
29) 金泰洽, 「護禪論」, ≪禪苑≫ 2號, 禪學院, 昭和7年(1932), 2~7쪽.
30) 金泰洽, 「心田開發과 禪의 大衆化」, ≪禪苑≫ 4號, 禪學院, 昭和10年(1935), 10~13쪽.

다하는 충량한 황국신민을 만드는데 있었다.김태흡은 572회의 심전개발 순회강연 가운데 157회의 강연을 하면서 심전개발운동의 선전자로, 더욱이 그가 창간한 ≪불교시보≫는 심전개발운동의 선전지를 자처하고 나섰다.

이밖에 ≪선원≫지의 주요 집필진은 조선불교선리참구원 부이사장이자 초대 종정을 역임한 방한암方漢岩[31] ≪조선불교월보≫의 편집겸 발행인이자 일제하 불교개혁론의 대표적 인물 권상로[32] 그리고 조종현趙宗玄·이광수李光洙·최남선崔南善 등이다.

요컨대 ≪선원≫지에 글을 게재했던 인물들은 일제하 불교계의 개혁과 유신을 강조했던 인물들을 위시하여 친일행위로 비판을 받은 인물도 있다. 아울러 선학원 설립을 전후로 한국불교의 정체성 수호와 항일활동을 전개했던 인물들도 다수 포함되어 있다. ≪선원≫지는 집필진 각자의 성향과는 상관없이 그동안 불교계에서 관심을 끌지 못했던 선禪에 초점이 맞추어져 있었다.

2) 글의 유형

≪선원≫지에 게재된 글은 그 유형상 여섯 가지로 분류할 수 있다. 첫째, 선禪, 둘째, 선종사禪宗史, 셋째, 시조時調, 넷째, 교리敎理, 다섯째, 선학원禪學院의 활동活動, 여섯째, 소설을 중심으로 한 불교문학이다. 먼저 34편에 이르는 선에 관한 글은 선논설(17편), 선사어록과 조선후기 추사와 백파 간에 오고 간 선 논쟁을 번역한 글(3편), 선의 대중화와 중흥을 위한 논설(4편), 화두(10편)에 관한 글로 가장 많은 편수를 이루고 있다.

---

31) 『朝鮮佛敎禪宗首座大會會錄』, 禪宗中央宗務院, 昭和10年(1935), 17쪽.
32) 권상노는 ≪선원≫지에 우리나라 선종사를 중심으로 총 4편의 글을 게재하였다.

京城安國洞四十番地에서 禪苑이란 小誌를간행한다고 禪에대하야 直
截平凡하게 解說하야보내라는 通知書가 來付함을바드매 自然이感想이
發하야 文辭의荒拙과 語調의失格을 도라보지아니하고 略干이까짓것을
艸하야 送呈하나이다.33)

인용문은 방한암의 글로 ≪선원≫지가 지닌 글의 공통적 성격을 잘 보여
주고 있다. 예컨대'선에 대한 직절평범直截平凡한 해설'을 중심으로 게재된
것이다. 그동안 교종을 칭하는 세력이 점차 많아졌지만34) 독신비구승 중
심의 수좌와 선수행에 대해서는 매우 소홀한 것이 사실이다. 선의 중흥과
함께 대중화가 선학원의 설립정신 가운데 하나라고 했을 때 ≪선원≫지의
집필방침 역시 이와 무관하지 않았을 것으로 생각된다. 때문에 선에 대한
간결하고 직접적인 해설을 담고 있는 글들이 요구되었을 것으로 생각된다.
때문에 김태흡 역시 "심원心源을 깨쳐야 생사生死에 뛰여나고 심근心根을 발
켜야 열반涅槃에 듭니다. 우리는 심즉시불心卽是佛을 체달합시다."라고35) 강
조하였다.

우리 불자는 무엇보다도 해탈의 경계를얻어 대중을 위해서 노력하려면
먼저 참선이 필요할 것이다. 이럼으로 부처님도 사십구년을 대중을 위해
서 팔만장경의법을 설하섯스나 실로 뇌로우시지아니시고 최후 열반의 길
까지 자재하심은 설산 륙년의 대수양선정력이시다. 이럼으로써 사람으로
사람다운일을하려면 먼저 선을 연구하여야 될것이요. 선을 연구한다는것
보다도 자기가 자기를알어야할급무이다. 자기가자기를 아는이상엔 능히

---

33) 方漢岩, 「一塵話」, ≪禪苑≫ 創刊號, 禪學院, 昭和6年(1931), 15쪽.
34) 이재헌, 「근대 한국 불교개혁 패러다임의 성격과 한계」, 『종교연구』 18, 한국종교학회,
    1999, 86쪽.
35) 김태흡, 「心卽是佛」, ≪禪苑≫ 創刊號, 禪學院, 昭和6年(1931), 23쪽.

남을위해서 노력할수잇는것이다. 이것을왈 참된사람이라한다.[36)]

풍고는 자신을 알기 위해서, 그리고 남을 위해서 노력하려면 참선이 필
요하다고 강조하였다. 이른바 선수행의 당위성을 강조한 논설을 게재한 것
이다. 이와 같은 선에 대한 기초적인 글과 그 소개는 우리나라 선종사 기
술에서도 예외는 아니었다. 권상노는 창간호에서 "그 선종禪宗이 조선朝鮮에
들어오기는 어느 시대時代붙어이며 또는 어떠한인물人物 어떠한연원淵源으로
써 분포分布, 발양發揚되엿는가를 피상皮相만으로나마 차저볼가함이 이에잇
어서는 아마 정론격인듯하다."라고 하였다.[37)] 그러나 본인이 피상적으로
살펴 본다고는 했지만, 〈보조국사영탑비〉·〈지증국사비〉·〈고려용담사총
림회방〉 등 국내 사료뿐만 아니라 ≪조당집≫이나 ≪전등록≫과 같은 중국
측 자료를 전거자료로 활용하여 구산선문의 종조宗祖와 그 전개를 기술하였
다. 시조는 19명이 25편을 게재하였다. 불교관련 소재와 선학원禪學院에서
의 단상을 소재로 읊은 것이다.

교리는 선禪과 관련된 글을 제외한 일반적인 불교교리를 게재하였다. 예
컨대 김경주金敬注는 불교의 근본교리가 교리학으로 고집멸도苦集滅道의 사체
四諦, 실천수행요약으로 계정혜삼학戒定慧三學, 팔정도八正道를 소개하였다. 그
가운데 삼대골수三大骨髓를 계정혜戒定慧 삼학三學이라고 하였다. 삼학에 대해
서는 부연설명까지 하였다. 정定을 설명하면서 중국과 조선의 선종에 대해
설명하였다.[38)] 허영호許永鎬 역시 「대품반야大品般若에 보이는 보살菩薩의 십
지사상十地思想」이라는 글에서 대품반야 특히 나집의 대품반야에 나타난 십

36) 風皐, 「참된 사람」, ≪禪苑≫ 創刊號, 禪學院, 昭和6年(1931), 27쪽.
37) 권상노, 「조선의 선종은 어떠한 역사를 갖엇는가」, ≪禪苑≫ 創刊號, 禪學院, 昭和6年
    (1931), 9쪽.
38) 金敬注, 「佛敎의 三大骨髓」, ≪禪苑≫ 2號, 禪學院, 昭和6年(1932), 24~27쪽.

지+地가 어떻게 해서 성립 정돈되었는가를 보고자했다.[39] 이밖에 백용성은 『마하반야바라밀다심경역해摩訶般若波羅密多心經譯解』를 《불일佛日》지에 전편全篇을 해석하고자 하였지만, 용이하지 않아 《선원禪苑》에 옮겨 그 번역을 마치고자 한다고 전제하였다.[40] 또한 병납病衲이라는 필명을 가진 투고자는 "아 _ 엇지하면 병든 이몸이 부처님과 가치 청정하오릿가? 그리고 또 언제나 거짓이업시 이 세상을 사라가오릿가?"라고 하여 참회와 함께 깨우치고자하는 서원을 이룩하기 위한 수행자로서의 맹세를 묘사하기도 하였다.[41]

한편 「선학원일기초요禪學院日記抄要」·「지방선원소식地方禪院消息」·「조선불교계朝鮮佛教界의 선원禪院과 납자수衲子數의 통계統計」·「우리각긔관의활동상황〉 등의 글은 《선원》지가 선학원의 기관지임을 보여주는 대목이다. 창간호와 2호에 걸쳐 소개된 「선학원일기초요禪學院日記抄要」는 1931년 김적음이 선학원을 인수한 1931년 1월 21일부터 1931년 9월 12일까지의 대소사를 적고 있다. 인수인계직후 이탄옹화상을 입승立繩으로 하여 참선을 시작하였으며, 남녀선우회 조직(1931.3.1, 전선수좌대회全鮮首座大會를 개최하고 김적음이 교무원 종회에 중앙선원설치를 건의했지만, 교무원 종회는 찬의贊意는 표하였으나 예산부족으로 부결(1931.3.27)된 점을 소개하였다.[42] 2호에서는 1932년 9월 14일부터 12월 17일까지의 선학원에서 일어난 대소사를 기록하였다. 선방중수를 위해 현금을 모집한 사실(1931. 9.14)이나, 김적음이 범어사 본산총회에서 경비보조를 청구했지만, 범어사의 경제적 곤란으로 삭감된 사실 역시 수록하였다.[43] 「지방선원소식地方禪院消息」에서

---

39) 許永鎬, 「大品般若에 보이는 菩薩의 十地思想」, 《禪苑》 3號, 禪學院, 昭和6年(1932), 13~16쪽.
40) 백용성, 「摩訶般若波羅密多心經譯解」, 《禪苑》 3號, 禪學院, 昭和6年(1932), 29~30쪽.
41) 병납, 「구든맹서」, 《禪苑》 3號, 禪學院, 昭和6年(1932), 34~37쪽.
42) 老婆, 「禪學院日記抄要」, 《禪苑》 創刊號, 禪學院, 昭和6年(1931), 28~29쪽.

는 당시 열악한 상황 속에 있었던 지방선원의 안거대중과 동정을 정리하였다. 창간호에서는 유점사 · 상원사 · 표훈사 · 직지사 · 대승사의 사정만을 소개했지만44) 2호에서는 경북慶北 달성達城의 금락선원琴洛禪院 창설과 예산禮山 정혜사定慧寺 등 9곳의 지방선원의 동정을 상세히 소개하고 있음을 볼 수 있다.45) 3호 역시 13곳의 선원의 사정을 조사하여 「조선불교계朝鮮佛教界의 선원禪院과 납자수衲子數의 통계統計」를46) 수록했는데, 이것은 선학원이 재건된 이후 침체된 선원의 부활과 수행여건의 체계화를 의미한 것이다.

4호는 1935년 선학원이 재단법인의 인가를 받은 이후 제3차 조선불교 선종수좌대회를 개최하고, 선종의 창종을 선언한 이후 간행되었다. 때문에 재단법인 조선불교선리참구원으로 확대 개편된 모습을 수록하고 있다. 예컨대 중앙선원을 전국 선원의 모범선원으로 지정한 점이나, 선종중앙종무원禪宗中央宗務院, 재단법인財團法人, 조선불교중앙부인선원朝鮮佛教中央婦人禪院 등 산하기관의 활동을 소개하고 있다.47) 아울러 확대된 22곳의 선원소식과48) 재단법인 인가 이후 기부자 명단과 기부금 규모를 공개하여 안정적이고 투명한 재정상황 역시 소개하였다.49) 이와 같이 《선원》지는 선학원이 창설된 이후 침체와 재건, 재단법인財團法人 인가認可와 창종創宗 등 시기별 변화상을 살필 수 있다.

마지막으로 《선원》지는 김대은이 「부설거사浮雪居士」(창간호) · 「육조대사六祖大師」(2호) · 「장수왕長壽王의 자비慈悲」(3호)를 게재하였다. 이 글들은

---

43) 老婆, 「禪學院日記要抄」, 《禪苑》 2號, 禪學院, 昭和7年(1932), 85~86쪽.
44) 「地方禪院消息」, 《禪苑》 創刊號, 禪學院, 昭和6年(1931), 42쪽.
45) 「地方禪院消息」, 《禪苑》 2號, 禪學院, 昭和7年(1932), 87~88쪽.
46) 「朝鮮佛教界의 禪院과 衲子數의 統計」, 《禪苑》 3號, 禪學院, 昭和7年(1932), 72쪽.
47) 「우리각그관의활동상황」, 《禪苑》 4號, 禪學院, 昭和10年(1935), 29~34쪽.
48) 「禪院消息」, 앞의 책, 42~43쪽.
49) 「財團法人朝鮮佛教中央禪理參究院設立當時寄附財産者一覽表」, 앞의 책, 43~44쪽.

이후 불교시보사에서 저작물로 간행되었고, 선학원에서 단행본 형태로 간행되어 당시 사람들로부터 많은 관심을 끌었다. 이들 작품들은 경전을 번역한 것이기 보다는 경전에 나온 불교 소재를 요약하거나, 재미있게 서술한 교리입문서이자 신앙서였다.

요컨대 ≪선원≫지에 게재된 글들은 화두와 그 참구, 선에 관한 논설이 가장 많은 비중을 차지하고 있다. 선종사에 대한 소개 역시 우리나라 선의 효시와 선문구산의 종조宗祖를 통해 그 위상과 가치를 확인하고자 하는 의도가 담겨져 있었다. 아울러 선학원의 활동에 대한 소개는 단순한 불교계의 동정을 소개하는 것만이 아니라 한국불교의 정체성 확립과 항일정신, 그리고 진정한 불교개혁과 유신은 선을 통해서 이루어져야 함을 반영하고 있는 것이다.

3. ≪선원禪苑≫의 성격과 간행의 의의

≪선원≫지가 지닌 성격은 일제하 불교계가 지니고 있었던 구조적 모순, 즉 일본불교의 탄압과 왜색불교의 경향, 불교개혁론 대두와 한계와 일정한 관련성을 지니고 있다. 또한 당시 불교계의 선禪에 대한 무관심과 독신비구승에 대한 냉혹한 차별에 대한 문제제기와 자주적 면모와도 관련이 있다. 때문에 ≪선원≫지가 지닌 성격은 일제하 선의 중흥과 대중화, 선학원의 설립정신의 천명으로 정리할 수 있다.

1) 선禪의 중흥과 대중화

≪선원≫지가 선의 중흥과 대중화에 앞장선 점은 김태흡의 다음 지적에
서 알 수 있다.

한참동안 科學萬能의 부르지즘이높하서 따윈의進化論을 말하지아느면
行世할수가업고 맑스의 唯物論을 입에걸지안으면 사람노릇을 못하는
것가치 떠들드니 이제는 그러한時代가 벌서지나가고 마랏다. … 유물
만으로만 살수업슴을 각성하는자가 만커니엇지 유물주의에만 항상 걸녀
잇슬것이뇨 그럼으로 그러케 鐵石가치구든것처럼 사납게날치는 주위자들
도 이제는거개 사상전환기에 드러서 종교의문을 두드리고 인생다운 사람
의길을 발부려고한다.50)

김태흡의 지적은 진화론과 유물론이 유행했고, 그것을 근간으로 한 불교
개혁론과 유신론이 불교계를 풍미했지만 그 한계는 분명하게 드러났다는
것이다. 오히려 종교에 의존하는 경향이 강하다고 하였다. 그 역시 선리禪
理가 심전개발의 골자임을 밝히고, 민중화하고 대중화해야한다고 강조하
였다.

현하조선불교의 形態를 解剖하야 볼때에 質로나 量으로나 눈에 번쩍
띄일만한 것이 어느것이냐하면 누구든지 대답하기에 容易한일이 아니리
라고밋는다. 그 事業에 잇서서나 그 修鍊에잇서서나 한가지도 盡善盡美
한것이업다. 그러나 그가운데도 禪學에 對하야 더욱이 甚하다고 볼수가
잇다. …敎育機關을 둘러보면 不完全하나마그런대로 중앙과 지방을 通

---

50) 김태흡, 「心田開發과 禪의 大衆化」, ≪禪苑≫ 4號, 禪學院, 昭和10年(1935), 10~11쪽.

하야 不少한 機關이 서잇다. 그러나 禪學에 對하야 본다면 엇더한가 아
주 零星하기가 짝이업고 寒心하기가 가이업다. 지방의 幾個寺가 自發的
으로 若干의 禪室을 維持하야 空寺를 守直케함에 不過하고 朝鮮佛敎의
體面을 維持할만한 硏心成道의 選佛場으로서 朝鮮佛敎의 機關自身이
설립하야 公認된 선원은 一所도 업다고하야도 過言이 아니다.[51]

    김태흡은 선의 중요성을 강조한 데 이어 조선불교계의 선禪에 대한 인식
과 상황을 설명하고 있다. 그는 일제하 조선의 불교가 양적으로나 질적으
로 내세울만한 것이 하나도 없다고 하였다. 그러나 교육이나 포교를 담당
한 기관은 적지 않지만, 선학禪學에 대해서는 영성零星하여 선실禪室을 운영
하는 사찰은 드물고, 불교계를 대표하고 공인公認된 선원은 없다고 지적하
였다. 상황이 이와 같이 열악함에도 불구하고 불교계의 종회나 평의회에서
선학의 발전과 선원문제에 대해서는 거론하는 일이 없다고 비판하기도 하
였다. 그러므로 "중앙이든지 지방이든지 어느곳이나 한곳에 조선불교승려
朝鮮佛敎僧侶의 인격수양人格修養과 연심수도硏心修道를 목적한 대표적 기관으로
고등선원高等禪院을 설치하고 기외其外 모모某某한곳에는 영구적선원永久的禪院
을 건설建設하야 불종佛種으로하야곰 부단상속不斷相續게 할뿐더러 거양종풍擧
揚宗風의 조도祖道를 현양顯揚치안으면 아니될 것이다."라고 하였다.[52] 결국
선학을 부활시키고, 선원禪院을 확립하며, 선에 조예가 있는 진실한 수행납
자의 생활을 보장할 것을 당부하고 있다. 사실 당시 불교계에서 독신비구
승의 삶은 처절하였다. 수행납자修行衲子는 선수행에 대한 무관심과 대처식
육의 풍조로 재가사원在家寺院에서는 수행할 수 없고, 경제적 사정이 열악하
여 선원의 인원제한으로 방부를 들이지 못한다는 것이다. 더욱이 병이 들

---

51) 김태흡, 「護禪論」 -新年을 當하야-, ≪禪苑≫ 2號, 禪學院, 昭和7年(1932), 2쪽.
52) 김태흡, 「護禪論」 -新年을 當하야-, ≪禪苑≫ 2號, 禪學院, 昭和7年(1932), 5쪽.

면 간호도 온전히 받지 못하고 죽어가는 일이 비일비재하다는 것이다.[53] 1926년 백용성의 건백서, 이후 선학원의 요청, 그리고 1950년대 불교정화운동 당시까지 청정비구승단에서는 그들만의 수행공간으로 삼을만한 사찰을 할애해 줄 것을 지속적으로 요구하였다. 이것은 대처승과는 다른 수행환경을 마련하기 위한 독신수행승들의 기본적인 요구조건이었다. 이와 같이 ≪선원≫지는 일제하 불교계에서 선과 수행납자들의 현실을 소개하여 선의 중흥과 대중화를 모색하는 기초로 삼고 그 구체적 운동을 전개한 선학원의 활동을 불교계에 알렸다.

1922년 선학원에서 선우공제회禪友共濟會가 창립되었다. 수행납자들이 수행에만 전념할 수 있도록 열악한 경제적 상황을 타개하도록 제도적 기반을 마련한 것이다. 선우공제회는 창립 직후 지방 19곳의 사찰에 지부를 설치하였다. 운영은 선우의연금禪友義捐金 및 희사금喜捨金으로 충당하고, 선량禪量 중 일부를 저축하여 선원禪院을 진흥振興시켜 나갔다.[54] 이와 같은 선풍진작을 위한 기초적인 노력은 침체기를 겪고 난 이후부터 그 대중화에 적극적인 움직임을 보였다. 이탄옹李炭翁이 입승立繩소임을 맡고 납자와 신도 약 20인이 대방大房에서 참선을 시작하였다.[55] 아울러 선에 대해 설법說法하기도 하고, 선禪과 교教에 대한 강화講話를 전개하기도 하였다. 더욱이 1931년 선학원이 김적음에 의해서 재건되면서 남녀선우회男女禪友會가 조직되어 그 회원이 70여 명이나 되었다.

부인선우회 역시 조직되어 1931년 3월 21일 총회가 개최되어 한용운이 설법하기도 하였다.[56]

---

53) 김태흡, 앞의 글, 6쪽.
54) 「禪房編年」, 『韓國近世佛教百年史』 제2권, 9~16쪽
55) 老婆, 「禪學院日記抄要」, ≪禪苑≫ 創刊號, 禪學院, 昭和6年(1931), 28~29쪽.
56) 老婆, 「禪學院日記抄要」, ≪禪苑≫ 創刊號, 禪學院, 昭和6年(1931), 29쪽.

오로지 불교라면 「남무아미타불」 염불하는 것인줄 알엇스며 더 구체적
으로말하면 관세음보살만 불으면 이생에서는 아무일이업시 만사성취하는
요소인줄알엇스며 지장보살만 불으면 죽을때는 무사히죽고 남무아미타불
만 불으면 죽어서 극락세계를 간다는 단편한불교의 교리인줄만 알엇섯
다. 더욱이 이것은 조선의부인에게는 말할수업시 유행되엿든것이다. 그
러나 부인게서도 엇더한 계급에 잇서서 좀더 참다운 교리를 탐구하려고
신고한사람도 만엇서슬것이다.57)

부인선원의 회주 김씨 묘연화의 술회다. 조선의 여인들이 지장보살·관
세음보살의 명호만을 지극정성으로 외우는 것만으로 복락을 얻는 타력신앙
에 의존해 왔음을 언급한 것이다. 부인선우회는 선학원이 재건된 이후
중앙선원의 일부공간에서 좌선을 시작했지만, 안국동 41번지에 가옥을 마
련하여 "조선불교 중앙부인선원"으로 독립하였다. 부인선우회에서는 1931
년 11월 정기회에서 재만在滿동포구제사업을 하자는 간부 우풍운禹風雲의 발
의가 일치 가결되어 현금 7원 여와 의복 80여 점을 수집하여 재만동포구
제회在滿同胞救濟會에 송치送致하기도 하였다.58) 부인선원은 강령까지 마련하
여 그 수행질서를 체계화시키기도 하였다. 1934년 동안거부터 1967년까
지의 중앙선원 『안거방함록』에는 출가수행자뿐만 아니라 부인선원에서 수
행했던 부인들의 명단도 수록되었다.59) 중앙선원의 부인선원은 지방까지
확산되어 표훈사表訓寺 부인선원婦人禪院 역시 개설되어 10여 명이 수행하기
도 하였다.60) 선학원의 부인선원 개설과 수행은 일제하 불교계에서는 그

---

57) 김씨묘연화, 「조선불교중앙부인선원」, ≪禪苑≫ 4號, 禪學院, 昭和10年(1935), 32~33쪽.
58) 老衲, 「禪學院日記要抄」, ≪禪苑≫ 2號, 禪學院, 昭和7年(1932), 85쪽.
59) 法眞, 「禪學院 中央禪院 芳啣錄과 禪宗復興」, 『選佛場』 -安居芳啣錄과 首座大會會錄-, 한국
    불교선리연구원, 2007, 9~30쪽.
60) 「朝鮮佛敎界의 禪院과 衲子數의 統計」, ≪禪苑≫ 3號, 禪學院, 昭和7年(1932), 72쪽.

유례가 드문 사례라고 할 수 있다.

<표 1> 《禪苑》지의 禪論說

글쓴이	제목	호수	쪽
石顚沙門	不是禪	창간호 1931.10	4~5
白龍城	禪話漏說	〃	5~7
方漢岩	一塵話	〃	14~15
金映遂	釋尊의 悟道와 明星	창간호	17~18
金泰洽	心卽是佛	〃	19~23
風皐	참된 사람	〃	24~27
金泰洽	護禪論	2호 1932.2	2~7
石顚沙門	西震禪의 同別	2호	8~10
方漢岩	惡氣息	〃	13~14
金映遂	不立文字	〃	15~17
李月華	法性山	〃	48~49
文龍翰	眞如心性	〃	50~51
풍고	욕미만의 중되는 고개	〃	69~78
金泰洽	禪의 人生觀	3호 1932.8	2~7
摩訶沙門	朝鮮佛敎에 對히야	〃	27~28
백룡성	화두법이라	〃	31
萬海	文字非文字	4호 1935.10	5
鄭雲峯	禪眼空花	〃	6~7
金山一衲	本地風波	〃	8~9
退耕相老	某甲과의 問答	〃	14~20
李光洙	求道者의 日誌	〃	21~23
병랍	용맹정진	〃	34~36
崔奇出	福堂의 넛벗에게	〃	27~41

표는 《선원》지에 수록된 주요 논설과 화두강화話頭講話에 관한 글이다. 「불시선不是禪」이나 「심즉시불心卽是佛」·「본지풍광本地風光」·「불입문자不

立文字」·「문자비문자文字非文字」 등의 글은 선의 기초이자 핵심적인 내용을 주제로 기술하였다. 또한 백용성의 「선화루설禪話屢說」은 공안집인『선문염송』을 쉽게 풀이한 강화講話로 연재의 형태를 띠고 있다. 아울러 「호선론護禪論」은 일제하 불교계의 선에 대한 인식과 수좌들의 암울한 현실, 그리고 조선을 대표하는 선의 중심기관 설치라는 개선책을 개진하기도 하였다. 「서진선西震禪의 동별同別」과 같은 글은 인도와 중국 선의 같고 다름을 소개하기도 하였다.

요컨대 ≪선원≫지는 선에 관한 기초적 논설과 화두의 개념과 참구의 방법을 소개하였다. 이것은 선의 중흥과 대중화를 모색하기 위한 직접적인 방안이기도 하였다. 또한 ≪선원≫지는 일제하라는 시대적 상황 속에서 선禪에 대한 인식이나 수좌들의 암울한 수행환경을 지적하고 선과 수좌를 소홀히 한 불교계의 모순과 한계를 비판하기도 하였다. 이것은 불교계에 대한 비판과 암울한 선과 수좌들의 현실을 지적하는 것만으로 끝나지 않았음을 의미한다. 선수행이 지닌 가치와 필요성을 적극적으로 인식시키고 선학원의 역할을 강조하기 위한 실질적인 노력의 한 표현이었다. 이와 같은 모습은 선학원이 한국불교의 정체성을 확립시키고자 진력하는 모습을 강조하는 경향으로 이어진다.

2) 한국韓國 불교佛敎의 정체성正體性 표방

1935년 3월 7~8일 이틀 동안 조선불교중앙선리참구원에서는 제3차 조선불교선종수좌대회朝鮮佛敎禪宗首座大會를 개최하였다. 이때의 수좌대회는 1921년 선학원이 창설된 이후 획기적인 변화를 가져온 사건이었다. 수좌대회는 1934년 12월 5일 재단법인 인가를 받은 후에 이루어졌고, 조선불교중앙선리참구원의 새로운 면모가 당시 불교계에서 새로운 인식을 가져다

주었고, 그 위상 또한 격상되었다. 이와 같은 변화는 3차 수좌대회를 통해 선종禪宗을 창종創宗하고 선종중앙종무원禪宗中央宗務院 설치로 이어졌다. 이것은 1924년 4월 3일 총무원과 교무원이 총독부의 개입 하에 타협을 이루어 재단법인 조선불교중앙교무원 체제하에61) 불교계가 전개된 것과는 근본적으로 다른 의미를 지니고 있다.

≪선원≫지는 1932년까지 3호를 끝으로 정간 되었지만, 재단법인 인가와 수좌대회 개최를 통해 조직개편과 확대 후 4호가 간행되었다. 예컨대 선 논설을 중심으로 한 선과 관련된 글들이 게재되었고 재단법인 인가이후 선학원의 변화된 모습을 상세히 수록하고 있다.

> 멧해전만하야도 참선하는 수좌들이 결재시에도 잇을곳이업고 양식도없어 누더기넙풀거리며 거리와 들노헤매든 것이 기억됩니다. 이에 탄개한 뜻잇는스님네들이 여러해전에 서울에 중앙선성을 맨들고 그후 일시 쇠퇴지겡에빠젓든 것을 김적음화상이 부흥식혀 작년十二月五日부로 재단법인으로 완성식혓습니다.
> … 즉 우리조선불교 중앙선리참구원을 두고말하면 전일 선우공제회 밋 긔타 승려신도들이 토지와돈과 수좌들이 먹고입고 공부하는 참선방을 맨드는 목적하에 토지와 현금을 긔부한 것을 모은후 총독부의허가를맡아 조선불교중앙선리참구원이라는 법률상 사람을 맨드는것입니다.62)

인용문은 선학원이 재단법인 인가를 만들게 된 경위다. 선학원의 창설이 대처식육을 상징하는 일본불교의 침투에 항거하고 한국 불교가 지닌 정체성을 수호하는 것을 그 목적이라면, 그 정체성을 확립하고 유지하는 일 역

---

61) 대한불교조계종 교육원 편, 『조계종사』 -근현대편-, 조계종출판사, 2005, 97쪽.
62) 「우리각긔관의활동상황」, ≪禪苑≫ 4號, 禪學院, 昭和10年(1935), 30쪽.

시 중요한 의무인 것이다. 창설 초기 선우공제회를 조직하여 수좌들의 수행여건을 향상시키고자 했지만, 당시 불교계의 무관심으로 재정난에 직면한 것이다. 때문에 "무엇보담도 수좌들이 먹고 입고 안저 정진할 보호기관을 맨드는 것이"급선무였다. 1934년 선학원이 재단법인 조선불교중앙선리참구원으로 개편된 이후 이사회를 개최하여 이사장 송만공宋滿空, 부이사장 방한암方漢岩, 상무이사, 방한암吳惺月 김남전金南泉 김적음金寂音 등의 이사진을 구성하였다.63) 1934년경 선학원의 예산은 1,427원이었지만, 법인 개편 후인 1935년은 수입금이 6,200원인 것으로 보아 선원과 수좌들의 수행여건 향상을 위한 재정의 확립이 이루어졌다. 이로써 기부액이 증가하여 1935년 10월경에는 법인의 기본금이 약 140,000원으로 확충되었다고64) 한다. 또한 재단법인에서 직접 운영하는 선방 역시 5개나 되었으며, ≪선원≫지에 의하면 학충된 선원에서 전국 수좌 368여 명이 재단법인의 후원하에 수행하는 결실을 보기도 하였다.65) 결국 재단법인 개편이후 선학원은 지방 각 선원과 연락과 통제를 활발히 하였고, 선방 증설 및 수좌들에 대한 처우를 개선하기 위해 진력하였다.

한편 1935년에 개최된 제3차 수좌대회는 한국불교의 정체성을 천명하고 실제적인 활동을 조직적이고 체계적으로 진행시키기 위한 상징적 표현이었다.

지난 삼월의 전선수좌대회에서 선종의자립과 전선선원의 통일긔관으로

---

63) 앞의 글, 31쪽.
64) 앞의 글, 31쪽
65) ≪선원≫에 소개된 지방선원의 수적 변화는 1931년 4곳, 1932년 2에 11곳, 1932년 8월 19곳, 1935년 22곳으로 증가세를 보이고 있다.(오경후, 「선학원운동의 정신사적 기초」, 『선문화연구』 창간호, 한국불교선리연구원, 2006, 361쪽 〈표2〉 ≪선원≫지에 소개된 지방선원의 수적변화 참조.)

중앙에종무원을 설치키로 결의되여 동사무소를 경성부안국동 중앙선원에
두고 원장 오성월화상이 취임하야 우으로 세분의종정을모시고 아래로 삼
리사를거느리여 선종의확립과 선원수 증가와 선원의내용 충실을 도모한
바 불과반년에선원수가 십여개소이고 전문으로 공부하는 수좌수효가 삼
백명을 초과하게되엿습니다.[66]

인용문은 ≪선원≫지 4호에 게재된 「중앙종무원」에 대한 활동상황이다.
3차 수좌대회는전국 37개 사찰에서 만공·성월·도봉스님을 비롯한 비구
승이 69명, 비구니가 6명, 전체 75명이 참석하였다고 한다.[67] 당시 수좌
들은 이 대회를 통해 선종禪宗의 종단宗團을 표방하고, 종정宗正을 추대하였
으며, 전국 선원의 중앙기관인 조선불교선종종무원朝鮮佛敎禪宗宗務院을 출범
시켰다. 아울러 조선불교선종종규朝鮮佛敎禪宗宗規·종무원宗務院 원칙院則·선회
법칙禪會法則·선원규칙禪院規則 등 크고 작은 6종의 규약을 제정하여 통과시
키기도 하였다.[68]

嫡子가孼子로易位되여正法이窒息되고誤喧되는此際禪宗首座大會를
開催케됨은意義深遠且大합니다.回顧컨대昔日羅, 麗時代와갓치東洋文化
의中心이든朝鮮佛敎가現況과갓치萎靡不振의狀態에彷徨케된根本原因이
佛法의眞髓를直視한禪法이極側沈滯됨에잇으니眞實한意味에서佛敎의復
興을圖하고瞿雲의大道를宣揚할나면形骸만存在한禪宗을盛興케함에잇다
고看破하고…[69]

---

66) 「우리각긔관의활동상황」, ≪禪苑≫ 4號, 禪學院, 昭和10年(1935), 29~30쪽.
67) 禪宗中央宗務院, ≪朝鮮佛敎禪宗首座大會會錄≫, 中央印刷所, 1935, 7~8쪽.
68) 禪宗中央宗務院, 『朝鮮佛敎禪宗首座大會會錄』, 中央印刷所, 1935, 22~47쪽.
69) 禪宗中央宗務院, 「開會辭」, 『朝鮮佛敎禪宗首座大會會錄』, 中央印刷所, 1935, 6쪽.

인용문은 3차 수좌대회 당시 만공스님이 발표한 개회사의 일부다. 한국 불교사에서 불교가 어느 때보다 쇠퇴한 것은 선법禪法의 침체가 주원인이라고 지적하고, 선종의 부활이 조선불교의 사활을 결정짓는다고 천명하였다. 그러므로 선종의 부활은 곧 조선불교가 지닌 정체성을 회복하는 지름길로 인식한 것이다. 아울러 종단의 창종創宗은 당시 교무원과 대등한 지위를 유지하고자하는 의도도 담겨져 있었다. 조선불교중앙교무원의 설립목적이"조선불교의 발전을 도모하기 위해서 종교 및 교육사업을 시행하고, 조선사찰 각 본말사의 연합을 도모하기 위함"이라고 했고70) 당시 한국불교를 선교 양종이라고 부른 것에 비하면 선종을 표방하고 '선종중앙종무원禪宗中央宗務院'이라고 한 점은 선종이 지닌 성격을 분명히 했음을 의미한다.

선종 선언이후 "지방 각선원의 연락과 통제, 선종종무원의 기관지인 ≪선원≫지를 통해 선리를 참구하는 건전한 신앙의 확립, 법의 포양, 그리고 각 본산을 권면하여 선방증설 및 수좌들의 대우를 개선하고, 포교사를 각 지방에 보내 설법포교를 하였다. 이른바 선종의 독립과 발전을 위해 진력한 것이다.71) 선종 창종 이후 선종중앙종무원이 한국불교의 정체서 표방을 위해 대외적으로 진행한 사업은 당시 불교계 통일 기관이었던 교무원教務院 종회宗會에 수좌들을 위해 청정사찰 몇 곳을 할애해 달라는 건의서를 작성하여 제출한 일이었다. 수좌들을 위한 청정사찰의 할애 요청은 선종의 위상과 한국불교의 정체성을 확립하는 상징적 의미를 지니고 있었다. 그러나 대처풍조가 더 이상 새로운 것이 아닌 일반적 현상으로 정착한 이상 수좌들의 이러한 요구는 무의미한 것이었다.

결국 1926년 백용성의 두 차례에 걸친 건백서建白書, 1931년 선학원

---

70) 대한불교조계종 교육원편, 『조계종사』 -근현대편-, 조계종출판사, 2005, 95쪽.
71) 「우리각긔관의활동상황」, ≪禪苑≫ 4號, 禪學院, 昭和10年(1935), 29~30쪽.

재건 이후 김적음의 요청, 그리고 1935년 선종중앙종무원과 1939년 조선불교선종정기선회朝鮮佛教禪宗定期禪會의 동일한 요청은 청정비구승의 호법護法과 항일운동의 성격을 띠고 있는 것이다.

4. 맺음말

《선원》지는 일제하 불교계에서 설립된 선학원의 기관지다. 선학원의 설립정신이 한국불교의 정통성 수호와 선의 중흥과 대중화라면 《선원》지의 성격 역시 그와 무관하지 않다. 더욱이 1910년대 이후부터 불교계에 풍미했던 불교개혁과 유신에 관한 이론이 당시 간행된 잡지와 신문을 장악하고 있었던 것과는 뚜렷한 대조를 이루고 있었기 때문이다. 한용운·박한영·권상노·김태흡 등 당시 불교계의 대표적인 지식인들은 사회진화론과 유물론을 기초로 한 개혁과 유신, 일본의 관제운동인 심전개발운동을 강조하고 있었다. 그러나 이들 불교개혁론은 시대상황에 대한 정확한 이해부족과 자기 정체성에 대한 성찰부족으로 충분한 효과를 보지 못했다.

《선원》지는 1931년 10월 6일 창간되었다. 1921년 설립된 선학원이 침체기를 극복하고 김적음의 중흥을 위한 노력으로 탄생하였다. 《선원》지는 4호를 마지막으로 정간되어 창간의 불교사적 의미를 충족시키지 못한 아쉬움을 지니고 있다. 그러나 일시적인 불교개혁론을 표방하지 않고 선의 중흥과 대중화, 한국불교의 정체성 확립을 위한 선학원의 설립정신을 충실히 이행하였다. 특히 36명에 달하는 집필진 가운데는 지난 날 개혁과 유신을 외쳤던 불교계의 대표적 지식인들도 참여하였다. 이들은 선학원의 설립과 활동에도 적극적으로 참여했던 인물들로 기초적인 선 논설을 게재하여 선의 대중화에 기여하였다. 특히 김태흡은 선에 대한 인식과 수좌들이 처한 상황을 소개하여 일제하 불교계의 한계와 모순을 지적하고 비판하기도 하였다. 집필진들은 화두와 그 참구법, 기초적이고 핵심적 선리禪理에 대한 해석 등 선에 관한 논설을 가장 많이 게재하였다. 이것은 일제하 불교계의 선에 대한 무관심을 단적으로 보여주고 있는 대목이다. 집필진들은 아울러 인도와 중국선의 동이성同異性, 우리나라 선의 효시와 신라말 고려초 구산 선문 등 선종사禪宗史를 게재하여 한국선이 지닌 역사적 위상과 가치를 소개하였다. 아울러 ≪선원≫지가 선학원의 기관지인 만큼 1921년 창설 이후 침체기를 극복하고 재건된 경위라든가, 재단법인과 선종 창종의 노력, 그리고 수좌들의 수행여건 향상마련과 지방 선원 증설과 같은 선의 중흥을 위한 선학원 인사들의 고군분투를 소개하기도 하였다.

≪선원≫지는 당시 불교계의 잡지와 신문이 표방한 바와 전연 다른 성격을 지니고 있다. 이른바 선의 중흥과 대중화, 그리고 한국불교의 정체성을 수호하고자 했던 선학원의 설립정신을 반영하고 있었던 것이다. 일제하 불교계는 교육이나 포교를 담당한 기관은 적지 않았다. 그러나 선학과 수좌들의 수행에 관심을 기울이고 향상시키고자 했던 의식을 찾아 볼 수 없었다. 화두 참구를 위한 선원은 대처승에 의해 사라져가고 수좌는 동가식서가숙의 생활 끝에 비참한 최후를 맞았다.

≪선원≫지는 1921년 선학원이 설립되고, 수좌들의 수행여건을 향상시키기 위해 조직한 선우공제회 활동과 남녀선우회 활동을 소개하였다. 이 가운데 부인선우회는 염불이나 기도와 같은 타력신앙을 불교의 모든 것으로 믿고 있던 여인들에게 신선한 충격을 주었다. 예컨대 화두참구를 통한 선 수행의 자력신앙으로 변모하였고, 계몽시키는 역할을 하기도 했다. 이들은 수행자들과 동일하게 수행에 참여하였으며, 강령까지 마련하여 수행질서를 체계화시켜 갔다. 아울러 선의 기초이자 핵심적인 의미들을 게재하여 선의 이해를 쉽게 하였다. 특히 선에 대한 무관심과 수좌들의 비참한

생활에 대한 글은 일제하 불교계가 지니고 있는 한계와 모순을 적나라하게 드러내기도 하였다.

　마지막으로 ≪선원≫지가 지닌 가장 대표적인 성격은 한국불교의 정체성을 표방하는 일이었다. 이른바 선학원 설립정신을 적극적으로 천명하고 반영하는 일이었다. 비록 ≪선원≫지가 선의 중흥과 대중화의 성격을 지니고 있었지만, 궁극적으로는 대처식육으로 대표되는 일본불교와는 다른 한국불교가 지닌 독자성과 정통성을 확립하고자 진력한 선학원의 이념을 반영하는 것이었다. 특히 4호는 선학원의 재단법인인가와 3차 수좌대회 개최, 그리고 선종 창종이라는 선학원의 변화와 조직의 확대개편 이후 간행되었다. 그러므로 재단법인 인가 이후 재정의 확충노력, 지방 선원의 증가 등을 상세히 소개하고 있다. 특히 1935년 제3차 수좌대회에서 비롯된 선종 창종과 선종중앙종무원 조직은 당시 선교양종을 표방하고 불교계를 대표하고 있던 교무원과 동등한 위상과 가치를 천명한 것이다. 선종 창종 이후 선종중앙종무원은 선종종규를 비롯한 각종 강령과 원칙 등을 마련하였다. 이 가운데 교무원에 청정비구승의 수행을 위한 사찰을 할애해 달라는 요청은 선학원이 일제하 불교계의 일반적 성격과는 다른 것이었다. 예컨대 대처식육으로 대표되는 왜색불교와 전연 다른 한국불교의 정체성 표방을 단적으로 보여주는 면모라고 할 수 있다.

　≪선원≫지는 선학원의 설립과 침체, 재건과 재단법인 설립, 그리고 선종의 창종까지 일련의 선학원사를 기록하고 있다. 그 성격은 일제하 불교계의 잡지나 신문지와는 근본적으로 다르다. 한국불교의 정체성을 표방하고, 선의 중흥과 대중화를 표방한 선학원의 설립정신을 반영하고 있는 점이 ≪선원≫지가 지닌 특성이자 가치라고 할 수 있다.

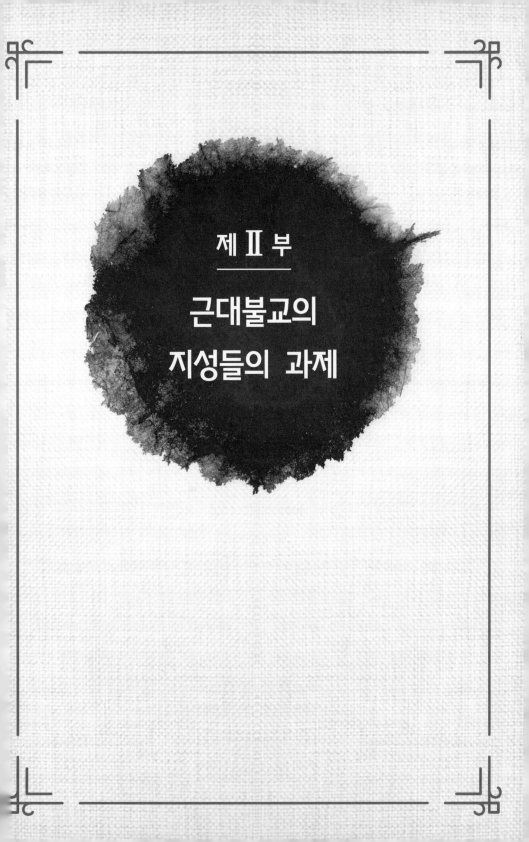

제Ⅱ부

근대불교의
지성들의 과제

I. 경허鏡虛·만공滿空의 법맥法脈과 한국불교韓國佛敎에 미친 영향

1. 경허鏡虛·만공법맥滿空法脈에 대한 제설諸說

경허선사鏡虛禪師가 한국 근현대불교사에서 차지하는 위상은 확고하다. 그의 파격적인 행적과 수행이 불교계에 적지 않은 폐풍弊風과 마설魔說의 영향을 미쳤다는 다소 부정적인 평가에도 불구하고 근현대불교의 중흥조로서의 면모는 굳건히 자리 잡고 있다. 만공선사滿空禪師 역시 스승의 선법禪法을 받들고 일본불교의 침투 속에서 선풍진작禪風振作을 통해 한국불교의 독립과 정통성을 지키고자 진력했던 인물이다.

경허·만공선사의 수행과 행적, 그리고 선사상은 근현대 불교사와 사상 연구가 일천함에도 불구하고 꾸준히 진행되어 왔다.[1] 두 선사의 행적과

---

[1] 특히 덕숭총림 수덕사 부설 한국불교선학연구원은 1999년부터 2004년까지의 학술회의를 통해 경허·만공선사의 행적과 사상에 대한 그간의 연구를 정리하고 한국선이 지닌 현대적 의미와 활용을 검토하는 많은 노력을 전개하였다. 그 결과는 『德崇禪學』이라는 이름으로 5집까지

수행이 격동기 근현대 불교사와 사상을 이해하는 출발점이자 척도이기 때문이다. 한국 근현대불교는 청허 휴정의 중흥 노력이후에도 불교에 대한 탄압과 소외가 지속되었고, 일제하에서 왜색불교倭色佛敎의 영향으로 한국불교의 독자성과 정통성이 부재한 암울한 시대적 상황이 계속되고 있었다.

이 글의 목적은 경허·만공선사의 행화行化가 지닌 불교사적 위상과 후대에 미친 영향을 검토하는 일이다. 예컨대 경허선사의 근현대 불교의 중흥조로서의 면모와 스승의 사상을 계승하여 선풍진작과 대중화에 기여했던 만공선사의 근현대 불교사적 위상은 후학들에게 영향을 주었을 뿐만 아니라 한국 현대불교의 출발점과 나아갈 방향을 제시해 주었다고 해도 과언이 아니다. 이 글은 이와 같은 문제를 해결하기 위해 우선 경허·만공을 둘러싼 법맥을 검토하고자 한다. 제자 한암선사漢巖禪師가 쓴 경허 자설自說과 현재 덕숭문중德崇門中의 설訣은 법맥간의 차이를 두고 있으며, 학자들의 해석역시 다양한 인식차를 보이고 있다.[2] 법맥에 관한 인식 차는 경허선사의 법맥에만 국한된 것만이 아니다. 필자는 경허선사의 법맥에 대한 선학先學들의 다양한 해석을 정리하고 그 대안을 모색하고자 한다. 아울러 한국근현대 불교에서 경허·만공 두 선사가 차지하는 불교사적 위치를 실제적인 측면에서 재인식하고, 두 선사의 수행과 사상을 계승한 후학들의 활동을 검토하고자 한다. 요컨대 이 글은 경허선사가 한국 근현대불교의 중흥조임

출간되기도 하였다.
2) 李逢春, 「朝鮮後期 禪門의 法統考-鏡虛의 法脈系譜를 중심으로-」, 『韓國佛敎學』 22집, 1997 : 김지견, 「鏡虛禪師再考」, 『德崇禪學』, 한국불교선학연구원, 1999 : 최병헌, 「近代禪宗의 復興과 鏡虛의 修禪結社」, 『德崇禪學』, 한국불교선학연구원, 1999 : 최동호, 「鏡虛의 禪의 系譜와 話頭의 詩的 解釋」, 『德崇禪學』, 한국불교선학연구원, 1999 : 김영태, 「鏡虛의 韓國佛敎史的 位置」, 『德崇禪學』, 한국불교선학연구원, 1999 : 박해당, 「滿空의 法脈에 대한 批判的 檢討」 제3차 덕숭선학학술대회, 『만공과 한국선』, 한국불교선학연구원, 2001 : 태진, 『경허·만공의 선사상연구 -덕숭산문 형성을 중심으로-』, 동국대학교 대학원 박사학위논문, 1999.

을 재확인하고, 후학들의 활동을 통해 현대불교에 미친 영향을 검토하는데 적지 않은 도움을 주리라고 생각한다.

경허선사의 법맥형성과 인식에 대한 문제는 한국불교사가 지닌 과제이다. 경허선사에게 국한된 문제만이 아닌 조선불교의 중흥조 청허 휴정의 법맥문제 역시 해결해야 할 많은 문제를 안고 있는 것도 사실이다. 이 글에서는 경허선사의 법맥에 대한 선학先學들의 여러 가지 견해를 몇 가지 유형으로 분류하여 법맥에 대한 재인식의 기초를 마련하고자 한다.

1) 제1유형 : 경허자설鏡虛自說에 대한 해석解釋

(1) "…가 뒤로 내 제자들은 마땅히 내가 龍岩長老의 법을 이은 것으로 도통의 연원을 정리하고, 萬化講師를 나의 受業師로 삼는 것이 옳다."라고 하셨다. 이제 남기신 가르침을 따라 법의 근원을 거슬러 올라가면 경허화상께서는 용암혜언스님을 이으셨고, 용암혜언스님께서는 금허법첨스님을 이으셨고, 금허법첨스님께서는 율봉청고스님을 이으셨고, 율봉청고스님께서는 청봉거안스님을 이으셨고, 청봉거안스님께서는 호암체정스님을 이으셨는데, 청허스님께서 편양스님께 전하셨고, 편양스님께서는 풍담스님께 전하셨고, 풍담스님께서는 월담스님께 전하셨고, 월담스님께서는 환성스님께 전하셨다. 그러므로 경허화상께서는 11세손이시고, 환성스님께는 7세손이시다.[3]

(2) 오늘에 교훈 법의 원류를 거슬러 올라가보면 화상은 永月 奉律선

---

3) 漢巖, 「先師鏡虛和尙行狀」, 『鏡虛集』(『韓國佛敎全書』 11), 동국대학교출판부, 654a~c쪽. 一後我弟子 當以我嗣法於龍岩長老 以整其道統淵源 而以萬化講師 爲我之受業師可也 今遵遺敎 而派法原流 則和尙嗣龍岩慧彦 彦嗣錦虛法沾 沾嗣栗峰靑杲 杲嗣靑峰巨岸 岸嗣虎岩體淨 而淸虛傳之鞭羊 鞭羊傳之楓潭 楓潭傳之月潭 月潭傳之喚惺 和尙於淸虛爲十一世孫 而於喚惺爲七世孫也

사에게 계대를 잇고, 봉률은 龍巖 慧彦에게 계대를 잇고 혜언은 錦虛 法沾선사에게 잇고, 栗峰 靑杲 선사에게 잇고, 청고는 巨崖선사에게 잇고, 거안은 虎巖 體淨선사에게 이어서 淸虛 休靜선사가 鞭羊선사에게 전하고, 편양이 楓潭선사에게 전하고, 풍담선사가 月潭선사에게 전하고, 월담선사가 喚惺선사에게 전하여 청허의 12세손이 되었으며, 환성의 8세손이 됨이라.4)

(3) 경허집보다도 4·5년 앞서 간행된 栗峰集을 비롯하여 門徒集인 滿空語錄·雲峰禪師法語·金烏集등에서 동일하게 경허의 法燈相續을 龍巖 慧彦 → 永月 奉律 → 萬化 普善 → 鏡虛 惺牛로 대고 있다. 또 생존한 門下의 老家들도 위와 같이 법등상속을 증언하고 있으며, 多年間 曹溪宗法統을 수집 연구하여 原稿가 완성된 俗離山의 耕耘스님도 마찬가지로 考證하였다. 아마 鏡虛集 略譜에 밝힌 傳燈淵源은 誤識일 것으로 생각된다. 다시 말해서 경허는 淸虛下 13세손이고 환성하 9세손이다.5)

제1유형은 무사자오無師自悟한 경허선사가 (1)에서와 같이 '청허11세, 환성7세손'임을 천명한 이후 겪는 법맥의 변화상이다. 즉 1931년 경허의 제자 한암은 〈선사경허화상행장〉에서 스승 경허의 법맥에 대한 입장을 대변하였다. 이것은 오늘날 경허법맥을 주장하는 몇 가지 주장 가운데 경허법맥에 대한 인식의 기초로 삼거나 가장 신빙성 있는 설로 자리 잡고 있다.6)

4) 鏡虛惺牛禪師法語集刊行會,〈先呼鏡虛和尙行狀〉,『鏡虛法語』, 인물연구소, 1981, 670~671쪽. 今遵遺敎 而泝法原流 則和尙嗣永月奉律 律詞龍岩慧彦 彦嗣錦虛法沾 沾嗣栗峰靑杲 杲嗣靑峰巨崖 崖嗣虎岩體淨 而淸虛傳之鞭羊 鞭羊傳之楓潭 楓潭傳之月潭 月潭傳之喚惺 和尙於淸虛爲十一世孫 而於喚惺爲八世孫也

5) 성타,「경허의 선사상」, 박길진박사화갑기념『한국불교사상사』, 1975, 1109쪽

6) 김영태,「鏡虛의 韓國佛敎史的 位置」,『德崇禪學』, 한국불교선학연구원, 1999, 159쪽; 최병헌,「近代 禪宗의 復興과 鏡虛의 修禪結社」,『德崇禪學』, 한국불교선학연구원, 1999, 74~

그러나 (2)에서는 한암의 글이 대수代數계산에서 변화를 보인다. 경허 성우
鏡虛惺牛 → 용암 혜언龍巖慧彦이던 것이, 경허 성우鏡虛惺牛 → 영월 봉율永月奉律
→ 용암 혜언龍巖慧彦으로 영월 봉율이 첨가된 것이다. '청허11세, 환성7세
손'을 천명했던 한암의 친필본7)과는 달리 1981년 경허성우선사법어집간
행회에서 간행한 ≪경허법어≫는 경허를 '청허12세, 환성8세손'으로 규정
하고 있는 것이다. 그러나 원문과 번역문이 수록되어 있는 ≪경허법어≫는
번역이 자연스럽지 못하고 탈락되어 있는 부분 역시 발견된다. 무엇보다도
원문 제목 〈선호경허화상행장先呼鏡虛和尙行狀〉을 '먼저 비통한 숨을 내쉬며
쓰는 경허화상행장'으로 번역하고 있다. ≪경허법어≫에 대한 경허·만공
법맥을 심도있게 검토한 박해당은 "≪경허법어≫에 실린 행장은 영월 봉율
을 끼워 넣고자 하는 의도를 가지고 〈선사행장〉을 임의로 변조한 것으로
추정되며, 그 만큼 자료로서의 신뢰성이 떨어진다."고8) 하였다.

(3)은 성타가 논문에서 제기한 경허의 '청허13세, 환성9세손'설이다.
즉 종래의 11세손에 용암 혜언 아래로 영월永月 봉율奉律과 만화 보선萬化
普善의 두 대를 거쳐 경허에 이르고 있다. 즉 그는 종래의 11세손 설을
誤植으로 규정하고 있다. 성타 뿐만 아니라 『율봉집栗峰集』·『만공어록滿空
語錄』·『운봉선사법어雲峰禪師法語』·『금오집金烏集』과 경운耕耘 형준炯埈이 찬술
한 『해동불조원류海東佛祖源流』 등의 기록에는 모두 13세손 설을 주장하고
있으며, 현재 덕숭문중에세 현행되는 계보이기도 하다. 이에 대해 박해당
은 추가된 이들 사이의 관계가 분명하지 않으며 "영월 봉율이 용암혜언의
법을 잇고, 만화보선이 영월 봉율의 법을 잇고, 경허 성우가 만화보선의

　　75쪽; 박해당, 「滿空의 法脈에 대한 批判的 檢討」, 제3차 덕숭선학학술대회 『만공과 한국선』,
　　한국불교선학연구원, 2001. 147쪽.
　7) 漢巖, 「先師鏡虛和尙行狀」, 『鏡虛集』(『韓國佛敎全書』 11), 동국대학교출판부.
　8) 박해당, 앞의 글, 148쪽.

법을 이었다는 사실이 밝혀져야 한다"고9) 했다. 법맥을 전하고 있는 기록
이 분명치 않다는 의미다. 김영태 역시 성타의 13세손 설을 언급하였지
만, "자세히 보면 〈행장〉에서의 11세 7세손 설은 경허자설에 근거하여 그
도통 곧 법통의 연원을 정리한 대수代數이므로 이를 옳다고 하지 않을 수
없다."고10) 하였다. 이상의 제1유형은 한암이 쓴 청허11세, 환성 7세손
이라는 경허자설鏡虛自說을 근거로 후대에 대수代數가 증가한 것을 지적한 것
이다. 그러므로 경허 법맥에 대한 부가적인 의미부여가 아닌 법맥자체에
대한 논란이다.

2) 제2유형 : 법맥法脈에 대한 불교사적佛敎史的 해석解釋

(1) 경허가 굳이 이미 입적한 용암혜언(1783~1841의 嗣法을 자처
한 것도 실은 뒤늦게나마 宗乘의 전통을 회복함으로써 禪燈을 밝히고자
한 悲願이 있었기 때문이었을 것이다.11)

(2) 행장에서의 11세 7세손 설은 사법사의 禪脈中心 法統이며, 德崇
門中의 13세 9세설은 受業師의 講脈까지 포함한 법계라고 하는 것이 옳
지 않을까 싶다.12)

(3) 경허가 참선을 통해서 깨달음을 얻었을 때 그의 悟道를 인가해줄
스승은 어디에도 없었다. 그만큼 당시 불교계의 禪門은 적막했던 것이
다. 이른바 禪家의 法統은 이미 단절되어 있었음을 알 수 있다. 그는 뒤
이어 고심 끝에 자신의 道統 淵源을 정리하여 밝히고 있었는데 … 無師

---

9) 박해당, 앞의 글, 159~162쪽.
10) 김영태, 앞의 글, 159~160쪽.
11) 김지견, 「鏡虛禪師再考」, 『德崇禪學』, 한국불교선학연구원, 1999, 17쪽.
12) 김영태, 앞의 글, 160쪽.

自悟한 경허가 굳이 이미 입적한 龍巖慧彦(1783~1841)의 嗣法을 자처하고 실제 교학을 배운 萬化講伯을 受業師로 삼아 禪의 法統에서 제외한 것은 이미 끊어진 종승의 전통을 회복함으로써 새로이 禪燈을 밝히겠다는 禪의 부흥자로서의 사명의식이 있었기 때문으로 보인다.13)

제2유형은 법맥 자체보다는 경허 법맥이 지닌 불교사적 가치를 강조하였다. 우선 김지견金知見은 법맥자체에 대한 적극적 인식과 비판적 평가보다는 경허가 한국 근현대 불교사에서 차지하는 위상과 이후에 전개되는 한국현대불교사에 미친 영향을 재확인 하는 기초로 인식하였다. 즉 김지견은 선종이 조선대 성리학 일변도의 정치적 이데올로기에 의하여 처참하게 유린된 상태였고, 서산西山과 보우普雨의 활약이 있었지만, 사자상승師資相承의 종승宗乘은 사실상 그 실체를 상실한지 오래였다고 하였다. 요컨대 경허가 무사자오無師自悟한 상태에서 수립한 법맥계보는 종승宗乘의 전통을 회복함으로써 선등禪燈을 밝히고자 한 비원悲願에서 비롯되었다는 것이다. 이와 같은 견해는 최병헌 역시 다르지 않다. 즉 최병헌은 한암이 기록한 경허의 법맥을 통해 "경허가 무사자오無師自悟한 이후 이미 단절된 선의 전통을 부활시키겠다는 강렬한 염원을 가지게 되었으며, 그러한 염원을 구체적으로 나타내는 방법으로서 조선시대 선의 전통을 존중하는 법계를 제시한 점을 주목한 것이다.14) 요컨대 법맥 자체의 사실성 여부보다는 경허의 역사의식과 법맥의 불교사적 의미를 강조한 것이다. 이와 같은 맥락에서 김영태는 (2)에서 경허의 청허 13세, 환성의 9세손 설을 11세손 설과 함께 수업사受業師의 강맥講脈까지 포함한 법계라고 인정한 것이다.

결국 제2유형은 경허 법맥에 대한 해석을 그 자체보다는 조선시대 이후

---

13) 최병헌, 앞의 글, 72~74쪽.
14) 최병헌, 앞의 글, 75쪽.

부터 전개된 한국불교사의 입장에서 인식한 것이다. 여말선초 이후부터 불교는 선문의 법통이나 법맥이 제대로 계승되지 못했으며, 조선중기에 이르면 법통이나 법맥은 사실상 단절된 것이나 다름없었다. 그러나 청허 휴정에 의해 선문의 법통이 다시 정립되었고, 빈사지경에 있던 불교가 새로운 진로를 마련했다. 그러나 조선후기를 거쳐 연속된 탄압과 소외로 이 땅의 불교는 단절의 악순환이 지속되었고, 마침내 경허에 의해 근현대 불교가 일어설 수 있었다는 견해들이다. 결국 청허 휴정이 조선불교의 중흥조였던 것처럼, 경허 성우는 근현대 불교의 중흥조로서 굳건한 위치를 차지하고 있는 것이다. 이와 같은 불교사적 인식이 경허의 법맥에 대한 인식과 평가에도 적극적으로 반영된 것이다.

이봉춘의 견해는 더욱 구체적이다. 그는 선문禪門의 법통·법맥문제는 그동안 한국불교의 가장 중요한 과제가 되어 왔고, 오늘에 있어서도 그 비중과 의미는 크게 변함이 없음을 전제하였다. "그러나 넓은 시각에서 본다면 그것은 불교사의 일부에 속하는 문제이다. 다시 말해 깨달음을 중시하는 불교의 특성에 비추어 법통과 법맥이 매우 중요한 것이기는 하지만, 이 또한 불교사 전체의 맥락속에서 파악되고 평가되어야 할 부분으로서 문제라는 뜻이다."라고[15] 하였다. 요컨대 법통이나 법맥은 불교의 특성과 승가의 독자성을 반영하는 것이 사실이지만, 한국 불교사 전체의 맥락 속에서 파악되어야 한다는 것이다. 이것은 경허鏡虛 자설自說에 대한 해석이나 '청허13세, 환성 9세손' 설과 같은 경허법맥에 대한 광범위한 해석 역시 한국 근현대불교사 속에서 경허가 차지하는 위상과 결코 무관하지 않다. 특히 경허·만공의 법맥과 한국불교에 미친 영향을 검토하는 본 주제는 그들

---

15) 李逢春,「朝鮮後期 禪門의 法統考-鏡虛의 法脈系譜를 중심으로-」,『韓國佛教學』22집, 1997, 68쪽.

의 법맥 자체만을 검토하는 것으로는 그 의미가 부족하다. 이른바 조선시대의 단절된 선등禪燈을 계승하고 나아가 한국 근현대 불교의 중흥조로서의 불교사적 위상을 지닌 경허와 그의 제자 만공의 법맥과 그 역사적 위상 그리고 이후 한국불교에 미친 영향을 검토하는 것이 바람직한 일이라고 생각한다. 한국불교사에서 법통이나 법맥문제가 중요한 과제로 남아있고, 일관성 있게 해결해야할 필요성이 있다면 불교사적 측면에서의 법맥해석은 충분히 가치 있는 일이라고 생각된다.

3) 제3유형 : 법맥法脈에 대한 부정적 입장이나 문중 자체에서 해결할 과제로 해석

(1) 이상 조계종 「종헌」에 나타난 배타적 인맥중심의 법맥관을 그대로 받아들일 경우 청허의 법맥에 대한 기존의 어떤 주장도 성립하지 않는다. 그것은 스승과 제자의 직접적인 인가라는 핵심적인 조건을 갖추지 못하였기 때문이다. 더 나아가 이러한 주장들의 형성과정에서 드러나듯이, 이는 당사자들이 직접 정한 법맥이 아니라 후손인 제삼자가 정한 것들이다. 따라서 '법맥은 당사자가 정해야 한다'는 원칙에도 어긋난다. 결국 청허의 법맥에 대하여 지금까지 제시된 주장들은 모두 잘못된 것이기 때문에 청허의 법맥은 처음부터 존재하지 않았거나 존재하더라도 아직 밝혀지지 않았다는 결론에 도달할 수밖에 없다.[16]

(2) 요컨대 鏡虛의 法統을 그 자신이 언명한 그대로 따라 喚醒下 7세로 할 것인가, 아니면 현행의 9세를 지킬 것인가의 문제인데, 이는 제3자가 관여할 바는 아니다. 太古法統說을 확립할 때 門中의 중의를 거쳐

---

16) 박해당, 앞의 글, 153~156쪽.

결론을 얻었던 것처럼 문중 자체에서 해결해야 할 사항인 것이다.17)

제3유형은 청허 휴정의 법맥관이나 청허를 계승한 경허의 법맥 역시 부정하거나 제3자가 관여할 일이 아님을 강조한 것이다. 예컨대 박해당은 청허와 경허의 법맥에 대해 그 인식이나 법맥의 형성, 그리고 진위 여부를 상세하게 검토한 바 있다. 그는 조계종「종헌」제2장 본존本尊, 기원紀元 및 사법嗣法 제7조와18) 성철性徹의 저술의 내용을19) 기초로 청허가 형성한 법맥이나 청허 11세손이라는 경허 자설과 12·13세손 설이 모두 심각한 자기모순을 지니고 있으며, 어떤 방식으로든 법맥에 대한 재정립 작업이 이루어져야 한다고 강조하였다.20) 비록 박해당이 청허를 비롯해 경허·만공 법맥에 대한 연구사적 검토와 문제점 지적을 강조하였을 뿐 과제로 제시한 법맥에 대한 재정립 작업을 위한 시도는 없었지만, 그의 지적은 주목할 만한 대목이다.

한편 경허법맥에 대한 이봉춘의 견해는 청허의 법맥에 대한 해석과는 다르다. 요컨대 경허의 법맥해석에 대해서는 (2)에서 처럼 "문중자체에서 해결해야 할 사항"이라고 한 발짝 물러서 있다. 이것은 그가 이미 제시한 법맥관과는 확연한 차이를 보이고 있는 것이다. 예컨대 이봉춘은 이미 언급한 바와 같이 "깨달음을 중시하는 불교의 특성에 비추어 법통과 법맥이 매우 주요하기는 하지만, 이 또한 불교사 전체의 맥락 속에서 파악되고 평가되어야 할 부분으로서 문제"라는 뜻이라고 전제하였다. 이것은 법맥인식은 법맥자체 문제와 함께 한국불교의 맥락 속에서 파악되고 평가되어야 한다

---

17) 이봉춘, 앞의 글, 87쪽.
18)「宗憲」, 『대한불교조계종법령집』, 대한불교조계종, 1994, 17~19쪽.
19) 성철, 『한국불교의 법맥』, 장경각, 1976 / 1993, 11~14쪽.
20) 박해당, 앞의 글, 175쪽.

는 해석으로 보여진다. 그리고 그는 청허가 불교가 침체되어 법통과 법맥이 단절된 조선중후기에 임제선맥을 택했고, 자신이 벽송 지엄의 문하임을 선언하였다고 하였다. 또한 청허의 임제법통 확립을 위한 노력은 청허가 당시 산간불교의 내용을 감안, 이에 상응하는 가풍을 십분 발휘해 나갔던 사실에 대해서도 주목해야 한다고 하였다. 이봉춘의 이와 같은 견해는 그의 논고에서 전제했던 부분을 실천한 것이다. 그러나 경허·만공의 법맥에 대해서는 문중에서 논의하고 결정해야 할 사항이라고 간단히 정리해버린 것이다. 그러면서 논고 88쪽에서는 현재 덕숭문중에서 행해지는 청허 13세손이 수록된 법계를 도표화해서 소개하고 있는 것을 볼 수 있다.

윤원철은 박해당이 제기한 위의 논고에 대해 다음과 같이 그에 대한 논평을 정리하였다.

> 이제 좀 더 나아가 그러한 조건을 내려놓아 버리고, 법맥이라는 것이 과연 도저히 내릴 수 없는 선의 깃발인지 아니면(또는 "그렇더라도") 충분한 時節因緣이 갖추어지면 엉덩이 아래 깔고 앉을 수도 있는 것인지를 논의해보면 좋겠다.[21]

윤원철은 박해당이 법맥을 완전히 새로 그리는 것은 허용되지 않고 이미 주어진 몇 가지 법맥의 그림을 놓고 선택해야한다는 조건 때문에 "배타적인 인맥중심의 법맥관"과 "이념적 규정으로서의 법맥관"의 서술형식을 취할 수밖에 없었을 것이라고 하였다. 윤원철이 지적한 바와 같이 우리는 좀더 가벼운 마음으로, 그리고 이봉춘이 지적한 바와 같이 한국불교사의 측면에서 법맥을 인식하고 재정립할 수 있는 준비를 해야 할 것이다.

---

21) 윤원철, 「法脈, 나무냐 江이냐 −"滿空의 法脈에 대한 비판적 검토"에 대한 논평」, 제3차 덕숭선학학술대회 『만공과 한국선』, 한국불교선학연구원, 2001, 255쪽.

2. 경허·만공의 근현대 불교사적 위치

1879년 경허는 깨치고 나서 "사방을 돌아보아도 사람이 없으니 의발衣鉢을 누구에게 전해 받으리. 의발을 누구에게 전해 받으리 사방을 돌아보아도 사람이 없네."라고[22] 하였다. 깨우치고 나니 자신에게 법을 전해줄 사람도, 그의 법을 전해 받을 사람도 없는 것이다. 경허가 한국 근현대 불교의 중흥조이자 선의 부흥자라는 평가를 받게 된 상징적 언급이다. 이것은 폐허화 되어버린 조선 불교계의 상황을 적나라하게 묘사한 부분이기도 하다. 그러므로 경허가 한국 근현대 불교에서 차지하는 역사적 위치는 첫째, 청허 휴정이후 단절된 법맥을 정립하여 근현대 불교계의 선가 법통을 확립한 근현대 불교의 중흥조로서의 위치이다.

일찍이 대중에게 이르기를 "대저 祖宗 문하의 心法을 전수함에 근본과 증거가 있으니, 가히 어지럽힐 수 없다. 예전에 黃蘗은 百丈이 馬祖의 喝을 하던 것을 들어 말함을 듣고 도를 깨달아 백장의 법을 이었고, 興化는 大覺의 방망이 아래에서 臨濟의 방망이 맞던 소식을 깨달아 임제가 입멸한 뒤이지만 임제의 법을 이었다. 우리 동국에서는 碧溪가 중국에 들어가서 總統에게 법을 얻어 와서 멀리 龜谷을 계승하였고, 震黙은 부처님의 화신인 성인으로서 西山이 입멸한 뒤에 법을 이었으니, 그 스승과 제자가 서로 계승함이 이와 같이 엄밀한 것은 대개 마음으로써 마음을 인가하여 마음과 마음이 서로 인증하기 때문이다. 오호라 성현이 가신지 오래되어 그 도가 이미 퇴폐되었으나, 간혹 本色衲子가 일어나 殺活의 화살을 쏘아서 한 개나 반개의 성인을 얻기 때문에 은밀히 正宗을 부지하니, 암흑 속에서 등불을 얻음과 같고 죽음에서 다시 삶과 같도다.

---

22) 漢巖, 「先師鏡虛和尙行狀」, 『鏡虛集』(『韓國佛敎全書』 11), 동국대학교출판부, 654a쪽. 四顧無人 衣鉢誰傳 衣鉢誰傳 四顧無人

내가 비록 도가 충실하지 못하고 자성을 점검하지 못하였으나 일생동안
지향하는 바는 기어이 한 도리의 진리를 분명히 밝히는데 있었다.[23]

경허는 조종祖宗 문하의 심법心法을 전수함에 근본과 증거가 있으니 가히
어지럽힐 수 없다고 하였다. 법맥이 중국과 조선에서 면면히 이어져 오다
가 청허 휴정 이후 도가 이미 퇴폐되었음을 한탄하였다. 그러나 납자들의
선등禪燈의 계승은 암울한 시기에도 눈물겹게 지속되었다. 그러므로 경허는
"자신이 도가 충실하지 못하고, 자성自性을 점검하지 못했지만 일생동안 지
향하는 바는 기어이 한 도리의 진리를 분명히 밝히는데 있었다."고 밝히고
있다. 이것은 스스로를 이미 끊어진 종승宗乘의 전통을 회복함으로써 새로
이 선등을 밝히겠다는 이 땅의 선의 중흥조로서의 사명의식을 천명한 것이
다. 고려말 조선초부터 단행된 불교탄압과 그 지속은 청허 휴정의 불교중
흥을 위한 노력에도 불구하고 처참하게 유린되었다. 이후 연속된 일제의
침략과 1911년 사찰령 반포와 30본산제의 시행, 결국 한국불교는 일본불
교화 되어갔고, 처참하게 유린된 채 그 명맥이 단절되어 있었다. 이른바
사자상승師資相承의 종승宗乘이 사실상 그 실체를 상실한지 오래였던 것이다.
그러므로 경허는 종승의 단절을 비통해하는데 그치지 않고, 선등禪燈을 밝
히고자 서원하였고, 그 서원은 실제 한국불교의 단절을 연속성으로 변화시
켰고, 급기야 한국 근현대불교의 중흥조로 자리 잡았던 것이다.

둘째, 선禪의 부흥자復興者로서의 위치이다. 이능화는 "선강제승禪講諸僧의

23) 漢巖, 〈先師鏡虛和尙行狀〉, 『鏡虛集』(『韓國佛敎全書』 11), 동국대학교출판부, 654a쪽. 嘗
示衆曰 夫祖宗門下 心法傳授 有本有據 不可錯亂 昔黃蘗聞 百丈擧馬祖喝 而悟道嗣百丈 興化於
大覺棒下 悟臨濟契棒底消息 嗣臨濟於滅後 我東國碧溪人 中國得法於總統 而來遠嗣龜谷震默
以應化聖凜法 於西山滅後 其師資相承 嚴密如此者盖在 於以心印心 心心相印也 嗚呼 時降聖遠
其道已廢然間 有本色衲子興起以 殺活箭射 得一介半介 聖人故隱 隱地扶持他正宗 來如暗得燈
似絕復生 余雖道未充 而性不檢 一生所向期在 於此一着子明白

행리行履의 대략을 열거하고 그 종지를 조사하여 본 즉 경교經敎가 가장 많아서 염불念佛이나 송경誦經·송주誦呪를 일삼고 있으며, 참선參禪하는 사람은 극소수이다."라고[24] 1910년대 불교계의 상황을 설명하였다. 경허 역시 "다만 형식에 가까운 행위만을 힘써서 혹 입으로 경을 외우고 손에 염주를 잡고 혹 절을 조성하고 불상을 그리거나 등상을 만들어서 공덕만을 바라고 보리菩提를 구하는 것은 드물다고 지적하였다.[25] 즉 일제 강점기까지도 불교계는 간(강)경문看(講)經門·참선문參禪門·염불문念佛門의 삼문수업三門修業이 행해지고 있었는데, 선리참구禪理參究나 선실수禪實修는 거의 찾아보기 힘든 실태였다.

대저 선은 그 이치가 바르고 높고 멀어서 上乘에 뛰어나 선을 배우는 자가 本地風光을 깨달아 사무치면 옛 부처와 어깨를 함께 함이니 그 법이 긴요하고 묘함이로다. 그러므로 達磨大師가 당나라에 들어온 이래 우리 東土에 이르기까지 그 도를 얻어 바로 佛地에 오른 수가 한량없었다. 근세에 이르러서 그 도가 폐하여 전하지 않았고, 설사 발심한 이가 있다고 해도 처음에 그 참구하는 법을 결택하는데 힘쓰지 아니하고, 마침내 혼침과 망상 가운데 떨어져서 일생을 마치면서 능히 조금이라도 그 이치를 체득하려 하지 않으니 그러므로 다른 行業者나 外護者가 잘하고 못하는 것을 가리지 않고 의례히 전부 다들 슬퍼하고 탄식만 하니 슬프도다. 가히 구원할 수가 없다. 이 절은 화엄사를 창건할 때 함께 이룩되었으며, 일찍이 禪房을 해왔는데 그 땅이 신령함으로 도를 증득한 이가 또한 많았다. 중간에 폐지된 것은 특히 운수소관으로 돌릴 것이 아니라 또한 화주하는 사람이 없었기 때문이다.[26]

---

24) 李能和, 『朝鮮佛敎通史』 下, 新文館, 951쪽.
25) 鏡虛, 「結同修定慧同生兜率同成佛果禊社文」, 『鏡虛集』(『韓國佛敎全書』 11), 동국대학교출판부, 602c쪽. 但務事相有爲或口誦經手執珠 或營作梵宇 彩塑佛像 望功德希菩薩 誤之哉
26) 鏡虛, 「華嚴寺上院庵復設禪室定完規文」, 『鏡虛集』(『韓國佛敎全書』 11), 동국대학교출판부,

경허는 본지풍광本地風光을 깨닫기만 한다면 옛 부처와 어깨를 나란히 할 정도로 그 법이 긴요하고 미묘하다고 전제하였다. 때문에 중국과 우리나라에서도 깨달아 불지佛地에 오른 수가 많았지만, 그가 살았던 당시에는 선의 참구는 폐허화된 불교계의 상황 속에서 더욱 멀어졌다. 경허는 선방이 중간에 폐지된 것은 불교계의 적극적인 관심부족과 패배주의에 기인한 것이라고 지적하였다. 경허가 깨달음을 얻은 이후 선의 부흥을 위해 진력한 배경은 선禪이 한국불교사와 함께 해왔고, 모든 불학의 근본이자 핵심이었기 때문이다. 아울러 경허는 이미 쇠락한 한국불교가 선禪을 통해 소생할 수 있을 것이라고 믿었던 것이다.

경허는 1899년 54세 때부터 1903년까지 약 5년 동안 범어사와 해인사를 중심으로 선실禪室을 설치하고, 수선사를 창립하였다.

> 己亥年 가을에 영남 가야산 해인사로 옮기시니 고종 광무 3년이라, 勅旨가 있어 藏經을 인출하고 또한 修禪社를 건립하여 마음 닦는 학자를 거주하게 하니, 대중들이 모두 화상을 추대하여 宗主로 모셨다.……영취산 통도사와 금정산의 범어사, 호남의 화엄사, 송광사는 모두 화상께서 잠시 머무시던 곳이다. 이로부터 선원을 사방에서 다투어 개설하고 발심한 납자 또한 감화를 입어 구름일 듯하니, 계시는 동안 부처님 광명을 빛내고 사람의 안목을 열어주심이 이와 같이 융성한 때가 없었다.[27]

600c~601a쪽. 夫禪者 其理直截高速 迴出三乘 故學禪者 悟徹本地風光 則與古佛齊肩 其法之要妙也 孰過於是 故達磨大士入唐土以來 至于我東土 得其道 徑登佛地者 其數無限 至於近世 其道廢而不傳 設有發跡者 初不務決擇其參究法 竟混沌於昏掉之中 過了一生而未能小分覰得其理故 凡他行業者 或外護者 不擇善否 例皆悲嘆 嗚呼 不可以救得也 此蘭若 創始華嚴時 早爲禪室 其地靈勝 故得道者亦多 而中間廢絕其業者 非特運之否泰也 亦未有主化之人也

27) 漢巖, 「先師鏡虛和尚行狀」, 『鏡虛集』(『韓國佛教全書』 11), 동국대학교출판부, 654c~655a쪽. 己亥秋移錫于 嶺南伽倻山海印寺 時高宗 光武三年也 有勅旨印經 又建修禪社居心學者 而衆皆推和尚爲宗主 … 鷲山之通度 金山之梵魚 湖南之華嚴 松廣皆和尚遊歷處也 自後禪院 四方爭設 發心衲子 亦觀感而雲興 時順間洗佛光明 開人眼目 末有如此之盛也

제자 한암이 술회한 선의 부흥을 위해 진력했던 경허의 행적이다. 1899
년 칙지를 받들어 해인사에서 대장경을 인출하는 것을 계기로 수선사修禪社
를 건립하여 제방의 수행자를 제접하였다. 그해 11월에는 〈결동수정혜동
생도솔동성불과계사문結同修定慧同生兜率同成佛果禊社文〉을 지어 정혜결사운동을
주창하니 대중들이 그를 법주로 모시기도 하였다. 이때부터 경허는 1903
년까지 송광사·화엄사·실상사·백장암 등 호남일대에 선원을 창설하고,
범어사·통도사·내원사·백운암·표충사 등 영남의 여러 사찰을 순력하며
선풍을 진작시키고 납자들의 안목을 열어주기도 하였다.28)

경허의 수선사 창설과 활동은 위로는 고려시대 보조지눌의 정혜결사와
닿아있고, 아래로는 만공의 선풍진작을 위한 노력으로 연결되어 있다. 예
컨대 지눌의 결사 취지가 "동결정인同結正因 동수정혜同修定慧 동생불지同生佛地
동증보리同證菩提"로 요약되었다면, 경허는 "결동수정혜동생도솔結同修定慧同生
兜率 동성불과同成佛果"의 취지를 지니고 있다. 또한 개혁적 성격과 함께 출
가자와 재가자를 구분하지 않았으며, 남녀노소와 현우귀천賢愚貴賤을 묻지않
고 동참시켰다는 점에서 지눌의 정혜결사와 동질성을 지니고 있다.29)

한편 경허는 그의 영향을 받은 여러 후학들에 의해 한국 근현대불교의
중흥조이자 선의 부흥자로서의 위치를 공고히 할 수 있었다. 예컨대 김남
전金南泉과 오성월吳惺月은 당시 해인사와 범어사의 주지로 경허를 초청하여

---

28) 『경허집』에는 수선결사에 관한 序文과 記文이 수록되어 있어 당시 경허의 행적과 선풍진작의
정도를 가늠할 수 있다. ① 陜川郡伽倻海印寺修禪社創建記(1899년 9월 하순), ② 海印寺修
禪社芳嘲昒(1899년 10월 15일), ③ 結同修定慧同生兜率同成佛果禊社文(1899년 11월 1
일), ④ 華嚴寺上院庵復設禪室定完規文(1900년 12월 상순), ⑤ 梵魚寺鷄鳴庵修禪社芳嘲淸
規(1902년 10월 15일), ⑥ 東萊郡金井山梵魚寺鷄鳴庵創設禪社記(1903년 4월 하순), ⑦ 梵
魚寺設禪社契誼序(최병헌, 「近代 禪宗의 復興과 鏡虛의 修禪結社」, 『德崇禪學』, 한국불교선
학연구원, 1999, 88쪽).
29) 최병헌, 앞의 글, 89~93쪽 : 金敬執, 「鏡虛의 定慧結社와 그 思想的 意義」, 『韓國佛敎學』
21, 한국불교학회, 1996, 376~380쪽.

선원설치와 수선사 창립의 도화선이 되었다. 특히 오성월은 경허의 초청과 함께 선풍진작에 힘써 금강암金剛菴(1899), 안양암安養菴(1900), 계명암鷄鳴菴(1902), 그리고 안심암安心菴, 대성암大聖庵) 등의 선회禪會에 이르기까지 범어사 일원을 거의 선원으로 만들었다. 김남전과 오성월은 이후 선학원禪學院을 창설하여 만공과 함께 청정비구승의 수행과 복지를 지원하는 선우공제회 조직이라든가, 선원설립과 같은 선풍진작에 진력하였다.

선의 부흥을 위한 경허의 염원은 제자 만공에게 전해졌다. 그는 1871년 전북 태인泰仁에서 태어났다. 1884년 경허의 소개로 천장사天藏寺에서 태허泰虛스님을 은사로 출가하였다. 1895년 깨달음을 얻은 후 경허를 만나 '만공滿空'이라는 호를 받았으며, 스승을 따라 범어사梵魚寺 계명암선원鷄鳴庵禪院에서 하안거를 마쳤다.[30] 경허로부터 전법을 부촉 받은 만공은 1905년 덕숭산에 이르러 금선대金仙臺를 짓고 제방의 납자들을 제접했으며, 수덕사·정혜사·견성암 등을 중창하면서 선풍을 진작시켰다.

만공은 현재 근세 한국불교계의 선원禪院체계를 확립한 선승禪僧이자 선학원운동을 전개한 개혁승으로 평가받고 있다, 아울러 덕숭산을 중심으로 40여 년간 선풍을 진작시킨 결과 근대 한국의 선불교를 크게 중흥시켰으며, 현대 한국불교계에 있어서까지 하나의 큰 법맥을 형성함으로써 덕숭산문德崇山門의 확립자가 되었다는 찬사를 받고 있다.[31]

嫡子가孽子로易位되여正法이窒息되고誤喧되는此際禪宗首座大會를開催케됨은意義深遠且大합니다. 回顧컨대昔日羅, 麗時代와갓치東洋文化의

---

30) 「滿空禪師行狀」, 『滿空法語』(『한국불교학』 22집, 한국불교학회), 1997, 부록 194쪽.
31) 정성본, 「만공선사의 생애와 선사상연구」, 『한국불교학』 22집, 한국불교학회, 1997, 114쪽 ; 김종명, 「만공의 선사상-특징과 역할」, 『종교연구』 34호, 한국종교학회, 2004, 203~204쪽 ; 김종명, 제3차 덕숭선학 학술대회 「만공사상의 특징과 역할」, 『덕숭선학』, 한국불교선학연구원, 2001.

中心이든朝鮮佛敎가現況과갓치萎靡不振의狀態에彷徨케된根本原因이佛法의眞髓를直示한禪法이極側沈滯됨에잇스니眞實한意味에서佛敎의復興을圖하고瞿曇의大道를宣揚할나면形骸만存在한禪宗을盛興케함에잇다고看破하고老德스님멧분이數年間焦心勞力하야昨年에財團法人朝鮮佛敎中央禪理參究院을完成하고財團의擴張과施行細則及禪院法規를制定하기爲하야首座界의中心人物數十人을招請하야施行細則起草委員會를組織하엿는것임니다.   然中該會委員諸氏가모다爲法忘軀하는殉敎的精神에불타는스님들인만큼一步前進하야全鮮首座大會를召集하고禪宗의根本的自立發展策을討議決定하자는發意로準備委員會를該會席上에更히組織하고今番首座大會를急作케되여萬般準備가不完하게되엿슴니다만은…32)

인용문은 1935년 3월 7~8일 이틀간 선학원 중앙선원 법당에서 개최된 제3차 조선불교선종수좌대회에서 혜월慧月·한암漢岩과 함께 종정宗正으로 추대되었던 만공이 낭독한 수좌대회 취지의 일부분이다. 조선불교가 명맥 조차 유지하기 어려운 것은 선법禪法이 침체되어 있기 때문이며, 불교의 부흥은 오직 선종을 홍성케 하는데 있음을 강조한 것이다. 이와 같은 선종부흥의 명분은 조선불교의 독자성을 천명하고 선종의 근본적인 자립발전책을 모색하기 위한 수좌대회로 자연스럽게 연결된 것이다. 사실 일제하 불교계의 상황은 왜색화倭色化의 경향으로 대처식육帶妻食肉의 풍조가 만연되어 있었다. 반면 청정비구승의 수행환경은 비참하여 주접住接할 곳이 없으며, 세속사원과 다름없는 재가사원在家寺院에 들어가서는 발붙일 곳이 없었고 식량이 없어 선원禪院에도 들어가지 못하고 헤매다가 뜻하지 않게 병이 들면 간호 한번 받지 못하고 길거리에 서 사망하는 자가 비일비재하였다.33) 그러

---

32) 禪宗中央宗務院, 『朝鮮佛敎禪宗首座大會會錄』, 중앙인쇄소, 1935, 14쪽, 6쪽. 이 『조선불교선종수좌대회회록』은 法眞篇, 『選佛場』 -安居芳啣錄과 首座大會會錄-, 한국불교선리연구원, 2007에 재수록되어 있음.

므로 1935년의 조선불교선종수좌대회는 선종 창종創宗을 선언하고 그 부흥의 기틀을 마련하기 위해 개최되었다. 이른바 왜색불교에 대항하며, 선원의 증설과 청정수좌들의 수행 환경을 개선하기 위해 선학원이 재단법인 조선불교선리참구원朝鮮佛教禪理參究院으로 인가를 받은 직후의 일이었다. 초대 이사장 만공은 재정의 확립을 기하기 위해 기꺼이 사재를 기부하였으며, 선원의 증설을 위해 진력하였다.

≪선원≫지에 소개된 지방선원의 수적 변화

1931 ≪선원≫창간호, 42쪽	1932.2 ≪선원≫2호,87~88쪽	1932.8 ≪선원≫3호, 72~73쪽	1935 ≪선원≫4호,42~43쪽
유점사 선원(70) 오대산 상원암(30) 표훈사선원(신설, 15) 직지사 선원(20) 대승사 선원(37)	은해사금락선원(창설) 석왕사내원선원(재정문제로 강원으로 변경) 정혜·수덕선원(40) 직지사 천불선원(20) 표훈사 선원(20) 유점사 선원(20) 도리사 선원(15) 건봉사 선원(12) 범어사 선원(7~8) 오대산상원선원(10)	봉은사망월선원(10) 백양사 선원(13) 화엄사탑전선원(5) 해인사퇴설선원(10) 범어사 선원(15) 범어사내원암선원(7) 범어사 마하사선원(5) 경성안국동선학원(23) 통도사내원암선원(27) 은해사운부선원(5) 은해사금락선원(10) 김용사대승사선원(11) 도리사선원(15) 유점사비로선원(15) 유점사 표훈사선원(4) 표훈사부인선원(10) 유점사 신계사 미륵선원(7) 월정사 상원선원(15) 석왕사선원(15)	석왕사내원선원(17) 통도사백련선원(16) 승가사선원(11) 양주망월사선원(14) 고운사선원(9) 금강산마하연선원(37) 도리사태조선원(22) 직지사천불선원(12) 범어사 사자암선원(9) 월정사상원선원(20) 대승사선원(11) 김용사선원(12) 불영사선원(12) 동화사금당선원(11) 범어사금어선원(15) 범어사내원선원((21) 송광사삼일암선원(14) 경성중앙선원(25) 은해사운부선원(23) 보현사극락전선원(6) 양화사선원(3) 해인사퇴설당선원(9)

( )안은 수행중인 대중명수

표는 선학원의 기관지인 ≪선원≫에 소개된 지방선원의 연도별 현황

---

33) 金泰洽, 〈護禪論〉, ≪禪苑≫ 제2호, 禪學院, 1932, 6쪽.

과 수적 변화이다. 만공을 비롯한 혜월慧月·한암漢岩·성월惺月·적음寂音 등의 노력으로 증설된 선원에서 전국 수좌 368명이 선학원의 후원 하에 수행하였으며, 1935년 재산 역시 이전의 9만원에서 14만원으로 확충되었다. 이와 같이 만공은 스승 경허의 뒤를 이어 수선결사를 이어갔고, 금선대金仙臺에서는 용상대덕龍象大德을 많이 배출하였으며, 수덕사와 정혜사, 견성암 등을 중창하여 많은 사부대중을 거느리고 선풍을 크게 떨쳤다.[34] 아울러 백용성白龍城·오성월吳惺月·김석두金石頭 등과 함께 조선불교의 독자성과 정통성을 천명하고, 선의 부흥을 위해 선학원을 창설하는데 기여했다.

3. 경허鏡虛·만공滿空과 현대불교現代佛敎

경허가 한국근현대불교의 중흥조이며 선의 부흥자로서 진력을 다했다면, 만공을 비롯한 그의 제자들은 한국선을 꽃피우기 위해 노심초사했다. 아울러 경허의 선풍은 한국 근현대불교사를 개척한 인물들에게 전해졌는데, 그의 법통은 덕숭산문의 확립자라고 할 수 있는 만공에게 전해졌다.

> 법을 받은 제자가 네 사람이니, 枕雲 玄住는 영남 表忠寺에서 道를 펴다가 임종시에 범어사에서 설법을 하고 臨終偈를 쓰고 입적하였으며, 慧月慧明과 滿空 月面 두 禪伯은 어릴 때부터 모시고 깊이 화상의 종지를 얻어서 각각 걸출한 師表가 되어 찾아오는 이들을 諸接하여 敎化를 크게 떨쳤고, 나는 비록 不敏하지만 일찍부터 친견하여 玄旨를 들었으나 先師를 존중하는 것은 나를 위해 설파해 주지 않으셨기 때문이다. 그러

---

34) 「滿空禪師行狀」, 『滿空法語』(『한국불교학』 22집, 한국불교학회), 1997, 부록 195~196쪽.

므로 감히 法의 恩惠를 저버릴 수 없으니 이렇게 해서 넷이 된다.35)

경허의 상수제자는 경허의 세 달로 불리는 수월·혜월·만공이 있으며, 그밖에 혜봉慧峰·침운枕雲·한암漢岩 등이 있었다. 또한 성월惺月·학명學明·진하震河 등은 전국 선원의 조실로서 한국선을 이끌었으며, 일제하 선학원 운동과 해방 이후 정화운동의 주축을 이루기도 하였다.36)

한편 만공의 제자들은 보월寶月·용음龍吟·고봉古峰·금봉錦峰·서경西畊·혜암惠菴·전강田岡·금오金烏·춘성春城·벽초碧超·원담圓潭이 있으며, 비구니는 법희法喜·만성萬性·일엽一葉 등이 있다. 이 가운데 혜암慧庵(1886~1985)은 1896년 양주 수락산 흥국사에서 보암保菴을 은사로 출가하였다. 제방에서 운수행각을 했는데, 만공滿空·혜월·용성선사를 차례로 모시고 용맹정진했다. 35세 때에는 수덕사 조실 만공으로부터 전법게傳法偈를 받고 법통을 이었으며, 혜암이라는 법호를 받기도 했다. 전법게의 내용은 다음과 같다.

구름과 산 다름없으나
또한 대가풍도 없다
글자 없는 도장을
너 혜암에게 주노라.37)

혜암은 오도悟道 후에도 통도사의 성월·해담선사, 대각사의 용성선사, 월정사의 한암선사 등 고승들에게 불법을 묻는 것을 게을리 하지 않았다. 1956년에는 수덕사 조실로 추대되어 30여 년 동안 후학들을 지도하였으

35) 漢岩, 「鏡虛和尙行狀」, 『漢岩一鉢錄』, 민족사, 1995, 298~299쪽.
36) 이덕진, 「鏡虛禪師의 '法化'와 '行履'에 대하여」, 『韓國禪學』 제4호, 韓國禪學會, 2002, 250쪽.
37) 金侖世, 「行狀記」, 『벼랑 끝에 서서 길을 묻는 그대에게』, 밀알, 1985, 24쪽.

며, 1984년에는 조계종 중앙종회(제81회)에서 설치키로 한 덕숭총림德崇叢林의 제1대 방장方丈으로 추대되어 부처님과 조사들의 가르침을 전했다. 아울러 이 해에는 100세의 고령에도 불구하고 미국의 능인선원能仁禪院 봉불식奉佛式에 참석하여 한국 선을 세계에 심으려는 포교의지도 보였다.

고봉高峰(1890~1961)은 1911년 상주 남장사南長寺 혜봉스님을 은사로 출가하였다. 출가 당시에는 아만我慢으로 가득차서 스승이 몇 개월이나 머리를 깎아주지 않았다고 한다. 대구 파계사把溪寺 성전聖殿에서 수행할 때는 모든 경계를 잊고 수행하다가 홀연히 깨우쳤다고 한다. 1919년 대구 서문西門 장날을 기해 전개한 독립만세 시위운동 때에는 '학생의거'를 주도한 죄로 1년 6개월간 투옥되어 고문을 당하기도 하였다. 1922년에는 만공에게 전법입실傳法入室 건당建幢하였으며, 양산 내원사에서는 혜월과 선농禪農생활을 하기도 하였다. 만공과 함께 수행할 때는 궁핍한 살림으로 인해 탁발을 해서 수행을 유지해야하는데, 고봉은 자신이 탁발한 것은 모두 어려운 사람에게 나누어 주고 빈손으로 돌아 왔다. 의아해 하는 만공의 질문에 "보름동안 절에서 먹지 않고 나가 있었으니 그것만 해도 적지 않은 쌀을 벌어 놓은 것"이라고 말해 보통 사람의 테두리 밖의 뛰어난 사람으로 평가받기도 하였다. 또한 혜월과 함께 있을 때는 황소를 팔아 대중공양을 하고, 혜월이 소가 없어진 이유를 묻자 벌거벗고 혜월의 처소로 가 황소울음소리를 내며 사방을 기어 다녔다고 한다. 1956년 아산 봉곡사, 대전 복전암을 거쳐 1961년 8월 29일 서울 화계사에서 입적했다. 숭산崇山이 유일한 제자다.

금오金烏(1896~1968)는 불교계의 언론이나 연구기관에서 한국인의 지성사적 표상이 되는 불교계의 선지식을 선정할 때면 반드시 거론되는 인물이다. 이름 앞에 붙는 화려한 수식어와 함께 "움막중"과 같은 별명에 보이는 것처럼 지극히 낮은 곳에서도 자신을 내던져 본분사를 더듬었던 까닭일

것이다. 금오는 16세에 금강산 마하연摩訶衍에서 도암道庵 긍현亘玄에게 득도
得度하여 월정사·통도사를 비롯한 전국의 여러 선원에서 수행하였다. 나이
28세 때는 만공의 제자인 보월寶月을 친견하고 법제자가 되었다. 그러나 보
월과는 시절인연이 짧아 스승이 입적하자 만공에게서 보월의 법제자임을
증명하는 건당식建幢式을 치르기도 하였다. 오도悟道 이후 약 10여 년 동안
토굴생활을 하였고 선지식이 있다면 먼 길을 마다하지 않고 친견하였는데,
경허의 제자 수월水月을 찾아 만주 봉천奉天에 갔다가 구사일생으로 살아 돌
아 온 일화는 지금도 후학들의 입에서 입으로 회자되고 있다.

　금오는 40의 나이에 직지사直指寺 조실祖室을 비롯하여 석왕사釋王寺·망월
사望月寺·쌍계사雙磎寺 등 전국 선원禪院의 회주로 주석하며 설법과 방망이로
후학을 제접하였다. 특히 지리산 칠불선원에서는 탁발로 제자들의 주린 배
를 채워 주었고, 몽둥이로 바닥난 선기禪機를 복돋아 선원의 위상을 바로잡
기도 하였다. 1954년 불교정화운동 당시에는 전국비구승대회 준비위원회
추진위원장으로 승단僧團 재건에 참여하기도 하였다. 정화운동은 일본불교
의 잔재인 대처식육帶妻食肉 승려들을 몰아내고 한국 불교의 정통성과 독자
성을 천명하기 위한 것이었다. 금오는 1954년 6월 24일 그동안 회주會主
소임을 맡았던 선학원禪學院에서 정화추진위원장에 선출되어 정화운동의 선
봉장 역할을 하였다. 전국의 젊은 비구승을 모아 연락하고 권고해서 서울
에 집합하도록 한 것이다. 당시 비구승이 서울에 집중되었을 때 그는 효봉
曉峰·동산東山·청담靑潭과 함께 4대 거물로 지칭되기도 하였다.

　　"부처님 법에 승단은 청정한 것인데 대처승이 생겨 승단이 없어졌다.
　이것을 여러 불보살과 역대 조사 앞에서 항상 부끄럽게 생각했는데, 이
　것을 면하자는 것이 이번 정화불사이고 또 승단을 재건함으로써 이 나라
　불교를 정화해서 참다운 부처님의 자비정신을 구현해 보자는 것이다. 우

리가 이에 정화불사에 실패하면 世人보는데 머리 깎고 승려 모습을 하고
다니는 것이 부끄럽다. 잘되면 승단재건에 전력하고, 그렇지 못할 때는
세상에 떨어져 있는 섬에 가서 다시는 세상을 보지 말고 삶이 끝나도록
참선공부를 하자.”

금오가 정화운동 당시 수원 팔달사에서 상좌들을 모아 놓고 한 말이다.
정화운동은 불법佛法을 생의 전부로 생각해 온 금오에게 절대절명의 사명이
기도 했다. 불교계의 정화 없이는 선풍진작禪風振作은 물론이고 수행풍토 또
한 온전히 기대될 수 없는 것이었다. 불교정화운동은 청정비구승들의 노력
으로 1954년 8월 24일부터 1955년 8월 16일까지 일단락되었다. 금오는
이후 대한불교 조계종의 부종정의 소임까지 역임했지만, 운수행각雲水行脚을
통해 걸식과 고행을 했고 심지어 걸인생활도 했다. 금오가 언급한 걸인의
철칙은 첫째, 밥은 어떤 밥이든 트집 잡지 않는다. 둘째, 옷은 살갗이 나
와도 탓하지 않는다. 셋째, 잠은 장소를 가리지 않고 어디서든 잔다는 것
이다. 불법을 위해서라면 위법망구爲法忘軀의 자세를 보인 것이다.

적음寂音(1900~1961)은 1924년 직지사의 제산霽山을 은사로 득도하였으
며, 1936년에는 만공으로부터 ‘초부당草夫堂’이라는 당호를 받았다. 출가 이
전에는 침술과 한약에 관한 연구를 하였는데, 의술醫術은 신묘한 바가 있었
다고 전해진다. 당호 역시 그와 무관하지 않다. 1950년대 중반 선학원 중
심의 정화운동에 참여했던 운허耘虛는 이에 대해 ‘풀을 가지고 중생들의 괴
로움을 덜어주는 친구’라는 의미였다고 술회하였다. 적음은 선학원에 주석
한 후에도 침술과 한약을 가지고 많은 공덕을 베풀었다고 한다. 전 동국대
학교 재단이사장이었던 벽암碧庵은 “선학원에 앉은뱅이 한 사람이 찾아 왔
다가 적음스님에게 침을 맞고 이내 걸어서 나간 일도 있었다”고 증언하였
다. 그러나 적음은 병을 고치되 치료비는 받지 않았다. 이후 선학원은 그

에게 치료를 받거나 신행信行을 위해 오는 사람들로 창설 당시의 활기를 되찾았다.

적음은 선학원을 인계받은 즉시 참선을 시작하였다. 창설 당시 참여했던 여러 큰 스님들의 정법수호正法守護의 서원을 잊지 않았다. 대방大房에서 탄옹炭翁이 입승立繩소임을 맡았으며, 납자 및 신도 20여 명이 참가하였다. 아울러 한용운·이탄옹·김남전·송만공·백용성 등이 일반 대중들에게 설법說法·강화講話 등의 행사를 거행하면서 선학원을 대중적 운영의 방향으로 추진해 갔다. 적음이 중심이 되어 조직한 남녀선우회男女禪友會는 그 회원이 70여 명으로 인원은 적었지만, 선학원 재건과 선풍진작의 출발점으로 이해할 수 있다. 그러나 적음은 선학원 창설의 목적을 두고 노심초사하였다. 즉 10년이나 30년 동안 선원禪院에서 부처의 골수를 훔치고자 했던 납자들의 비참한 말로를 한시도 잊지 않은 것이다.

당시 청정비구승은 대처승의 재가사원在家寺院에서는 발붙일 곳이 없었으며, 불완전한 선실禪室에서의 수행은 해를 넘기지 못하고 축출을 당하기 일쑤였다. 적음은 내적으로는 선학원을 중심으로 한 선풍진작과 대중화를 위해 애쓰는 한편 밖으로는 수좌들의 안정된 수행여건을 마련하고자 노력하였다. 당시 불교계의 대표기관인 교무원 종회에 청정수행승의 안정된 수행공간이라고 할 수 있는 중앙선원中央禪院을 설치해달라는 건의안을 수좌대회에서 작성하여 제출하였다. 그러나 종회에서는 예산부족을 이유로 부결시켰다. 실질적인 이유는 대처식육의 풍토에서 청정비구승의 수행은 대처승들의 존립 자체가 근본적으로 흔들리는 계기가 되기 때문이다. 이와 같은 '수좌들을 위해 청정사찰 몇 군데를 할애해 달라'는 요청은 이미 1926년 백용성이 두 번에 걸쳐 일제 당국에 제출한 '대처식육 금지에 관한 건백서' 정신을 계승한 것이었다.

적음의 이러한 노력은 비록 실현되지는 못했지만, 선학원이 선원禪院의 중앙기관이라는 자부와 선학원이 재정자립에 있어서도 괄목할만한 변화를 가져왔음을 의미한다. 이후 그는 선방을 중수하기 위해 희사금을 모집하고, 선원부인선우회禪院婦人禪友會를 통해 만주 동포를 위한 현금과 의복을 지원하는 일에 앞장서기도 하였다. 안거 수행 역시 활성화되어 백용성이 주실籌室 소임을 맡아 대중들을 채찍질하였다. 적음은 이때에도 화주化主소임을 맡아 대중들이 안정된 여건 속에서 수행할 수 있도록 그 지원을 아끼지 않았다.

적음은 이후 선학원을 재단법인화하여 근본적인 재정적인 안정을 마련하고자 하여 1934년 12월 5일 재단법인 조선불교선리참구원朝鮮佛教禪理參究院으로 개편하였다. 적음은 재단법인 인가로 인한 괄목할만한 변화에 머무르지 않았다. 청정비구승을 중심으로 한 선종의 부흥과 중앙행정기구인 선종종무원禪宗宗務院을 조직하였다. 이것은 1935년 제3차 수좌대회가 계기가 되었다. 당시 수좌대회에서는 종정과 원장 등 임원을 선출하였다. 특히 종정을 선출했다는 것은 한국불교의 대표적인 정통성으로 꼽히는 선종의 정신을 계승하고 침체된 선종을 부흥하고자 하는 의지를 반영한 것이기도 하였다. 이 대회를 계기로 전국선원의 대표기관인 중앙선원中央禪院에서는 만공을 조실祖室로 모시고 안거가 행해지기 시작하였다.

이때 시작된 안거는 일제치하를 마감하고 해방과 한국전쟁을 거친 이후 정화운동시기까지도 굳건하게 유지되었다. 최근에 발견된 중앙선원『안거방함록安居芳嘲錄』에 의하면 적음의 소임은 원주院主나 주지住持소임으로 일관하고 있다. 그 역시 선원에서의 용맹정진하는 수좌였지만, 안거 대중들의 공부를 위한 지원 역시 게을리 하지 않았음을 의미한다. 적음에게는 조실이나 선덕禪德·입승立繩과 같은 선원의 견인차가 되는 소임이 중요한 것이 아니었다. 조선 수좌 중에서 생불生佛이 나올 수 있는 토양을 만드는 것이 적음이 세운 큰 서원이었던 것이다.

1935년 수좌대회 이후 적음은 당시 조직된 선종 종무원에서 운봉雲峰과 함께 이사소임을 맡았다. 선학원의 중흥을 비롯하여 일제하에서 이 땅의 불교 발전을 위한 대들보 역할을 하였지만, 결코 자신을 내세우는 일은 없었다. "중생들의 괴로움을 덜어주는 친구" 그 이상도 이하도 아니었다. 말 그대로 초부였다.

적음은 1942년부터 1946까지의 기간 동안 재단법인 조선불교중앙선리 참구원 제3대 이사장 소임을 맡았다. 이해는 한국 근대 선불교의 중흥조인 경허鏡虛의 문집인 『경허집鏡虛集』이 발간되었는데, 전국 선원 수좌의 힘으로 부담하기로 하였다. 적음은 이때에도 만공·만해·성월등과 함께 발기인으로 참여하였다. 그는 1950년부터 1960년까지는 제5대 이사장으로 재추대되었다. 암울한 시기의 한국불교는 재도약과 발전을 위해 그를 선택한 것이다. 친일불교의 청산과 한국불교의 정통성을 확립하고자 했던 "불교정화운동"의 한 복판에 선학원이 자리하고 있었다면, 당시 선학원의 수장은 한평생을 선학원과 한국불교의 중흥에 몸 바쳤던 적음이 있었다. 다음은 경봉이 "마음의 소리"라는 제목으로 적음에게 보낸 편지글이다.

> 寂音이라. 고요 속에 소리가 있네.
> 그대 법명은 어찌 그리 아름다운가.
> 새소리, 물소리, 바람소리, 대숲 흔드는 소리,
> 아아, 귀를 간지럽히는 이슬 구르는 소리,
> 모두 다 적음이니 이 어찌 또한 아름답지 않은가.
> 복잡한 삶에 이 애끓는 소리를 듣는 이 있으니 그대 얼마나 행복한가.
> 높이 날던 새가 떨어지는 소리도 다 적음이니
> 인생만사 다 소리 때문에 흥하고 망하니
> 소리에 귀를 기울여 보시게.

이에 대해 적음은 경봉스님이 아니었다면 시간을 헛되이 보냈을 것이라고 칭찬에 대한 감사의 예를 표시하고, "내가 만약 마음의 소리를 들을 수 있다면, 당장 큰 바위 앞에 무릎을 꿇고 앉아 천년만년 바람소리에 귀 기울이겠습니다."라고 화답하였다. 적음은 1961년 세수 61세로 선학원에서 입적하였다.

전강田岡(1898~1975)은 어려서 대처승을 통해 불문佛門과 인연을 맺었지만, 16세에 해인사로 옮겨와 인공화상印空和尚을 득도사得度師로, 응해화상應海和尚을 계사戒師로 사미가 되었다. 출가 이후 직지사直指寺·보덕사報德寺 등에서 수행을 하다가 23세 때 태안사泰安寺에서 견성의 문이 열렸다고 한다.38) 이후 만공·혜봉·용성·한암 등을 찾아 공부를 견고히 해 나갔다. 특히 만공은 전강이 지난 날 깨쳤다고 자부한 경지를 철저히 부정해 버리고 다시 공부를 시켜 마침내 전법게를 내렸다. 이때가 그의 나이 25세 때였다.

> 佛祖가 일찍이 전하지 못한 것
> 나 또한 얻은 것 없네
> 이 날은 가을빛도 저물어 가는데
> 뒷산 봉우리에 원숭이 울음소리

전강은 만공에게 인가를 받고 난 이후 33세의 젊은 나이로 통도사 조실을 시작으로 법주사 복천선원, 수도암 선원, 대구 동화사 선원, 범어사 선원, 천축사 무문관, 용주사 중앙선원 등의 조실을 역임했으며 법보선원의 조실로 후학들을 양성하며 일생을 마쳤다.

---

38) 정휴, 『田岡評傳』, 우리출판사, 2000, 35쪽.

4. 맺음말

경허·만공의 출현은 조선중후기 청허 휴정의 불교중흥을 위한 노력 이후 단절된 한국불교의 출발을 의미한다. 경허는 이른바 한국 근현대 불교의 새벽이며, 제자 만공은 선의 확립과 대중화에 기여했다는 찬사를 받고 있다. 또한 이들의 일생은 격동기 대한제국과 암울한 일제치하에서 한국불교가 지닌 독자성을 천명하고, 정통성을 수호했다는 점에서도 민족사적 평가를 받고 있다. 그러므로 경허·만공에 대한 연구는 단편적인 개인사 연구의 범위를 떠나 근현대 불교사와 사상을 연구하는 근간인 것이다.

우선 경허·만공의 법맥은 연구자의 인식에 따라 크게 3가지 유형으로 분류된다. 제1유형은 무사자오無師自悟한 경허가 스스로를 청허11세, 환성 7세손임을 천명한 이후, 후대에 이르러 대수계산에서 변화를 보이고 있다. 예컨대 제자 한암이 경허자설이라고 소개한 청허 11세, 환성 7세손 설은 경허법맥에 대한 인식의 기초로 삼거나 가장 신빙성 있는 설로 삼고 있다. 그러나 이를 기초로 번역상의 오류를 가장한 자의적인 해석으로 평가되고 있는 12세, 8세손 설, 덕숭문중 후학들의 많은 문집과 연구에 의해 정립된 13세, 9세손 설 역시 그 정당성을 호소하고 있다.

법맥 자체에 대한 이와 같은 정의에 대해 제2유형은 학자들이 경허가 깨달음을 얻었을 때 그의 오도悟道를 인가해 줄 스승은 어디에도 없었음을 전제로 자신을 이미 입적한 용암 혜언의 사법을 자처하고 도통의 연원을 정리하고 밝힌 것은 이미 끊어진 선등禪燈을 밝히고 선의 부흥자로서의 사명의식이 있었기 때문으로 해석하였다. 그러나 3유형은 『대한불교조계종법령집』의 「종헌」을 기초로 스승과 제자의 직접적인 인가의 형식을 갖추지 않았다면, 그리고 후손인 제삼자가 정했다면 "법맥은 당사자가 정해야 한다."는 원칙에도 어긋난다하여 청허뿐만 아니라 경허·만공의 법맥 역시 부정하고 있다. 아울러 법맥에 관한 문제는 제3자가 관여할 바가 아닌 문중의 중의를 거쳐 자체에서 해결해야 할 문제라고 해석하기도 했다.

학자들은 이 세 가지 유형가운데 제2유형에 대해 호의를 보이고 있다. 한국불교의 법맥문제는 그 자체에 대한 규정과 해석보다는 조선 중후기부터 전개된 불교사의 틀 속에서 평가할 필요가 있다는 것이다. 그것은 법맥문제 역시 한국불교사의 범주 안에서 해석되고 평가되어야 할 부분이라는 논리다. 법맥규정과 이해가 역사적 평가와 함께 진행되어야 한다는 논리로 필자 역시 여기에 동감하는 바이다. 그러나 제3유형은 법맥 이해에 대한 부정적이거나 소극적 자세라고 생각한다. 법맥이 안고 있는 문제 제기는 바람직하지만 부정적이거나 소극적 해석은 무의미하다. 또한 옛 일을 지금의 잣대로만 재는 일이 완전 타당한 것이라고 할 수 있는가. 이것은 부정적인 해석을 내리고 있는 연구자조차도 재검토의 여지를 마련해야 한다고 정리하고 있는 마당에서 바람직스럽지 못한 일이다. 앞으로 문중과 연구자 사이에 심도 있는 논의가 필요한 부분이다.

경허·만공의 법맥이 안고 있는 논란 속에서도 그들의 불교사적 위치는 여전히 확고하다. 우선 경허는 한국 근현대불교의 중흥조와 선의 부흥자로서의 위치이다. 청허 휴정이 풍전등화의 조선불교를 중흥시킨 것처럼 경허역시 비록 도가 충실하지 못했지만, 일생동안 한 도리의 진리를 분명히 밝히는 것을 지향하고 있었다. 이것은 불교탄압과 소외로 이미 끊어진 종승의 전통을 회복하고자 한 중흥조로서의 사명의식을 지니고 있었음을 의미한 것이다. 그리고 경허는 격동기 대한제국과 일제치하 염불念佛이나 송경誦經·송주誦呪만이 유행한 시기에 관심의 대상에서 벗어난 참선參禪을 통해 한국불교를 소생시키고자 했다는 점에서 선의 부흥자이다. 그는 선禪이 한국불교사와 모든 불학佛學의 근본임을 알고 확신하고 있었다. 쇠락한 선원을 창설하고, 수선결사의 조직은 제자 만공을 비롯해 김남전이나 오성월과 같은 후학에 이르러서 꽃을 피운다. 특히 선원 체계를 확립한 선승禪僧이자 한국불교의 전통성을 수호하기 위한 선학원 운동의 선봉에 선 개혁승으로도 평가받고 있다. 그는 덕숭산을 중심으로 40여 년간 선풍을 진작시켜 수덕사를 근현대 선의 요람으로 만든 덕숭산문의 확립자라는 찬사를 받고 있다. 예컨대 스승 경허에게 영향 받은 인물들과 참여한 선학원에서 지방선원을 증설하기 위한 노력은 괄목할 만한 것이었다. 만공이 오성월·김남전, 그의 제자 김적음과 전개한 지방선원 확충은 1931년 5개에 불과하던 것이 1935년에는 수좌 368명이 정진하고 있는 규모로 확대된 것이다. 자신 역시 스승의 수선결사를 이어갔고, 수덕사와 정혜사·견성암등을 중창하여 선풍을 크게 떨쳤던 것이다. 만공의 이러한 노력은 일제치하 우리불교의 왜색화를 막고, 청정수좌들의 수행여건을 향상시켜 우리 불교가 지닌 독자성과 정통성을 지키고자 한 노력의 결실이기도 하였다.

경허의 일생에 걸친 선의 부흥을 위한 노력은 제자들에게로 전해진다. 이른바 경허의 세 달이라고 할 수 있는 혜월·만공·수월은 스승이 채 완성하지 못한 불교중흥의 노력을 위해 팔도를 운수행각하였다. 한암漢巖을 포함한 이들의 노력은 헛되지 않아 일제치하와 해방이후 한국 현대불교는 지난至難한 상황을 정법正法의 기치 아래 굳건히 유지해 나갈 수 있었다. 혜암慧庵은 보암保菴을 은사로 출가하여 만공에게 전법게를 받고 30여 년 동안 후학들을 지도했으며, 조계종에 설치한 덕숭총림의 제1대 방장으로도 추대되어 제자들을 위해 방망이를 들었으며, 100세의 고령에도 불구하고 한국 선을 세계에 심으려는 의지 역시 보이고자 하였다.

적음寂音은 제산霽山을 은사로 득도하여 만공으로부터 초부당草夫堂이라는 당호를 받은 인물이다. 의술에도 신묘한 바가 있었던 적음은 일제치하 한국불교의 독자성과 정통성을 수호하고자 창설된 선학원의 중흥주이기도 하다. 선학원은 한국불교의 왜색화 경향을 막고 청정비구승의 수행여건을 개선하고 선풍진작을 위해 1921년 만공·용성·남전·성월 등이 주도하여 창설되었다. 그러나 창설정신은 재정적인 문제로 인하여 적극적인 활동이 중단되었다. 적음이 선학원에 온 이후 수좌들의 용맹전진은 계속되었고, 선학원 역시 대외적 변화를 맞이하였다. 만해·용성·남전·용성 등이 일 반대중들에게 설법說法·강화講話의 행사를 적극적으로 전개하였다. 아울러 수좌들의 수행 여건을 향상시키기 위해 구체적인 노력을 하였으며, 이러한 노력은 지방선원을 증설하기에 이르렀다. 아울러 적음은 선학원을 재단법 인화하여 근본적인 재정적인 안정을 마련하기도 하였다. 적음을 위시한 선 학원의 지도자들은 당시 불교계의 대표기관인 교무원 종회에 대처승帶妻僧 이 아닌 청정수좌들만이 수행할 수 있는 사찰을 할애해 달라고 요청하기도 했다. 이 요청은 비록 결실을 거두지는 못했지만 이미 백용성의 건백서建白 書 사건을 계기로 시작된 요청을 계승한 것으로 청정사찰 할애보다는 한국 불교의 정통성을 수호하고자 하는 큰 뜻이 담겨져 있었다.

　적음이 일제치하에서 선학원의 중흥을 통해 선의 부흥과 한국불교의 독 자성을 수호하고자 했다면, 금오숲鳥는 해방 이후 일본불교의 잔재청산을 위해 진력하였다. 1954년 불교정화운동 당시 청정 승단을 재건하기 위해 참여하였다. 예컨대 선학원에서 정화추진위원장에 선출되어 정화운동의 선봉장 역할을 한 것이다. 대처승 때문에 청정승단의 존재가 어려웠고, 불 보살과 역대 조사들에게 항상 부끄러웠다는 그의 말은 정화운동의 성패가 한국불교의 운명을 결정짓는 중요한 과제였음을 의미하는 것이었다. 다행 히 "승단재건에 실패했을 경우 섬에 가서 다시는 세상에 나오지 말고 삶이 끝나도록 참선공부를 하자."고 했던 그의 각오와 강한 실천력으로 정화운 동은 일단락될 수 있었다. 그는 조계종단의 부종정 소임까지 역임했지만, '움막중'이라는 별명에서와 같이 낮은 곳에서 자신의 본분사를 재확인 하고 끊임없이 걸식과 고행을 통해 위법망구의 자세를 보였다.

이와 같이 경허·만공의 영향을 받은 후학들은 격동기와 암울한 시기를 사는 동안 위로는 정법正法을 수호하고자 했으며, 아래로는 중생의 삶까지도 외면하지 않았던 수행자로서의 본분을 잊지 않고자 하였다. 오늘날 한국불교가 더 많은 시련과 좌절 속에서도 그 자리를 굳건히 유지하고 있는 것 또한 그들의 행화의 흔적이 후학들 사이에서 사라지지 않고 있기 때문이다.

II. 영호映湖 박한영朴漢永의 항일운동抗日運動

1. 호법護法과 항일운동抗日運動의 기초基礎

1917년 5월 8일 일본 영원사파永源寺派 관장管長 노진蘆津이 한국불교의 일본화를 독려하기 위해 조선승려접견회朝鮮僧侶接見會를 열었을 때다. 그가 조선의 승려들이 모인 자리에서 조선선종은 임제종臨濟宗인가 조동종曹洞宗인가를 묻자 박한영은 "조선朝鮮 선종禪宗은 전부全部 임제종臨濟宗이며, 조동종曹洞宗은 일체무一切無하다."고[1] 단호히 대답했다. 박한영은 1910년 10월 6일 한국불교를 일본의 조동종에 연합시킨 매종賣宗행위를 잊을 수 없었다.

영호映湖[2] 박한영朴漢永(1870~1948)은 한국 근현대의 혼란과 격동기를

---

1) ≪매일신보≫ 1917.05.08 2쪽.
2) 흔히 박한영의 호를 石顚이라고 쓴다. 본인 역시 『석림수필』의 서문에 '石顚沙門 鼎鎬'로 표기했다.(박한영, 『石顚文鈔』, 법보원, 1962, 1쪽) 그러나 후학 정인보는 "석전이란 詩號니, 이름은 정호며, 호로 말하면, 영호라고 하였다.(최남선, 「석전스님행략」, 『영호대종사어록』, 동국출판사, 1988, 20쪽) 아울러 석전스님의 승적부 역시 법호를 '映湖'로 明記하였기에 영호로 표기하였다.(법만, 『석전 정호스님의 행장과 자료집』, 선운사, 2009, 28쪽 승적부 원본 사진 참조)

살다간 불교계의 선구자다. 백파 긍선(白坡 亘璇, 1767~1852)과 설유 처명(雪乳 處明, 1858~1903)의 법을 잇고 교학敎學과 선禪에 정통하여 금봉錦峰·진응震應과 함께 삼대三代 강백講伯으로 세칭世稱하던 인물이기도 하다.[3] 동시대 인물이 었던 이능화는 "그 마음을 조복하였으니 마치 백리해百里奚가 소를 길들인 것 같고, 연설은 구방고九方皐가 말을 고르는 법과 같았다."고 했다. 아울러 "불교개량을 자기 임무로 하였으며, 세속의 전적까지 섭렵하느라 남은 힘 하나도 헛되이 버리지 않았다."고[4] 박한영을 평가하였다. 그는 암울한 일 제하에서 쇠락한 조선의 불교를 쇄신하고자 유신운동維新運動을 펼치기도 했 으며, 교육과 포교혁신을 위한 그의 노력은 주목할 만하다.

박한영의 호법운동과 항일운동은 조선 불교의 현실비판과 개혁의지만큼 이나 적극적이었다. 1910년대 한용운 등과 주도한 임제종운동臨濟宗運動은 한국불교의 전통을 수호하는 대표적인 사건이자 자주화운동이었다. 이후 그가 참여한 불교운동은 임제종운동의 정신을 계승 발전시키는 것이었다. 또한 일제의 침략과 탄압에 대항하여 한성임시정부 발족과 세계평화회의에 한국의 독립을 호소하는 일에 참여하기도 하였다. 아울러 그는 최남선·정 인보와 함께 우리 역사와 문화를 수호하는 일에도 적극적이었다.

박한영에 관한 연구는 한국근현대불교사에서 그가 차지하는 위상이나 가치만큼[5] 활발하게 이루어지지 않았다. 그의 불교사상[6]이나 유신운동[7]

---

3) 金映逐, 「故太古禪宗敎正映湖和尙行蹟」, 『石顚文鈔』, 법보원, 1962.
4) 이능화 / 이병두, 『조선불교통사』 근대편, 혜안, 2001, 114쪽.
5) 박한영의 불교사상과 일제하 불교개혁에 대한 입장은 『石顚文鈔』·『石顚騈抄』 등의 시문집과 『戒學約詮』·『拈頌新篇』 등의 저술, 그리고 일제하에 간행한 불교계 잡지 ≪海東佛報≫와 ≪朝 鮮佛敎月報≫에 수록되어 있다.
6) 정광호「난세를 어떻게 살아갈 것인가」, 새밭, 1980 : 한종만, 「불교유신사상」, 『한국불교 사상사』 -숭산박길진박사화갑기념-, 숭산박길진박사화갑기념사업회, 1975 : 노권용, 「박한 영의 불교사상과 유신운동」, 숭산박길진박사고희기념 『한국근대종교사상사』, 숭산박길진박사 고희기념사업회, 1984 : 김종관, 「석전박한영선생행략」, 『전라문화연구』 3, 전북향토문화연 구회, 1988 : 김상일, 「자비와 거울 마음으로 영혼을 씻겨주던 석전 박한영선생」, 『스승』, 논

에 관한 단편적인 연구가 시도되었지만, 호법護法과 항일운동抗日運動에 대한 검토는 이루어지지 않고 있다. 이것은 한국근현대불교사 연구가 부진을 면치 못하는 이유도 있겠지만, 불교계 인사들의 항일운동 자료가 활발하게 발굴되지 못한 결과이기도 하다.

이 글은 박한영의 호법과 항일운동을 검토하는 것이 목적이다. 다만 박한영의 수행자적 면모와 불교철학이 일제하 호법운동과 항일운동의 기초인 만큼 그의 선교학과 유신운동을 포함한 불교개혁운동의 면모를 살피고 항일운동을 다루고자 한다.

박한영의 호법과 항일운동의 기초는 불교 근본정신의 진면목을 실현하는 일이었다. 불교유신을 위한 왕성한 기고활동이나, 임제종운동, 독립운동의 참여 등 일제하 암울한 불교계의 개혁과 일본불교의 침투에 대한 적극적인 대응은 화엄사상을 비롯한 선교학의 수행과 현실적 실현의 의지를 반영한 것이었다.

> 我世尊이 菩提樹下에 正覺始成하사 海印三昧努力으로 世界를 圓彰하실새 時處無碍와 依正莊嚴과 因果交徹과 主伴無盡한 十玄六相等이 常綱分布는 最初華嚴道場에 常說備說한 根本法輪이 如是如是라 하였으나, 愚의 所觀測은 曠古以來에 未曾有한 理性融通을 徹了하신 初地에 不思議莊嚴解脫境界는 世界의 所悟하신 理想的 大言論이오 化生的 善方便而已오 一切事相海의 究竟圓滿은 隱而不現하심이라. 究竟華嚴世界의 目的到達한 時節因緣은 卽世界海에 箇箇人文과 箇箇人智와 社會

형, 2008.
7) 김광식, 「근대불교개혁론의 배경과 성격」, 『종교교육학연구』 7, 한국종교교육학회, 1998 : 이재헌, 「근대한국불교개혁 패러다임의 성과와 한계」, 『종교연구』 18, 한국공교학회, 1999 : 김상현, 「1910년대 한국불교계의 유신론 - 불교개혁운동탐구」, 『불교평론』, 2000 : 조현범, 「종교와 근대성 연구의 성과와 과제」, 『근대 한국봉교문화의 재구성』, 한국학중앙연구원 종교문화연구소, 2006.

秩序는 如何한 宗敎的과 如何한 哲學的과 如何한 科學的 種種方面으로 薰陶而하며 刮磨而하며 淘汰之하며 啓迪之한 結果로 常克異彩를 各放 普放하야 晃然明하며 昱然盛하야 圓圓通通한 眞境은 左右逢原하는 是 日이라. 于是也에 究竟華嚴과 最初華嚴이 是同興아 是不同與아 是故로 佛敎는 過去現在의 佛敎는 아니오(世界海未盡莊嚴) 미래의 불교라 하노라(究竟圓滿莊嚴)8)

인용문에서 박한영은 불교는 과거와 현재의 불교가 아니라 구경원만장 엄究竟圓滿莊嚴의 미래불교라고 단언했다. 예컨대 구경화엄법계가 도달한 시 절인연은 인문人文과 인지人智와 사회질서를 종교·철학·등 과학적 갖가지 방면으로 사람을 감화시키고, 갈고 닦으며, 도태시키고 가르쳐 길을 열어 준 결과로서, 항상 이채로움을 널리 놓아, 그지없이 밝고 빛나서 두루 통 달한 참된 경계를 좌우 어디에서나 만나게 되는 그 날"이라고 하였다. 때 문에 박한영은 "과거過去의 불교시대佛敎時代는 설리說理와 설사說事를 널리 실 험해 보지 않은 시대요, 현대現代와 미래불교未來佛敎는 이사원융理事圓融을 실 현實見해서 사사事事에 전창全彰할 중대한 시대라 보면서 물질문명과 과학이 발달할수록 천天을 초월한 경지에 바탕해서 사람의 실상實相에 묘전妙詮하는 불교야말로 중대한 과업을 안고 있는 것"이라9) 보았다.

요컨대 현재와 미래는 이理와 사事를 바로보고 온전하게 밝힐 수 있는 시 대이며, 실상에 미묘한 도리를 갖추고 있는 불교가 중대한 과제를 해결할 수 있다고 하였다. 결국 박한영은 화엄철학이 문화와 종교, 그리고 과학이 개방적이고 다원화되어가는 현대사회에 가장 필요한 가르침으로 귀결시켰다.

---

8) 박한영, 「讀敎史論」, ≪海東佛報≫ 제2호, 82~84쪽.
9) 朴漢永, 「多虛는 不如少實」, ≪海東佛報≫ 제2호, 87~89쪽.

오늘날 講論家는 漸教에 치우쳐 나타내고, 參禪을 하는 이는 頓門에 치우쳐 전파하므로 禪師와 講伯이 서로 만나면 마치 北胡南越의 간격이 있는 듯 하다고 하니 그윽히 말씀하신 뜻을 살펴보면 규봉선사는 禪教가 全盛한 시기에 있어서, 그 偏見을 화회하여 圓妙함을 이룩하고자 하였다. 그러나 수백년이 지난 오늘날, 선·교가 쇠퇴하고 미약하여, 화회할 여지마저도 없다. 한편에서는 枯木死灰를 고수하면서, 모두 "나는 성인이다."고 말하며, 講論하는 이는 金文과 貝葉에 束閣되어 별다른 지름길로서 달려 나아가니, 佛海에 흘러온 찌기를 어찌 다함이 있겠는가. 이는 한갓 "불입문자"에 그치는 것이 아니니 이 통탄할 恨을 이길 수 없노라[10]

박한영의 선교관은 선교겸수禪教兼修의 입장이다. 육조혜능도 금강경 한 구절로 활연히 깨우쳐 오조五祖의 법인法印을 전수받았고, 드디어 선종의 육조가 되었다고 했다. 반면 그는 "선종의 무리들이 많은 동지를 형성하여 강론가講論家를 멸시하니 비록 당대唐代의 청량清凉·규봉圭峰·송대宋代의 장수長水·심진鐔津과 같은 강백講伯일지라도, 문외배門外輩의 무리로서 배척하는 과실을 범했다"고[11] 통탄했다. 이와 같은 사정은 중국도 예외가 아니라고 지적했다. 이른바 율사律師나 강사講師는 있는 듯 없는 듯하였고, 『화엄경』과 『능엄경』·『능가경』을 강구講究하였던 곳은 쓸어버린 듯이 전혀 남아있지 않고 오직 선원만이 남았는데, 선원의 방장과 화상은 대부분 객을 꺼려 찾아 볼 수도 없었고, 어리석은 범부여서 서로 안부만 묻고 견문見聞에는 전혀 도움이 되지 않는다고 하였다. 박한영이 선사들의 강론에 대한 경시풍조를 지적한 것은 우리나라도 예외는 아니었다.

---

10) 朴漢永, 「禪之不立文字功不補過」, 『石林隨筆』(『映湖大師語錄』), 동국출판사, 1988, 108쪽.
11) 朴漢永, 위의 글, 107쪽.

오늘날의 禪流들은 한번 깨친 후에 다시는 수행의 일이 없이 망녕되게 無碍의 일을 하니 이 어찌 가르칠 수 있겠는가. 그러므로 그 사람이 깨달음의 邪正과 깨달음의 淺深을 누가 있어 내치고, 누가 있어 바로 잡겠는가. "깊은 산, 큰 골짜기에 용이 사라지고 범이 없으니, 미꾸라지가 춤추고 여우가 법석댄다"는 감탄이 길게 나올 뿐이다. … 語錄 등을 어찌하여 참관하지 아니하고, 上人法을 얻었다고 自稱하여 한번 깨친 후에 無事히 增上慢과 魔眷屬이 되기를 좋아하는가. 이는 가히 불쌍한 사람이라고 말할 만 하다.12)

박한영은 납자들이 한번 깨친 이후에는 수행할 일이 없어 무애자재하다고 믿어 버리기 때문에 오도悟道의 깊이를 알고 지적해 줄 수 없다고 한 것이다. 때문에 용과 범이 사라지고 미꾸라지와 여우만이 춤춘다고 비유했다. 그러므로 이들은 최상의 교법과 깨달음을 얻지 못하고서 이미 얻은 것처럼 교만하게 우쭐대거나 마구니 무리를 자처하니 불쌍하다고 했다. 결국 박한영은 선교화회禪敎和會·선교겸수禪敎兼修, 그리고 깨치고 난 이후의 수행을 강조했던 것이다. 삼장강설三藏講說과 경사자집經史子集, 노장학설老莊學說까지도 겸통兼通했던 대종장大宗匠의 눈에는 『화엄경』 출현품出現品의 '개구원각皆求圓覺'이나 『대반열반경大般涅槃經』의 '개증원각皆證圓覺'은 아무런 차이가 없어 "위없는 대원각은 허공처럼 원대하여 부족함도 남음도 없다"고13) 인식하였다.

    貢高, 懶敦, 爲我, 慳吝, 藏拙14)

---

12) 박한영, 「證悟亦不爲衆禍門乎」, 『石林隨筆』(『映湖大師語錄』), 동국출판사, 1988, 98~99쪽.
13) 朴漢永, 「皆具皆證何碍圓覺」, 『石林隨筆』(『映湖大師語錄』), 동국출판사, 54~55쪽.
14) 박한영, 「불교강사와 정문금침」, 《조선불교월보》 9호(『映湖大師語錄』), 동국출판사, 353~354쪽.

박한영은 『해동불보海東佛報』를 통해 한국불교사를 개관하여 삼국시대는 배태시대胚胎時代, 나려시대羅麗時代는 장성시대壯盛時代, 조선시대는 노후시대老朽時代라 했고, 아울한 일제시대를 오히려 미래의 불교진흥을 위한 절호의 기회라는 점에서 부활시대라고 규정하고 있다.15) 그러나 불교인들은 전대前代의 낡은 유풍遺風에 젖어있고, 공덕公德은 양성하지 않고 미래불교의 진흥책을 강구하지 않음을 통탄하였다. 특히 미래사회를 주도할 것으로 믿었던 불교계 내부의 모습은 심각했다.

그는 부처님의 가르침과 선교학을 중심으로 한 인재육성의 최일선에 있는 강사講師들의 문제를 5종류의 병에 걸려있는 것으로 규정하고 정문일침頂門一鍼을 놓아야 한다고 지적하였다. 첫째는 '공고貢高'로 새로운 문명이 이루어져 모든 교의와 학술이 심산유곡에도 미쳐야 하는데 통달한 대가의 지견知見을 얻으려 하지 않고 오직 자기의 자고심自高心이나 자신력自信力에 만족하고 있음을 지적하고 허심박학虛心博學의 정신이 그 효능임을 강조하였다. 둘째 '나산懶散'은 불교도들이 고목과 같은 형상과 죽은 재와 같은 마음을 지녀 게으르다고 지적하고 용맹정진을 당부하였다. 셋째 '위아爲我'는 자기만을 내세우고 이타심利他心이 없음을 지적하고 일침一鍼으로 자신을 잊고 타인을 이롭게 하는 길을 제시하였다. 넷째는 '간린慳吝'으로 당시 불교도들이 화식貨殖의 이양利養에만 급급하여 인색하고 사욕으로 충만해 있음을 지적하고 희사만행喜捨萬行을 당부하였다. 다섯째는 '장졸藏拙'로 자기의 부족함을 숨기지 말고 성찰해서 능력 있는 불교인이 되어줄 것을 당부했다.

박한영이 지적한 강사들의 5가지 병폐는 단순히 교육에만 국한되지 않는다. 조선시대 이후부터 일제시대에 이르기까지 누적되어 온 한국불교의 구조적인 모순이기도 했다. 또한 그의 화엄 및 선교관을 바탕으로 한 불교

---

15) 박한영, 〈佛教의 興廢所以를 探究할 今日〉, ≪해동불보≫ 제4호, 239~242쪽.

개혁과 일본불교의 침투에 대항한 호법운동과 우국지사들과의 항일운동의 중요한 기초이자 배경이 된다.

2. 박한영朴漢永의 호법운동護法運動

박한영의 호법운동은 불교계의 항일운동이었다. 또한 그가 전개한 교육과 포교를 중심으로 한 유신운동과 분리시켜 검토할 부분이 아니다. 이것은 다음 ≪매일신보≫ 기사를 통해 알 수 있다.

> 全南來人의 傳說을 聞한즉 今月 6日에 全南 諸寺 代表人 金鶴傘, 金寶鼎, 金栗庵, 阿檜城, 趙信峯, 金淸浩, 張基林, 朴漢永, 陳震應, 申鏡虛, 宋宗憲, 金鍾來, 金錫演, 宋鶴峰, 都振浩, 等 十五人이 光州郡 瑞石山下 證心寺內에 特別 總會를 開하였는데 臨濟宗門을 一層 擴張하고 湖南 諸寺의 新塾諸生을 勸勉하야 新舊의 敎學을 刷新하야 信敎 自由의 目的地에 期達하는 것이 新世界 宗敎人의 光偉한 義務라고 諸山塾內에 布告 하였다더라.16)

인용문은 ≪매일신보≫ 「불교일신佛敎一新의 기기機」라는 제목으로 소개된 글이다. 1910년 이회광이 원종圓宗과 일본의 조동종을 합병하기로 한 매종賣宗의 책동 이후인 1911년 1월 6일 전남 불교계의 대표자들이 모여 결의한 내용이다. 박한영을 비롯한 여러 스님들은 불조佛祖의 정맥正脈을 계승하고 한국불교의 정통성과 독자성을 지킨다는 취지에서 탄생시킨 임제종臨濟

---

16) ≪매일신보≫ 1911년 2월 2일 2면.

宗을 더욱 공고히 하고 확장할 것을 다짐했다. 아울러 호남 불교계의 인재 육성을 위해 신구新舊의 교학敎學을 쇄신할 것도 결의하였다. 궁극적 목적은 '신교자유信敎自由의 목적지目的地'에 도달하는 것이었는데, 불교혁신을 통해 일본불교에 종속되는 일이 있어서는 안된다는 의미가 강한 것이었다. 때문에 박한영의 교육운동과 포교운동은 호법운동의 출발이기도 했다.

> 바르고 실다운 佛敎를 이어 받아 衆生을 爲하여 布敎하는 願力이 너르고 깊을진댄 四分律의 綱要가 있으니
> 첫째는 靑年徒弟를 빨리 길르되 참된 敎料로 밝게 學을 넓히게 해서 닥아올 時代에 布敎人을 涵育시킬 것.
> 둘째는 敎壇의 밝고바른 敎材를 씹으면서도 要領을 따게 편찬해서 大乘敎理를 더욱 많이 開然할 것.
> 셋째는 布敎하는 사람의 資格은 悲·智·願 三心이 하나도 缺하지 않게 하고 我를 버리고 大我로 敎體로 自身을 昇華시킬 것.
> 넷째는 布敎人이 身과 口業과 意業이 典雅하고 俗되지 않으며 짝을 지여 反對되는 사람들을 헐뜯고 排他하는 野卑한 見解를 쓸어버리고 耿介한 學術로 和氣있게 接人할 것.17)

박한영은 이와 같은 교육과 포교의 강조는 과거불교의 퇴폐함에서 기인한다고 하였다. 예컨대 "대법운수大法運數나 조정의 압제 또는 유생儒生들의 침회 등 외부적 요인도 무시하지 못하지만 고려시대부터 그 병근病根이 안에서 싹터 왔으니 그것은 다름 아닌 '진상교육眞相敎育의 불안전不安全'이라 규명하였다. 불교의 전성시대 이후 불교의 쇠퇴는 외부의 탄압도 작용했지

---

17) 박한영, 「將何以布敎利生乎아」, ≪해동불보≫ 2호, 2~4쪽 : 『映湖大宗師語錄』, 東國出版社, 1988, 358쪽.

만, 내부의 자기모순이 원인임을 지적하였다. 결국 박한영은 청년도제를 육성하지 않으면 미래불교를 지키지 못할 뿐만 아니라 죄인이라고 하였다.[18] 포교인을 함육涵育하고, 대승교리大乘敎理를 개연開然하는 일이 일제하 불교계를 지키는 일이고 미래불교를 확장시키는 일이라고 확신한 것이다.

> 지금의 조선의 불교는 전혀 림제종의 계통으로 내려온 것인 즉 림제종을 설립하여야 하겠다고 주장하는 리회광이가 그 때는 조선의 불교는 圓宗인대 일본의 曹洞宗과 연합할 필요가 있다. 주창하고 일본에 드러가서 비밀히 일본 조동종과 아래와 가튼 일곱가지 맹약을 태결하야섯소. (7맹약 생략) …
>
> 이와 가튼 밀약을 매져서 조선의 불교를 전부 일본 조동종에 부속케 하려고 하얏소. 그러나 그때는 한국이 일본에 처음으로 합병되는 때이라 조선사람은 무슨 말을 할 수 없슬만치 시세형편이 흉흉하얏소. 그러나 이와가튼 중대문제를 그대로 둘 수 없어서 지금 사십칠인의 한사람으로 서대문 감옥에 들어가 있는 한용운과 나와 두 사람이 경상도 전라도에 있는 각 사찰에 통문을 돌리어 반대운동을 하는데 물론 우리의 주의는 역사적 생명을 가진 우리불교를 일본에 부속케하는 것이 좋지 못하야 그래하는 것이었으나 그때 형편으로는 도저히 그러한 사상을 발표할 수 업슴으로 조선 현재 불교의 연원이 임제종에서 발하였은 즉 조동종과 연합할 수 없다는 취지로 반대하였어요. 그때는 삼십본산이 없었오. 순천 송광사와 동래 범어사와 지금 사동 포교당에 임시로 종무원을 설립하였었더니…[19]

인용문은 1920년 당시 조선불교회朝鮮佛敎會 이사理事 소임을 맡고 있었

---

18) 박한영, 「佛敎의 興廢所以를 探究할 今日」, 《해동불보》 제4호, 239~242쪽.
19) 《동아일보》 1920년 6월 28일.

던 박한영이 동아일보와 가졌던 인터뷰 기사다. 1910년 10월 6일 일본에서 한국의 불교종단인 원종의 대종정 이회광과 일본 조동종 종무대표 홍진설삼弘津設三이 조동종맹약曹洞宗盟約을 체결하였다. 그러나 맹약은 외형적으로는 연합이었지만, 한국의 원종이 조동종의 승려를 고문으로 둔다거나(2조), 조동종은 원종의 인가를 얻는데 도움을 주고(3조), 원종은 조동종의 포교사를 초청하여 포교 및 교육에 활용한다는(4·5조) 조항은[20] 종속의 의미가 강한 것이었다. 더욱이 조동종의 포교에 적극적인 도움을 원종이 주어야 한다는 측면과 함께, 조동종이 필요로 인하여 포교사를 파견할 경우에는 원종 측에서 기숙사까지 제공해야 한다는 것 등은 원종이 일본불교의 침투를 지원한다는 의미를 지니고 있다.[21]

이 사실이 불교계에 알려지자 그 반발은 광주의 증심사 대회로 시작되었다. 임제종운동의 주역이었던 박한영은 이회광의 맹약이 한국불교를 일본불교에 부속시키려는 것으로 이해하고 경상·전라의 각 사찰에 통문을 돌리고 반대운동을 전개하였다.

> 此盟約이 實施되면 朝鮮佛敎의 寺院은 完全히 曹洞宗의 手에 들어가고 마는 것인즉 그때의 朝鮮佛敎는 實로 一絲九鼎 一髮을 용납하기 어렵은 危機에 있었다. 朴漢永 陳震應 韓龍雲 金鍾來 等은 此 危機一髮의 機를 乘하야 奮然蹶起 먼저 湖南一帶에 反抗의 旗를 세우고 朝鮮佛敎의 復興을 圖할새 圓宗의 締盟을 破壞하기 爲하야는 他宗을 別立하야 圓宗을 自滅케 함이 捷徑이라는 見地에서 朝鮮 固有의 臨濟宗을 唱立하야[22]

---

20) ≪동아일보≫ 앞의 기사.
21) 김광식, 「1910년대 불교계의 曹洞宗 盟約과 臨濟宗 運動」, 『韓國近代佛敎史研究』, 민족사, 1996, 68쪽.
22) 이능화, 『朝鮮佛敎通史』 하, 민속원, 939쪽.

박한영과 임제종운동을 주도했던 한용운 역시 맹약체결이 조선불교의
위기상황임을 인식하고 원종을 자멸케 하기 위해서는 임제종을 창립해야
함을 강조하기도 하였다. 1911년 1월 15일 송광사 총회에서 임제종 임시
종무원을 송광사에 두고 대체적인 조직을 수립하고 광주부 내에 임제종臨濟
宗 포교당布敎堂을 설치하기로 하였다. 임제종운동을 확장하고 임제종 종무
원을 한국불교계의 중심기관으로 인정받으려는 노력은 1911년 10월 무렵
에는 통도사·해인사·범어사 등의 사찰을 임제종의 삼본산三本山으로 정하
고 임제종 임시 종무원을 범어사에 두기로 정하기도 하였다. 그러나 일제
의 사찰령 제정·공포와 강압으로 지속되지 못하였다. 결국 1912년 6월
17일부터 개최된 30본사주지회의의 5일차인 6월 21일, 일제 당국이 임제
종 종무원측의 책임자를 소환하여 임제종의 문패철거를 명했던 것이다.[23]
임제종운동이 일제의 외압에 의하여 지속되지 못했음을 의미하는 것이다.

> 七月二十二日에 院長 李晦光師가 朴漢永師를 東門外 住持會議院으
> 로 請邀하여 過去事는 先天에 幷附하고 今日爲始하여 吾敎未來의 共同
> 的으로 進行하자함에 朴永漢師는 滿足한 歡心으로 快許하여 今秋부터
> 本院 내에 高等佛敎專門講堂을 設立하고 該氏는 講師가 되기로 內定하
> 였다더라.[24]

인용문은 임제종운동이 미완에 그치고 난 후 조동종 맹약의 주동자 이회
광이 박한영을 초청하여 불교의 앞날을 준비하는데 함께 활동하자는 제안
을 한다. 박한영은 이에 흔쾌히 허락하고 고등불교전문강당을 설립하고 강
사가 되었다. 이와 같은 박한영의 변화에 대해 김광식은 "이러한 그의 이

---

23) 「雜報」, 門牌撤去, 《朝鮮佛敎月報》 6호(김광식, 앞의 논문, 83쪽에서 재인용)
24) 「雜報」, 朴漢永歡心, 《朝鮮佛敎月報》 7호.

력에서 우리는 그의 개혁론의 논조가 자연 교단 및 일본 불교침투에 대한 비판과 일제의 사찰정책에 반하는 것은 나올 수 없음을 알게 된다."고[25] 하였다. 즉 박한영이 초기에는 조선불교의 주체성과 독자성을 천명하고자 진력했지만, 일본불교의 침투와 압제에 굴복하고 말았다는 의미로 해석된다. 그러나 박한영의 화엄학을 기초로 한 세계관世界觀과 선교겸전禪敎兼全의 선교관禪敎觀, 아울러 불교계 간행잡지와 강사 소임을 통해 조선불교의 현실을 신랄하게 지적하고, 불교도의 자질, 불교의 미래를 구체적이고 체계적으로 제시한 점 등을 면밀히 살폈을 때 민족불교에 대한 박한영의 모순적 체질개선으로 해석하는 것은 재검토의 여지가 있다고 생각한다. 이것은 이회광이 불교고등강숙을 책임지고 있던 박한영에게 사직할 것을 요구한 것에서도 나타난다. 고등불교강숙 학생들이 불교개혁을 주장하고 30본산 주지회의 친일적 태도와 무능한 교육시책에 반발했기 때문이다.[26] 박한영의 이후의 행적에서도 드러난다.

3·1운동 이후 불교계는 사찰령 시행 이후 불교계의 여러 가지 모순과 한국불교가 지닌 정체성이 상실되어감을 인식하고 사찰령 철폐운동 등을 청년승려 중심으로 전개하고 있었다. 조선불교청년회朝鮮佛敎靑年會와 조선불교유신회朝鮮佛敎維新會와 같은 단체는 일제의 사찰정책을 부정하고 불교계를 혁신하려는 움직임을 보인 것이다. 1920년 6월 20일 조선불교청년회의 창립은 박한영과 밀접한 관련을 지니고 있었다. 이미 1919년 그가 전임학장의 소임을 맡고 있었던 중앙학림中央學林의 학생들이 중심이 되었고, 그 정신적 기초는 박한영과 한용운이 주도했던 임제종운동이었기 때문이다.

---

25) 김광식, 「근대불교개혁론의 배경과 성격」, 『종교교육학연구』 제7권, 한국종교교육학회, 1988, 60쪽.
26) 동국백년사편찬위원회, 『동국백년사』, 동국대학교, 2006, 96~97쪽.

朝鮮佛敎靑年運動의 濫觴은 約 二十年前에 비롯한 것이니 朝鮮佛敎
維新史의 開宗明義 第一章에 가장 큰 光明을 놓을 만한 有名한 臨濟宗
運動 당시에 그 臨濟宗運動에 加擔한 寺刹 특히 嶺湖兩南의 有數한 寺
刹에는 佛敎靑年運動을 開始하게 되얏으니 勿論 團體的 訓練이 없는 靑
年 僧侶로 團體의 組織이 츰인만치 種種의 形式으로 나타나는 團體의
形式과 內容은 實로 萬事가 初創하였다. 그러나 그 精神만은 潑剌하고
氣槪만은 森凌하얏다. 이것이 곧 朝鮮佛敎靑年運動의 嚆矢가 되는 것이
다.27)

한용운은 불교중앙학림학생을 중심으로 조선불교청년회가 성립되어 불
교청년의 구체적 집단이라고 정의하였다. 또한 청년운동의 효시를 임제종
운동으로 규정하였고, 그 운동에 주도적 역할을 했던 통도사·범어사·백
양사·송광사 등 영호남의 사찰들의 청년승려들이 개시開始하였음을 언급하
였다. 박한영 등이 주도한 임제종운동과 그 주축이 되었던 영호남의 사찰
이 9년 후 박한영이 학장으로 있는 중앙학림에서 다시 護法을 위한 항일운
동을 점화한 것이다.

1921년 12월 20일 불교유신회佛敎維新會가 조선불교청년회의 별도의 조
직으로 구성되었다. 당시 박한영은 불교유신회가 창립되자 의장의 소임을
맡았다. 불교유신회는 1921년 12월 경 창립 준비 작업이 활성화되어 이미
1,000여 명의 회원을 가입시키는 등 불교혁신운동을 본격 추진하였다. 불
교유신회는 창립 직후 1922년 1월 3일 30본산 주지총회에 참가하여 회의
양식을 조선승려대회로 하자고 하여 주지들과의 논쟁뿐만 아니라 충돌도
벌어졌다.28) 이 건의는 1월 6일 다시 개최된 주지총회에서 '불교총회佛敎總

---

27) 萬海, 「佛敎靑年同盟에 對하야」, ≪佛敎≫ 86호, 1931.8(김광식, 「조선불교청년회의 사적
고찰」, 『韓國近代佛敎史硏究』, 민족사, 1996, 195쪽 각주 8에서 재인용.

會’로 변했다. 당시 일제와 타협하고 있었던 기득권적인 주지들이 불교유신회의 건의에 동의할 수 없었기 때문이었다. 불교유신회는 1922년 3월 25일에는 각황사에서 불교도총회를 열고 총무원의 기초를 공고히 할 것과 교육과 포교를 힘쓸 일을 상의하기도 하였다.[29] 이와 같은 불교유신회의 일련의 운동은 일제에 타협적인 주지들이 만든 총무원總務院이 현실타협의 방안에 경도되었기 때문이었다. 불교유신회 회원들은 급기야 ‘불교계佛敎界 대악마大惡魔 강대련姜大蓮 명고축출鳴鼓逐出’의 기를 들고 소고小鼓를 강대련의 등에 지우고 종로를 지나 동대문으로 향하다가 주모자들이 종로경찰서에 체포되기도 하였다.[30]

조선불교의 쇠퇴한 것을 분개하야 조선전국에 널너잇는 불교청년들이 維新會를 조직한 후 여러 가지로 불교유신을 운동 중이라 함은 임의 누차 보도한 바이어니와 그 회에서는 금번에 그 회원 劉碩規씨외 이천이백팔십사명의 련서로 당문의 建白書를 조선총독에게 뎨출하얏는대 그 요지는 먼저 됴선불교의 이천여년 동안의 력사를 들어 그 간난한 경로를 말하고 그와 가튼 중에도 그 시대에는 각각 자유가 잇셧슴으로 교화상에 큰 공헌이 잇섯스나 총독부에 조선을 통치하게 된 후로 사찰령을 발표하야 삼십본산의 제도를 만드럿는대 그 후로 본산주지 사이에는 각각 가튼 권리를 밋고 서로 디위를 다토기에 골몰할 뿐아니라 본산주지는 말사주지를 압박하야 부질업시 서로 다투고 서로 미워하고 원망하는 폐단이 생기엇스며 이에 따라서 불교의 사업이라는 것은 말이 못되게 황폐 되얏슨즉 당국에서는 속히 본산과 말사의 뎨도를 폐지하고 금후부터는 각 사찰에 자유를 주어 경성에 통일긔관을 두고 모든 일을 하야 나가도록 하게

28) ≪동아일보≫, 1922. 01. 05.
29) ≪동아일보≫, 1922. 03. 27.
30) ≪동아일보≫, 1922. 03. 27~04. 11.

하야 주기를 바란다는 것이더라.31)

불교유신회 회원 2,284명이 사찰령을 폐지해 달라고 제출한 건백서의 대강의 내용이다. 예컨대 이들은 사찰령 발표 후 본산本山주지들의 지위 다툼과 말사주지에 대한 횡포로 우리나라 불교사에서 대대로 내려온 자유와 교화의 공헌이 사라져 급기야 불교가 황폐해졌다고 지적했다. 아울러 그 대표로 박한영을 비롯한 15명을 선출하기도 했다. 이 건백서는 1922년 1월 7일 조선불교유신회 제2회 총회에서 토의되었고, 동년 3월 24일에는 제출하기로 결의되었다.32) 그러나 해결된 것은 아무것도 없었다.

> …총독부에서 종교의 자유를 인정한다 하면서도 조선불교에 대하여 종래 가혹하게 간섭하여 오던 조선사찰령을 폐지하여 달라는 문제의 건 백서에 대하여 토위하였는데 그간 백서를 제출한 뒤에 당국에서도 하등 의 연락이 없으며 그 會 간부들도 그동안 아무런 대책이 없었으므로 다 시 朴漢永·金敬弘 兩氏 외에 7인을 위원으로 선정하여 1주일 안으로 당국에 다시 질문하기로….33)

불교유신회의 건백서는 제출된 이후 당국으로부터 답변이 없었다. 그러자 1923년 이종욱의 사회로 진행된 총회에서 박한영을 위시한 8인의 위원을 선정하여 다시 질문하기로 결의하였다.

한편 박한영을 위시한 불교유신회는 불교총회에 대한 총독부의 외압과 불교유신회의 부정에 항거하여 불교유신을 지속적으로 전개하고자 하였다. 1922년 1월 11일~12일 개최된 주지총회에서는 동광학교東光學校 폐지

---

31) ≪동아일보≫, 1922. 04. 21.
32) ≪동아일보≫, 1922. 01. 7~9(『韓國近世佛教百年史』 제3권 「各種團體編年」, 15~17쪽)
33) ≪동아일보≫, 1923. 01. 8(『韓國近世佛教百年史』 제3권 「各種團體編年」, 19~20쪽)

II. 영호 박한영의 항일운동 **155**

를 결정하였다. 당국에서는 법령으로 인증한 회의에 청년 중에서 회의를 방해하는 일이 있으면 경찰권의 발동으로 제재를 가한다고는 하여 관권官權으로 불교유신회를 압박하는 의도가 강했다. 그러나 동광학교의 폐지는 불교개혁과 불교사업을 확대해야 하는 시점에서 절대 수용할 수 없는 일이었다. 급기야 총무원은 1922년 1월 14일 박한영이 사회를 맡아 임시 불교총회를 개최하여 동광학교 문제해결에 적극적인 움직임을 보였다. 우선 불교유신회원이면서 총무원 부원으로 선출된 유석규劉碩規를 동광학교로 보내 학교를 유지한다고 통고하였다. 아울러 불교유신사업에 동참하는 10본산은 사찰의 재산 ⅓을 총무원에 납부하기로 서명까지 하는 등 총무원사업에 적극 나서기로 하였다. 여기 10본산은 통도사·송광사 등 임제정 운동 당시 적극적인 활동을 전개했던 사찰들이다. 당시 총무원의 의사회議事會의 의사원議事員은 강도봉姜道峯·기석호奇石虎·정광진鄭光震·강신창姜信昌·이지광李知光·박한영朴漢永·김석두金石頭 등의 7명으로 이들은 대부분이 불교유신회원의 핵심인물이기도 했다. 이와 같이 총무원은 불교유신회와 깊은 유대 속에서 운영되었으며, 조선불교유신회 역시 본산과 말사의 제도를 폐지하고 각 사찰에 자유를 주어 경성에 통일기관을 설립할 것을 촉구하였다.

近日 朝鮮佛教中央教務院내에서 財團法人을 完成하기 爲하야 日本 臨濟宗 妙心寺 僧侶 視谷宗一(妙香山普賢寺監務現任)을 邀聘한 結果에 今月 十二日(日搖) 慶北 道廳內에서 同院代表者와 會同하고 管下 各本山住持를 招致하는 通牒을 發하엿더라. 嗚呼라. 中央教務院은 三十本山住持聯合會事務所의 後身으로 住持位置 卽 勢力을 確固하기 爲하야 公正한 輿論으로 中心된 朝鮮佛教總務院(現 新派)에 對立的으로 設置되야 美名을 帶한 財團法人을 成立한다 하니 其實인즉 狐假虎威에 不過함이다. 其本體의 內容이 名實이 相符할 것 가트면 相當한 寺有公財로 出資하야 神聖한 社會的 事業을 經營하는데 對하야 어떠한 寺刹僧侶가

異議를 生하야 發起한지 一年동안에 尙今까지 完成을 不告할 理由가 잇스리오. 中央敎務院의 諸君들은 아모조록 內德은 反省할 줄 不知하고 俊碩曲逕을 緯寬한 바 즉 日本僧侶로 顧問을 邀聘하게 됨이라. 아모리 朝鮮佛敎徒를 무시하고 一般社會의 注目을 不拘한들 日新又日新하는 現時代에 誰를 欺瞞하며 誰가 受諾할 者이냐 日本僧侶도 別人은 不是라. 道理와 正義를 持하고 財團法人을 必成하기로 하야 甘言利說로 勸誘에 不過한 것이다.…34)

인용문은 당시 조선불교유신회의 대표자였던 박한영이 일본인 묘심사妙心寺 승려僧侶 신곡종일神谷宗一을 교무원 고문으로 초빙한 사실을 두고 그 반민족성과 반불교성을 비판한 것이다. 총독부는 10본산 중심의 총무원이 불교유신회와 깊은 유대 속에서 운영되고 있음을 간파하고 이를 저지하기 위해 '조선불교중앙교무원朝鮮佛敎中央敎務院'이라는 새로운 중앙기관을 설립하게 하였다. 또한 불교사업 경영을 위한 60만원의 재단법인을 만들기로 결의하는 과정에서 총무원측을 배제하였다. 급기야 총무원과 교무원의 갈등은 심화되어 가고 교무원은 일제의 사찰정책을 인정하는 노선을 가고 있었다. 교무원은 1922년 12월 28일에 총독부로부터 재단법인의 정식인가를 얻었다. 1923년 11월 경에는 재단법인을 완성시키기 위해 급기야 신곡종일神谷宗一을 교무원 고문으로 초빙하였다.

박한영의 지적과 비판은 일본인을 고문으로 초빙하지 않더라도 중앙교무원이 노력한다면 소속관청이 고문일 것이며, 조선불교도 중에서도 교무원의 고문이 될 자격이 있다는 것이다. 그는 "여러분들이 상식이 충분하다면 이에 대해 분노하고 조롱해야 한다. 부디 여러분들은 중앙교무원을 조

---

34) ≪동아일보≫, 1923. 11. 18(조선불교유신회 대표자 박한영, 佛敎中央敎務院에 顧問을 致하는데 대하야)

선불교의 총기관으로 오해하지 말며, 주지의 단독기관인 것만 주의해야 할 것이다."라고 당부하고 있다. 박한영은 단순히 교무원의 일본인 고문 초빙만을 지적한 것이 아니다. 궁극적으로 한국불교가 일본의 사찰령과 그 정책의 압제 하에 종속될 수밖에 없는 암울한 상황을 명확하게 인식하고 경계할 것이며, 적극적으로 대응할 것을 당부한 것이다.

이후 박한영이 직간접적으로 주도적인 역할을 했던 조선불교청년회와 조선불교유신회는 저극인 활동에도 불구하고 운동자금의 결핍, 운동추진의 과격함으로 비롯된 불교내외의 경원敬遠, 3본산만 참여하는 조직기반의 취약성으로 쇠퇴의 길에 접어들었다.[35] 1924년 조선불교유신회가 해체되고, 조선불교청년회는 1931년 조선불교청년동맹으로 전환했다. 박한영이 한용운과 주축이 되어 시작한 보종운동保宗運動이었던 임제종운동이 1920년대부터는 조선불교청년회와 조선불교유신회를 통해 그 정신이 계승되었고, 그것은 불교개혁과 한국불교의 정통성을 지키기 위한 호법운동으로 전개되었다.

3. 박한영朴漢永의 항일운동抗日運動

박한영이 중심이 되어 참여한 임제종운동과 이후 불교청년회·불교유신회 활동은 불교계의 보종운동保宗運動이자 불교개혁의 성격을 강하게 지니고 있다. 아울러 일본불교의 침투에 대항한 또 다른 항일운동이기도 하였다.

한편 박한영은 이와 같은 보종운동과 불교개혁운동을 전개하면서 1919년 3·1운동을 계기로 임시정부 수립과 대동단 활동 참여 등 우국지사들과

---

35) 김광식, 앞의 책, 236쪽.

의 국권회복에도 적극적인 활동을 펼치기도 한다. 1919년 3월 1일 전국민의 대대적인 국권회복과 민족수호 운동이 있었지만, 독립선언이나 만세로는 실제적인 독립이 이루어진 것은 아니다. 계통 있는 조직과 지속성 있는 대내외 활동이 필요하였다. 따라서 민족대표자들을 위시한 많은 애국지사 가운데 일부지사들은 독립운동의 장기화·체계화를 위해 임시정부의 수립을 계획하게 되었다.36) 당시 국내외에는 8개 정도의 임시정부조직이 공포되거나 구상 중에 있었다. 적어도 노령 대한국민의회(1919. 3), 한성 임시정부(1919. 4), 상해 임시정부(1919. 4)가 수립되었다. 이 가운데 한성정부 수립은 향후민족운동을 이끌어갈 영도기관이 될 것이라는 점에서 민족구성원의 합의라는 절차가 중시되었다. 이런 점에서 국민대회는 합의의 절차로 간주되었다. 즉 국민대회가 갖추어야 할 요건은 국내를 기초로 13도 '국민대표'로 조직되어야 하며 임시정부의 정치형태는 민주공화정이어야 한다는 것 등이었다. 때문에 한성정부는 1919년 4월 23일 13도 대표들이 참석한 국민대회라는 절차를 통해 조직된 3.1운동의 공식적인 법통을 이어받은 것으로 인정받았다.37) 그러므로 3.1운동→한성정부→대한민국 임시정부의 체계가 성립되었고, 우리나라의 정부수립역사로 자리매김되어 있다.38)

　　… 오호라 일본이 우리 민족의 생명력에 인한 이 문명적 행동에 대하여 야만적인 무력으로 殘虐을 肆行하는 것이 압박으로 해서 枯盡되는 것이 아니다. 우리 2천만 민족의 誠忠熱血은 이런 不正理的 압박으로 해서 枯盡되는 것이 아니다. 만일 일본이 종시 改悟함이 없다면 우리 겨레

---

36) 독립운동사편찬위원회편, 『독립운동사』 제4권, 1973, 133쪽.
37) 高珽烋, 「世稱 漢城政府의 組織主體와 宣布經緯에 대한 檢討」, 『한국사연구』 97, 한국사연구회, 1997, 168쪽.
38) 신용하 외, 『일제강점기하의 사회와 사상』, 신원문화사, 1991, 119쪽.

는 부득이 최후의 행동으로 나가서 최후의 1인까지 완전한 조선독립을 期成할 뿐이다. 정의와 인도로 勇進하는 우리 겨레 앞에 무슨 적이 있으리오. 다만 최대의 성의와 최선의 노력으로 국가적 독립과 민족적 자유를 세계에 주장하노라.39)

인용문은 당시 배포된 〈국민대회취지서〉의 일부분이다. "일본이 개오改悟함이 없다면 최후의 행동으로, 최후의 1인까지 최대의 성의와 최선의 노력으로 국가적 독립과 민족적 자유를 세계에 주장하겠다"고 천명하고 있다. 이 취지서의 끝에는 13도 대표 25명의 명단이 첨부되어 있는데, 불교계를 대표하여 박한영과 이종욱李鍾郁이 참여하였다. 박한영과 이종욱은 불교승려이자 전북과 강원도를 대표하고 있었다.40) 한성임시정부 수립은 1919년 3월 중순이후부터 몇몇 지사들을 중심으로 추진되다가 동년 4월 2일 인천 만국공원萬國公園에서 처음으로 회합하여 정부수립문제 등을 결정하기로 하였다. 이때 이규갑(감리교), 장붕(장로교), 박용희(장로교), 김규(유림), 홍면희(변호사) 등 각 종교계를 대표하는 인사들도 참석했는데, 이종욱이 불교계를 대표해 참석했다. 이 회합에서 대표들은 다음과 같은 결의 사항을 도출했다.

---

39) 독립운동사편찬위원회편, 『독립운동사』 제4권, 1973, 136쪽.
40) 高璪杰, 앞의 논문, 175쪽. 당시 한성정부 수립을 둘러싸고 종교계에서는 각기 입장차가 있었다. 예컨대 천도교 · 기독교의 주도적 역할은 독자적 기구발족을 염두해 두고 있었으며, 儒林에서도 3 · 1운동 참여가 미약했지만 뒤늦게 임시정부 수립에 대한 준비를 착수했다.(「默菴 李鐘一先生 備忘錄(5)」, 이현희역, 韓國思想研究會, 『韓國思想』 제20집(1985), 151쪽. 高璪杰, 「世稱 漢城政府의 組織主體와 宣布經緯에 대한 檢討」, 韓國史研究會, 『韓國史研究』 97, 1997, 170쪽.) 이것은 국민대회를 통해 구성된 한성임시정부의 요직에는 이승만을 비롯한 기독교계 국외 망명인사들로 구성되었고, 국내 천도교 인사들은 완전 배제되었다. 이승만, 이동휘, 박용만, 이동녕, 이시영, 김규식, 안창호 등이 독실한 기독교인이거나 기독교단체에 가입하여 활동한 인물들이었다는 사실을 통해 알 수 있다.(韓圭茂, 「尙洞靑年會에 대한 연구, 1897~1914」, 『歷史學報』 126, 1990, 84~85쪽.)

臨時政府組織의 件, 日本政府의 大韓統治權의 撤去와 軍備의 撤退
要求의 件, 파리講和會議에 出席시킬 人員選定의 件, 韓國人은 日本官
廳에 各種 納稅를 禁止할 것. 一般民은 日本官廳에 대한 一切의 請願
및 訴訟行爲를 하지 말 것.[41]

13도 대표들은 3·1독립선언 이후 임시정부를 수립하고, 일본의 한국
통치를 철거하고 군사시설을 비롯한 군대해산과 철퇴할 것을 요구하였다.
또한 대한독립을 세계에 천명하기 위한 파리강화회의에 출석할 인사를 선
정하는 결의도 있었다. 이후 4월 16일에는 13도 대표자들이 서울에서 비
밀회의를 갖고 국민대표 25명과 임시정부 각원을 확정지었고, 4월 23일에
는 국민대회이름으로 임시정부 기구와 명단이 발표되고, 한성정부의 수립
이 선포되었다.

이와 같은 13도 대표들의 독립을 위한 결의사항은 박한영 등이 중심이
되어 전개하고 있는 보종운동保宗運動의 연장선상에 놓여 있었다. 조선불교청
년회나 불교유신회가 임제종운동의 정신을 계승하여 한국불교의 정통성과
독자성 구현을 위한 활동이었다면 임시정부수립과 같은 국권회복운동은 불
교계의 보종운동의 당위성과 함께 그 위상을 격상시키는 계기가 된 것이다.

한편, 국내에 한성임시정부가 수립되자 박한영은 1919년 9월 이종욱·
송세호·정남용과 함께 대동단사건大同團事件에 참여하여 활동하였다.[42] 대
동단은 일제하 점조직의 비밀결사로 정식명칭은 조선민족대동단朝鮮民族大同
團이다. 1919년 3.1운동이 실패하자 회한에 빠진 전협全協을 비롯한 몇몇
선각자들이 민족의 전면적인 참여를 통하여 다시한번 독립운동을 전개하고
자 전국의 각계각층을 망라한 11개 사회대표자가 만든 단체다.[43]

---

41) 독립운동사편찬위원회편, 『독립운동사』 제4권, 1972, 137쪽.
42) 독립운동사편찬위원회편, 『독립운동사』 제8권(문화투쟁사), 1972, 885쪽.

일본은 재래의 착오를 개혁하지 않고, 인류양심의 희망을 유린하고 세계 평화의 위신을 무시하여 비인도적인 慘毒한 무력으로써 우리 문명적 생명력의 發作을 학살하는 것은 세계의 모든 인류가 용인할 수 없는 公憤된 일이다. 하물며 우리 2천만 민족은 죽음을 맹세한 최후의 결심을 했다.[44]

대동단은 한국의 국권회복과 독립을 위해 죽음을 맹세한 최후의 결심을 선언하고 조선의 영원한 독립과 평화, 그리고 자유를 3대 강령으로 채택하였다.

대동단사건은 의친왕 이강공을 상하이로 탈출시켜 임시정부조직에 참가시키려 실패해 간부 대부분이 체포되고 실형을 선고받은 사건이다. 당시 일제는 임시정부가 무뢰배와 하층민들이 모여 만든 불온단체라고 폄하하고 있었다. 당시 이종욱은 임시정부의 위상을 높이기 위한 취지로 지명도 있는 인물을 국외로 탈출시켜 상해 임시정부에 참여하게끔 적극적인 활동을 전개하고 있었다.[45] 임시정부의 국내 특파원이기도 했던 그는 왕자 이강李堈과 대신 출신의 김가진金嘉鎭과 같은 유력한 인물을 상해로 탈출시키기 위해 대동단 총무 전협에게 타진했다. 그러나 동시 망명은 어렵다고 판단되어 1919년 10월 10일 김가진, 그의 아들 김의한金義漢과 일산역을 출발하여 경의선京義線을 타고 신의주를 거쳐 안동역으로 탈출하는데 성공하여 10

43) 신복룡, 『대동단실기』, 선인, 2003, 5~6쪽.
44) 신복룡, 「선언서」, 『대동단실기』, 선인, 2003, 71쪽.
45) 박한영과 임시정부 수립이나 대동단 활동과 같은 항일운동을 전개한 인물은 이종욱으로 그에 대한 연구는 다음의 논고가 참고된다. 신복룡, 『대동단실기』, 양영각, 1982 : 신복룡, 『대동단실기』, 선인, 2003 : 박희승, 「이종욱의 「초혼문」「대동단활동의 동기」」, 『불교평론』 vol3 No1(통권6), 2001. 3 : 박희승, 「일제강점기 상해임시정부와 이종욱의 항일운동」, 『대각사상』 제5집, 대각사상연구원, 2002 : 이현희, 「대한민국 임시정부와 지암 이종욱」, 『대각사상』 제10집, 대각사상연구원, 2007.

월 29일 상해임시정부에 도착하였다.46) 임시정부는 농상공부 대신, 중추
원 의장 등을 지낸 바 있는 김가진의 망명으로 대외적 위상과 입지를 크게
높일 수 있었다.

이후 대동단은 왕자 이강의 탈출임무를 수행했지만, 실패했다. 1919년
11월 10일 이강 일행이 변장한 채로 수색역에서 경의선 안동행 열차를 탔다.
그러나 김가진의 망명으로 상황을 주시하고 있던 일제는 이강의 행방불명
을 탐지하고 국경지대에 비상령을 내렸다. 급기야 이강은 안동역에 도달할
무렵 일제에 적발되어 체포되었고, 이 사건으로 대동단도 붕괴되었다.

박한영과 함께 대동단 단원으로 활동했던 이종욱李鍾郁 · 송세호宋世浩 · 정
남용鄭南用은 모두 승려들로 이들의 활약은 단연 돋보였다. 이종욱은 월정
사의 승려로 3.1운동 참여 후 곧바로 27결사대를 거쳐 한성임시정부에 박
한영과 함께 불교계 대표로 참여하여 상해임시정부로 이어지는 대한민국
정부수립의 정통성을 부여하는데 불교계대표로 참석한 인물이다. 안창호
와 활동하였으며, 임시정부의 국내 특파원에 임명되어 전국을 무대로 연통
제 조직의 총책임자로 활동하였다. 그는 청년외교단과 대한부인회, 대한적
십자사를 조직하여 활동하기도 하였다.47)

정남용은 강원도 고성출신으로 봉명鳳鳴소학교를 마치고, 11세에 승려가
되어 서울로 올라와 1917년에 휘문의숙徽文義塾을 중퇴하고 북간도로 건너
가 한국인들을 위해 교사생활을 하다가 귀국했다. 독립의 희망이 사라지자
절망하다가 이종욱과 한용운을 만나 감화를 받고 건봉사에서 수행생활을
하였다. 그 후 3.1운동 소식을 듣고 서울로 올라왔다. 그는 독립운동자로

---

46) 신복룡, 앞의 책, 83~84쪽 ; 재상해일본영사관, 『조선민족운동연감』, 1932, 34쪽(박희승,
「일제강점기 상해임시정부와 이종욱의 항일운동 연구」, 『대각사상』 제5집, 대각사상연구원,
2002, 239쪽 각주 52에서 재인용.
47) 박희승, 「일제강점기 상해임시정부와 이종욱의 항일운동 연구」, 『대각사상』 제5집, 대각사
상연구원, 2002, 256쪽 ; 신복룡, 『대동단실기』, 선인, 2003, 49~50쪽.

서는 매우 적격인 인물로 동지규합에도 적극적이었다.48)

송세호는 정남용이 대동단에 가입시켰는데, 경북 구미출신으로 1914년에 출가하여 도리사·금강사·석왕사·월정사 등에서 수행하였다. 그는 이종욱의 권고에 따라 1919년 4월 봉천奉天·천진天津을 거쳐 상해임시정부를 찾아가 서병호徐丙浩·김철金徹·그리고 불교중앙포교당佛敎中央布敎堂 시절부터 알고 지냈던 신상완申尙琓과 백성욱白性郁을 만났지만, 한때 일진회가 경영하던 광무학교 출신 탓에 밀정으로 의심을 받기도 하였다.49) 귀국 후 이종욱의 지휘를 받으며 연통제에 가담하여 함경남북도와 전라남북도의 조직을 담당했다.50)

〈韓國人民致太平洋會議書〉

금년 11월 11일에 워싱턴에서 열리는 태평양회의는 正義人道에 근거하여 세계의 평화를 옹호하고 민족의 공존을 計圖하려는 것으로 믿는다. 우리 한국 인민은 이것을 열성으로 환영함과 동시에 세계 열국이 우리 한국정부위원의 출석을 용인할 것을 간절히 바란다. … 우리 한국이 근대의 失政으로 인하여 국력이 쇠약해짐을 틈타, 일본은 군국주의를 일으켜 평화를 교란하고 침략을 자행하여 마침내 한국에 손을 대고 한국을 병탄하였다. 일본이 한국을 병탄함으로써 그 시행하는 정치는 가장 악독하며, 동시에 위장 粉飾을 일삼아서 안으로는 압박을 가하여 우리 한인 2천만은 생명이 위태롭게 되었으며, 정신적·물질적 기타 모든 방면이 전에 비하여 참담하였다. … 이에 의하여 열국을 향해 파견된 우리 한국위

---

48) 신복룡, 앞의 책, 48~50쪽. 신복룡은 정남용에 대해 승려라기 보다는 혁명가의 기질을 타고 났으며, 활동적 인물로 평가하였다. 정남용에 대해서는 『대동단실기』에 수록된 「정남용에 대한 경찰 조서」와 경성지방법원의 「대동단경성지법일심판결문」을 참조 바람.
49) 신복룡, 앞의 책, 51쪽
50) 신복룡, 앞의 책, 50~52쪽. 송세호에 대해서는 『대동단실기』에 수록된 「송세호에 대한 경찰조서」와 「대동단사건에 대한 경성지방법원검사국 의견서」 등을 참조 바람.

원의 출석권을 요구하고, 동시에 열국이 일본의 무력정책을 방지하고, 세계의 평화와 한국의 독립 자유를 위하여 노력할 것을 바람.

건국 기원 4254년 9월[51]

인용문은 1921년 11월 11일 미국 워싱턴에서 개최된 군축회의에 제출된 「한국인민치태평양회의서韓國人民致太平洋會議書」의 중요 내용이다. 태평양회의는 군축문제와 극동문제를 주된 의제로 한국인의 관심을 끌었던 것이다. 임시정부는 중국의 산동문제를 다루면서 한국문제도 포함해 줄 것을 요구하는 외교를 펼쳤다. 즉 "열국列國이 일본의 무력정책을 방지하고, 세계의 평화와 한국의 독립 자유를 위하여 노력해 줄 것"을 희망하는 회의서를 보낸 것이다. 이 「한국인민치태평양회의서」에는 이상재李商在·양기탁梁起鐸과 같은 국민대표를 위시하여 국내의 민족단체·종교·교육·경제, 그리고 각 郡의 대표 등 109명의 서명과 명단이 수록되어있는데, 박한영과 홍보룡洪莆龍 역시 불교대표로 참여하였다. 이승만은 태평양회의에서 한국문제가 잘 결정되면 모든 문제가 쉽게 풀릴 것이라고 하며 이상재에게 경비 20만원을 보내 줄 것을 부탁하고 임시정부에게도 모든 역량을 태평양회의에 집중할 것을 지시했다. 1922년 2월 태평양회의는 이승만이나 정부 옹호파의 기대와는 달리 아무런 성과 없이 끝나고 말았다. 그러나 박한영 등 불교계의 국권회복에 대한 관심은 지대하여 조선불교회朝鮮佛敎會(이능화李能和·김태흠金泰欽)·불교진흥회佛敎振興會(김홍조金弘祚·신미균申彌均)·불교청년회佛敎靑年會(김상호金尙昊·도진호都鎭鎬)와 같은 단체가 적극적으로 참여하기도 하였다.

이밖에 박한영은 민족문화 창달과 국학발전에도 기여하였다. 1929년에

---

51) 『독립신문』 대한민국 3년(1921) 11월 19일 1면 : 독립운동사편찬위원회, 『독립운동사자료집』 9(임시정부자료집), 독립유공자사업기금운용위원회, 1975, 664~665쪽.

는 한글통일을 위해 조선어사전편찬위원회가 창립되어 조선어 사전을 만드는 작업을 착수했는데, 당시 발기인이었으며[52] 진단학회 찬조회원의 소임도 맡고 있었다. 진단학회는 1934년 5월 7일 한국과 그 인근지역의 역사와 문화를 연구할 목적으로 설립된 학술단체다. 당시는 조선의 역사와 문화가 후진적이고 낙후되었다는 타율성론과 정체성론을 대전제로 하는 식민주의 사관에 입각한 일본인들의 역사연구가 대세를 이루었다. 이러한 상황에서 1910년대 말부터 전문적 역사교육을 받고 1920년대 후반부터 연구와 저술활동을 시작한 국학 연구자들은 일본인들의 시각과 서술방법에서 크게 벗어나지는 못했으나, 한국학자들에 의해 한국어로 이루어지는 한국역사·한국문화 연구가 필요하다는 생각으로 학회를 설립하게 되었다. 박한영은 20인의 찬조회원과 함께 진단학회의 지속과 발전을 위해 힘썼던 것이다. 박한영과도 깊은 관계를 맺고 있었던 최남선·정인보 등도 역사수호를 위해 우리 상고사부정론을 반대하며, 상고시대上古時代 우리 문화의 발전사실을 내외 문헌자료를 들어 서술하기도 했다.[53]

이상 박한영은 임시정부였던 한성정부 수립, 세계에 한국의 독립을 호소했던 워싱턴회의, 그리고 대동단 사건 등 독립운동사에서 적지 않은 규모와 의미를 담고 있었던 항일운동에 참여하였다. 또한 교육과 포교를 통해 한국 불교의 정체성 확립과 개혁을 실현하고자 했던 만큼 국학진흥과 같은 문화운동에도 적극적으로 참여했다.

---

52) 《동아일보》 1929. 11. 2.
53) 독립운동사편찬위원회편, 「문화투쟁사」, 『독립운동사』 제8권, 1970, 964~970쪽.

4. 맺음말

영호 박한영은 수행자이자 불교개혁가이며, 우국지사다. 그가 살았던 시기는 혼란하고 암울했다. 법문을 듣고 홀연히 감명 받아 출가했던 만큼 수행에만 전념할 수 있었던 일생이 아니었다. 깨달음과 중생의 평안함을 향한 염원은 불조의 정맥을 지키고 한국불교의 정체성 회복을 위한 동분서주로 바뀌었다.

박한영은 쇠퇴한지 오래된 한국불교가 중흥할 수 있는 길은 불교계의 인재양성과 포교에 있다고 확신했다. 그는 불교가 미래사회에 가장 적합한 종교이며, 이사원융理事圓融의 화엄철학이 문화와 종교, 과학의 다원화를 통합할 수 있을 것이라고 생각했다. 아울러 선교겸수禪敎兼修를 강조하여 당시 만연했던 선우위의 풍토를 비판하기도 했다. 그는 한국불교의 성숙과 발전을 저해하는 것은 자만심과 게으름, 이기심과 인색함, 그리고 정진의 부족함이라고 지적하기도 했다.

이와 같은 박한영의 선교관과 당시 불교계에 대한 비판은 교육과 포교를 중심으로 한 불교개혁으로 이어졌고, 호법과 항일운동으로 전개되었다. 그가 한용운과 함께 진행한 임제종운동은 단순히 매종賣宗행위인 조동종맹약을 부정하는데 그치지 않았다. 일본불교의 침투와 일본불교에 경도되어가는 한국불교계에 각성과 함께 앞으로의 적극적인 대응을 주문하고 있었다. 그것은 불교청년회와 그 별도조직인 불교유신회의 활동으로 구체화되었다. 이들 단체는 그가 학장으로 몸담고 있었던 중앙학림의 학생들이 조직한 단체로 박한영이 주도했던 임제종운동을 저항의 정신적 기초이자 이념으로 상정하고 있었다. 불교청년회는 30본산 주지회의 친일화에 저항했고, 불교유신회는 불교계를 분열시키고 황폐화시키는 사찰령 철폐를 위해 활동하였다. 박한영 역시 사찰령을 폐지하라는 건백서를 제출하고, 일본인을 교무원教務院 고문으로 초빙한 사실을 비판하는 논설을 써서 일제의 책동에 기만당하지 말 것을 당부하기도 하였다.

한편 박한영은 국권회복과 나라의 독립을 위한 저항운동에도 참여하였다. 한성임시정부 수립 당시에는 이종욱과 함께 13도 대표이자 불교계 대표로서 국민대회취지서에 서명하였다. 국민대회취지서에는 "최후의 1인까지 최대의 성의와 최선의 노력으로 국가적 독립과 민족적 자유를 세계에 주장하겠다."고 하였다. 한국불교의 정통성과 자주권을 지키고자 했던 박한영의 의식은 독립운동의 기조와 일치한 것이었다. 그가 이종욱과 함께 활동했던 조선민족대동단의 활동 역시 같은 맥락에서 이해할 수 있다. 이 대동단의 활동은 비록 11개의 사회대표자가 만든 단체이기는 하지만, 박한영·이종욱을 비롯한 송세호와 정남용 등 불교계 인물들의 활약이 두드러졌다. 박한영은 1921년 미국 워싱턴에서 개최되는 세계회의에 한국의 독립과 자주를 희망하는 〈한국인민치태평양회의서韓國人民致太平洋會議書〉에 서명하기도 했다. 국민대표와 각계의 지도자들이 참여한 이 회의서에는 "세계 여러 나라가 한국의 독립자유를 위해 노력해 줄 것"을 희망하고 있었다.

박한영의 국권회복운동은 국학진흥사업에서도 나타났다. 한글통일을 위해 창립한 조선어사전편찬위원회의 발기인으로, 한국의 역사와 문화를 연구할 목적으로 설립된 진단학회의 찬조회원이 되기도 하였다. 결국 자신의 소임을 불교개혁이나 호법운동에만 국한시키지 않고 민족수호운동으로까지 확장시켰다.

Ⅲ. 한국 근현대불교의 태동과
경운 원기擎雲 元奇

1. 한국불교의 변화와 경운의 생애1)

경운 원기(擎雲 元奇, 1852~1936)는 한국의 전통불교를 계승하고 근대불교의 서막을 연 대표적 인물이다. 당대의 지성이었던 최남선崔南善(1890~ 1957)은 '일대一代의 의호義虎'라고 했고, 정인보鄭寅普(1893~?)는 '영원한 후학들의 길잡이'로 칭송하였다. 그런가 하면 당시 조선의 선사禪寺에서 수행 중이었던 일본인 소마相馬勝英조차도 경운을 "결연하게 반도불교半島佛教의 특징을 보호 유지해왔다."고 하였다. 이와 같이 경운 원기는 제자 박한영朴漢永(1870~1948)이 "의해義解가 드넓고 계행戒行이 엄밀하다."고 평가할 만큼 한국불교의 전통과 근대의 갈림길에서 명확한 족적을 남긴 인물이다.

경운 원기는 선교학禪教學뿐만 아니라 염불念佛과 계율戒律에서도 한국근대불

---

1) 경운 원기의 생애는 조종현의 「擎雲大宗師行蹟略抄」, 정인보의 「華嚴宗主擎雲堂大師碑」, 그리고 박한영이 찬한 「曹溪山擎雲堂大師碑記陰」을 기초로 하였다.

교계를 대표하고 있다. 흔히 강백講伯으로 널리 알려져 있지만, 그의 법명 앞에는 '화엄종주華嚴宗主', '대선사大禪師', '지계제일持戒第一' 혹은 염불결사念佛結社의 창시자인 혜원慧遠과 비견되는 수식어가 붙어있다. 그는 임진왜란 이후부터 조선 불교계에 유행한 선교학의 연찬과 강회, 그리고 염불과 계율이라는 삼문체계三門體系를 계승하고 있었다. 백파 긍선(白坡 亘璇, 1767~1852)·상월 새봉(霜月 璽葑, 1787~1767)·침명 한성(枕溟 翰醒, 1801~1876)과 함명 태선(函溟 太先, 1824~1902)·경붕 익운(景鵬 益運, 1836~1915)으로 이어지는 그의 법맥은 선교학과 더불어 백련결사白蓮結社를 결성하고 계단戒壇을 설치하여 엄정한 수행의 덕목을 실천하고 있었다. 한편 경운 원기는 격변하는 근대불교의 한복판에 있었다. 원종圓宗·임제종臨濟宗·조선불교선교양종朝鮮佛敎禪敎兩宗이라는 한국불교의 정체성과 민족불교를 위한 교단 설립과 운영에 참여하였다. 또한 한국불교의 중흥을 위해 7년 동안 각황사에서 포교활동을 하였다.

이와 같은 경운 원기의 전통불교 계승과 근대불교의 체계 확립을 위한 노력은 후학들에게 이어지기도 하였다. 영호 정호映湖 鼎鎬·진응 혜찬震應 慧燦·금봉 병연錦峰 秉演·철운 종현鐵雲 宗泫과 같은 인물들은 경운의 학문과 수행을 이어받아 한국불교의 정체성 확립과 후학양성에 진력하기도 하였다. 요컨대 경운 원기는 불교가 탄압받아 겨우 그 명맥을 유지하고 있었던 조선 말기와 일본의 한국불교지배와 독자적 중흥을 위한 민족불교의 한 복판에서 그 정체성을 회복하고자 했던 인물이다.

경운 원기에 대한 불교계와 학계의 관심은 그동안 소극적이었다. 2013년 경운을 조명하는 첫 학술회의가 열렸을 뿐 그의 사상과 행적은 적지 않은 근대불교의 연구 성과에도 불구하고 그 위상과 가치에 대한 규명이 변변치 못했다.2) 다행히 2016년 신규탁이 『화엄종주경운원기대선사산고집

---

2) 당시 학술회의에서 발표된 논문은 학술지에 게재되기도 하였다. 김경집, 「근대 擎雲元奇의 교

華嚴宗主擊雲元奇大禪師散稿輯』[3]을 간행하였다. 『산고집』은 철운 조종현·정인보·박한영이 찬한 행장과 비문碑文, 경운의 편지를 포함한 유고遺稿, 정인보, 최남선, 일본인 소마를 비롯한 당대 지성들이 경운의 학덕과 수행, 그리고 신앙을 기리는 글들을 다수 수록하고 있다. 많이 늦었지만, 『산고집』의 간행은 경운 원기를 통해 한국불교의 전통과 근대의 공백을 메울 수 있는 기회를 마련해 줄 것으로 기대한다. 2018년 10월 한국동양철학회가 주관한 학술회의는 경운 원기의 사상과 가치를 체계화시키고, 이해의 폭과 깊이를 더하는데 기여하였다.[4]

이 글은 우선 19세기를 살다 간 경운의 행적을 격변하는 시대 속에서 입체적으로 살피고자 한다. 경운 원기는 입적할 때까지 '수행'을 게을리 하지 않았고, 후학들에게도 '수행'만을 강조하였다. 이것은 선암사를 중심으로 한 역대 종장宗匠들의 준엄한 가르침을 계승하고자 한 것이었다. 때문에 그의 선교학과 계율, 백련결사에 대한 검토는 경운에 국한된 것이 아닌 한국불교 중흥의 근간이었다. 마지막으로 그의 학덕을 계승했던 제자와 동시대 지성들의 경운과의 인연은 단순한 교유가 아닌 근대불교의 서막을 알리는 중요한 단서를 제공할 것이다.

경운 원기는 서세동점의 서막이 시작되는 1852년(철종 3) 정월 3일 경상도 웅천에서 태어났다.[5] 1868년(고종 6)에는 구례 연곡사燕谷寺 환월幻月

화활동」, 『보조사상』40집, 보조사상연구원, 2013 ; 차차석, 「근대선암사와 그 학풍」, 『보조사상』 40집, 보조사상연구원, 2013.
3) 신규탁 편역, 『華嚴宗主 擊雲元奇 大禪師散稿集』, 도서출판 중도, 2016. 이하『산고집』이라 할 것이며, 이글에서 인용되는 자료는 『산고집』을 기초로 할 것이다.
4) 한국동양철학회는 2018년 10월 27일 추계 국제학술대회에서 「儒學, 佛敎, 藝術의 融攝과 總和」라는 주제 하에 13개 주제를 발표하였다. 이 학술회의는 경운 원기의 불교사상과 교화, 그리고 경운의 시문과 서예를 심도 있게 규명하여 한국 근현대불교와 동시대 대표적인 고승 경운 원기를 폭넓게 이해하는 계기가 되었다.
5) 이해는 백파 긍선(1762~1852)이 입적한 해이기도 하다.

의 제자가 되었으며6) 출가 이듬해인 1869년에는 당대 불학佛學의 중심지
였던 선암사仙巖寺 강당에 들어가 경붕 익운(景鵬 益運, 1836~1915)의 제접 하에
불법佛法을 전수받는다. 그 후 구암사龜巖寺로 가서 백파白坡 긍선亘璇의 제자
인 설두 유형(雪竇 有炯, 1824~1889)에게서도 경학을 배웠다.

> 月渚 道安은 가까이로는 淸虛 休靜을 계승했고 멀리로는 太古 普愚의
> 傳法을 계승하였다. 霜月 璽篈의 법석이 소문나 지금에 이르도록 더욱
> 더 번창하였으니 순조와 헌종 시대에 순천 仙巖寺에 주석했던 枕溟 翰醒
> 과 순창 龜巖寺의 白坡 亘璇은 모두 佛門의 으뜸이었다. 枕溟이 입적한
> 후에는 函溟 太先이 그 법을 이어 흥성하였다. 그리고 함명의 법을 이었
> 던 사람은 景鵬 益運이었는데, 경붕은 오랫동안 대승암에 주석하였다. 7)

경운은 법맥상으로는 함명 태선의 손제자이고, 경붕 익운의 법통을 이은
제자이다. 박한영은 함명 태선을 "마치 금산金山과도 같아서 자황雌黃으로는
가히 범접하기가 어려웠다."고 했으며, 경붕 익운을 "마치 깊은 산속의 나
무에 핀 꽃과 같았고 가릉빈가 노래처럼 청아하시다."고8) 하여 선암사 승
려들의 학덕을 기렸다. 선암사는 구암사·선운사·대흥사와 함께 조선시대
강회로 유명한 곳이었는데, 특히 화엄강회華嚴講會는 팔도의 승려들이 운집
할 정도로 명망이 있던 곳이다. 이와 같이 경운은 선암사의 오랜 강학전통
과 역대 선교학의 종장이 지닌 학덕을 그대로 물려받은 것이다. 1881년

---

6) 鐵雲 宗法이 찬한 「擎雲大宗師行蹟略抄」는 출가한 해를 1858년이라고 했지만, 1869년이라야
옳다. 또한 금봉은 경운이 幻月에게 출가했다고 했지만(『산고집』 47쪽) 정인보는 "幻鏡스님에
의지하여 머리를 깎았다."고 하여(『산고집』 53쪽) 출가 師가 다르다. 그러나 幻鏡은 환속을
했고, 경운은 환경의 스승인 幻月에게 의탁하여 깊은 산속으로 들어가 홀로 행실을 바르게 하
고 힘써 수행했다."고 한 것으로 보아 경운에게 영향을 미친 스승은 환월이다.
7) 鄭寅普, 「華嚴宗主擎雲堂大師碑」, 『산고집』 53쪽.
8) 朴漢永, 「曹溪山擎雲堂大師碑記陰」, 『산고집』 61쪽.

(고종 18) 경운은 중망衆望의 추대를 받아 스승 경붕에게 강석을 물려받았다. 경운이 아끼던 손제자 조종현에 의하면 "교연敎筵을 주관하게 되니 정성스럽고 자비로운 교회敎誨는 일세를 풍미하여 배움에 뜻을 둔 자가 발꿈치를 잇고, 그 명망을 우러러보는 자가 몸을 엎드리니 천고의 법등이 이 땅에 다시 뿌리내렸다."고9) 한다. 1898년(광무 2) 경운은 17년 동안 유지하고 있던 법통法統을 제자 금봉 병연에게 물려주었다.

> 옛날 공자께서 말씀하시기를, "겉모습만 보고 사람을 취하였다면 子羽 같은 인물을 잃을 뻔했다."라고 했다. 말하자면 문장과 글씨 두 가지 다 갖춘 사람은 드물다는 이야기이다. 그런데 스님은 둘 다 잘하였으니 '으뜸이며 기이한 인물(元奇)'이라는 법명을 가진 것은 미리 예언하여 붙여진 이름처럼 자연스럽다.10)

범해 각안은 경운의 문장과 글씨를 두고 칭송하였다. 즉 경운은 "강학은 3대에 전하여 솥의 세발처럼 자처했고, 필명筆名은 일신一身만이 홀로 드러났다."고 하였다. 이 때문에 경운은 1880년 29세 때 명성황후의 발원으로 통도사에서 3개월 동안 금자金字『법화경法華經』을 서사하였다. 『법화경』 사경 뒤에 발문을 쓴 이능화李能和는 "명성황후가 중생이 도탄에 빠져 있음을 살펴 대비심을 일으켰다."고11) 하였다. 당시 명성황후는 서구열강의 문호 개방 압력, 개화정책 추진으로 인한 내외갈등의 확대 등으로 인해 열세에 처해 있었다.12) 경운은 1897년 4월부터 5년 동안 선암사 비로암에서 『화

---

9) 趙宗泫, 「擎雲大宗師行績略抄」, 『산고집』, 47쪽.
10) 梵海 覺岸, 「擎雲講伯傳」, 『東師列傳』 제6(『韓國佛敎全書』 10, 동국대학교출판부, 1994, 1068c쪽.)
11) 能和 尙玄, 「擎雲大禪師와 兩處白蓮社」, 『산고집』 215~216쪽.
12) 경운의 寫經緣起는 이능화가 경운을 소개한 불교총보에 상세히 수록되어 있다.(能和尙玄, 「擎

엄경華嚴經』을 서사하기도 하였다. 경운의 부탁으로 사경에 서문을 쓴 권중현은 "그 필법은 힘차고 굳세며, 그 규모는 너무도 치밀하고 촘촘하다."고했으며13) 매천梅泉 황현黃玹도 "정밀하고 훌륭하여 비교가 안되니 보는 사람마다 귀신의 솜씨인가 의심한다."고14) 칭송하는 등 당시 궁궐뿐만 아니라 전국적으로 널리 알려졌다. 그러나 경운은 세간의 칭송에 무심하여 고종이 자주 물품을 보내주었지만, 조금도 가까이 하지 않았다고 한다. 『화엄경』서사 당시 경운이 1행行 1배拜 1자字 1호불呼佛한 것으로 보면 그의 문장과 글씨는 수행의 결과였고, 그 역시 수행이상의 의미를 지니고 있지 않다.

한편 1900년대 초반부터 경운의 행보는 밖으로 향했다. 1895년 승려도성출입 해금解禁 이후 한국불교계는 격랑을 타고 있었다. 한국불교의 중흥과 정체성 확립을 위한 노력, 그리고 한일병합 이후 조선총독부의 한국불교지배, 민족불교진영의 저항 등이 연속되고 있었던 상황이었다. 국가적인 차원에서 불교를 관리하기 위해 원흥사를 중심으로 한 대법산제도가 시행되기도 하였다. 이후 1908년에는 원종종무원圓宗宗務院이 설립되어 교단의 확립과 수행과 포교를 중심으로 한 불교부흥을 위해 진력하였다. 당시 각도의 사찰대표 52인이 개최한 총회에서 경운의 제자인 영호 정호와 진응 혜찬은 각각 교무부장과 고등강사에 임명되어 활약하였다.15) 원종은 훗날 조동종맹약曹洞宗盟約으로 친일적 성향으로 변질되었지만, 원종설립의 과정과 그 참여인물을 보면 오랜 세월 해이해진 한국불교의 법과 기강을 바로

雲大禪師와 兩處白蓮社」, 『朝鮮佛教叢報』 제3호, 1917(『산고집』 214~215쪽) 경운으로 하여금 『법화경』을 書寫하게 한 이해에 명성황후는 안양 약수사의 법당 건립 또한 후원하였다.(奉恩本末寺誌)
13) 權重顯, 「擎雲大禪師謄本華嚴經序」, 『朝鮮佛教叢報』 제3호, 1917(『산고집』 224~225쪽)
14) 黃玹, 「題大乘庵雲公手鈔華嚴經後」, 『梅泉集』 卷6(『산고집』 272쪽)
15) 李能和, 「梵魚一方臨濟宗旨」, 『朝鮮佛教通史』 하, 신문관, 1918, 937쪽.

잡고, 중흥을 목적으로 하였다. 예컨대 원종의 전신이었던 불교연구회가 "불교의 오묘한 이치와 신학문, 다른 종교의 책 및 다른 나라·다른 풍속의 산수와 언어 등을 연구하고 익히는 것"을16) 목적으로 삼은 것을 보면 경운의 가르침을 받은 불교계의 학덕學德있는 인물들이 참여한 것은 당연한 일이었다. 결국 경운은 동시대 한국불교계가 직면하고 있었던 문제를 극복하고 한국불교의 정체성 확립과 중흥을 위해 직간접적으로 참여하였다.

> 辛亥年(1911) 1월 15일에 또 순천 송광사에서 총회를 열었다. 이 총회에 온 사람들은 곧 전라남도와 지리산 일대의 스님 무리였다. 이때 송광사에 임제종 임시종무원을 설치하기로 결의하였다. 그리고 管長을 투표로 선거하였다. 선암사의 金擎雲과 백양사의 金幻應이 모두 덕망이 높아 同數의 표를 얻었다. 여러 번 선거를 해도 모두 같아서 끝내 별도로 선거하는 방법을 정하여 경운법사로 결정하였다. 그러나 경운법사는 연세가 많고 힘이 쇠잔해진 까닭에 나오지 못하고, 한용운에게 권한을 대리하도록 하였다. 또한 광주부 내에 임제종 포교당을 설립하였다.17)

인용문은 한국불교가 일본불교에 예속되는 조동종맹약에 반대하여 임제종을 설립하는 과정을 소개한 글이다. 경운은 한국불교의 정체성과 중흥을 위한 참여뿐만 아니라 민족불교의 회복을 위한 운동에도 적극적으로 참여했던 것이다. 당시 경운은 제자 금봉 병연과 함께 임제종 임시종무원을 범어사로 이전하고, 임제종의 종지를 선양하기 위해 진력하였다. 그러나 경운은 나이 59세의 쇠잔한 몸으로 적극적인 참여가 어려워 한용운을 관장대리로 임명하였다.

---

16) 이능화, 위의 책, 937쪽.
17) 이능화, 위의 책, 939쪽.

이후 불교계는 원종과 임제종이 철폐되고, 조선선교양종이 설립되고 각황사를 중앙포교당으로 삼았다. 1914년에는 불교진흥을 목적으로 불교진흥회가 발족되었다. 불교진흥회는 "불교를 진흥시키기 위해서 전국 30본산의 본말사에서 불교전문과를 졸업한 우수한 30세 이상의 승려를 선발하여 불교진흥회에서 운영하는 포교사 양성소로 보낼 것"을 시행세칙에 명시하고 있었다. 경운은 1915년부터 7년 동안을 각황사 포교사로 활동하였다. '강학講學과 포교布敎'가 당시 한국불교계가 직면한 문제임을 알고 있었기 때문이었다. 불교중흥을 위해서는 인재양성과 교세의 활성화는 중요한 과제였다. 각황사는 환영회까지 조직하여 '생불生佛'을 모셨다고18) 한다. 그는 매주 일요일 11시 경 각황사에서 설법했는데, 특히 1915년 4월 18일 법회 때는 30본산연합회의소 위원장인 강대련을 비롯하여 실업가 70여 명이 참석하여 설법 이후에 불문佛門에 입교하는 입교식을 거행하기도 하였다.19) 경운은 1929년 개최된 조선불교선교양종승려대회朝鮮佛敎禪敎兩宗僧侶大會에서 교정敎正으로 추대되었다. 당시 불교계는 분산된 역량을 하나로 결집시키는 통일기관의 설립이 대두되고 있었다. 예컨대 승려대회를 준비했던 세력들은 '승려대회를 개최하여 교육·포교·승단의 기강 등 현안 사안을 쇄신하고, 신시대에 적응할 수 있는 교단을 확립하는데 있다'고 밝혔다. 조선불교선교양종승려대회는 식민지 치하에서 자주적으로 종헌과 입법부 및 집행부를 탄생시킨 기념비적인 행사였다. 이 대회의 의미는 불교계가 식민지 지배에 예속되지 않고 자주적으로 발전을 지향하였다는 점에 있다. 이와 같이 경운은 격변하는 한국근대불교사에서 전통불교의 계승과 근대불

---

18) ≪매일신보≫, 1915. 2. 15. 3면(『산고집』 274쪽)
19) ≪매일신보≫, 1915. 4. 20. 1면(『산고집』 274~275쪽) 경운의 당시 행적을 두고 "현실을 직시하는 안목이 부족했다."고 지적한다. 그러나 경운은 불교진흥회의 정체성보다도 '강학과 포교'를 통한 인재양성과 불교중흥이 더욱 가치 있는 것으로 생각했을 것이다. 원종과 임제종에 적극적이었던 그의 행보 역시 주목할 만한 부분이다.

교의 주체적 성립을 위한 기회라면 적극적으로 참여하였다.

1936년 경운 원기는 선암사 대승암에서 85세로 입적했다.

2. 삼문三門의 계승

경운 원기의 진영眞影은[20] '화엄종주경운원기대선사華嚴宗主擎雲元奇大禪師'라 했고, 추사秋史가 쓴 백파의 비碑는 '화엄종주백파대율사대기대용지비華嚴宗主白坡大律師大機大用之碑'라고 하였다. 선禪과 교敎, 율律을 모두 포섭하고 있다는 의미다. 이른바 선교겸수와 염불을 의미하는 삼문三門은 임진왜란 이후 조선불교 중흥의 근간으로 삼은 수행修行의 대강大綱이다.[21] 경운 원기는 이와 같은 수행전통을 계승하여 선교禪敎 · 염불念佛 · 계율戒律을 수행의 덕목으로 삼았다.

> 경붕 스님에게도 제자가 있었으니 擎雲 元奇이다. 일찍이 一行禪師가 말하기를, "골짜기의 물이 거꾸로 흐르면 내가 도를 전해 줄 사람이 올 것이다."라고 예언을 한 적이 있었는데, 道詵 스님이 홀연히 와서 그의 術法을 다 배워가지고 가게 되자 일행 스님이 이별하면서 말하기를, "나의 도가 동쪽으로 가는구나."라고 하였던 것이 바로 이를 두고 한 말인 듯하다.[22]

---

20) 『산고집』 17쪽 화보.
21) 오경후, 「조선후기 불교계의 정체성 확립과 선교겸수 – 청허 휴정과 편양 언기를 중심으로–」, 『지방사와 지방문화』 제21권 1호, 역사문화학회, 2018.
22) 梵海 覺岸, 「函溟講伯傳」, 『東師列傳』 卷5(『韓國佛敎全書』 10), 동국대학교 출판부, 1994, 1059c쪽.

인용문은 선과 화엄, 계율에 정통했던 조선후기 선암사의 백파 긍선과 그의 법을 계승한 침명 한성→함명 태선→경붕 익운으로 이어지는 수행전통의 물줄기가 경운에 와서야 바다를 이루었음을 의미한다. 선암사는 조선후기 '교학敎學의 연총淵叢'으로 팔도의 승려가 다투어 방망이를 맞으러 올 만큼 조선의 '나란다'였다.[23] 경운은 17·8세기 중흥의 기틀을 마련했던 불교계가 왕조 말기를 거듭할수록 그 침체가 심각해지고 있었던 상황 속에서 도선과 비유될 정도로 선학先學의 사상과 수행을 집대성하여 그 명맥을 이어가고 있었다는 것이다.[24]

현재 경운의 사상과 수행을 알려주는 흔적가운데 알려져 있는 문헌은 『사문일과沙門日課』가[25] 유일하다. 이 책은 수행자가 일과日課로 외우는 불경佛經이다. 전체 6권 1책으로, 세부구성은 권卷1 지장경地藏經. 권卷2 행원품行願品, 권卷3 찬불게讚佛偈, 권卷4 미타경彌陀經, 권卷5 발원문發願文 권卷6 찬관음문讚觀音文으로 이루어졌다. 그런데 이 책은 청대淸代 안락와사문安樂窩沙門이 찬한 『안락와사문일과경安樂窩沙門日課經』을[26] 경운이 편집한 것으로 보인다. 『사문일과경沙門日課經』은 아미타정토신앙서의 성격을 지니고 있지만, 내용면으로 아미타신앙 외에 대승보살계大乘菩薩戒 및 관음신앙觀音信仰 등 다양한 내용을 포함하고 있다. 대체로 여러 진언 및 불佛·보살菩薩 등에 대한 보소청문普召請文, 『화엄경』의 「보현행원품普賢行願品」을 중심으로 한 대

---

23) 崔南善, 『尋春巡禮』, 白雲社(『산고집』191쪽.)
24) 조선후기부터 근대에 이르는 시기에 선암사를 중심으로 한 法脈과 講脈에 대해서는 다음 자료를 참고할 만하다. 승주군·남도불교문화연구회편, 『선암사』, 승주군, 1992 ; 차차석, 「근대선암사와 그 학풍」, 『보조사상』 40, 보조사상연구원, 2013.
25) 擎雲 元奇編, 『沙門日課』. 이 책은 현재 단국대학교 퇴계기념중앙도서관의 古書로 분류되어 있다. 6卷 1冊으로 형태는 四周單邊 半郭 18.0×13.4cm, 無界, 10行16字, 上下花紋魚尾; 25.3 × 17.0cm이다.
26) 이 책은 현재 서울대학교 규장각 한국학연구원이 소장하고 있다.(古 1730-70) 이하 『沙門日課經』이라 칭한다.

승보살계大乘菩薩戒에 대한 것으로 「예화엄경발원문禮華嚴經發願文」, 「보현보살찬불게普賢菩薩讚佛偈」, 「서방대도사아미타불십념왕생원西方大導師阿彌陀佛十念往生願」, 『불설아미타경佛說阿彌陀經』, 그리고 관음신앙과 염불신앙의 주요대상인 「찬관음문讚觀音文」, 「대혜종고선사례관음문大慧宗杲禪師禮觀音文」, 「기도관음문祈禱觀音文」, 「재가송경회향在家誦經迴向」, 「마불변魔佛辨」을 수록하고 있다.27) 이 책의 마지막 면에 의하면 화엄종주 월저月渚 도안道安(1638~1715)이 발심發心하여 간역刊役을 담당했다.28) 구성이 유사한 것으로 보아 경운 역시 월저의 법손法孫으로 일찍부터 이 책을 수지하고 있었을 것으로 추측된다. 또한 경운이 편집한 『사문일과』의 권1 『지장경』은 『사문일과경沙門日課經』에는 누락되어 있는 경전이다.29) 경운은 『사문일과경沙門日課經』을 임의대로 편집하여 수행자의 일과로 독송했을 것이다.30)

상법과 말법의 시대에 불법이 무너진 지 오래되었다지만, 어찌 물듦과 깨끗함에 분별이 있겠는가. 서울 사는 스님들이 멋 부리고 치장하고 놀았지만, 대사는 중생교화를 자신의 임무로 삼았고, 수시로 방에 출현하는 자벌레 조차도 그대로 내버려 두었다.31)

---

27) 정경희, 『安樂窩沙門日課經偈』 해제, 서울대학교규장각한국학연구원.

28) 책의 마지막 면에 월저 도안이 刊役에 참여했다는 기록과 함께 '淸庚寅年香山板殿藏板'이라고 記가 있다. 淸 庚寅은 1650년과 1710년이 있다. 월저가 9세(1647)에 출가했으니 1650년을 刊役에 참여한 해로 보기에는 무리가 있다. 아울러 普賢寺에 팔만대장경보존고가 있었던 것으로 보아 '香山板殿藏板'은 妙香山 普賢寺 板殿 소장판으로 이해된다. 월저 도안은 묘향산에서 수 백 명을 상대로 『화엄경』을 강의하였고, 그의 사리탑이 보현사에 있다.

29) 경운은 스승 경붕과 하룻밤을 지내는데 한밤중 경붕이 『地藏經』을 읽는 소리를 듣고 흥이 생겨 시를 짓기도 하였다.(『산고집』, 70쪽)

30) 박재현 교수는 단국대학교 퇴계기념도서관 소장 『사문일과沙門日課』(S26304)를 검토하였고, 필자는 서울대 규장각본을 살폈다. 6권 1책으로 구성된 것은 두 책이 동일하지만, 단국대본이 '擎雲懸吐 甲子二月十七日'이라는 私記가 있는 것으로 보아 경운과 직접적인 관련성을 보이고 있다. 다만 책의 구성과 내용에 대해서는 상세한 검토가 필요하다. 도움을 준 박재현 교수에게 고마움을 전한다.

31) 鄭寅普, 「華嚴宗主擎雲堂大師碑」, 『산고집』, 54쪽.

정인보는 경운이 어떤 허물도 없이 지냈는데 지계持戒가 청정했기 때문이라고 하였으며, 그를 친견했던 후학들은 곧 계戒를 듣는 듯이 마음에 두려움을 느꼈다고 하였다. 경운은 일찍이 스승인 경붕 익운의 친형이기도 한 화산華山 오선晤善에게 구족계具足戒를 수지했는데, 구족계는 평생 수행의 지남指南이 되었다. 특히 1907년부터 1911년까지 5년 동안 명맥이 끊어진 선암사의 계단戒壇을 재수再修하고 계율을 진작하기도 하였다. 1919년 경운의 참회계첩懺悔戒帖에 서문을 쓴 권중현權重顯은 중생의 사표가 될 만한 사람이 몇 되지 않았던 당시 경운은 "현세의 아라한이시고 육신보살이시다. 이것은 우리나라 불교계의 공공연한 평판이지 내가 사사롭게 함부로 찬탄하는 말이 아니다."라고32) 하였다. 때문에 경운의 석장錫杖이 이르는 곳마다 법문을 듣고자 한 이가 구름처럼 모여들었고, 수계를 받고 명단에 기록으로 남기는 자가 무릇 만 명에 다다른다고 한 것이다. 선암사를 찾았던 최남선은 경운의 지계에 대해 다음과 같이 술회하였다.

　　남의 눈을 위하여 律근하는 이가 많은 세상에 그는 진실로 자기의 마음을 위하여 攝身하는 드문 어르신이다. 얽매여서 하는 持戒가 아니라 좋아서 하는 淨行이다. 히히히 하고 식식식 하여 풀솜 같은 그의 속에는 50여 년 굳히고 뭉글린 金剛不壞의 알맹이가 들어있다. 이것이 常人이 하기 어려운 것, 실상 우리가 老師를 보는 까닭이며, 또 이렇게 저렇게 말하는 누구라도 필경 師를 만만하게 알지 못하는 까닭이다.33)

최남선은 1925년 3월 하순부터 50여일에 걸쳐 지리산을 중심으로 한 남도기행을 한다. 선암사를 순례한 최남선은 경운이 "의해義解로는 거의 '활

---

32) 權重顯, 「擎雲和尙懺悔戒帖序」, 『산고집』 226~228쪽.
33) 崔南善, 『尋春巡禮』, 白雲社(『산고집』 192쪽.)

경장活經藏'이 되다시피 하고 또 문식文識으로나 인품人品으로나 모두 일대총
림一代叢林의 목룡木龍이라 하겠지만, 우리가 그에게 특수한 경앙景仰을 갖는
점은 그보다도 더 그 계행戒行의 고결高潔함에 있다."고 하였다. 무엇보다도
경운은 얽매여서 하는 지계持戒가 아닌 좋아서 하는 정행淨行이었으며, 이
때문에 금강불괴金剛不壞의 알맹이가 되었다는 것이다.

> 작년에 순천군 선암사와 송광사의 연합 불교포교당에서 선사께서 상주
> 하시면서 설법을 하시어 어둠에 헤매는 중생들을 개발 인도하셨는데, 옮
> 겨 심지도 않은 백련이 못에서 솟아오르니 보는 이들이 신기로운 감응에
> 탄식하며 감상하지 않은 이가 없었다. 원근에 있는 관리나 신사나 서민
> 들 모두가 (경운)선사가 계신 곳으로 와서 함께 白蓮社를 맺어 왕생극락
> 하기를 서원하니, 사람들은 말하기를 '중국의 여산 혜원선사가 이 세상에
> 환생하신 것이다.'라고 했다.34)

  인용문은 ≪매일신보≫가 1914년 송광사와 선암사의 연합포교당에서 일
어난 이적異蹟을 기사화한 것이다. 송광사와 선암사는 조선후기부터 선교학
의 연총淵叢이었으며, 1911년에는 민족불교의 상징이었다. 예컨대 임제종
의 임시 종무원을 송광사에 두고, 관장管長으로 선암사仙巖寺의 경운擎雲을
선출하였는데, 두 절은 1913년 순천의 환선정喚仙亭에 포교당을 설치하고
경운이 머물며 설법하였다. 그런데 연못에서 심지도 않은 백련이 솟아나니
경운의 불법佛法찬탄에 따른 상서로움이라고 하면서 여산의 혜원처럼 백련
결사를 결성한 것이다.

  일찍이 『蓮社古賢傳』을 살펴보니 다음과 같은 일화가 있었다. 謝靈運

---

34) ≪매일신보≫, 1915.3.25. 2면

이 여산에서 혜원스님을 한번 친견하고는 대를 쌓고 淨土經典을 번역하고 연못을 파서 백련을 심었다. 그리고 혜원과 더불어 여러 현인들이 淨土往生의 佛道를 닦았다. 이로부터 여산의 백련결사가 천고에 전하는 뛰어난 모범이 되었다. 지금에 그것을 살펴보니 동일한 백련결사이기는 하지만, 사람이 공을 들여서 만든 것과 하늘이 만들어 준 것은 아득히 달라서 더불어 같지 않다. 그리고 물에서 솟아난 기이한 연꽃을 보고서 환희하고 찬탄하는 모습은 일찍이 없었던 일이었다. 이처럼 신령스럽게도 하늘이 내려준 아름다운 조짐이 어찌 사람이 손으로 심은 연꽃과 비교할 수가 있겠는가.35)

백련결사는 정토왕생을 위한 염불수행을 도모하기 위하여 조직된 신행결사信行結社다. 중국 동진東晉 때의 고승 혜원慧遠이 동림사東林寺에서 염불왕생을 결사한 것에서 비롯되었다. 혜원은 처음 123인의 동지와 함께 재회齋會를 베풀고 향과 꽃을 올려 일제히 정업淨業을 닦아서 극락세계에 태어나기를 기약하였으며, 20년 동안 산문 밖을 나오지 않고 수행하였다고 한다.36) 백련결사의 구성원이자 「발원문發願文」을 쓴 여규형呂圭亨은 이병휘李秉輝 · 오재영吳在永 · 김효찬金孝燦 등이 결사 창설의 시말을 기록하였다고 한다. 여규형은 발원문에서 "만약에 기회가 된다면 내 마음도 갖가지 반연攀緣에 얽매이지 말고 불교의 도제가 되어 원기선사의 말씀을 따라서 백련결사에 들어가고자 한다."고37) 하였다.

---

35) 金允植, 「喚仙亭白蓮社記」, 『산고집』, 218쪽.
36) 김윤식, 위의 글, 218쪽.
37) 呂圭亨, 「白蓮社發願文跋」, 『산고집』, 221~222쪽.

3. 경운의 후학과 근대불교

경운의 제자 가운데 대표적 인물은 영호 정호映湖 鼎鎬·진응 혜찬震應 慧燦·금봉 병연錦峰 秉演, 그리고 철운 종현鐵雲 宗法이다. 이들은 경운의 학문을 두루 계승했을 뿐만 아니라 당시 불교계의 정체성 확립과 중흥에도 동고동락했다.

> 秉演上人은 나와 더불어 스승님의 같은 문하생이었는데, 뛰어난 자태는 대중 가운데 으뜸이었고 문장과 사고는 대단히 빼어났으니, 이 분은 스승님의 제자로서 후에 호를 錦峰이라 하였다. 금봉 법형은 나이가 나보다 1살 많았지만, 스승님의 법통을 친히 전승하여 10여 년 동안 교편을 잡고 중생을 제도하였는데 그 法席이 대단히 번성하였다. 나는 그의 발자국도 따르지 못하였다. 금봉은 靈龜山을 떠나 북쪽지방으로 만행을 하였는데, 옛 도반들과 이마를 맞대고 토론했던 비오는 날 밤의 일화 역시 일일이 다 말할 수 없다. 금봉 법형은 나이 겨우 48세에 그가 배운 바를 펼치지도 못한 채 갑자기 먼저 입적하고 말았다.[38]

영호 정호映湖 鼎鎬가 찬한 스승 경운의 비문에 수록된 금봉 병연(錦峰 秉演, 1869~1916)에 관한 내용이다. 금봉은 속명이 장기림張基林이다. 그는 15세에 출가하기 전 『사기史記』와 경서經書 등을 두루 통달하여 한유韓愈·유종원柳宗元·구양수歐陽脩·소동파蘇東坡와 같은 중국의 문장가들과 비견되기도 하였다. 출가한 후 10여 년 동안 화엄사·대흥사 등 강학으로 유명한 곳을 찾아다니며 경학經學을 연찬했는데, 화엄사의 원화圓化, 대흥사의 범해梵海·원응圓應, 그리고 경운의 문하에서 화엄·법화·전등염송 등을 폭넓게 공부했

---

38) 鼎鎬, 「曹溪山擎雲堂大師碑記陰」, 『산고집』, 61-62쪽.

다.[39] 1898년에는 경운의 강맥講脈을 이어받아[40] 선암사 대승암大乘庵에서 후학을 제접하기도 하였다. 그러나 금봉은 혼란과 격변을 거듭했던 시기였던 만큼 불교계의 앞날을 걱정했다. 후학들에게도 내전內典뿐만 아니라 근대문물에 대한 수용 역시도 강조하였다. 이후 그는 스승 경운과 영호 정호·진응 혜찬 등과 함께 임제종臨濟宗 설립과 불교진흥회佛敎振興會 활동에 적극적이었다. 당시 경운을 비롯한 후학들의 주된 관심사는 한국불교의 정체성과 중흥이었다. 인재양성은 그들의 화두였던 만큼 강학과 포교를 통해 오랜 탄압과 침체에서 벗어나고자 하였다. 그의 죽음에 스승 경운도 비통해했고, 박한영 역시 불교학림佛敎學林의 추도식에서 눈물을 흘리기도 하였다.[41]

철운鐵雲 조종현趙宗玄(1906~1989)은 경운 원기의 손제자이다.[42] 그는 1906년 태어나 16세 되던 1922년 선암사로 출가하였다. 아들 조정래의 회고에 의하면 조종현은 수행자가 되기 위한 것이 아닌 신식공부를 위해 출가하였다고 한다.[43] 법호는 철운鐵雲, 법명은 종현宗玄이다. 범어사·동화사·통도사 강원에서 영호 정호映湖 鼎鎬·진응 혜찬震應 慧燦 등에게 불교경전을 수학했는데, 24세인 1930년에는 강사講師가 되었다.[44] 『산고집』은 경운이 1926~1928년까지 조종현에게 보낸 편지를 수록하고 있다. 우선 경운은 "금정산金井山 하나가 오랫동안 눈 속에 있었는데 그대도 내 눈 속에 있는 사람 중의 하나이니 어찌 일찍이 잊을 수 있겠느냐."고[45] 했을

39) 猊雲山人(崔東植), 「華嚴大敎師大本山仙巖寺住持錦峰堂傳」, 『朝鮮佛敎叢報』 4, 1917, 29쪽.
40) 趙宗玄, 「擎雲大宗師行績略少」, 『산고집』, 48쪽.
41) 猊雲山人, 앞의 글, 30쪽.
42) 조종현이 금봉 병연에게 법통을 전수받았는지의 여부는 확실치 않다.
43) 조정래, 『황홀한 글감옥』, 시사인북, 2009, 75쪽(이동순, 「조종현의 불교개혁론과 동요의 상관성」, 『한국아동문학연구』 24, 한국아동문학회, 2013, 92~93쪽에서 재인용)
44) 장영우, 「철운 조종현의 시세계」, 『비평문학』 58, 한국비평문학회, 2015, 209~211쪽.
45) 경운, 「손상좌 조종현의 『원각경』 공부에 부쳐」, 『산고집』, 82쪽.

정도로 조종현을 아꼈다. 특히 경운은 조종현에게 화엄 현담, 삼현, 십지에 대한 공부법을 당부했다.46)

> 너는 이미 근면하게 보는 성질을 가지고 있고, 또 이름난 講席에 참가하여 遊學하는 날이 많으니 비록 많은 곳에 이르지는 못하였지만, 보고들은 것이 씨앗이 될 것이니, 도리어 나보다 낫지 않겠느냐. 그러나 만약 혹시라도 '끝을 잘 맺지 못한다.'는 평을 얻는다면 靈山의 오천 退席이 또한 어찌 말세에 깊은 경계가 되지 않겠느냐. 그러므로 매번 사람이 없어 조용할 때 다시 그것을 생각하거라. 때때로 香燈을 점화하지도 않고 어둠속에서 護法善神에게 절을 하며 끝내 佛法의 門中에서 물러나지 않고, 法器를 성취하여 아뇩보리의 소원을 짊어지고 뜻을 새겨 진실로 빈다면 이에 조그마한 성취의 단서가 나보다 나을 것이다. 너에게 바라는 것이 바로 이것이다.47)

경운은 손상좌의 탁월한 재주와 근면성실, 제방諸方에서 수학한 결실은 스승인 자신보다도 나을 것이라고 하였다. 그러나 손상좌가 단순한 교학만의 기교로 수행의 완성이 이루어졌음을 자만하지 않기를 바랐다. 호법선신護法善神에게 절을 하며 끝내 불법문중에서 물러나지 않고 가장 완전한 깨달음을 위해 끊임없이 그 뜻을 새기기를 바란 것이다.

한편 조종현은 당시 활발하게 전개되고 있던 불교개혁운동·불교대중화운동에도 적극적으로 참여하였다. 1928년 조선불교학인대회에 교육제도혁신위원, 연맹규약제정위원 등으로 활동하였다. 이 무렵 그는 개운사 강원의 영호 정호 회상에서 경학연찬도 게을리 하지 않았다. 특히 1930년대

---

46) 경운, 『산고집』, 92~100쪽.
47) 경운, 「손상좌 조종현의 동화사 강원 입학에 부쳐」, 『산고집』, 91쪽.

부터는 만해 한용운에 영향을 받아 조국독립을 목표로 설립된 만당卍黨에 가입하였다.[48] 한용운은 임제종 설립 당시 관장에 임명된 경운을 대신하여 관장을 역임하기도 하였다. 1931년부터 33년까지는 한용운이 편집·발간의 책임을 맡고 있었던 『불교佛敎』지에 매월 시와 논설을 기고하기도 하였다. 이와 같은 조종현의 현실참여는 금봉 병연, 그리고 영호 정호映湖 鼎鎬·진응 혜찬震應 慧燦 등 경운을 중심으로 한 선학先學들의 한국불교정체성 확립과 중흥을 위한 활동에 영향을 받은 것이다.

> 한영과 진응 두 선사 모두 경운선사의 훈육을 받았던 사람이다. 한영 선사는 경성 동대문 밖 개운사에 계시면서 진흙속의 연꽃처럼 청정하게 오직 학인들을 가르쳤고 또 중앙불교전문학교 교장으로서 신진 배출에 노력하셨고, 진응선사는 지리산 화엄사에 계시면서 일찍이 반도불교 흥망의 가을 녘에 분연하게 싸워 오늘에 보존시킨 愛宗護敎하시는 분이다. 두 선사로부터 배출된 강사 학인들이야말로 금일 반도불교를 드높여 장래의 발전에 돌진할 사람들이다. 생각컨대 경운선사의 자손들이 더욱 번성하고, 그리고 박한영 노사는 持戒와 修福, 특히 학식에 있어서는 그 아버지에 그 자식다운 면모 누가 알 수 있을까.[49]

경운을 만났던 일본인 소마는 박한영을 '진흙속의 연꽃' 진응 혜찬震應 慧燦을 '애종호교愛宗護敎'로 상징하였다. 영호 정호映湖 鼎鎬(1870~1948)가 경운을 처음 만난 것은 1890년 가을이었다. 영호 정호映湖 鼎鎬가 술회한 당시 선암사는 "많은 학승들이 운집하는 곳으로서 의衣·각角·불拂·향香의 가르침을 통하여 화엄의 초지初地에 들어가는 기상이 있어 부처님의 영산법회

---

48) 김광식, 「조종현의 불교사상과 한용운」, 『불교학보』 75, 동국대학교 불교문화연구원, 2016, 210쪽.
49) 相馬勝英, 「金擎雲禪師와의 相見」, 『朝鮮佛敎』 제98호, 1943, 8~14쪽(『산고집』, 212쪽).

가 지금까지도 상주하는 듯 했다."고50) 하였다. 영호 정호映湖 鼎鎬는 경운에게 2년 동안 대교를 배웠다.51) 1940년 그는 경운의 비문을 찬하면서 "스승님의 가르침의 동산은 매화나무가 가지를 한껏 펼쳐 그늘이 드넓었으며, 영산홍의 나무가 늙어 석양의 그늘을 가려 그것에 의지하게 되었으니 뉘라서 그들의 가르침에 견주겠는가."라고52) 칭송하였다. 소나무를 뒤흔드는 듯한 법문의 비를 내려 사람들의 마음을 스스로 녹게 해준 스승을 기렸다. 경운 역시 60을 맞이한 영호 정호映湖 鼎鎬를 다음과 같이 읊었다.

옛날에 남쪽을 순례할 때 나를 따라 노닐면서
소요하기를 마치 묶이지 않은 배처럼 하였더라
용 서린 바리때엔 항상 짐 가득하고
호랑이가 새겨진 지팡이 끝에 명성은 더욱 떠다닌다.
향기롭고 깨끗한 근원에는 반드시 이유가 있고
虛靈한 材器에는 다시 짝할 이 없네
세월은 빨라 마치 북치는 듯 하는데
촌음도 아껴서 경서를 본 지 사십 년이라네.53)

영호 정호映湖 鼎鎬는 경운에게 수학한 뒤 해인사 · 법주사 · 백양사 · 화엄사 · 범어사 등지에서 경전을 강의하였으며, 불교개혁운동에도 적극적으로 활동하였다. 특히 임제종운동 당시에는 경운 · 금봉 · 진응과 함께 한국불교의 정체성 확립을 위해 진력하였다. 1926년 서울 안암동 개운사 강원을

---

50) 박한영, 「曹溪山擎雲堂大師碑記陰」, 『산고집』, 61쪽.
51) 박한영의 화엄을 비롯한 경학사상에 대해서는 신규탁의 논고(「석전 박한영 강백의 교학 전통 –『화엄경』 십지품」과 『선문염송집』연찬을 중심으로–」, 『한국불교학』 70, 한국불교학회, 2014)가 참고할 만하다.
52) 박한영, 위의 글(『산고집』, 62쪽)
53) 경운, 「京城開運寺講師映湖公壽蓮」, 『산고집』, 73쪽.

열었을 때는 경운의 손제자 조종현을 비롯한 청년후학과 경학뿐만 아니라 불교혁신운동을 주도하였다.

진응 혜찬(震應 慧燦, 1873~1942)은 1887년 15세에 화엄사 봉천암鳳泉庵에서 출가하여 화엄사·선암사에서 경론經論을 배우고, 24세에 응암의 법맥을 이었으며, 천은사泉隱寺·화엄사 등지에서 경론을 강설하였다. 경운과의 인연은 1893년부터 1895년까지로, 진응 혜찬震應 慧燦은 2년 동안 대교과 과정인 화엄현담·십지·불조통재를 선암사 대승암에서 배웠다. 이후 화엄사·천은사, 산청 대원사, 범어사 등에서 후학을 제접하였다. 안진호는 진응을 '불교계의 용상龍象이요, 태두泰斗'라고 하였으며[54] 경운 역시 "덕의 기운이 순수하게 넘치는데 사람으로 하여금 의식하지 않으면서도 공경하고 복종하게 함이 20년 전보다 몰라보게 틀리는 것은 서로 이야기하는 말소리가 큰 종이 울리는 것 같고 이야기들이 모두 법을 섭렵함이라"고[55] 하였다.

> 서울에 사는 박한영스님과 더불어 폐와 간을 서로 비추며 한 마음으로 죽을 힘을 다하여 이 종교를 잡아서 마군에게 포섭되지 않기를 간절히 바라마지 않는 바입니다. 또한 원하는 바는 모름지기 自愛自重하시어 이 세상에 오래 머무시어 항상 법이 뒤집히고 물러지면 다시 돌이키는 것을 의무로 삼으시고 또 세속에 오래도록 섭렵되어 포대화상 같은 역행보살이나 진속에 걸림 없는 行을 하지 마십시오. 만약 하루아침에 甁雀이 뚫려서 道心이 업력을 이기지 못하면 어찌 일찍이 머리를 돌이키지 않았는가 후회해도 소용이 없습니다.[56]

---

54) 晚五生, 「화엄사에서」, ≪불교≫ 61호, 불교사, 1929, 42쪽.(김광식, 「근현대 화엄사의 사격과 진진응·이동헌」, 『대각사상』 18, 대각사상연구원, 2012, 156~157쪽에서 재인용)
55) 『삼소굴소식』, 극락선원, 1998, 94~96쪽.(김광식, 앞의 글, 158쪽에서 재인용)
56) 『삼소굴소식』, 극락선원, 1998, 94~96쪽.(김광식, 앞의 글, 158쪽에서 재인용)

인용문은 1930년 경운이 진응에게 보낸 편지의 일부분이다. 경운은 1908년 원종종무원, 1911년 임제종, 1914년 조선불교진흥회, 1929년 조선불교선교양종승려대회朝鮮佛敎禪敎兩宗僧侶大會에 주도적으로 참여했는데, 박한영과 진진응은 경운과 항상 행보를 함께하였다. 당시 그들은 한국불교의 정체성과 혁신성을 지닌 교단설립을 통해 한국불교의 일본지배와 일본불교의 한국불교 예속에 저항했고, 강학講學과 포교, 그리고 불교계의 기강 확립을 위해 진력했던 것이다. 경운이 진응에게 당부한 것 역시 영호 정호 映湖 鼎鎬와 함께 한국불교의 독자성을 인식하고, 근대불교의 이정표를 수립하라는 것이었다. 경운은 1933년 진응이 60세가 되던 해, 다음과 같이 읊었다.

> 당년에 노지백우를 탔으니
> 해동의 강석에는 결코 짝할 이가 없다네
> 팔만의 대장경을 온몸으로 체득하고
> 오천년의 역사를 혀끝에서 튕긴다네.
> 다자탑 앞에서 부처님 인가 받았는데
> 나이는 환갑, 찻잔에 가득하네
> 나를 따라 경전을 이야기하던 일 돌이켜 생각하니
> 지나간 세월을 물으니 그때가 언제런가.[57]

4. 맺음말

경운 원기는 조선말기와 일제강점기, 전통과 근대라는 한국불교의 대전

---

57) 擎雲, 「陳震應禪師回甲慶讌」, 『산고집』, 74~75쪽.

환기를 살다 간 인물이다. 불교가 극심하게 쇠퇴해 가는 상황에서 선교학과 염불을 통해 선암사의 명성을 이어갔고, 일본불교가 간섭하고 지배했던 근대기에는 한국불교의 정체성과 중흥에 진력하였다. 우선 임진왜란 이후부터 중흥했던 조선불교의 선교학을 계승하여 근대기 불교계의 종장宗匠으로서의 지위를 굳건히 지켰다. 염불과 계율은 선교학과 함께 경운이 수행자로 살아 갈 수 있었던 두 수레바퀴였다. 때문에 그는 저자거리의 명성과는 달리 '수행'만을 강조하였다.

한편 경운은 혼란과 격변기의 한국불교를 중흥하기 위해 종단설립과 강학·포교의 활성화를 위한 선봉에 서기도 하였다. 또한 지계持戒정신으로 막행막식莫行莫食과 대처식육이 만연하기 시작한 당시 불교계에 경종을 울렸으며, 백련결사白蓮結社를 통해서는 한일병합으로 인한 억압과 도탄에 빠진 중생을 구제하고자 하였다.

제자 영호 정호映湖 鼎鎬·진응 혜찬震應 慧燦·금봉 병연錦峰 秉演, 그리고 철운 종현鐵雲 宗玹 또한 수행뿐만 아니라 한국불교의 중흥을 위해 스승 경운과 그 행보를 함께 했다. 원종·임제종·조선불교선교양종·불교진흥회와 같은 근대불교의 체계를 수립하는데 앞장섰다. 경운과 제자들에게 한국불교의 강학講學과 포교布敎는 불교개혁의 가장 큰 과제였다. 당시 설립된 교단과 단체가 친일과 항일을 오고갔지만, 경운에게 강학과 포교를 통해 법등法燈을 지키는 것보다 앞서는 것은 없었다.

경운 원기는 제자가 젊은 나이로 요절하고, 환속했던 세월 속에서도 업력業力이 도심道心을 이기지 못하도록 자신의 수행에 추상秋霜같았으며, 폐허가 된 한국불교의 체계를 수립하고 근대화를 위한 디딤돌이었다.

〈경운 원기 대선사 연보〉

연도	행적	비고
1852년(철종 3) 1월 3일	경상도 웅천에서 출생, 속성은 김씨, 본관은 김해	
1868년(고종 5) 9월 9일	전남 구례求禮 연곡사燕谷寺에서 환월幻月 대사에게 득도, 김해룡金海龍스님에게 사미계沙彌戒 수지	정인보의 비문은 환경幻鏡스님에게 득도(『산고집』, 53쪽), 환경스님이 환속하자 환월에게 의탁하였다.
1869년(고종 8)	순천군 선암사의 강당에서 수학	경붕景鵬강백의 제접 하에 시교時敎의 전비全秘를 진수盡修
1880년(고종 17)	명성황후의 懿旨를 받들어 통도사에서 金字 『法華經』을 書寫	
1881년(고종 18)	경붕景鵬강백의 뒤를 이어 開堂	
1890년(고종27)	박한영이 선암사에서 경운 문하와 인연	
1897년(고종 34)	『華嚴經』 전질을 書寫	권중현(백련결사발원문)
1898년(고종 35)	錦峰 秉演에게 法統을 물려주고 퇴실	
1901년(고종 38) 10월 15일	선암사 김화산金華山스님에게 비구구족계 수지	
1908년	圓宗宗務院 서무부장	
1907년(고종 44)	선암사 계단 설치(懺悔戒)	1907~1911년까지 유지
1911년	朝鮮佛敎臨濟宗 임시관장에 추대	
1913년 11월	순천읍의 환선정에서 포교당을 설치하여 白蓮結社 결성	
1915년 2월 15일	불교진흥회 주최로 경성 각황사에서 설교	
1915년 4월 18일	불교진흥회 주최로 경성 각황사에서 설교	
1916년 8월 21일	각황사 灌佛會때 설교	
1916년 9월 3일	각황사 불교대강연회	
1916년 12월 28일	조선선종중앙포교당 성도기념연합강연회	
1917년 5월 27일	각황사 석가성탄기념식	
1917년 11월	제자 금봉 병연 입적	
1929년	朝鮮佛敎禪敎兩宗 敎務院 敎正으로 추대	
1936년 11월 11일	선암사 대승암에서 입적	

IV. 만해학 연구의 성과와 과제
-불교사상과 개혁론을 중심으로-

만해 한용운에 대한 연구는 한국 불교사 연구에서 원효 다음으로 그 연구 성과가 많다.[1] 그의 이름 앞에 붙는 다양한 수식어 역시 한국 근현대불교사에서 그가 차지했던 위상을 엿볼 수 있다. 만해는 전통과 근대의 갈림길이라는 변화와 격동기를 살다 간 인물이다. 일본의 침략과 지배, 근대의 영향, 불교계의 현실은 그를 성장시키는 자양분이었다. 그는 일제의 폭압에 당당했고, 근대의 소용돌이에 휩쓸리지 않았으며, 한국의 전통불교를 변화시키고자 했지만, 그 역사 문화적 가치를 소홀히 하지 않았다.

이 글은 만해학의 성과를 정리하고 앞으로의 과제를 제시하고자 한다. 만해연구는 여전히 시와 문학에 관련된 성과가 대부분이고, 만해학의 기초인 불교사상과 개혁론 연구는 질적 양적 측면에서 그 진전이 더딘 실정이다. 사실 불교계와 역사학 · 불교학 분야에서 한용운에 대한 관심은 오래되

---

1) 2018년 6월 현재 한국교육학술정보원(http://www.riss.kr)의 통계에 의하면 만해관련 석박사 학위논문은 전체 230편이나 되고, 국내학술지 논문은 807편, 단행본은 3,234권이나 된다.

지는 않았다. 때문에 연구의 폭과 깊이가 아직 일천하다. 다행히 1973년
『한용운전집韓龍雲全集』이 간행되고, 1980년 전보삼이 관련 연구 성과를 정
리하여 만해학 확장의 기반을 마련하였다. 이후 불교사상과 개혁론을 중심
으로 한 성과 정리는 김광식(2004)과 이덕진(2006)에 의해 소개되었다.2)

이 글은 2006년 이후부터 2017년까지 약 10여 년간 학계에 발표된 만
해의 불교사상과 개혁론 연구 성과를 검토하여 연구경향을 살피고 앞으로
의 과제를 제시하고자 한다.

1. 연구성과研究成果의 궤적軌迹 : 1973~2006년까지

만해 사후死後 1973년 신구문화사에서 『한용운전집韓龍雲全集』 6권이 발간
되었다. 이 책은 1948년 5월 만해 한용운 전집 간행위원회가 최범술·박
광·박영희·박근섭·김법린·김적음·장도환·김관호·박윤진·김용담에
의하여 결성되어 자료를 수집하면서부터 시작되었다. 비록 중간에 한국전
쟁이 발발하여 간행사업이 중단되었지만, 1957년 박광이 소장하고 있던
만해의 친필원고 등을 최범술에게 인계하면서 지속될 수 있었다. 이 책은
근대불교를 대표하는 승려인 한용운에 대한 연구를 본격화 할 수 있는 무
대를 제공했으며, 현재 세계적으로 확대되고 있는 '만해학萬海學'으로 성장
하는 터전을 마련하였다.3)

---

2) 이덕진, 「일제 강점기불교계인물들에 대한 연구 성과와 동향 그리고 앞으로의 과제:불교사상
에 대한 연구를 중심으로」, 『선문화연구』 창간호, 한국불교선리연구원, 2006 ; 김광식, 「한
용운불교연구의 회고와 전망」, 『만해학보』 8, 만해사상실천선양회, 2004.
3) 인권환은 『한용운전집』의 간행과정을 술회한 바 있다.(인권환, 「인권환 교수의 高大遺事(24)」,
고려대학교 교유회 회보, 2010. 12. 22.

전보삼은 『한용운전집韓龍雲全集』 간행이후 만해관련 문헌을 정리하기도 하였다. 그는 1980년 『한용운사상연구』 1집에 1926년 5월 31일부터 1979년 12월 31일까지 발표된 국내외 문헌 가운데 만해 관련 글을 가능한 전부 수록하고자 하였다. 그는 단행본(47)·논문(52)·계간지(29)·월간지(93)·대학교지(15)·주간지(27)·일간지(14) 등에서 만해 관련 글을 수집하여 소개하였다. 그가 조사한 만해 관련 자료는 전체 277건으로 단행본은 47종, 논문 52편이었다. 단행본 47종 가운데 문학관련 책이 40종을 차지했고, 불교사상 5종, 개혁운동관련 책이 겨우 2종을 차지했다. 논문 역시 문학관련 글이 45편으로 압도적으로 많은 편수를 차지했고, 불교사상은 6편, 개혁관련 글은 1편을 차지하고 있었다.4) 이후 만해연구 성과 소개는 2004년 김광식과 2006년 이덕진에 의해 시도되었다. 김광식의 만해 연구 성과를 포괄한 이덕진의 조사에 의하면 불교와 직접적으로 관련 있는 자료만도 106편에 이른다고 하였다. 106편 가운데 불교유신론과 불교개혁론에 대한 연구 성과는 29편, 『불교대전』과 『십현담주해』에 관한 연구는 9편에 불과하였다. 더욱이 만해의 불교사상을 연구한 박사논문은 없었다고5) 한다. 만해문학이 연구의 대부분을 차지하고 있음을 반증하고 있는 셈이다.

2006년까지의 연구 성과를 소개하면 다음과 같다.

---

4) 전보삼, 「한용운 관계 문헌연구 : 1. 계재지별 분류해제」, 『한용운사상연구』 1, 만해사상연구원, 1980, 307~333쪽.
5) 이덕진, 앞의 글, 61쪽. 그러나 1997년 국외에서 한편의 박사논문이 발표되었다. 손창대, 『(A)Study on Youn Woon Han's liberal thought and its influence on the Korean history = 한용운의 자유사상이 민족사에 미친 영향에 관한 연구』(Summit university of Louisiana : Philosophy, 1997)

(1) 불교사상6)

만해의 불교사상은 화엄사상과 선사상에 기초한다는 연구 성과가 있었다. 우선 전보삼은 만해의 여러 논저는 화엄사상적 배경에 있다고 보았다. 즉 만해의 화엄사상은 일심법계관에 의한 유심론적 세계관이며, 비로자나 법신관으로 나타나는 님의 철학은 한용운의 독특한 표현이자 만해 철학의 상징이라고 한다. 즉 전보삼은 만해의 삶 자체가 중중무진의 화엄론적 세계관의 구현이고, 보현보살로서의 의지의 산물이라고 보았다. 때문에 선재동자善財童子의 삶을 우리의 조국 현실에 옮겨 놓았을 때 만해 역시 선재동자 식의 삶을 살 수 밖에 없을 것이라고 하였다.7) 서재영은 만해에 대한 다양한 호칭 가운데 특히 '선사禪師'에 주목하여 한용운의 행동을 결정하고 좌우했던 사상적 근간을 '선사상'이라고 주장했다. 만해는 특히 당시의 암울했던 역사적 상황 속에서 선의 대중화를 위해 선방을 벗어나 세속의 공간에서 '생활선生活禪 운동'을 펼쳤으며 그 자신도 참선을 일과로 삼았다고 주장한다.8) 이밖에 허우성과 고명수는 한용운의 불교사상을 전통불교가 지닌 탈속주의와 몰역사성, 윤리 부재와 적멸주의를 비판하고 인륜도덕을 중시하며 현세적 성격이 강한 유가적 요소를 적절히 융합하여 독창적이면서 민중적인 성격이 강한 참여불교를 주장하고 이를 실천했다고 주장한다.9)

한편 만해의 불교사상을 직접적으로 살필 수 있는 『불교대전』과 『십현담주해』에 대한 연구도 시도되었다. 우선 박포리는 한용운이 『불교대전』

---

6) 1973년 『한용운전집』 간행이후 2006년까지 만해의 불교사상에 관한 연구 성과는 불교사상일반, 『십현담주해』를 포함한 선사상, 그리고 『불교대전』으로 분류하였다.

7) 전보삼, 「한용운 화엄사상의 일고찰」, 『만해학보』 1집, 만해학회, 1992.

8) 서재영, 「선사로서의 만해의 행적과 선사상」, 『한국선학』 4, 한국선학회, 2002.

9) 허우성, 「만해의 불교이해」, 『만해학보』 1집, 만해학회, 1992 : 고명수, 「만해의 불교이념과 그 현대적 의미」, 『2002만해축전』, 만해사상실천선양회, 2002.

을 편찬한 배경은 당대 불교계의 문제 등을 교리적으로 해결하고자 하는 의도를 가지고 있었다고 보았다. 만해는 그 교리적 해결방안으로 불교의 사회적 참여를 제시하였고, 승려들의 가치관 혼란과 세속화를 방지하고자 하였다는 것이다. 결국 만해는 구세주의를 통해 불교에 사회적 윤리관과 가치관을 도입하고, 평등주의를 통해 불교의 사회적 참여가 불교의 정체성을 해치지 않는 방향으로 진행되도록 하려는 의도를 지니고 있었다는 것이다.[10] 김상영 역시 『불교대전』을 편찬하게 된 배경과 목적, 체제, 자료를 중심으로 『불교대전』을 해제적으로 고찰하고 있다. 김상영에 의하면 『불교대전』의 편찬 목적은 대중교화, 포교, 역경에 대한 사상과 실천의식 속에서 탄생하였다고 고찰한다. 김상영은 1,741개의 인용경전을 정리하고 그 인용회수를 통해 만해가 가장 중시한 경전이 『화엄경』과 『열반경』임을 찾아내었다.[11]

만해 선사상의 요체를 담고 있는 『십현담주해』에 대해서도 연구가 이루어졌다. 한종만은 『십현담주해』 검토의 선구자적인 인물이다. 그는 『십현담주해』에 담겨있는 만해의 사상을 '현상 속에서 법신을 발견하는 묘유의 진리관'과 '현실 속에서 중생 제도의 사명을 다하는 활로의 선풍' 두 가지로 정리하였다.[12] 서준섭 역시 만해사상의 요체는 『십현담주해』와 『유마경』의 번역 속에 있다고 보았다. 그는 『십현담주해』는 존재의 각성을, 『유마경』은 중생과 방편과 사회적 실행을 말하고 있다고 하였다. 『십현담주해』

10) 박포리, 「『불교대전』의 편제와 만해 한용운의 불교관」, 『의상만해연구』 창간호, 만해사상실천선양회, 2002.
11) 김상영, 「『불교대전』의 특성과 인용경전 연구」(상), 『만해학보』 5, 만해사상실천선양회, 2003 : 김상영, 「『불교대전』의 특성과 인용경전 연구」(하), 『만해학보』 7, 만해사상실천선양회, 2005.
12) 한종만, 「한용운의 『십현담주해』에서 본 진리관과 선론」, 『한용운사상연구』 2, 만해사상연구회, 1981.

는 만해의 불교철학적 사유가 집대성된 중요한 저서로 불교철학적 의의를
세가지로 선정하였다. "첫 번째는 언어적인 면에서 간결한 시적 언어와 모
순어법을 주로 사용하고 있어 한용운 선禪의 진경眞景을 엿볼 수 있다. 두
번째는 무아無我, 무상無相, 열반涅槃을 중심으로 한 불교철학의 요체가 그대
로 드러나 있다. 세 번째는 무상에서 무아에 이르는 불교특유의 연기의 철
학에 대한 한용운의 투철한 자각이 그 자신의 생생한 언어로 표현되어 있
다. 때문에 『십현담주해』는 근대철학의 문제점을 극복하고 거기에서 벗어
난 새로운 대안을 제시할 수 있는 핵심을 다루고 있는 책 중의 하나이다."
라고[13] 하였다. 이밖에 석길암은 만해의 『십현담주해』는 한국불교의 두
축을 이루는 사유전통, 곧 선엄일치禪嚴一致를 특징으로 하는 간화선적 전통
과 실천적인 교관을 특징으로 하는 화엄성기華嚴性起 사상이 융합되어 나타
난 것이라고 한다. 그는 한용운의 적극적인 사회참여 역시 위와 같은 화엄
적 사유의 발현이라고 본다. 석길암에 의하면 오도悟道이전과 이후의 사상
적 편력이 일정한 거리감이 존재한다고 하였다. 오도 이전에는 전통적 사
유와 신사상의 결합이라는 양태를 보여주고 있는 반면에, 오도 이후에는
한국불교의 전통적 사유 곧 화엄선적 간화선의 전통과 화엄적 사유전통을
조화시킨 입장을 보여준다.[14]

---

13) 서준섭, 「조선불교유신론 · 십현담주해의 철학적 해석을 위한 시론」, 『2002만해축전』, 만해
   사상실천선양회, 2002 : 서준섭, 「한용운의 불교관계저술연구의 현황과 과제」, 『2004만해
   축전』, 만해사상실천선양회, 2004.
14) 석길암, 「만해의 『십현담주해』에 나타난 선교관」, 『만해학보』 8, 만해사상실천선양회,
   2004.

(2) 개혁론改革論15)

만해의 개혁론 연구는 그의 문학 연구 다음으로 많은 성과를 양산하고 있는데, 만해가 평생토록 불교 개혁을 위한 행보를 멈추지 않은 이유다. 우선 만해의 『조선불교유신론』이 나온 배경을 '자각'이라는 관점에서 살핀 연구가 있었다.16) 즉 만해는 불교계의 자각 부족과 개혁에 접근하지 못하는 것에 대해 강하게 촉구했으며, 급격한 시대변화를 직시하고 당대를 불교유신의 기회로 활용할 것을 촉구하며 불교계 각 분야에 대한 개혁의 방향을 제시하기 위하여 실질적인 자각과 개혁을 촉구하는 입장에서 『조선불교유신론』을 집필, 발간하였다는 것이다. 또한 만해의 불교 개혁론을 '승가의 경제적 자립', '불교 교육의 현대화', '계율의 재해석', '교단의 민주화', '불교의례의 간소화' 등 다섯 가지로 정리한 연구도 있었다. 즉 정병조는 만해의 개혁론에서 주목해야 할 점은 세계는 민주와 자유의 경향을 가진다는 점, 불교는 이러한 경향에 부합된다는 점, 그런데 한국 불교는 현실적으로 답보상태를 면하지 못한다는 점, 따라서 불교 개혁만이 현대사회를 계도할 수 있다는 당위성을 제시한 것은 현대사회에 대한 그의 탁월한 이해라고17) 하였다.

한편 만해의 개혁론에 대해서 가장 두드러진 연구 성과를 보인 분야는 『조선불교유신론』에 대한 연구이다. 만해의 유신론과 관련된 연구에서 두드러진 이해는 만해가 유신론을 집필했을 당시의 현실인식에 대한 문제이다. 특히 최병헌의 연구는 이전까지 만해의 민족의식에 대해서 의문을 품지 않

---

15) 1973년 『한용운전집』 간행이후 2006년까지 만해의 불교개혁론에 관한 연구 성과는 만해일 대기, 불교와 근대, 불교유신론(개혁론), 사상(민족·정치·평화)으로 분류하였다.

16) 김광식, 「근대불교개혁론의 배경과 성격」, 『근현대불교의 재조명』, 민족사, 2000.

17) 정병조, 「한국 근·현대 불교개혁론 비교연구」, 『회당학보』 2, 회당학회, 1993.

앗던 일반적인 견해에 대해 최초로 이의를 제기하였다. 즉 불교개혁을 남먼저 부르짖었고, 과격한 주장을 서슴지 않았던 만해가 불교의 사회적 역할이나 승려들의 지위 향상을 재삼 주장하였던 것에 비하여, 일본의 정치적 침략과 일본 불교의 침투에 대한 문제에 대해서는 이상하리만치 무감각하였다고 지적하였다. 최병헌은 만해가 심지어 일본 통감에게 「건백서」를 올려 승려의 대처帶妻를 허용해 달라고 한 사실을 그 단적인 예로 보았다.[18] 최병헌의 이러한 지적에 대해 서재영은 1910년대라는 시대적 상황과 당시의 종교적 상황이라는 두개의 연결고리를 쥐고 바라봐야 유신론에 대한 새로운 이해의 지평이 열린다고 본다. 더하여 서재영은 유신론의 핵심을 미신과 은둔적 모습의 불교를 지양함으로써 불교 본래의 정체성을 회복하고 그것을 현대적 불교의 모습으로 제시하고 있다는 점이라고 주장한다.[19]

이러한 논란과 관련하여 김광식은 한용운이 1910년대 유신론을 집필하던 당시에는, 그렇게 민족의식이 투철하지는 않았다고 주장한다. 만해의 민족의식은 1910년대 말에 임제종 운동을 하면서 변화, 성숙되었다는 것이다. 여기에 더하여 김광식은 유신론에 대한 우리의 지나친 환상을 깨야한다고 말한다. 뿐만 아니라 유신론의 잣대로만 현대 한국불교를 바라보는 것도 경계를 요하는 일이라고 한다. 물론 90년 전 만해가 유신론을 집필하던 당시의 용기, 정열, 치밀한 판단 등에 대해서는 그 자체로 역사적 평가를 해주어야 하지만, 지금 우리에게 필요한 것은 유신론의 정신을 이어받는 것이지, 만해의 유신론 자체는 아니라는 것이다.[20] 이와 유사한 견해를 유승무도 개진한다. 그는 한용운이 사회진화론을 민족 독립과 불교개혁

---

18) 최병헌, 「일제불교의 침투와 한용운의 조선불교유신론」, 『한국종교사의 재조명』, 원광대대학교 출판국, 1993.
19) 서재영, 「1910년 전후의 시대상과 조선불교유신론의 의의」, 『의상만해연구』 창간호, 만해사상실천선양회, 2002.
20) 김광식, 「조선불교유신론과 현대한국불교」, 『2003만해축전』, 만해사상실천선양회, 2003)

이라는 실천적 목적에서 수용하였다고 한다. 때문에 한용운의 유신론은 사회진화론과 '많이 그리고 깊이' 관련되어 있다. 따라서 유신론은 불교사상과 사회진화론 사이의 사상적 모순과 사회진화론적 불교유신의 문제점이라는 두 가지 한계를 가지고 있을 수밖에 없다고 지적한다.21)

2. 불교사상

2006년 이후 만해의 불교사상과 개혁론에 관한 연구 성과는 불교개혁론이 21편, 불교사상은 11편의 연구 성과가 발표되었다.22) 1) 불교사상일반(5), 2) 간화선·『십현담주해』를 중심으로 한 선사상(4), 3)『불교대전佛敎大典』(2)을 중심으로 한 교학이 여기에 해당된다. 불교개혁론 및 사상은 전체 22편이 주목된다. 1) 일대기(1), 2) 불교와 근대(3), 3)『불교유신론』(10), 4) 민족·정치·평화·사회참여사상(5), 5) 대중불교(2)가 해당된다.

(1) 불교사상일반

만해의 불교사상에 대한 연구는 대체로 불교를 기반으로 한 '근대', '서양철학'속에서 검토되었다.23) 석길암은 만해의 불교관과 독립정신이 서구

---

21) 유승무, 「사회진화론과 만해의 사회사상 : 조선불교유신론을 중심으로」, 『2003만해축전』, 만해사상실천선양회, 2003.
22) 필자는 국내 전문학술지에 발표된 성과물을 중심으로 검토하였기 때문에 박사학위논문과 단행본은 제외시켰다.
23) 석길암, 「만해 한용운의 불교관 이해와 현대적 계승의 관점」, 『불교연구』46, 한국불교연구원, 2017 : 김광식, 「조종현의 불교 사상과 한용운」, 『불교학보』75, 동국대불교문화연구원, 2016 : 윤종갑·박정심, 「동아시아의 근대 불교와 서양철학」, 『철학논총』75, 새한철학회, 2014 : 이덕진, 「일제강점기 후반 불교계의 동향과 한용운의 불교사상」, 『불교문예연

근대철학을 수용하고 그것을 불교와 결합시키는 맥락에 있었다는 기존의 연구 성과를 비판적으로 검토하였다.[24] 그는 만해의 독립정신 그리고 불교개혁 정신의 기저를 관통하고 있는 불교정신은 첫째, 한국불교전통의 맥락에서 강조된 화엄의 평등정신으로 만해의 평등주의는 서구철학에 비견되는 것이라고 하였다. 둘째, 평등무차별성의 자각은 필연적으로 불보살에 의한 중생구제의 행 곧 보현행으로 귀결된다고 하였다. 결국 만해는 불교사상에 입각한 구세주의救世主義를 강조했음을 주장하였다.[25] 그는 통일된 미래에 만해정신의 계승은 역시 평등주의와 구세주의를 실현하는데 있다고 보았다.

김광식은 일제강점기 불교개혁가이자 강백講伯이었던 조종현(1906~1989)의 불교사상을 만해와 상관성 측면에서 검토하였다.[26] 조종현은 만해의 영향을 받아 불교개혁에 나선 인물이어서 만해의 대중불교론을 체득, 수용했다는 것이다. 자신의 불교관인 '불교의 민중화'는 실천적 대안적 성격을 갖는 독자적인 불교사상을 정립한 것이라고 하였다.[27] 김광식은 조종현의 불교사상을 한용운에게서 영향 받았지만, 독자적인 불교사상이라고 했다. 그러나 만해와의 인연이나 영향이 내용의 대부분을 차지하고, 조종현의 불교사상에 대한 구체적인 서술이 미흡하다.

이덕진은 일제강점기 만해사상의 시기별 변화상을 검토하였다.[28] 그는

구』 3, 동방문화대학원대학교 불교문화예술연구소, 2014 : 김진무, 「근대 합리주의 인간관의 유입과 佛性論의 재조명 : 梁啓超와 韓龍雲의 佛性論 이해를 중심으로」, 『한국선학』 29, 한국선학회, 2011.
24) 석길암, 「만해 한용운의 불교관 이해와 현대적 계승의 관점」, 『불교연구』 46, 한국불교연구원, 2017.
25) 석길암, 위의 글, 249~258쪽.
26) 김광식, 「조종현의 불교 사상과 한용운」, 『불교학보』 75, 동국대불교문화연구원, 2016.
27) 김광식, 위의 글, 224쪽.
28) 이덕진, 「일제강점기 후반 불교계의 동향과 한용운의 불교사상」, 『불교문예연구』 3, 동방문화대학원대학교 불교문화예술연구소, 2014.

일제강점기 후반 불교계의 과제는 자주권 확립과 민족해방운동이었으며, 만해 역시 '민족해방운동'에 중점을 두었다고 한다. 초기의 만해는 불교사상에 기반을 두지만, 서구의 사회진화론을 수용하여 봉건적인 불교의 개혁을 주장한 불교적 계몽주의자라고 하였다.[29] 그러나 만해는 3·1운동 이후 투옥과 출옥을 계기로 백담사로 돌아가 사상의 원숙기를 맞이한다. 즉 『십현담주해』는 존재의 각성을, 『유마경』 번역은 중생과 방편과 사회적 실현을 표방한다고 하였다.[30] 아울러 1931년 「조선불교의 개혁안」에서는 이전의 유신론을 계승하면서도 당시 변화된 불교계의 동향에 유의하여 개혁의 당위성, 그리고 대상과 방법을 제시하였다고 하였다. 예컨대 '통일기관의 설치', '사찰의 폐합', '교도의 생활보장', '경론의 번역', '대중불교의 건설', '선교의 진흥'등을 주장했다고 한다.[31]

한편 근대동아시아의 불교사상과 서양철학과의 비교연구도 시도되었다. 김진무는 서구철학의 합리주의 인간관과 불성론佛性論을 재조명했는데 칸트철학과 그에 영향 받은 중국의 양계초梁啓超, 그리고 양계초의 영향을 받은 만해의 불성론佛性論을 살폈다.[32] 그는 우선 불성론佛性論은 바로 동아시아 불교의 가장 분명한 핵심으로서, 간략하게 '본체本體'로서 지존至尊의 지위를 갖는 과정을 정리하였다.[33] 또한 양계초梁啓超의 칸트에 대한 논술 가운데 불성론과 관련된 고찰은 사실상 불성에 대한 변화된 해석은 살필 수 없었다고 한다.[34] 오히려 서구철학이 동아시아 불성론에 미치지 못함을 분명

---

29) 이덕진, 위의 글, 160~163쪽.
30) 이덕진, 위의 글, 164~165쪽.
31) 이덕진, 위의 글, 166~169쪽.
32) 김진무, 「근대 합리주의 인간관의 유입과 佛性論의 재조명 : 梁啓超와 韓龍雲의 佛性論 이해를 중심으로」, 『한국선학』 29, 한국선학회, 2011.
33) 김진무, 위의 글, 325~331쪽.
34) 김진무, 위의 글, 337~339쪽.

하게 인식하는 계기를 제공했으며, 이로부터 근대시기 서구철학이 전체적인 동아시아불교를 보다 새롭게 인식할 수 있는 계기를 제공해 주었다고 평가하였다.

한편 만해가 접했던 칸트는 바로 양계초梁啟超를 통한 것으로서 『조선불교유신론朝鮮佛敎維新論』 '불교의 성질'은 대체적으로 양계초梁啟超의 견해를 그대로 수용했고35) 불성론 이해 역시 양계초와 다를 바가 없다고 하였다. 이는 이미 동아시아 불성론은 더 나아갈 수 없는 완벽한 본체론本體論을 형성하고 있어서 서구의 근대철학으로는 여전히 미칠 바가 없음을 반증反證하며, 서구의 합리주의 인간관은 그 접근방법의 차별성 때문에 동아시아불교 전통의 불성론을 보다 새롭게 인식될 수 있는 계기를 만들었다는 의의를 지닌다고 하였다.36) 윤종갑·박정심 역시 한 중 일 근대 불교를 대표하는 일본의 이노우에 엔료(井上圓了, 1858~1919)와 중국의 량치차오(梁啟超, 1869~1939), 그리고 한국의 한용운(1879~1944)은 칸트 철학과 자연과학의 인과율에 토대해 불교철학을 정립하고자 했음을 검토하였다.37) 그런데 이들 세 학자는 제도와 형식(법칙)으로서는 서양철학과 자연과학을 긍정적으로 수용하였지만, 이념과 가치로서는 오히려 비판적으로 고찰함으로써 불교를 통한 동아시아의 전통과 기강을 되살리려고 하였다고 한다. 그 결과 이노우에 엔료의 순정철학純正哲學과 국가주의, 량치차오의 유식철학唯識哲學과 계몽주의, 그리고 만해의 유신철학維新哲學과 만민공생주의萬民共生主義라는 이른바 개량주의적·군국주의적 근대가 활개치게 되었다고38) 하였다. 따라서 동아시아의 불교는 철학적이고 과학적인 근대 불교를 기획하였지만, 국수적

---

35) 김진무, 위의 글, 343쪽.
36) 김진무, 위의 글, 350쪽.
37) 윤종갑·박정심, 「동아시아의 근대 불교와 서양철학」, 『철학논총』 75, 새한철학회, 2014.
38) 윤종갑·박정심, 위의 글, 408~433쪽.

이고 계몽적인 차원에 머무르면서 여전히 구습의 체질을 벗어버리지 못한 미완의 근대를 연출하였다고 평가하였다. 그러나 윤종갑·박정심의 연구논지 가운데 한중일 세지식인의 새로운 대안이 구습의 체질을 극복하지 못했다는 지적은 재검토의 여지가 있다. 첫째, 논문의 주된 논지가 서구철학의 입장에서 전개되고 있고, 둘째, 동아시아의 전통을 구습으로 규정하여 개관적 이해가 결여되었기 때문이다.

(2) 선사상禪思想(『십현담주해+玄談註解』·간화선看話禪)

만해의 선사상은 대체로 선불교의 전통 속에서 만해의 계승양상, 저술을 통해 선사상을 직접적으로 검토하였지만, 대체로 근대 속의 조선불교와 연관시켜 전개하고 있다.[39] 우선 김광식은 만해 선사상에 대한 검토가 미진함을 지적하고 만해의 선사상과 간화선看話禪을 연관하여 살폈다. 그에 의하면 만해는 선禪에 대한 이론에 조예가 깊었고, 생활에서 실천하는 생활선生活禪을 구현했다고 한다. 아울러 만해는 화두를 통한 참선수행을 유일한 방법으로 인식했다고 한다. 화두를 허렴담적한 마음의 본체를 보유하기 어려운 중생들의 의정擬情을 일으키게 하는 방편이라고 인식했기 때문이다.[40] 참선 역시 산간 암혈에서만 하는 것이 아니라고 하면서 적적성성寂寂惺惺하는 중도의 자세로 화두에 의정을 집중하면 대오를 얻을 수 있다고

39) 김광식, 「만해 한용운의 看話禪과 大衆佛敎論」, 『불교학보』 80, 동국대불교문화연구원, 2017 ; 신규탁, 「『십현담주해十玄談註解』에 나타난 만해 한용운 선사의 선사상」, 『선문화연구』 16, 한국불교선리연구원, 2014 ; 정연수, 「禪佛敎傳統에서 본 韓龍雲의 佛敎觀」, 『한국철학논집』 38, 한국철학사연구회, 2013 ; 박재현, 「만해 한용운의 禪의식을 중심으로 본 근대성과 탈근대성」, 『한국선학』 41, 한국선학회, 2015.
40) 김광식, 「만해 한용운의 看話禪과 大衆佛敎論」, 『불교학보』 80, 동국대불교문화연구원, 2017, 146쪽.

하였음을 지적하였다. 김광식은 만해 불교사상을 대중불교론으로 인식하였다. 즉 만해는 오도悟道한 수행자는 중생구제를 위한 행보에 나서야 한다고 했으며 이것은 대중불교론과 연결된다고 하였다.41) 그러나 김광식이 강조한 만해의 선사상이 독창적이라고 보기에는 한계가 있으며, 선의 개요나 선의 방식 역시 그가 주장한 대중불교론의 보편성 속에서 이해될 수 있는 문제여서 새로운 논지라고하기에는 일정한 한계를 지니고 있다.

박재현은 만해의 소설 『박명薄命』은 근대성에 대한 비판의식을 바탕으로 선禪을 통한 극복가능성을 모색한 대표적 작품이라고 하였다. 그는 "만해는 선禪을 통해 이념理念 너머의 인간 존재의 근원을 바라보고자 했다."고42) 하였다. 즉 만해의 태도를 아나키즘과 연결시킴으로서 탈근대적 의식이라고 하였다. "아나키즘은 인간에게 선재先在하는 어떤 특정한 사상체계가 아니라 국가나 민족 혹은 이념과 같은 추상적 관념에 대한 충성이나 신봉이 아닌 생명공동체의 생존권과 안녕을 모색하는 삶의 태도내지는 가치관을 억지로 이름붙인 것으로 봐야 할 것이다."라고 하였다. 그러므로 만해의 이와 같은 탈근대적 면모는 선禪의식에 깊숙이 뿌리박고 있음을 강조하였다.

정연수는 『조선불교유신론』과 『심현담주해』를 중심으로 만해의 선사상과 그에 기초한 불교관을 검토하였다. 그는 만해는 원효와 지눌의 선불교 전통속에서 적적성성寂寂惺惺한 선정의 본질을 강조했다고 하였다. 그는 만해가 동시대의 선객들이 중생들을 외면하고 산림에 은거하면서 처소와 몸가짐만을 적적하게 하려는 행태를 비판하면서 중생들을 제도하는 수행자의 일상 속에서 적적성성한 선정을 이루어야 함을 강조한 사상적 특징이 있다고 하였다.43) 또한 만해는 『십현담주해』를 통해 임제선풍을 진작시키고

---

41) 김광식, 위의 글, 151~153쪽.
42) 박재현, 「만해 한용운의 禪의식을 중심으로 본 근대성과 탈근대성」, 『한국선학』 41, 한국선학회, 2015, 99쪽.

있다고 하였다. 그는 만해가 중생들의 편위偏位 속에서 진인이 정위正位를 밝힌다는 의미에서 편중정偏中正을 강조했다는 점에서 조동종의 입장을 대변하고 있다고 볼 수 있지만, 임제선풍으로 조동의 종지를 밝히고 있는 점에서 조동선을 표방하고 있지 않다고 하였다.44)

정연수의 논고는 김광식이 거론한 만해의 간화선과 대중불교론, 신규탁의 『십현담주해』연구에 기초가 된 듯하다. 두 논문이 정연수의 주된 논지를 따르고 있기 때문이다. 그러나 정연수 역시 적적한 선정의 본래성이 중생제도의 구세정신과 유리된 것이 아님을 만해사상의 의의로 평가하고 있지만45) 이 역시 선불교 전통 속에 계승되고 있어 만해만의 사상적 특징이라고 보기에는 어렵다.

신규탁은 한용운의 『십현담주해』를 원저자인 동안 상찰同安 常察의 『십현담+玄談』과 김시습金時習의 『십현담요해+玄談要解』와 비교하였다. 그는 한용운의 주해서가 과거 두 종류의 주석과 다른 독자성을 검토하였다. 우선 그는 십현담의 원문과 번역문을 제시하고 김시습의 해석과 비교하였다. 예컨대 첫 번째 '심인心印'에 대해서 김시습은 심心의 인印이라는 생각을 가지고 있다는 것이다.46) 김시습은 마음은 언어문자로는 형용할 수 없지만, 일상생활에서 그것이 그대로 문채로 드러난다고 하였다. 즉 심心(마음) 그 자체와 그것에 붉은 인주를 묻혀 종이에 찍을 때 드러난 문채(印)로 나누어 본 것이라고 하였다. 그러나 만해는 모든 존재는 심을 기준으로 삼고 모든 부처님께서 이것 심心으로 인증(印)하셨기 때문에 '심인'이라고 이름붙인 것이

---

43) 정연수, 「禪佛敎傳統에서 본 韓龍雲의 佛敎觀」, 『한국철학논집』 38, 한국철학사연구회, 2013, 168~175쪽.
44) 정연수, 위의 글, 175~184쪽.
45) 정연수, 위의 글, 174~175쪽.
46) 신규탁, 「『십현담주해+玄談註解』에 나타난 만해 한용운 선사의 선사상」, 『선문화연구』 16, 한국불교선리연구원, 2014, 20쪽.

라고 생각했다. 신규탁은 "마음은 본래 형체가 없는 것이라 모양도 여의고 자취도 끊어졌다. 마음이라는 것부터가 거짓 이름인데 다시 인印이라는 말을 덧붙여 쓸 수 있으리오, 그러나 만법은 이것으로서 기준을 삼고 모든 부처는 이것으로 증명을 하였다. 그러므로 이것을 심인心印이라 한다."는 만해의 주해내용을 기초로 구체화시켰다. 때문에 신규탁은 김시습이 '(심心의 인印)'으로 해석했다면, 만해선사는 '심과 인으로 해석한 것이다.47) 결국 신규탁은 이와 같은 비교분석을 통해 김시습과 만해의 차이를 조목별로 드러냈다. 만해 선사는 그 차이를 구체적으로 지적하는 형식보다는 자신의 입장에서 독자적으로 주석을 내는 형식을 취해 김시습보다는 만해의 해석이 원저자인 동안 선사의 해석을 온전히 구현하고 있음을 밝혔다.

한편 신규탁은 많은 연구자들이 『십현담』의 저자가 조동종 계통인 점을 들어 만해의 선사상을 조동선과 관련하여 논하고 있는 것에 대해서도 부정적 입장을 피력하였다. 그에 의하면 '이류중행'이나 '편偏-정正'이나 '군-신' 등을 제외하고는 '조동선'이라 할 만한 특징이 보이지 않고 있다는 것이다.48) 또한 『선문오종강요禪門五宗綱要』와 『선문수경禪文手鏡』에 제시된 조동 가풍에 대한 평가가 『십현담』에 보이지 않고 선불교 일반의 양상만 있을 뿐 조동선이라 할 수 있는 단서를 문헌적으로 제시하기 쉽지 않다는 것이다. 신규탁의 이와 같은 검토는 『십현담주해』에 대한 해제나 대체적인 성격을 규명하는 수준의 이전 연구 성과와는 다른 것이어서 만해의 선상에 대한 구체적 이해로 평가할 수 있다.

---

47) 신규탁, 위의 글, 21쪽.
48) 신규탁, 위의 글, 36쪽.

(3) 『불교대전佛敎大典』

만해의 불교대전은 불교사상의 본질과 근대성을 함축하고 있는 대표적 저술이다. 송현주는 만해의 『불교대전』과 동시대 일본과 서구에서 편찬된 근대불교성전을 비교 검토하였다.[49] 우선 한용운의 『불교대전』(1914)과 난조분유南條文雄와 마에다 에운前田慧雲의 『불교성전佛敎聖典』(1905)의 공통점 과 차이를 비교하여 만해의 불교사상의 특징을 찾아보고자 하였다.[50]

송현주는 두 문헌이 근대 불교성전(Buddhist Bible)의 편찬 흐름 속에 등장한 새로운 형태의 불교경전이라고 전제하고 불교경전의 주요 내용을 발췌, 채록하여 구성한 초종파적, 종합적 성격의 경전임을 강조하였다. 『불 교대전』과 『불교성전』은 『화엄경』·『열반경』·『법화경』·『무량수경』 등 다양한 경전의 내용을 망라하고 '국가', '사회', '박애', '계급', '위생'등 다양 한 근대어들을 주요 항목으로 구성하고 있는 점에서 근대 한국과 일본에서 불교경전을 새롭게 재편하고자 노력한 선구적 문헌이라는 공통점을 지닌다 고 하였다.[51] 그러나 교리적 차원에서 두 문헌은 '마음[心]'이 우주와 인간 의 본체이며 인간에게 여래장과 불성이 있다고 보며, 『화엄경』과 『열반경』 의 세계관을 공유하고 있지만, 『불교성전』이 정토진종 특유의 '타력신앙'과 '참회', '신심'을 강조하며, 『무량수경』 계통의 경전을 인용하는 비율이 『불

---

49) 송현주, 「한용운의『불교대전』과 난조분유·마에다 에운의『불교성전』의 비교연구 : 구조의 차 이와 인용 경전의 특징을 중심으로」, 『불교연구』 43, 한국불교연구원, 2015 : 송현주, 「불 교의 한국적 변용과 특징: 한국적 독법을 통한 불교의 대중화 : 근대불교성전(Modern Buddhist Bible)의 간행과 한용운의『불교대전』:Buddhist Catechism, The Gospel of Buddha, 『불교성전』과의 비교를 중심으로」, 『동아시아불교문화』 22, 동아시아불교문화학 회, 2015.

50) 송현주, 「한용운의『불교대전』과 난조분유·마에다 에운의『불교성전』의 비교연구 : 구조의 차이와 인용 경전의 특징을 중심으로」, 『불교연구』 43, 한국불교연구원, 2015.

51) 송현주, 위의 글, 251~264쪽.

교대전』에 비해 4배에 이르고 있는 점을 지적하고 있는 점이 차이점이라고 하였다. 결국 한용운의 『불교대전』이 지닌 독창성은 '신앙'의 차원에서 '발심', 부처만이 아니라 '보살'의 중요성, 그리고 일체 만유의 '평등성'과 '수학修學', '수행修行'을 강조하고 있는 점이다. 그것은 부처와 보살과 일체중생의 평등을 강조하는 '평등주의적 세계관'과, '발심'과 '발원'을 통한 인간의 주체적 자각을 강조하는 한용운의 기본 사상을 반영한다. 또한 『불교대전』의 목차구성에서 '수신제가치국평천하'의 유가적 성격도 발견할 수 있다.[52]

한편 송현주는 한용운의 『불교대전』(1914)을 근대불교시기에 출현한 다른 불교성전들, 즉 헨리 스틸 올코트(Henry Steel Olcott)의 『불교교리문답(Buddhist Catechism)』(1881), 폴 카루스(Paul Carus)의 『붓다의 복음(The Gospel of Buddha)』(1894), 난조 분유南條文雄와 마에다 에운前田慧雲의 『불교성전佛教聖典』(1905)과 비교함으로써 한용운의 『불교대전』의 특징과 의미를 찾아보고자 하였다.[53] 네 개의 근대불교성전을 비교해 보면, 올코트의 『불교교리문답』과 카루스의 『붓다의 복음』에는 서구 근대불교학의 오리엔탈리즘적 성향이 반영되어 있으며, 불교를 이상주의적으로 해석하는 경향이 들어있다. 이들 책에는 역사적 붓다, 철학자 붓다, 인격적이고 도덕적인 교사로서의 부처상이 부각되고 있으며, 붓다의 기본 교리를 철학적, 과학적 차원에서 해명하는 것을 주요한 내용으로 구성하고 있다. 반면에 난조 분유와 마에다 에운의 『불교성전』과 만해의 『불교대전』은 불교교리에 대한 설명과 함께 불교의 사회·윤리적 덕목 또한 중요한 내용으로 포함되어있다. 이러한 경향은 이들에게 불교의 사회적 효용성이 주요

---

52) 송현주, 위의 글, 270~272쪽.
53) 송현주, 「불교의 한국적 변용과 특징: 한국적 독법을 통한 불교의 대중화 : 근대불교성전 (Modern Buddhist Bible)의 간행과 한용운의 『불교대전』: Buddhist Catechism, The Gospel of Buddha, 『불교성전』과의 비교를 중심으로」, 『동아시아불교문화』 22, 동아시아불교문화학회, 2015.

관심사였음을 보여준다. 만해의 경우는 더 나아가 불교의 윤리적 덕목이 '수신제가치국평천하'의 유가적 관점을 포용하는 방식으로 불교경전의 내용을 조직화하고 있다.54) 동양의 두 근대불교성전은 식민주의와 제국주의를 경험하면서 불교가 국가와 민족, 사회의 문제에 어떤 기여를 할 수 있는가를 고민했던 동양의 불교인들의 생각을 반영하고 있다. 송현주는 이들 불교성전의 비교는 서구 근대불교와 동아시아 근대불교의 유사성과 차이점, 나아가 한국 근대불교의 성격을 밝히는 데 기여할 수 있을 것이라고 하였다. 이밖에 양은용은 만해의 『불교대전』을 현공玄空 묵암黙菴 윤주일尹柱逸(1895~1969)의 『불교대성전佛教大聖典』과 대비를 통해 서지적 구조와 그 사상적 성격을 밝히기도 하였다.55)

3. 개혁론改革論

(1) 일대기─代記

고병철은 이제까지 평전評傳 등에서 소개된 만해의 연보年譜를 검토하였다. 그는 만해 연보가 만해의 주요행적의 사실화이지만, 불일치현상을 포함한 여러 가지 문제가 있어 그 내용들이 작위적이라고 지적하였다. 이것은 한용운에 관한 이해나 후속 연구에 혼란을 주는 상황으로 연결되기 때문에 여러 연보를 대조해 바로잡는 노력이 필요하다고 하였다.56) 고병석

---

54) 송현주, 위의 글, 261~283쪽.
55) 양은용, 「만해 용운선사 『불교대전』과 현공 묵암선사 『불교대성전』」, 『선문화연구』 18, 한국불교선리연구원, 2015.
56) 고병철, 「만해 한용운 연보의 쟁점과 주요 사례」, 『정신문화연구』 38, 한국학중앙연구원,

은 연보를 수록한 만해평전을 조사대상으로 삼았다.57) 그는 1919년 이전의 연보기록은 주요행적에 대한 불일치, 주요행적의 포함 여부, 동일한 단체명의 다른 표기, 시점 기록의 모호성 등이 보인다고 하였다. 즉 만해의 의병가담, 이향離鄕, 출가, 러시아여행, 만주행, 조선선종중앙포교당포교사 취임, 중앙학림강사 등은 시점불일치를 보이고 있으며, 명진학교 보조과 입학, 『음빙실문집』, 불교동맹회 결성 등이 일부 연보를 제외하고 대체로 빠져있다고 지적하였다. 만해의 1919년 이후의 행적 중에서도 3.1운동 이후 석방 시점이나 만당의 영수 추대 시점 등에서는 시점 불일치 문제, 선학원 기거나 민립대학기성준비회 참여 등에 대해서는 주요행적의 포함여부가 문제되고 있으며, 조선불교청년회가 대한불교청년회로 표기된 부분에서는 동일단체명의 다른 표기문제, 창씨개명 반대운동의 구체적 시점이 없는 부분에서는 시점 기록의 모호성 문제를 확인할 수 있었다고 하였다.58) 고병철의 만해 연보 검토는 만해에 대한 전반적이고 정확한 이해뿐만 아니라 후속연구까지도 영향을 미칠 수 있기 때문에 중요한 의미를 지니고 있다.

만해의 행적을 종교학적으로 검토한 연구도 있었다. 예컨대 강은애는 그동안 순수한 종교인으로서 만해의 면모와 종교사상에 대한 심층적 연구는 미비함을 지적하고 종교학적 접근을 시도하였다.59) 만해는 내적 오도悟道

2015, 81쪽.

57) 고은, 『한용운평전』, 민음사, 1978(초판 1975) : 임중빈, 『만해 한용운』, 태극출판사, 1979(초판 1975) : 박걸순, 『한용운의 생애와 독립투쟁』, 독립기념관 한국독립운동사연구소, 1992 : 전보삼 편저, 『푸른 산빛을 깨치고 : 만해의 불교사상』, 민족사, 1992 : 김광식, 『만해 한용운 평전 : 첫 키스로 만해를 만난다』, 참글세상, 2004 : 김삼웅, 『만해 한용운 평전』, 시대의창, 2006 : 고재석, 『한용운과 그의 시대』, 역락, 2010 : 김광식, 『우리가 만난 한용운』, 참글세상, 2010 : 박재현, 『만해 그날들 : 한용운 평전』, 푸른역사, 2015.

58) 고병철, 위의 글, 89쪽.

59) 강은애, 「만해 한용운의 행적에 대한 종교학적 고찰」, 『선문화연구』 18, 한국불교선리연구원, 2015.

를 통해 항일·독립운동 및 불교계의 개혁운동을 전개하였다고 한다. 또한 만해가 끝까지 자신의 신념을 지킨 것은 종교인으로서 순교자적 일면을 엿볼 수 있다고 하였다. 결국 만해의 종교체험과 사상은 만해의 다양한 행적들의 근원적 추동력이라는 것이다.

(2) 불교와 근대

만해의 생애와 사상, 활동은 일제강점기를 중심으로 한 근대 속에서 이루어졌기 때문에 근대는 만해의 정체성과 행적을 살피는데 소홀히 할 수 없는 시기이다. 만해의 근대인식은 불교와 서구사상에 대한 이해에서부터 비롯되었다.[60] 윤종갑은 근대를 인식하는 만해의 심층의식은 긍정과 부정, 수용과 저항, 칭찬과 비판 등 균열된 양상을 띠고 있었다고 하였다.[61] 그는 서양철학이 만해의 근대인식에 결정적인 영향을 미쳤지만, 불교가 서양의 종교와 사상보다 우월하다는 입장에서 불교를 기준으로 서양의 종교와 사상을 재해석하는 불교적 근대화를 확립하고자 했다고 하였다. 때문에 제도로서의 근대를 긍정한 반면, 가치로서의 근대는 비판적 관점에서 받아들이고자 했다는 것이다.[62] 예컨대 만해는 불교의 진여眞如와 칸트의 진정한 자아自我, 불교의 무명과 칸트의 현상적 자아를 등치시켜 진여는 "진정한 자아어서 자유성을 지닌 것"인 반면, 무명은 "필연의 법칙에 구속

---

60) 김광식, 「한용운의 불교 근대화 기획과 승려결혼 자유론」, 『대각사상』 11, 대각사상연구원, 2008 : 송현주, 「한용운의 불교,종교담론에 나타난 근대사상의 수용과 재구성」, 『종교문화비평』 11, 한국종교문화연구소, 2007 : 윤종갑, 「한용운의 근대 인식과 서양철학 이해」, 『한국민족문화』 39, 釜山大學校 韓國民族文化研究所, 2011.
61) 윤종갑, 「한용운의 근대 인식과 서양철학 이해」, 『한국민족문화』 39, 釜山大學校 韓國民族文化研究所, 2011, 76쪽.
62) 윤종갑, 위의 글, 75~85쪽.

되어 자유성이 없는 것"으로 풀이하고 있다. 만해가 칸트의 철학에 주목한 것은 신앙주체의 자발성과 깨달음에 대한 근거를 칸트의 '선의지로서의 자유의지'에서 발견했기 때문이다. 이러한 '선의지로서의 자유의지'는 그가 기획한 근대를 건설하는 추동력인 '근대적 자아'로서 수용되었다.[63] 그러나 만해는 칸트의 자아론이 '개별적 자아' 논의에 한정됨으로써 '보편적 자아'를 논의하지 못하였다고 비판한다. 불교는 '개별적 자아'는 물론이고 '보편적 자아'까지도 미흡함이 없이 설명하고 있다는 것이다. 즉 신앙 주체의 자발적 의지[자유의지]로서의 '개별적 자아[진아眞我]'와 그 개별적 자아에 내재된 평등성으로서의 '보편적 자아[진여眞如]'는 나와 세계를 하나로 연결시켜주는 상즉상이相卽相離의 관계를 맺고 있다는 것이다. 즉 만해는 칸트의 이원론, 즉 현상계로서의 무명과 본체계로서의 진여가 이원적으로 대립하는 것이 아니라 상즉상리의 상호관계성을 통해 존재할 수 있다고 주장한다. 만해는 칸트가 구축했던 가상과 본상, 물질계와 본질계의 이원론을 비판적으로 지양함으로써 서양의 근대화와는 달리 불교식의 근대화로 나아가자고 했던 것이다. 만해는 인사人事와 자연과학, 그리고 사회과학 등 그 어느 것도 '우주의 인과율의 범주'를 벗어나지 못하는 것으로 파악하였다. 결국 만해의 근대 불교 인식의 첫 번째 과제는 서양철학과 과학에 비추어 불교를 새롭게 재해석함으로써 근대적 불교를 완성하는 데 있었던 것으로 해석하였다.

송현주는 전통적 지식인이 근대라고 하는 시대 속에서 어떻게 자신의 종교적 지식체계를 새롭게 구성했으며, 한국 근대사회가 요구했던 사회의 진보, 문명, 근대화라는 시대적 과제에 몰두한 그의 종교인식이 어떻게 나타나고 있는가를 연구의 문제의식으로 삼았다.[64] 따라서 만해의 종교론 혹

---

63) 윤종갑, 위의 글, 85~91쪽.

은 종교인식이 어떤 구조와 성격으로 이루어졌는지를 살폈다. 송현주는 불교를 진보해 나가는 미래세계의 사상을 담보할 가장 적절한 종교사상으로 보고 있었다. 불교의 평등사상과 구세주의가 근대 세계의 자유주의적 가치관과 부합된다고 확신하고 있었기 때문이다. 그는 불교의 사상이 근대적 세계관과 조화하는 사상이라고 믿었고, 서구의 근대 철학·사상가들의 인식과 논리의 틀을 중심으로 불교를 재해석하였다.65) 또한 만해가 서구근대사회의 역사적 산물이기도 한 '정교분리'담론을 사찰령반대로 실천하였다고 하였다. 결국 만해의 종교와 불교관계 담론은 근대라는 시기에 서양철학·사상의 전래, 기독교, 일본불교, 그리고 양계초 등 중국불교사상가의 영향가운데 놓여있던 만해라는 한 인물이 이들을 소화한 후 창조적으로 재구성해낸 결과물이라고 해석하였다.66) 김광식은 한용운의 불교근대화 기획의 핵심이 승려결혼이었음을 확인하였다.67) 한용운의 그 논리는 『조선불교유신론』, 조선불교 개혁안, 만해의 개혁론인 대중불교론에 관철되었다. 만해의 승려결혼 자유론에는 승려의 인권론과 불교사회화론이 강하게 개재되었다고 보았다.68)

이상 세편의 논고는 만해의 근대인식을 서양철학과 승려결혼 자유론으로 설명하였다. 이들 글은 대체로 만해의 근대인식은 개혁론과 일정한 관계를 지니고 있으며, 서양철학이 불교와 비교했을 때 한계를 지니고 있지만, 서양철학을 통해 불교를 재해석하고자 했다는 입장을 지니고 있다. 사

---

64) 송현주, 「한용운의 불교,종교담론에 나타난 근대사상의 수용과 재구성」, 『종교문화비평』11, 한국종교문화연구소, 2007.
65) 송현주, 위의 글, 113~124쪽.
66) 송현주, 위의 글, 137쪽.
67) 김광식, 「한용운의 불교 근대화 기획과 승려결혼 자유론」, 『대각사상』 11, 대각사상연구원, 2008, 403~414쪽.
68) 김광식, 위의 글, 429~431쪽.

실 만해와 근대라는 명제는 만해학의 핵심이어서 매우 중요한 문제이지만, 광범위해서 한마디로 단정할 수 없는 문제다. '만해와 개혁'과는 달리 '만해와 근대'는 또 하나의 과제인 셈이다. 만해에게 근대는 반드시 개혁과는 일치하지 않기 때문이다.

(3) 불교유신론(개혁론)

만해의 불교유신론은 불교개혁론이기도 하다. 때문에 만해와 근대·개혁이 만해의 사상과 행적에 중요한 위치를 차지하고 있는 만큼 이 분야는 양적 질적 증가가 여전히 꾸준하다. 연구 성과는 대체로『조선불교유신론』을 기초자료로 그 논지를 전개하고 있다.69) 이선이는 만해의『조선불교유신론』이 한국불교의 근대적 자각을 뚜렷하게 보여주는 대표적인 텍스트로 만해가 근대불교의 내용으로 도출해낸 개념은 자력종교, 만물의 상호연관성, 평등주의, 구세주의로 요약된다고 하였다.70) 그러나 만해는 근대불교가 향후 추구해야할 지향점에 대해서는 비교적 분명하게 제시하고 있지만, 역

---

69) 조명제, 「한용운의『조선불교유신론』과 일본의 近代知」, 『한국사상사학』46, 한국사상사학회, 2014 : 김성연, 「1930년대 한용운의 불교 개혁론과 민족의식 고취」, 『불교문예연구』3, 동방문화대학원대학교 불교문화예술연구소, 2014 : 이병욱, 「한국 근·현대 불교개혁론의 전개와 유형」, 『한국종교』37, 원광대학교 종교문제연구소, 2014 : 정혜정, 「만해 한용운의 불교유신사상에 나타난 '주체적 근대화'와 마음수양론」, 『불교학연구』51, 교학연구회, 2017 : 류승주, 「사회진화론의 수용과『朝鮮佛教維新論』: 한용운의 불교적 사회진화론」, 『원불교사상과종교문화』41, 원광대학교 원불교사상연구원, 2009 : 정연수, 「韓龍雲의『朝鮮佛教維新論』에 관한 批評的 考察」, 『한국철학논집』40, 한국철학사연구회, 2014 : 서재영, 「한국근대 불교개혁론의 전개와 교단개혁 : 조선불교유신론을 중심으로」, 『한국선학』24, 한국선학회, 2009 : 한상길, 「근대 동아시아 思潮와 만해의 개혁사상」, 『선문화연구』16, 한국불교선리연구원, 2014 : 이선이, 「『朝鮮佛教維新論』을 통해 본 만해의 근대불교 인식과 그 의미」, 『비교한국학』Vol.17 No.2, 국제비교한국학회, 2009.
70) 이선이, 「『朝鮮佛教維新論』을 통해 본 만해의 근대불교 인식과 그 의미」, 『비교한국학』Vol.17 No.2, 국제비교한국학회, 2009, 205~211쪽.

사적 근대에 대한 실체적 이해라는 측면에서는 상당히 미흡한 인식을 보이고 있다고 지적하였다.[71] 이 지적은 일면 타당성을 지니고 있지만, 구체적인 논증이 필요하다. 류승주는『조선불교유신론』은 사회진화론이 이론적 배경이 되었다고 하였다. 그는『조선불교유신론』을 통해 당시 한국불교의 구습과 낙후성을 비판하고 불교본래의 평등주의와 구세주의에 입각한 사상과 제도의 전면적인 개혁을 역설했다는 것이다.[72] 정연수는『조선불교유신론』을 비판적으로 살폈다. 그는 만해가 동서양의 종교와 철학에 관한 양계초의 학설에만 의존하여 타종교와 타학파의 철학보다 불교가 우월하다고 주장하는 것은[73] 문제가 있으며, 12가지 승단개혁방안 역시 비현실적이고 과격한 측면이 있지만, 당시 시대상황을 고려하자면 시대에 맞지 않는 구습을 타파하기 위한 처방전이었다고도 하였다. 또한 승려의 금혼령 폐지를 주장하면서 일반 대중들에게 적용되는 논리를 근거로 제시하거나 승려의 금혼령이 누구나 가지고 있는 색욕을 부정하면서 과욕寡欲이 아닌 무욕無欲을 강제하는 것으로 여기는 것은 바람직스럽지 않다고 하였다.[74] 결국 정연수는 타학파의 철학보다 불교철학이 우월하다고 주장하기 보다는 지혜를 근간으로 자리와 타리의 공부체계를 갖추고 있는 불교철학의 본질을 규명했더라면 불교의 철학적, 종교적 측면이 지닌 특수성을 부각시킬 수 있었을 것이라 지적하였다.

조명제는 메이지 일본의 근대지近代知가 양계초라는 필터를 거쳐 만해에게 어떻게 연결되는지를 살폈다. 특히 문명론과 근대철학에 대한 이해를

---

71) 이선이, 위의 글, 210쪽.
72) 류승주, 「사회진화론의 수용과『朝鮮佛敎維新論』: 한용운의 불교적 사회진화론」, 『원불교사상과종교문화』 41, 원광대학교 원불교사상연구원, 2009, 262~272쪽.
73) 정연수, 「韓龍雲의『朝鮮佛敎維新論』에 관한 批評的 考察」, 『한국철학논집』 40, 한국철학사연구회, 2014, 182쪽.
74) 정연수, 위의 글, 192~195쪽.

중심으로 일본의 근대지가 『조선불교유신론』에 어떻게 반영되었는가를 살폈다.[75] 그는 연구에서 우선 만해는 서구 근대문명론의 시각에서 당시 불교계의 반문명적인 현상, 즉 미개하고 야만적인 요소를 다양하게 비판하였으며, 만해의 문명론이 문명개화론적 문명관과 사회진화론에 입각한 문명론이 중첩되어 있다고 하였다. 또한 만해는 서양철학이 불교와 합치된다는 것을 강조하고 특히 칸트철학을 통해 설명하고 있다고 하였다.[76] 조명제는 마지막으로 만해의 불교개혁안은 독자적인 방안도 있지만, 일본의 근대지에서 폭넓은 영향을 받았다는 것이다. 그러나 일본의 근대지는 서양철학의 계기적 발전이나 맥락을 고려하지 않거나 국가별로 존재하는 철학경향의 특성을 무시하는 등 근본적인 한계를 안고 있었다고 하였다. 결국 만해는 양계초라는 필터를 거쳤기에 더욱 착종錯綜된 근대지를 받아들였으며, 타자의 시선으로 전통불교의 자산을 대부분 미개한 것으로 비판한 한계를 지니고 있다고 하였다. 그러나 『조선불교유신론』의 이론적 배경뿐만 아니라 만해의 칸트철학 수용에 대한 면밀한 검토가 아쉽다. 맹목적인 수용뿐만 아니라 만해의 불교적 정체성 역시 규명되었다면 연구의 균형이 이루어졌을 것이다.

김성연은 1930년대 만해의 불교개혁론 검토가 미진함을 보완하고자 하였다. 1930년대 만해의 불교개혁론은 1910년대 『조선불교유신론』에서 주장했던 일반적인 불교근대화론과는 달리 식민지 불교의 모순을 극복하고 조선의 사찰을 통일해야 한다는 자주성에 기반하고 있다. 그 요지는 크게 '총본산의 건설'과 '불교의 대중화'로 정리할 수 있다. 총본산 건설은 분산된 조선 사찰의 통일과 통제기관의 설립을 뜻하는 것으로, 사찰 주지의 임

75) 조명제, 「한용운의 『조선불교유신론』과 일본의 近代知」, 『한국사상사학』 46, 한국사상사학회, 2014.
76) 조명제, 위의 글, 326~332쪽.

면권任免權을 확보해야 한다는 자주성에 바탕을 두고 있다. 따라서 그 전제 조건은 조선불교의 모든 권리를 철저히 장악하고 있던 일제의 사찰령을 철폐하는 것이었고, 그 이론으로서 서구 근대화의 특징인 정교분리의 원칙이 제시되었다. 그리고 정교분리에 따라 사찰령을 철폐하고 총본산을 건설하는 주체로서 불교청년의 역할이 강조되었다.77) 불교 대중화는 경전의 한글 번역과 인출, 그리고 불교 잡지의 발행 사업에 의한 문서포교의 실천으로 요약할 수 있다고 하였다.78) 김성연의 연구는 만해 개혁론의 시기별 변화와 성격을 살필 수 있는 계기가 되었다는 점에서 주목할 만하다.

이병욱은 근대 한국불교 개혁론의 전개과정과 유형을 검토하였다.79) 2단계로 구분하였는데, 구체적 대안으로 발전했는가의 여부가 단계구분의 기준이었다. 그는 1단계에 속하는 불교개혁론은 아직 구체적 대안으로 발전되지 못한 것이지만, 2단계에 속하는 불교개혁론 또는 불교개혁적 견해는 구체적 대안으로 제시된 것이라고 판단하였다. 따라서 한용운의 「조선불교의 개혁안」을 중심에 두고, 백용성의 대각교 운동, 백학명의 불교개혁적 견해와 손규상의 진각종 창종을 검토하여 이 4명의 불교개혁론(불교개혁적 견해)의 공통점과 차이점을 제시하고자 하였다.

우선 『조선불교유신론』은 전체 17장을 통해 개혁론을 제시하고 있지만, 추상적 내용이 섞여 있고 또한 대안제시에서도 문제점을 찾을 수 있다고 하였다. 즉 『조선불교유신론』의 각각의 장章마다 사안을 개별적으로만 논의하고 있고 그 사안이 서로 연결되어 있는 점을 미처 파악하고 있지 못하다는 것이다. 예를 들어, "승가의 교육, 참선, 염불당의 폐지, 포교는 서

---

77) 김성연, 「1930년대 한용운의 불교 개혁론과 민족의식 고취」, 『불교문예연구』 3, 동방문화대학원대학교 불교문화예술연구소2014, 191~198쪽.
78) 김성연, 위의 글, 198~205쪽.
79) 이병욱, 「한국 근·현대 불교개혁론의 전개와 유형」, 『한국종교』 37, 원광대학교 종교문제연구소, 2014.

로 연결되어 있는 문제이다. 왜냐하면, 승가의 교육은 포교로 곧 이어지는 것이고, 승려의 교육 가운데 실천수행에 속하는 것이 참선, 염불 등이다. 그러므로 이렇게 연관된 관점에서 대안을 제시할 때 그 대안이 더욱 구체화될 수 있을 것이다."라고 하였다.80) 결국 「조선불교의 개혁안」은 3가지 내용으로 구분된다. 첫째, 31본산을 통괄하는 기구를 설치하자는 것이고, 둘째 대중 불교의 추구이며, 셋째 선수행의 지도 원리와 불교교학의 교육 방법을 정비하는 것이다.81)

한편 개혁론의 유형을 살피면 백용성의 대각교운동은 만해의 「조선불교의 개혁안」의 내용과 문제의식에서 거의 일치한다고 볼 수 있다. 그래서 만해의 「조선불교의 개혁안」과 백용성의 대각교 운동을 한 가지로 보고, 그들은 '당시의 불교계를 개혁하자'고 주장하였다. 백학명의 불교개혁적 견해는 만해의 「조선불교의 개혁안」과 비교해 볼 때, 첫째 주장 곧 31본산을 통괄하는 기구를 설치하자는 것은 없지만, 둘째와 셋째 주장 곧 '대중불교를 추구하는 것'과 '선수행·불교교학을 진흥하자는 점'에서는 내용과 문제의식에서 상당히 일치한다. 손규상의 진각종 창종은 만해의 「조선불교의 개혁안」과 비교해볼 때, 대중불교를 추구한 점에서는 서로 일치한다. 차이점은 손규상이 새로운 종파를 세우고, 거기에 걸 맞는 수행론을 제시한 점에 있다. 이 점에서 손규상의 진각종 창종은 '새로운 종파를 창종하자는 주장'으로 분류하였다.82) 결국 이병욱은 동시대 불교개혁론의 공통점은 '대중불교를 추구하는 점'이라고 하였다. 이병욱의 연구는 동시대 불교개혁론을 살피고, 만해의 개혁론이 지닌 보편성과 독자성을 검토하였다. 근대불

---

80) 이병욱, 「「조선불교혁신론」과 비교를 통해 본 『조선불교유신론』의 특색·현대성·한계」, 『만해학연구』 6, 만해학술원, 2010, 37~38쪽.
81) 이병욱, 위의 글, 131~134쪽.
82) 이병욱, 위의 글, 149~151쪽.

교개혁론에 대한 상호비교와 유형분석에 대한 검토는 이 분야의 많은 성과 속에서 흔치않은 일이어서 주목할 만하다.

서재영은 만해의 불교개혁론을 권상로·이영재의 그것과 비교하였다.[83] 그는 우선 불교개혁론의 역사적 배경으로 유교적 통치이념으로 지탱되던 봉건체제의 붕괴, 일본불교의 한국진출과 승려의 도성출입금지 해제, 천주교와 개신교의 급격한 팽창으로 인한 종교지형의 변모, 이와 같은 시대적 변화에 따른 불교계 지성들의 자각을 거론하였다.[84] 개혁론을 발표한 세 명의 인물 중 권상로(「조선불교개혁론」, ≪조선불교월보≫, 1912)와 이영재(「조선불교혁신론」, 『조선일보』, 1922)는 각각 잡지와 신문을 통해 개혁론을 연재했는데, 권상로는 개혁가를 기다린다고 할 뿐 자신이 스스로가 개혁가로 나서지는 않았으며, 개혁론 역시 연재 글의 특성상 이들 개혁론은 미완으로 끝나고 말았다고 하였다. 이영재 역시 비록 세밀한 개혁내용을 담고 있지만, 많은 부분에서 만해의 주장을 수용하고 있다. 반면 만해는 스스로 『불교대전』을 편찬하는가하면 청년 불교운동을 벌이는 등 이론에 그치지 않고 개혁을 위해 노력했다. 불교계의 침체된 상황과 승려들의 안일한 인식을 신랄하게 질타하고 사람과 제도, 의례와 신앙에 이르기까지 전면적인 개혁을 부르짖었다. 결국 세편의 개혁론 중에서 내용의 충실성이나 논리적 완결성 등에서 만해의 개혁론이 단연 돋보이는 것이 사실이라고 하였다. 이상과 같은 불교개혁론은 오랫동안 억불로 인해 피해의식에 사로잡혀있던 조선불교를 자극하기에 충분했다고 한다. 그리고 불교개혁론이 등장한 이후 100년이 경과한 지금 당시 개혁론을 통해 주창되었던 대부분의 내용들이 실현되었다고 하였다. 서재영은 결국 이들 개혁론은 시대를

---

83) 서재영, 「한국근대 불교개혁론의 전개와 교단개혁 : 조선불교유신론을 중심으로」, 『한국선학』 24, 한국선학회, 2009.
84) 서재영, 위의 글, 283~296쪽.

직시하고 다가올 미래를 준비한 것으로써 한국불교 근대화의 촉매제가 되었다고 평가하였다.[85]

한상길은 근대 사조와 만해와의 관계를 이해하는 한 방법으로서 만해와 동시대의 사상가, 혁명가 등과의 비교를 통한 연구에 주목하였다.[86] 만해는 근대 사조와 문명을 수용하면서 철저한 분석적, 비판적 태도를 견지하였다고 한다. 데카르트의 진리와 본성론을 조목조목 『원각경』의 법성과 반야에 대비시켰고, 칸트의 자아에 대한 설명을 불교적 입장에서 비판하였다. 비록 양계초 등의 서책에서 단편적으로 습득하였지만, 만해는 이를 철저히 자기화, 체화시키며 불교개혁의 이론적 틀을 형성시켰던 것이다. 그는 만해와 비교되는 인물로 이동인, 중국의 태허와 노신, 세노오 기로妹尾義郎, 다르마팔라를 사례로 들었다.[87] 한상길은 만해와 비교한 인물들은 제국주의와 자본주의 등 외부로부터의 침탈과 불교의 쇠퇴라는 점에서 시대적 공통점을 지닌다고 하였다. 결국 만해와 동아시아 불교개혁가들의 불교개혁과 민족 독립을 위한 노력이 우리뿐만 아니라 동아시아의 근대사를 관통하는 커다란 물줄기였다고 평가하였다.

정해정은 만해의 유신사상이 근대사조의 성찰 속에서 주체적으로 전개되고 있었던 양상을 살폈다.[88] 그는 만해의 불교유신사상이 한국불교의 전통적 사유를 계승하면서도 서구 근대사조를 주체적으로 수용하여 토착적 근대화를 이끌어냈다고 하였다. 우선 자유는 양계초와 칸트의 진아론을 논하면서 비판적으로 전개되어 단순히 억압으로부터 해방을 뜻하는 정치적,

---

85) 서재영, 위의 글, 297~313쪽.
86) 한상길, 「근대 동아시아 思潮와 만해의 개혁사상」, 『선문화연구』 16, 한국불교선리연구원, 2014.
87) 한상길, 위의 글, 87~101쪽.
88) 정혜정, 「만해 한용운의 불교유신사상에 나타난 '주체적 근대화'와 마음수양론」, 『불교학연구』 51, 불교학연구회, 2017.

종교적 자유가 아닌 궁극적 진리와 깨달음에 이르는 공유적公有的 진아眞我와 각구적各具的 진아眞我의 동시성을 의미한다고 하였다.89) 사회진화론 역시 만해는 적자생존·약육강식의 사회진화가 아닌 '해탈의 힘'에 의한 사회진화다. 즉 우승優勝이란 강식强食·독식獨食이 아니라 '만물萬物을 애육愛育하는 자'요 열패劣敗란 사회에 대하여 '힘을 제공할 의무를 소실한 자'라고 하였다.90) 불교사회주의 역시 마르크시즘의 경제혁명과 달리 全생명의 우주혁명이자 불국토의 실현을 통한 사회진보이며, 불교의 민중화와 공익을 향한 사회참여가 특징을 이룬다고 하였다. 그리고 이 모든 바탕에 선禪의 마음수양이 우선됨을 강조하였다. 또한 만해는 전통학문과 근대학문의 성격을 고려하여 보통학을 겸비한 인문학의 창도로서 불교학을 새롭게 자리매김하고, 정신正信의 수양을 주장하였다고 한다. 정신正信은 유아독존91)의 각오覺悟가 있는 신앙을 말하고 사회진보를 수반하는데, 선禪의 정신은 샘의 원천과 같고 사회진보는 이로부터 흘러나오는 강호江湖와 같기 때문이다.92) 정혜정은 만해의 자유·사회진화론·사회주의 인식을 기초로 불교유신사상을 분석하였는데, 대체로 기존의 연구 성과를 기초로 만해사상을 세분화시켰다.

만해의 『조선불교유신론』 연구는 만해사상의 핵심과 불교개혁론의 특성을 선명하게 살필 수 있는 텍스트인 만큼 지속적인 연구 성과가 진행되고 있는 실정이다. 초기연구와는 달리 10여 년간의 연구경향은 『조선불교유신론』이나 만해의 개혁사상만을 검토하는데 머무르지 않았다. 즉 동시대 불교계 지성들의 불교개혁론이나 동아시아 불교개혁론과 비교한 연구 성과

---

89) 정혜정, 위의 글, 132~136쪽.
90) 정혜정, 위의 글, 136~139쪽.
91) 유아독존은 전체를 아우르는 독존이기에 걸림 없는 자유요, 자타가 없는 평등의 眞我라고 한다.
92) 정혜정, 위의 글, 146~151쪽.

가 진행되었는데, 이것은 만해의 개혁론이 지닌 특성이나 가치를 구체적으로 보여주고 있어 연구지평을 확장시킬 수 있는 실마리를 제공해주고 있다. 다만 여전히 단편적인 연구가 반복되고 기존의 연구 성과를 종합하는 경향이 있어 질적 성과가 더딘 한계를 지니고 있다.

(4) 사상 : 민족·정치·평화

만해사상은 불교에 기반한 개혁론이나 사상뿐만 아니라 민족·정치·평화·사회참여 사상에 대한 검토가 이루어지기도 하였다.[93] 김광식은 민족사상을 만해의 다양한 행적을 기초로 검토하였다.[94] 한용운의 민족사상이 출가 이전의 고향에서의 유교문화에서 연원하였고, 그것이 일생을 관통하였음을 파악하였다. 그런 연원에서 출발한 만해의 민족의식이 국가, 사회, 중생 등에 대한 애정으로 구현되었음도 알게 되었다고 한다. 나아가서 그가 전개한 다양한 활동에 민족의 역사 및 문화에 대한 자각, 애정이 상당하였음도 알 수 있었다. 예컨대 3·1운동과 독립선언서의 주역, 불교개혁과 진로에 대한 관심, 임제종운동, 그리고 문학, 생활 등이 그것이다. 요컨대 김광식은 민족의 역사와 문화에 대한 자존심이 민족사상의 근원이었다고 하였다.

정경환은 만해의 정치사상 검토는 아직까지 시도되지 않은 미답未踏의 영역임을 전제로 만해의 정치사상을 제대로 살펴보기 위해서는 그의 세계관

---

93) 김광식, 「한용운 민족사상의 연원」, 『한국선학』 31, 한국선학회, 2012 : 정경환, 「만해 한용운의 정치사상에 관한 연구」, 『민족사상』 Vol.5 No.4, 한국민족사상학회, 2011 : 박재현, 「만해 한용운의 평화사상」, 『통일과 평화』 Vol.9 No.2, 서울대학교 통일평화연구원, 2017 : 김종인, 「한용운의 정치사상」, 『한국불교학』 80, 한국불교학회, 2016 : 이병욱, 「근현대 한국불교의 사회참여 사상의 변화」, 『종교와사회』 1, 한국종교사회학회, 2010.
94) 김광식, 「한용운 민족사상의 연원」, 『한국선학』 31, 한국선학회, 2012.

에 대한 기본인식이 필요하다고 하였다. 그는 만해의 정치사상과 관련된 기본인식으로 역사관과 국제관으로 설정하였다. 만해의 역사관은 역사란 고정된 실체가 아니라 미래를 위해 끊임없이 진보한다고 하는 진보사관을 근거하고 있다고 하였다. 그의 국제관 역시 제국주의와 침략주의에 대한 철저한 반대론을 기초하고 있다고 한다. 정경환이 정리한 만해의 정치사상의 핵심은 첫째, 민족자결론이다. 민족자결론은 독립자존을 기초로 한 사상으로 민족자결은 평화의 근본조건이라고 그는 강조하고 있다. 둘째, 반제국주의론이다. 그는 제국주의를 반도덕 및 반정의로 규정하고 제국주의와 침략주의를 단호히 배격하고 있다. 셋째, 자유정치론이다. 자유를 기초한 정치론인 자유정치론은 평등과의 합일을 통해 미래지향적 정치론으로서의 의미를 지향하고 있다. 마지막으로 그의 정치사상은 교육진흥론으로 설명할 수 있다.95) 그는 교육은 문명의 발전을 위한 전제로 인식하고, 민족과 국가발전을 위해 교육의 진흥을 강조하고 있다. 그럼에도 불구하고 만해는 정치와 역사, 그리고 세계에 대해 종합적이고 체계적인 연구를 진척시키지 않았기 때문에 정치학적 용어에 대한 이해의 부족과 용어 간의 혼돈상이 발견되고 있다고 지적하였다. 나아가 그의 정치사상은 너무 당위론적인 측면에 전개되어 복잡다단하게 전개되고 있는 정치현상을 매우 구체적으로 설명하기에는 여러 측면에서 부족한 점이 보이고 있다. 나아가 그의 정치사상은 체계적 조직적으로 묶어 설명하기에는 산만하여 분류상의 난점을 노정시킨다는 비판을 할 수 있다.96)

한편 김종인은 정경환의 연구가 평면적인 접근이어서 이 네 가지 측면을 포함한 만해 정치사상의 유기적 체계나 철학적 바탕에 대한 분석이 이루어

---

95) 정경환, 「만해 한용운의 정치사상에 관한 연구」, 『민족사상』 Vol.5 No.4, 한국민족사상학회, 2011, 69~79쪽.
96) 정경환, 위의 글, 61~83쪽.

지지는 않았지만, 만해 정치사상의 각 측면에 대한 기초적인 이해를 제공해 준다고[97] 평가하였다. 김종인은 불교철학을 바탕으로 서양 근대정치사상을 흡수하여 제시한 만해의 정치사상은 한국근대정치사상사에서 유례없는 독특한 의의를 지니고 있다고 했다.[98] 김종인은 만해가 외세에게 빼앗긴 정치권력을 되찾기 위해 진력한 인물인 만큼 정치인으로 해석하였다. 그는 한용운의 정치사상이 가지고 있는 가장 큰 의미와 특징은 자유와 평등에 대한 해석이라고 하였다. 만해는 자유는 모든 인간이 깨달음을 얻었을 때 확인하게 되는 보편적 본질이라고 하여 근대의 자유이념을 절대적 자유의 세계인 불교의 궁극적 목적인 해탈과 연결되어 있다고 하였다. 만해는 중관의 이체론二諦論을 바탕으로 평등 개념을 설명하고 있다. 상식의 관점(상대적 관점)에서 보면 세상에는 서로 다른 수많은 현상들, 장수, 요절, 선악, 성패, 강약이 존재하지만, 초월의 관점(절대적 관점)에서 보면 그런 차이들은 실제로 존재하는 것이 아니라 우리들의 주관적 관점에서 비롯된 것이라고 한다. 한용운의 이러한 자유와 평등사상은 사회주의의 표방으로 나아간다는[99] 것이다.

만해는 정치적 단위로서의 국가와 민족의 위상을 당시 동아시아에서 유행했던 사회진화론을 바탕으로 이해하고 있는데, 개인에서 출발하여 국가를 거쳐 우주로까지 발전하는 만해의 사회진화론은 우리가 일반적으로 알고 있는 근대 유럽 사회학자들에 의해 이해된 것과는 차이가 있다. 가족, 부락, 부족국가, 국가로의 발전 형태는 사회발전 형태에 대한 일반적인 사고를 원용하고 있지만, 시작과 끝에 개인과 우주를 설정한 것은 존재하는 것은 사회적 현상이지만 문제의 출발은 개인에게서 시작되고 문제의 해결

---

97) 김종인, 「한용운의 정치사상」, 『한국불교학』 80, 한국불교학회, 2016, 192쪽.
98) 김종인, 「한용운의 정치사상」, 『한국불교학』 80, 한국불교학회, 2016.
99) 김종인, 위의 글, 203~208쪽.

은 궁극적으로 해결되어야 한다는 불교철학의 반영으로 보인다고[100] 하였다. 요컨대 김종인은 만해의 정치사상은 결코 민족주의가 아니며, 그는 조선의 독립을 추구했지만, 세계주의를 지향했다고 하였다. 또한 만해는 민족을 절대적인 정치 단위로 보지도 않는다고 하였다. 만해는 역사의 발전단계를 말하면서 세계가 국가주의를 넘어서 세계적인 것으로, 다시 우주적인 것으로 나아가리라고 말하고 있다고 하였다.

박재현은 만해가 살았던 시대적 환경과 그의 생애가 만해의 평화관의 단서를 제공해준다고 하였다. 만해는 관군과 동학, 전통과 근대, 제국주의와 민주주의가 부딪치는 현장에서 '생명生命'의 보편성을 통찰했다. 그리고 이 생명성에 반하는 제국주의의 폭력성을 고발하고 그에 항거했다.[101] 그의 평화관은 시「님의침묵」을 비롯해서 다양한 형태의 문학작품을 통해 드러났다. 여기서 만해는 존재 전체의 생명성에 대한 깊은 연민과 실존적인 인간애에 바탕을 둔 평화관을 보여주고 있다. 만해의 평화관은 또「조선독립에 대한 감상」같은 시사성 높은 글을 통해서 더욱 적극적으로 드러난다. 여기서 그는 평화의 핵심적 기준 내지 가치로 '평등'과 '자유' 두 가지를 꼽고 있다. 이러한 평화관에 따르면, 당사자가 서로 대등하고 평등하지 못한 위치에서 구현되는 평화는 일시적이거나, 위장된 거짓된 평화일 수밖에 없으며, 상대를 무릎 꿇려 얻는 평화는 어떤 경우에도 평화가 될 수 없다는 것을 알 수 있다.[102]

이병욱은 한국불교사에서 진행된 사회참여를 검토하였다. 그는 근대에 들어서서 불교의 사회참여는 본격적으로 이루어졌고, 가장 활발한 활동을

---

100) 김종인, 위의 글, 200~201쪽.
101) 박재현,「만해 한용운의 평화사상」,『통일과 평화』Vol.9 No.2, 서울대학교 통일평화연구원, 2017, 31~37쪽.
102) 박재현, 위의 글, 39~54쪽.

벌인 쪽은 만해와 그 계열의 인물들이라고 하였다. 만해에 따르면, 불교는 평등의 가르침이고 서로 구제하라는 가르침이라는 것이다. 이 입장에 서서 만해는 독립운동에서는 민족주의 노선과 사회주의 노선을 화해시키고자 하였고, 농민운동과 여성운동에 대해서는 당시의 현실에 맞는 운동을 할 것을 조언하였다. 이처럼 만해가 불교의 사회참여를 강조하지만, 마르크스주의에서 주장하는 반反종교운동에 대해서는 적극적으로 반대하였다고 한다. 그 반대내용은 불교에도 사회주의적 요소가 있다는 것이고, 또한 종교의 입장에서는 모든 주의主義와 제도를 넘어서서 그 시대의 중생에게 알맞은 방편으로 중생을 제도할 필요가 있다는 것이다.103) 이병욱의 연구가 한국불교사라는 거시적 환경에서 불교의 사회참여를 다루고 있지만, 사례제시에 머물고 있는 인상을 주고 있다. 근대라는 시대환경과 개혁, 대중불교가 화두였던 시기에서 사회참여는 어쩌면 상식적인 성격을 지니고 있는지도 모른다.

(5) 대중불교大衆佛敎

2006년 이후 만해의 대중불교에 대한 연구는 김광식이 시도하였다.104) 그는 만해의 사상과 민족운동과의 연결고리를 찾고자 하였다. 예컨대 만해의 대중불교는 만해의 불교관을 총괄하는 개념으로, 생활선은 한용운이 강조한 선수행禪修行의 활선活禪을 확대한 개념으로, 구세주의救世主義와 입니입수入尼入水는 대중불교와 생활선을 실천함에 나타난 이념과 방법을 상징하는

---

103) 이병욱, 「근현대 한국불교의 사회참여 사상의 변화」, 『종교와사회』 1, 한국종교사회학회, 2010, 46~49쪽.
104) 김광식, 「한용운의 大衆佛敎・生活禪과 敎世主義・八泥八水」, 『한국민족운동사연구』 54, 한국민족운동사학회, 2008 : 김광식, 「불교의 근대성과 한용운의 대중불교」, 『한국불교학』 50, 한국불교학회, 2008.

것으로 활용하였다. 김광식은 우선 만해는 "불교는 산간에 있는 불교가 아니고, 승려만의 불교가 아니고, 구세적으로 입니입수하는 종교임을 단언했다는 것이다. 때문에 불교는 대중 속으로 들어가 불교의 이념을 구현하는 대중불교가 되어야 한다고 강조했다는 것이다. 선禪에 대해서도 만해는 선은 선사라는 전문가들만의 수양이 아니라 일반 대중 차원으로 인식하여 선도 대중화시켰다는 것이다. 그래서 만해는 선학자禪學者가 깨달은 이후에는 반드시 세상에 나아가 입니입수하여 중생구제를 하는 것이 원칙임을 강조하였다고 한다. 요컨대 선은 개방적, 대중적, 생활적 의미이며, 불교는 대중불교이고, 선은 생활선이라고 하여 결국 불교와 선은 입니입수하는 구세주의라고 역설하였다.105) 김광식은 만해가 단순히 선을 강조한 것에 그치지 않고 수행을 마친 이후에는 도회지, 중생들의 현장에 내려와 자신이 수행한 것을 행보를 갔다고 한다. 결국 만해는 자기완성과 중생을 제도하겠다는 보살의 삶을 일제식민지 치하에서 실천한 승려라고 하였다. 때문에 만해의 불교는 근대불교기의 주된 흐름이었던 불교의 사회화와 불교대중화가 결합하여 성립된 것이 민족불교의 이념이라는 자신의 이론에 근접했음을 설명하고 있다. 김광식은 동일한 주제의 논문에서도 한용운이 불교가 나아갈 방향으로 제시한 산중에서 도회지로, 승려중심에서 대중으로가 바로 불교 근대성의 상징이며, 기존 불교를 개혁하여 새로운 시대의 불교를 개념화한 것이 바로 대중불교론이라고 보았다.106) 승려만의 불교, 사찰만의 불교를 부인하고 대중을 위한 불교로 나가야 한다고 강조하였다. 김광식은 만해가 주장한 승려의 결혼을 만해의 대중불교론이 당시 불교계에 상

---

105) 김광식, 「한용운의 大衆佛教 · 生活禪과 救世主義 · 八泥八水」, 『한국민족운동사연구』 54, 한국민족운동사학회, 2008, 85~95쪽.
106) 김광식, 「불교의 근대성과 한용운의 대중불교」, 『한국불교학』 50, 한국불교학회, 2008, 559~571쪽.

당히 파급되어 간 사례로 제시하였다. 김광식은 승려의 결혼을 호악好惡,
선악善惡, 전통과 진보의 관점에서 벗어나 근대성의 초점에서 새롭게 바라
볼 수 있는 것이라고 하였다.

4. 만해학연구萬海學硏究의 과제課題

(1) 학술적 과제

2006년까지의 불교사상과 개혁론을 중심으로 만해연구 성과를 평가했
던 이덕진과 김광식은 만해연구의 과제를 제시하기도 했다. 즉 그들은 만
해의 불교사상에 대한 본격적인 천착이 필요하며, 한용운의 사상에 대해서
총체적인 접근이 이루어져야 한다고 했다. 또한 만해연구는 불교개혁론을
포함하여 그 폭을 더욱 넓혀야 한다고 했다. 다만 만해가 주장한『유신론』
의 잣대로만 현대 한국불교를 바라보는 것은 경계해야 하며, 불교사상과
사회진화론 사이의 사상적 모순과 사회진화론적 불교유신의 문제점에 대해
서도 재검토되어야 한다고 했다. 구체적으로는 지금 과연 우리에게 사회진
화론적 불교유신이 합당한 것인지, 불교와 진화론 사이에 사상적 함수 관
계는 어떻게 되는 것인지, 만해 연구에 대한 포커스를『유신론』에 맞추는
것이 과연 제대로 만해를 이해하는 것인지에 대한 천착이 필요하다는 것이
다. 마지막으로 만해 저술의 시기적 차이와 사유의 진전을 살펴야 한다고
지적하였다.

만해 연구에 대한 선학들의 이와 같은 지적에 대해 대체로 동의한다. 여
전히 10여 년 전의 지적이 유효한 부분들이 있다. 첫째, 연구의 부족이다.
이것은 연구지평을 확대하는 것과 직결된다. 특히 학제 간 연구의 부족이

나 각 학문 간의 폐쇄성에 대해서는 생각할 만한 여지를 가지고 있다. 『불교대전』과 동시대 동아시아에서 간행된 『불교성전』의 비교나 국내외 사상가들의 개혁안과 비교한 성과는 이전에 찾아보기 힘들었던 진전이라고 평가할 만하다. 『불교대전』과 『십현담주해』에 대한 연구는 10년 동안 양적 증가는 기대할 수 없었지만, 질적 측면에서는 만해사상을 직접적으로 이해하고자 하였다. 『십현담주해』에 대한 기존의 연구 성과가 저술에 대한 개요, 시대와 결부, 혹은 화엄의 성기사상性起思想과의 관련성을 찾고자 했다면 김시습의 『십현담요해』와 비교를 통해 만해의 해석이 원저자의 의도와 지향점指向点을 꿰뚫고 있음을 밝혔고, 기존의 조동종과의 관련설을 부정하는 근거를 자세한 분석을 통해 부정하기도 했다. 『불교대전』 역시 기존의 연구 성과가 찬술배경, 체제, 자료를 분석하고, 시대와 결부된 성격과 의미를 찾고자 했다면 동시대 일본과 서구의 불교성전과의 비교를 통해 『불교대전』의 특성과 가치를 보다 선명히 드러내고자 하였다. 이와 같은 만해 저술에 대한 연구는 내용에 대한 직접적인 검토로 사상의 핵심으로 이해하고자 했으며, 다른 저술과의 비교를 통해 만해사상의 개성과 가치를 드러내는 성과를 얻기도 하였다.

그러나 문학 분야의 질적 양적 변화와 발전과는 달리 불교사나 불교사상적 측면의 연구가 부족한 것은 아직 일차적인 연구에 머물고 있는 실정이고, 그 조차도 다양한 자료의 관찰과 분석이 이루어지지 않은 것이 근본적인 이유라고 할 수 있다. 예컨대 근현대 불교사나 불교학에 대한 관심이 고조되지 않은 것이 일차적인 이유일 것이고, 알려져 있는 만해의 저술 외에 단편적인 그의 기록을 다양하게 수집하여 분석하려는 노력이 부족하기 때문이다. 또한 복잡한 그 시대만큼이나 만해학에 대한 다양한 시각이나 상충되는 요소들이 잠재되어 있기 때문이라고 본다. 친일과 항일이 기본적으로 도사리고 있고, 전통과 근대에 대한 인식차가 분명히 존재하고 있는 것이다. 그러나 선학들의 지적처럼 연구의 편향성은 만해학이 지닌 가치 발견을 저해하는 것은 틀림없다. 편향성이 해소된다는 것은 만해연구의 총체적인 연구로 이어질 수 있는 가능성을 의미한다.

둘째, 만해학이 지닌 복합적 성격을 수용해야 한다. 즉 만해학의 선명성과 혼재성을 이해하는 일이 수반되어야 한다. 기존의 연구 성과 가운데 만해의 민족·평화·정치사상과 개혁론을 중심으로 한 연구 가운데는 그 성격이 혼재해있다는 지적이 있었다. 이 지적은 단선적으로 평가할 만한 것은 아니다. 만해학이 지닌 복합적 성격자체가 지닌 개성이 아닐까. 연구자가 한두 가지의 틀로 가두고 나눌 수 없는 만해학의 광대함 때문은 아닐까. 때문에 '만해학'이라고 불리지는 않을까. 그만큼 만해에게는 우리가 하나로 규정키 어려운 의외성이라든가 자유, 다양성이 존재한다고 생각한다. 때문에 만해학이 지닌 선명성을 강조해야 하지만, 이외성이나 다양성 역시 고려해야 한다. 예컨대 만해의 불교 저술들은 다양하지만, 처음에 저술한 것과 나중에 저술한 것을 비교해보면 수많은 차이와 사유의 어떤 진전을 엿볼 수 있다. 때문에 어느 한 시점에 찬술된 저술을 기초로 만해사상과 만해학의 성격으로 단정지어서는 안된다. 이 문제에 대한 집중적인 탐구가 앞으로 더욱 필요하다.

셋째, 만해의 전통불교 인식의 문제다. 만해의 불교개혁론을 주제로 한 연구 성과는 대체로 만해와 동일하게 전통불교를 개혁의 대상으로만 인식하고 있다. 모두가 근대성과 불교유신론에 갇혀 만해의 주장에만 동조하고 있는 인상을 주고 있다. 우리가 조선불교가 겪어 온 역정歷程을 면밀히 살폈다면, 그 시대의 불교를 객관적으로 이해할 수 있다면 만해를 따라 전통불교를 후진적이고 미신으로만 평가할 수 없을 것이다. 아울러 만해가 정녕 전통불교에 대해 비판적 눈길만을 지니고 있었는가를 재검토할 필요가 있다. 만해학의 연구지평을 넓히기 위해서는 이전의 불교계 동향을 이해할 필요가 있다. 이른바 전통불교를 기초로 승가의 경제적 자립, 생산불교로의 전환, 불교 교육의 현대화, 도심 포교당 운영, 산신각 및 염불당 폐지, 승려의 결혼 허용, 주지의 선거, 승가의 화합, 사찰경영의 공개, 불교의례의 간소화, 한문 위주의 송주誦呪 탈피 등 만해가 주장한 개혁론에 대한 재검토가 필요할 것이다.

(2) 선양사업의 과제

현재 만해 선양사업을 위해 활발한 활동을 하고 있는 기관과 단체는 다음과 같다. 전보삼은 1981년 10월 20일 서울 성북동 심우장尋牛莊에 만해기념관을 개관했는데, 1990년 남한산성 내로 이전하여 현재 만해 추모사업과 현창을 위해 기여하고 있다. 만해사상실천선양회는 1996년 신흥사 회주 조오현 스님이 결성하였다. 제1회 만해축전(만해학 국제학술회의)이 설악산 백담사에서 개최된 이후 21회째 거듭해오고 있다. 만해축전은 국제학술회의, 만해대상 수상, 시화전, 백일장, 시낭송회 등 다양한 행사를 통해 만해학 연구와 그 선양사업을 만해의 가치와 위상을 격상시키고 있다.

만해 한용운선양사업 지방정부행정협의회는 2015년 11월 16일 서울 성북구에서 만해의 생애와 인연이 있는 6개 지자체(충남 홍성군·강원도 인제군·고성군·속초시·서울 서대문구·성북구)가 참여해 "만해 한용운선양사업 지방정부행정협의회" 설립에 따른 업무협약을 맺고 창립총회를 개최한 후 만해선사의 독립정신과 문학·사상 등 업적을 기리는 다양한 사업들을 추진하고 있다.

동국대 만해연구소 역시 2013년 11월 개소했다. 만해연구소는 문학·역사·정치·종교·문화·교육 분야에서 학제 간 융복합 연구를 통해 만해의 위상과 다채로운 면모를 조명하고 널리 알리려는 목적을 지니고 있다.

2018년 2월 6일 동국대학교에서 만해 한용운선양사업 지방정부 행정협의회와 함께 2018정기총회를 가졌다. 동국대학교는 2013년 9월 동국대 교양과정으로 '만해학' 강좌를 개설하기도 하였다.

한편 선학원은 만해와 만해학을 거론할 때 빼놓을 수 없는 위치를 차지하고 있다. 일제강점기 불교계 항일운동의 상징이었던 임제종운동臨濟宗運動과 그 정신을 계승했던 선학원 창설과 활동은 만해가 구심점이 되었다. 때문에 만해는 선학원의 대표적인 설립조사이다.

선학원의 만해선양사업과 관련한 최근의 연구 성과는 다음과 같이 언급하고 있다.

> 최근 선학원은 만해 한용운에 대한 추모 및 연구 사업을 왕성하게 추진하고 있다. 만해의 역사성, 위상, 선학원과의 연고 등을 고려할 경우 이는 일정한 평가를 받는다. 그러나 선학원의 정체성, 역사성을 유의할 경우 이는 지나친 경도라는 지적을 받을 수 있다. 선학원은 그 역사성을 민족불교, 정화불교로 표방하고 있다. 만해는 민족불교에 부합되는 인물이지만, 정화불교에 대한 역사성과는 어떻게 조화를 시킬 것인가이다. 물론 선학원은 근대불교문화기념관의 건립, 선리연구원의 활동 통해 이를 모색하고 있다. 하여간에 선학원은 수좌 보호, 선풍진작, 선리 연구, 만해 이외의 연고 승려에 대한 연구 등에 더욱 유의해야 한다고 본다.[107]

인용문은 다음 몇 가지 문제점을 안고 있다. 첫째, "선학원의 정체성, 역사성을 유의할 경우 이는 지나친 경도라는 지적을 받을 수 있다. 만해는 민족불교에 부합되는 인물이지만, 정화불교에 대한 역사성과는 어떻게 조화를 시킬 것인가."이다. 김광식이 만해와 선학원의 관계를 모를 리 없다.

---

107) 김광식, 「현대기(1962~1993) 선학원의 역사와 성격」, 『역사와교육』 25, 동국대학교 역사와교육학회, 2017, 194쪽.

만해는 선학원의 설립조사 가운데 1인이다. 때문에 선학원은 교계에서 관심을 두지 않았던 일찍부터 매년 6월 29일 선학원 중앙선원中央禪院에서 추모제를 지내왔다. 만해는 임제종운동의 주역이다. 선학원이 임제종 운동의 연속성을 지니고 있고 그것이 선학원의 정체성이기도 하다. 그리고 만해 사후 1948년 5월 만해 한용운전집 간행위원회가 결성되었는데, 당시 선학원의 이사장 초부草父 적음寂音도 간행위원으로 참여하였다. 둘째, 김광식은 정화불교와 만해는 분리해서 해석해야 된다는 입장이다.

> 불교정화운동은 흔히 1954년 5월20일 이승만 대통령의 제1차 정화 유시를 시작으로 1962년 4월11일 통합종단 출범까지, 이 기간 벌어진 불교 개혁을 지칭한다. 그 성격은 일제가 이식한 대처승 제도 척결이다. 이 시기만을 놓고 보면 정화의 본래 모습과 성격이 제대로 드러나지 않는다. 그 연원은 일제시대 시작됐다. 당시 주요 내용도 일제의 한국불교 일본화에 맞서 부처님 본래 정신을 지키고 한국적인 선풍을 강화하는, 종교 개혁적이며 항일민족운동의 성격을 강하게 띠고 있었다. 폭력적, 권력 예속적 성격을 부각하며 정화를 부정적으로 보는 입장은 일제시대부터 시작된 정화의 기원을 모르거나 무시한 데서 비롯된 것이다.

위의 기사는 2010년 1월 16일 불교신문의 기획연재 〈② 정화운동과 통합종단 출범〉 가운데 한 대목이다. 정화운동에 대한 김광식의 연구 성과나 사족을 부연할 필요 없이 정화불교가 민족불교의 정신을 계승하고 있고, 그 연장선상에 있음을 알 수 있다. 일제강점기를 중심으로 한 근대불교사 연구의 권위자라고 할 만한 김광식이 이 맥락을 모를 리 없다.

셋째, 김광식은 "선학원은 수좌보호, 선풍진작, 선리연구, 만해 외의 연고승려에 대한 연구 등에 더욱 유의해야 한다고 본다."라고 하였다. 선학원이 진행하고 있는 만해 한용운에 대한 추모 및 연구 사업에 대해 부정적이다. 만해가 선학원의 설립조사이고, 민족불교의 상징성을 지니고 있으며, 그것이 정화불교로 계승되었다. 그리고 선학원은 최근의 다양한 만해 선양사업이 전개되기 전부터 추모제와『한용운전집』같은 저술 간행 작업 등에 주도적으로 참여한 것으로 보았을 때 선학원은 앞으로 만해선양사업에 더욱 주도적으로 앞장서야 한다. 아직 만해관련 연구와 선양사업은 해야 할 일이 많다.

첫째, 만해의 불교사상과 저술, 불교개혁론에 대한 연구 성과를 기초로 학술적 재검토가 진행되어야 한다. 미개척 분야에 대한 발굴과 연구 성과에 대한 체계화에 앞장서야 한다. 만해연구가 아직 초기단계를 벗어나지 못했다는 선학들의 지적은 주목할 만하다. 때문에 만해와 불교를 중심으로 한 다양한 세미나를 통해 만해학 정립을 위한 구심점이 되어야 한다. 둘째, 선학원은 앞에서 열거한 만해선양 사업에 참여하고 있는 단체나 기관들과 다양한 논의와 협력을 통해 선양사업을 주도해야 한다. 셋째, 선학원의 역사를 정리하는 일이다. 선학원은 설립 100주년을 앞두고 있다. 선학원사의 정립은 만해학을 확립시키는 또 다른 의미를 지니고 있다.

5. 맺음말

2007년부터 2017년까지 국내전문 학술지에 발표된 만해의 불교사상과 개혁론에 관한 연구 성과는 약 32편이다. 80년대부터 2006년까지 약 20여 년 동안 해당분야의 연구 성과가 38편이었음을 생각한다면 수적 측면에서 변화를 보인 것은 사실이다. 그러나 연구주제가 지닌 가치를 생각한다면 시와 문학연구에 비해 매우 일천한 상황이다. 만해의『조선불교유신론』을 중심으로 한 불교와 근대, 불교와 개혁, 그리고『불교대전』·『십현담주해』

와 같은 저술은 만해의 불교사상과 직결되어 있다는 점에서 만해학의 근간을 이루고 있기 때문이다.

만해의 불교개혁론과 결부된 사상은 연구시기와 상관없이 평등주의와 구세주의가 저변에 깔려 있다는 입장이다. 만해의 평등과 구세는 그의 민족·평화·정치·사회참여 사상의 근간이 되기도 한다. 만해의 불교사상과 서양철학과의 관계는 그가 비록 서양철학에 영향을 받은 것은 사실이지만, 불교가 더욱 심오하고 우월하다는 인식을 가지고 있었다는 평가다. 예컨대 불성론을 중심으로 한 불교사상은 어떤 이념보다 우선한 인간존재의 근원을 바라보는 선禪과 함께 그 가치를 확인할 수 있어 진보해가는 미래세계의 사상을 담보한 가정 적절한 종교사상으로 인식했다는 것이다.

한편 그의 불교관련 저술에 대한 연구는 초기 서지적 연구에서 벗어나 동시대 서구와 일본에서 간행한 불교성전류를 비교하였으며, 『십현담주해』역시 원저자와 김시습, 그리고 만해의 인식을 각각 분석하여 차별성을 규명하기도 하였다. 이와 같은 비교분석은 동시대 국내외 사상가들과 만해의 개혁론을 소개하고 분석하여 만해 개혁론이 지닌 특성과 가치를 규명하는 경향으로 이어졌다. 이와 같은 연구태도는 저술의 서지학적 측면과 만해 사상만을 강조했던 이전의 연구경향에서 확실히 진전된 것이다. 그러나 여전히 만해사상을 이해할 수 있는 근간인 만해의 불교저술과 사상에 대해서는 그 연구가 수적으로 부족한 실정이다. 불교계와 학계가 만해에 관심가진지가 짧았던 것은 이해하지만. 지금부터라도 수적 질적 측면에서 다양한 연구가 진행되어야 한다. 아울러 만해의 불교사상과 개혁론이 지닌 복합적 성격에 대해 천착할 필요가 있다. 이전의 연구 성과에서는 만해의 개혁론의 성격이 선명하지 않은 점을 거론하였다. 만해사상이 단선적으로 규정할 수 없을 정도로 복합적 성격을 지니고 있지는 않은지 재검토할 필요가 있다. 만해 개혁론의 총론과 각론을 살폈을 때 그 선명성과 혼재성을 구분할 수 있을 것이라고 생각한다.

　만해의 불교사상과 개혁론이 만해학의 근간인만큼 현재보다는 더욱 심화되고 다양화되길 바란다.

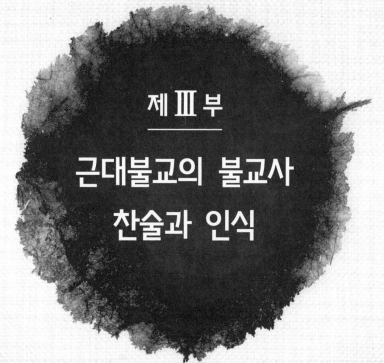

제Ⅲ부

근대불교의 불교사
찬술과 인식

I. 일제강점기日帝強占期 지성知性들의 불교사 인식과 그 가치

1. 불교사인식의 배경

한국불교의 근대는 승려의 도성출입이 허용되었던 1895년부터 일제강점기까지에 해당된다. 이 시기는 한국역사에서 혼란기이자 격동기, 그리고 전환기의 의미를 지닌다. 특히 한국 불교는 오랜 탄압과 소외의 끝에서 시작한 근대였다. 다양한 근대문명과 근대학문·사조思潮의 출현은 불교의 정체성을 찾아가는 과정이기도 하였다. 특히 일제강점기는 외세의 억압과 굴욕 속에서 한국 역사와 문화가 지닌 정체성과 독자성을 발견하고자 진력했던 시간들이었다. 한국불교는 근대학문과 사조의 영향 속에서 한국문화와 문명이 지닌 우수성을 규명하는 진원지 역할을 하였다.

한국근대불교사 연구는 그동안 단편적인 사건·인물, 그리고 항일과 친일이라는 단선적 경향을 넘어 전통과 근대의 사이에서 우리 불교가 걸었던 행보를 분석하여 그 성격과 다양성을 찾아 분석하려는 노력이 있었다.[1] 이와 같은 일련의 연구 성과는 한국불교가 지닌 종교적 정체성이라든가 '근대불교'의 개념을 비롯한 다양한 시각에서 이 시기 한국불교를 객관적으로 연구하는데 많은 기여를 한 것이 사실이다. 그러나 "당시 한국사회는 문명개화文明開化라고 하는 새로운 역사적 사명을 감당한 정신문화로서 불교에 대한 일반 지식인들의 기대감은 거의 없었다."는[2] 단정적 시각도 작용하고 있다. 아울러 이 시기 불교를 바라보는 역사학과 철학사이의 간극 역시 재검토의 여지를 남겨놓고 있다. 예컨대 역사학은 일제강점기 불교를 항일抗日과 친일親日이라는 이분법적 이해를 지속해왔지만, 철학은 '근대'·'개혁' 속에서 불교를 이해하고자 하였다. 이와 같은 입장은 불교의 근대성에 집착하여 일제강점기 한국 지성들이 한국불교에 기초한 식민지 극복이라는 시대적 과제 해결을 위한 노력을 검토하는데 일정한 한계를 지니고 있는 것도 사실이다. 최남선·김상기·이능화·장도빈을 비롯한 적지 않은 이 시기의 지성知性들은 한국역사의 전개과정 속에서 한국불교의 종교적 성격과 기여에 주목하였다. 이것은 한국불교가 지닌 가치를 재발견하려는 노력 이전에 외세침략과 강점强占의 현실을 직시하고 극복방안을 적극적으로 모색하려는 움직임에서 이루어졌다.

일제강점기를 중심으로 한 한국근대불교사 연구는 그 개념정리를 비롯하여 다양한 연구과제가 산적해있는 실정이다. 본 연구는 일제강점기 한국 지성들의 불교사 인식을 통해 불교사 연구의 배경, 그 유형과 성격 등을 검토하고자 한다. 이와 같은 연구는 일제강점기에 진행된 우리 불교사 연구에 대한 이해와 함께 그 역사적 의미를 규명하는데 기여할 것이다. 아울러 불교사 연구를 통해 당시 불교계의 현안을 극복하고자 했던 지성들의

---

1) 송현주, 「근대 한국불교의 종교정체성 인식」, 『불교학연구』 제7호, 2013 : 조성택, 「근대불교학과 한국 근대불교」, 『민족문화연구』 제45, 2006 : 김광식, 「근대 불교사 연구의 성찰-회고와 전망」, 『민족문화연구』 제45, 2006 : 조성택, 「근대한국불교사 기술의 문제 : 민족주의적 역사기술에 관한 비판」, 『민족문화연구』 제53, 2010 : 김상현, 「한국근대의 전개와 불교」, 『불교학보』 60, 2011.
2) 조성택, 「한국 근대불교 연구의 과제와 전망」, 『한국불교학』 64, 2012, 91쪽.

노력 또한 살필 수 있을 것이다.

일제강점기 한국불교사에 대한 인식은 두 가지 측면에서 그 배경을 찾을 수 있다. 첫째는 근대학문의 유입과 영향이며, 둘째는 일제강점기 한국 역사와 문화에 대한 독자성과 우수성을 찾고자 한 것에서 비롯되었다.

한말 개화운동이 성장 발전하고 있을 때 한국은 서구의 학술을 수용하는 한편 자기의 전통적인 학문을 서구적인 방법론과 대비하면서 심화 연구하기 시작하였다. 그 범위는 우선 해외 학문의 수용과 관련, 서구와 세계를 소개한 서적이 수입됨으로써 세계관이 확대되었으며, 서양철학, 문법연구를 중심으로 한 국문연구, 문학과 예술 등 문예운동으로 확산되었다. 이 가운데 사회진화론社會進化論은 서양학문을 수용하는 한국의 지식인들에게 가장 큰 영향을 미치기도 하였다. 자연계와 마찬가지로 인간사회에도 생존경쟁·약육강식이 지배한다는 것을 강조한 사회진화론은 외세의 침략으로 나라를 부국강병하지 않으면 안 된다는 자강주의自强主義 이론의 바탕이 되었다.

> 종교문제는 세 가지 측면에서 연구된다. 즉 종교를 개인의 신앙상태로 생각한 즉 그 개인의 신앙은 어떠한가. 개인의 신앙을 대조하여 연구한 즉 종교심리학이 된다. 또 종교라는 것의 근본이 교리다. 그 교리를 연구한 즉 이것이 일종의 철학이다. 종교를 사회적 현상으로 생각하고 그 사회적 현상의 기원, 과거, 결과라고 하는 것을 연구하면 이것이 사회학의 일부가 된다. 조선의 종교는 이 세 가지 중에 세 번째 사회적 현상 특히 조선에서는 정치적 현상으로 생각하고 교리의 방면에 최대한 부분이 존재한 것이다.3)

---

3) 高橋亨, 「僧兵과 李朝佛敎의 盛衰」, 《불교》 4, 1924.

다카하시 토오루는 종교를 학문에 기초하여 세 가지로 분류하였다. 예컨대 신앙·교리·사회현상을 종교심리학宗教心理學·철학哲學·사회학社會學 의 범주로 분류하여 이해하고자 하였다. 분야별로 세분화시켜 객관적, 과학적 이해를 위한 시도는 근대학문의 영향에서 비롯된 것이다. 다카하시는 위의 글에서 한국의 불교를 신앙이나 교리적 측면이 아닌 정치사회적 측면에서 해석한 것이다. 이와 같은 불교에 대한 과학적이고 객관적 접근은 확실히 조선후기 실학자를 비롯한 유학자들이 불교를 "허무맹랑하고 혹세무민한다."하여 비난한 것과는 근본적인 차이점을 지니고 있다.

한편 정황진은 종래의 불교사가佛教史家들이 전설적, 신비적 경향을 탈피하지 못해 불교사학자가 아님을 비판받았던 사실을 지적하고, 서구 역사학 연구방법론을 적극 수용하여 객관적인 연구태도를 견지하자[4]고 주장하였다. 즉 그는 "새로운 불교사 연구를 위해 우선 문헌뿐만 아니라 그 시대의 유물과 그 시대의 사회경제 상태와 그 시대의 내외 역사·지리·미술과 그 시대의 일반사회의 사조와 성격과 그 시대사상의 변천과 그 시대의 종교 신앙의 깊이 정도 등 실제 상태를 세밀히 관찰할 것"을 강조하였다. 문헌에만 의존했던 과거의 역사연구와는 근본적 차이를 지니고 있는 것이다. 아울러 문헌·유물·사회경제·역사지리 등을 다른 다수의 사회일반사실과 비교 연구할 것을 주문하였다. 불교사 문헌과 직접 해당되는 학문분야 간의 면밀한 연구뿐만 아니라 다양한 사회사적 사실과 비교할 것을 연구방법론으로 제시하고 있는 것이다. 단편적인 불교사적 사실에 대해 직접적인 관련분야뿐만 아니라 시공時空을 초월한 유사사례에 대한 다양한 현상과의 비교연구는 결국 "엄격한 비평과 적당한 판단 뒤에 역사상 사실의 진정한 의미를 지닌다."고 하였다. 이와 같은 불교사 연구의 정의와 방법론 제시

---

4) 鄭晄震, 「佛教史學研究-海東瑜伽正宗初祖憬興國師」, 『朝鮮佛教叢報』14, 1919, 26~27쪽.

는 역시 박학고거주의博學考據主義에 입각한 조선후기 실학적 연구방법과는 다소 차이를 지니고 있다.

> 조선불교는 조선적 불교다. 자연 인문의 모든 영향에서 教團的으로 經濟的으로 意識的으로 조선적 요소를 가지게 된 불교다. 조선 사람의 생활과 예지를 통해서 조선적 이해를 가지게 된 불교다.[5]

인용문은 허영호가 밝힌 조선불교의 정체성이다. 당시 한국불교계가 종조宗祖와 종명宗名의 확립을 앞두고 다양한 견해와 주장이 제기되는 가운데 허영호는 한국불교를 특정 종파적 불교 또는 종학적 교판 위에 설명하는 것을 경계하였다. 예컨대 한국불교가 임제종臨濟宗 또는 화엄종華嚴宗이라는 그 교리상 혹은 실천상으로 보아 전부 수긍할 수 없다고 하였다. 요컨대 한국불교는 결코 일경일률—經—律, 또는 일론—論의 위에 종립宗立된 것이 아닌 항상 전체 위에 입교立教되었음을 강조하였다.

이와 같은 한국불교의 정체성과 독자성에 대한 강조는 당시 불교계뿐만 아니라 일제강점기 지성知性들의 공통된 관심사였다. 이른바 1910년 합방을 전후하여 민족운동은 변화, 발전하였다. 제국주의의 침략성, 강권성을 인식하고, 사회진화론을 부정하였으며, 특히 역사의 주체에 대한 생각도 달라졌다.[6] 민족운동이나 역사의 주체로서 '국민'을 발견하게 되었다. 나라의 원동력이 영웅에서 국민으로 인식된 것이다. 그들의 신국민 양성은 서양문명 수용의 필요성을 느끼게 했는데, 고유문화 속에 내재한 장

---

5) 許永鎬, 「朝鮮佛敎의 立敎論」, ≪佛敎≫ (新)11, 1937,
6) 李萬烈, 「丹齋史學에 있어서의 歷史主義 認識의 문제, 단재기념사업회, 『丹齋申采浩의 民族史觀』, 단재기념사업회, 1980 : 姜萬吉, 「申采浩의 英雄·國民·民衆主義」, 단재기념사업회, 『申采浩의 思想과 民族獨立運動』, 형설출판사, 1986 : 金度亨, 「近代改革期의 歷史敍述과 變法論」, 『韓國文化硏究』 3, 2003, 99~100쪽에서 재인용.

점을 보전하는 일에서 출발하고자 하였다. 예컨대 신채호는 "자국 고유의 장長을 보보保하며 외래문명外來文明의 정精을 채採하는 방안이었다.[7] 결국 1910년대 민족주의자들이 보존하려고 했던 고유의 장점은 곧 '국수國粹'였다. 국수國粹는 그 나라에 역사적으로 전래하는 풍속·습관·법률·제도 등의 정신이고, 이는 "선성先聖 석현昔賢의 심혈心血의 응취凝聚한 바며, 거유철사巨儒哲士의 성력誠力의 결습結習한 바며, 기타 일체 조종祖宗 선민先民의 기거동작起居動作, 시청언어視聽言語, 시정행사施政行事 등 제반 업력業力의 훈염薰染한 바"였다.[8] 따라서 애국심을 환기시키고 국민의 정신을 유지하기 위해서는 반드시 국수國粹를 보전해야 하고 서양문명에만 의지해서는 안 된다고 하였던 것이다.

이와 같은 국수國粹에 대한 강조는 1930년대 국학진흥운동의 기초가 되기도 하였다. 예컨대 신채호·정인보·장지연을 중심으로 한 연구자들은 현실비판에서 민족사의 바른 이해를 꾀하였고, 민족사 속에서 한국의 빛을 다시 발견하고자 노력하였는가 하면 말과 글을 선양, 발전시켜서 한국의 얼을 고취시키려고 하였다. 국학國學의 정신은 이전의 중국문화를 숭상하여 자기문화를 비하하던 태도에서 벗어나고, 일제의 식민통치에서 생긴 문화적 자기상실감에서 벗어난 강한 민족적인 자기인식을 중시하는 것이었다. 나아가 동아시아문화권에서 차지하는 한국문화의 위치와 성격을 정당하게 정립하려 하였다.

세상에는 南方佛敎, 北方佛敎라는 말이 있고, 또 근래에 東方佛敎라는 말을 만들어 쓰는 사람도 있지만, 敎理에 있어서나 藝術에 있어서나

---

7) 申采浩, 「文化와 武力」, 『丹齋申采浩全集』別, 201쪽(김도형, 앞의 글, 100쪽에서 재인용)
8) 申采浩, 「國粹保全說」, 『丹齋申采浩全集』別, 116~117쪽(김도형, 앞의 글, 100쪽에서 재인용)

불교의 종합표현을 맨 먼저 실현한 朝鮮佛敎를 제외하고 참으로 「동방불교」의 이름을 가질 수 있는 자가 다시 누구겠는가. 인도에서 켠 불교의 등불이 중국까지 오면서 연방 기름을 더하다가 조선에 이르러 三界를 널리 비추는 거룩한 지혜의 등불을 이룬 것은 우리가 역사에서 믿고 확인할 수 있다.[9]

인용문은 최남선이 1930년 7월 범태평양 불교대회에 참석하기 위해 작성한 글 가운데 일부분이다. 그는 조선이 동서문화의 보유자라고 전제한 뒤 불교를 그 구체적인 사례로 들었다. 예컨대 중국에서 불교를 수용했지만, 조선은 불교를 조선의 풍토에 맞게 재구성했다는 것이다. 또한 의상의 화엄사상華嚴思想, 원효의 십문화쟁론十門和諍論을 중심으로 한 통불교, 석굴암과 같은 동서문화의 종합, 그리고 대장경은 근대 일본과 중국에도 영향을 미쳤다는 것이다.

이와 같이 일제강점기 한국불교의 가치를 재발견하려는 노력은 근대학문과 사조의 수용과정에서 시도되었다. 또한 불교계의 자구책 마련과 함께 일제강점기라고 하는 시대적 상황 속에서 민족사가 지닌 정체성을 회복하려는 노력에서 비롯되었다. 예컨대 한국불교는 1910년대부터 지속된 국수國粹에 대한 인식과 국학진흥國學振興의 중요한 위치를 차지하고 있었다.

2. 불교사 인식의 경향과 성격

일제강점기 동안 한국불교의 가치와 위상에 대해 소개한 글은 다음과 같다. 대부분 불교계 지성에 의해 찬술되었지만, 불교가 지닌 특수성과 우월

---

9) 崔南善, 「朝鮮佛敎-東方文化史上에 잇는 그 地位」, ≪佛敎≫ 74, 1930, 51쪽.

성을 강조하기보다는 한국불교가 지닌 역사적 문화적 기여와 그 의미를 중심으로 기술하였다.

〈표1〉 일제강점기 불교계 대표지성들의 한국불교개관

필 자	제 목	간행지(호수)	출판사	간행 연도
崔南善	朝鮮佛敎 -東方文化思想에 잇는 그 地位	《佛敎》74	불교사	1930
崔南善	朝鮮佛敎의 大觀으로부터 『朝鮮佛敎通史』에 及홈	『朝鮮佛敎叢報』 11·12	30본산연합사무소	1918
崔南善	朝鮮歷史에 대한 佛敎	《불교》 7	불교사	1924
金泰洽	東洋佛敎의 槪說	《불교》 35	불교사	1927
權相老	朝鮮佛敎史獨斷(1~3)	《佛敎時報》54	불교시보사	1940
權相老	朝鮮의 禪宗은 어떠한 歷史를 갖었는가	《선원》 創刊號·2호	선학원	1931 · 1932
退耕	朝鮮에서 自立한 宗派	《불교》 54	불교사	1928
權相老	朝鮮과朝鮮佛敎	『조선불교』21·23	조선불교사	1925
退耕	朝鮮佛敎史의 離合觀	《불교》 62	불교사	1929
退耕	朝鮮佛敎의 三代特色	《불교》 50	불교사	1928
金庠基	朝鮮佛敎와 文化와의 關係(1·2)	『불교(신)』39·41	불교사	1942
李能和	朝鮮佛敎와 文化關係	『불교(신)』42	불교사	1942
李能和	朝鮮佛敎의 三時代	《불교》 31	불교사	1927
尙玄居士	朝鮮佛敎歷史	『佛日』1·2	佛日社	1924
李能和	風水迷信의 弊害原流에 對히야 儒佛兩家의 關係를 論함	『佛敎振興會月報』 1권 1호	불교진흥회본부	1915
法雲	朝鮮의 國家佛敎縱橫觀(1·2)	《불교》 (신)59·60·62	불교사	1944
金映遂	朝鮮佛敎의 特色	《불교》 100	불교사	1932
金包光	朝鮮佛敎의 傳燈과 敎理	『一光』2	중앙불전교우회	1929
晶海喆宇	歷史上에 現하는 조鮮僧侶와 外國布敎의 가치	『조선불교총보』9	30본산연합사무소	1918
許永鎬	朝鮮佛敎의 立敎論	《불교》 11	불교사	1937
高橋亨	朝鮮佛敎에 就이(히?)て	『조선불교』66·67	조선불교사	1929
俞萬兼氏	朝鮮佛敎의 過去及び現在	『조선불교』 37·39	조선불교사	1927
猊雲散人	吾東佛史의 闕失	『海東佛寶』2	해동불보사	1913
晩悟生	甚矣라 歷史에 無關心이여	『金剛山』2	금강산사	1935

표는 1910~1940년대까지 불교계에서 간행한 잡지에 실린 지성知性들의 글이다. 글의 제목은 개설적 성격이 강하지만, 내용은 한국의 역사 속에서 전개된 다양한 불교의 현상을 해석하고 분석하여 그 특징이라든가, 각 시대마다 불교가 기여한 바를 기술한 불교사론佛敎史論이나 한국불교문화론韓國佛敎文化論이라고 할 수 있다. 권상로와 이능화, 그리고 김영수·김태흡 등은 각 시대의 다양한 불교사를 통해 한국불교사를 체계화하고 대중화시키는데 기여하였다.

> 신라인은 일본인과 같이 진실로 優美하고 고상하며, 고상한 미적 취미를 지녔다. 따라서 신라시대의 불교는 신라인의 성질을 나타내어 현재 남아있는 불교미술이 보여주는 것과 같이 秀麗한 미술을 보여주고 있다. 고려는 기백이 웅대하고 무슨 일이든지 대계획하에서 큰일을 치뤘다. 大藏經板을 두 번이나 작성하였다. 국가가 위기에 처했을 때도 저들은 대사업을 두 번씩이나 했다. 고려인이 만든 것은 고고하고 깊이도 없지만, 그 규모는 실로 웅대하였다. 조선은 지극히 평범하여 크지도 않고 깊이도 없고 고고함도 없이, 미술에 대한 감상력도 없이 사물을 눈앞의 이익으로 결정하고 그것이 장래 어떠한 약속을 지을까하는 것에 대한 생각도 없다.[10]

인용문은 다카하시 토오루가 한국불교의 각 시대별 개성을 언급한 부분이다. 불교가 전래된 이후 한국역사에서 가장 번성했던 신라의 불교를 신라인과 함께 '우미優美'와 '고상高尙'이라는 표현을 써서 찬탄하였다. 반면 불교가 쇠퇴했던 조선시대의 불교에 대해서는 어떤 개성도 없었으며, 발전가능성 역시 없는 저급한 수준의 불교였음을 강조하기도 하였다. 그의 한국

---

10) 高橋亨, 「僧兵과 李朝佛敎의 盛衰」, 《불교》 4, 1924,

불교에 대한 이와 같은 부정적 시각은 한국불교사에 대한 구체적이고도 객관적 이해의 결과라고 볼 수 없다. 그의 글 속에는 근본적으로 일본과 한국의 관계에서 일본의 우월성과 식민지라는 등식이 근본적으로 자리 잡고 있었기 때문이다.11)

한편 부정적이었던 일인학자日人學者들의 한국불교사관韓國佛敎史觀과는 달리 한국의 지성知性들의 입장은 달랐다. 우선 일제강점기 지성들이 한국불교사를 바라보는 인식은 한국사의 전개에서 나타난 불교의 제현상諸現狀에서 시작되었다. 그들은 불교전래부터 조선 말기까지 한국 역사 속에서 진행된 불교의 기능과 영향 속에서 인식의 기초를 마련한 것이다. 특히 최남선은 적지 않은 글을 통해 한국불교가 지닌 의미와 가치를 발굴하고, 그 우수성을 선양하여 국민을 계몽시키고자 하였다. 최남선은 한국불교가 한국인의 생활에 미친 영향을 최우선적으로 관찰하였다. 그는 첫째, 불교가 한국의 문화를 예술적이게 했으며, 우리의 생활을 사상적이게 했다고 평가하였다. 예컨대 "(불교의) 공양상供養上 필요로 상설像設과 기구器具를 극진히 장엄한 까닭에 특별히 조형미술과 밀접한 교섭을 가지는 불교가 전래하매 잠복해있던 조선 사람의 조형적 천재가 두각을 나타냈다."라고12) 하였다. 그러므로 한국의 회화繪畫 · 조각彫刻 · 건축建築 · 주소鑄塑 등이 불교를 통해 위대한 천품을 기탄없이 발휘하였으며, 중국을 능가해서 어린 일본을 유도하여 암울한 세계에 제공해 주었다고 하였다. 그는 또한 한국인의 생활신조와 지도원리가 불교유입으로 엄청난 확대와 성장을 보게 되었다고 하였다. 즉 원효元曉와 지눌知訥의 사상과 수행을 사례로 들면서 "조선 사람에게

---

11) 한편 다카하시는 1912년 가을 월정사 수행승들의 생활상을 보고 "조선의 불교도 조선인의 사상과 신앙에 일정한 영향력을 지니고 있다."고 술회하기도 하였다. 그는 이를 계기로 조선불교연구를 시작한다고 하였다.(高橋亨, 앞의 글, 8쪽)
12) 최남선, 「조선역사에 대한 불교」, 《불교》 7, 1924, 50쪽.

사상적 생활이라고 이름 할 만 한 것이 있기는 불교전래 이후라고 함이 타당하다."고 하였다.

우리의 器局을 세계적이게 하였음은 타는 듯한 求法熱 등에서 비롯된 것입니다. 고구려가 정신적 또는 예술적으로 燕·秦·北魏를 사이로 세계의 공기를 쾌활히 호흡하였음은 경탄할 만한 實證이 나타난다. 불교를 말미암아 조선인의 호흡은 비로소 세계적 공기를 통하게 되었다. 조선인의 족적이 불교신앙을 집행하여 사막에, 천산에, 파미르고원에 다섯 인도에 두루 찍혀있다.[13]

불교가 한국사에 영향을 미친 것은 생활과 사상뿐만 아니라 한국의 덕량德量과 재능才能을 서역 구법求法을 통해 넓힐 수 있었다는 것이다. 예컨대 고구려 고분의 "전체 구조는 서양의 양식과 부합하며, 벽화 역시 중국 양식이 아닌 순수한 서역 여러 나라의 수법으로 전해진 것으로 보아 서역 제국諸國과 고구려 사이의 직접 교통이 활발하였음을 보여주는 것"이라고[14] 하였다. 숭고한 불법佛法을 구하기 위한 순례가 중국과 중앙아시아, 그리고 인도로 이어지면서 불교뿐만 아니라 이질적인 선진문명과 문화를 경험하고 수용할 수 있었기 때문이었다. 결국 최남선은 한국인의 호흡은 불교로 인해 세계적 공기를 통하게 되었다고 하였다. 이능화 역시 「조선불교朝鮮佛教와 문화관계文化關係」라는 글을 통해 고대부터 조선시대에 이르기까지 한국문화에 미친 불교의 영향을 소개하였다. '향찰鄕札과 고승高僧'·'한문漢文과 고승高僧'·'음악音樂과 불교佛敎'·'미술美術과 불교佛敎' 등의 주제를 통해 불교

---

13) 최남선, 앞의 글, 51쪽.
14) 최남선, 「朝鮮佛敎의 大觀으로부터 「朝鮮佛敎通史」에 及함」, 『조선불교총보』11호, 1918, 27쪽.

수용 이전과 이후의 변화를 설명하고, 불교문화의 확산이 고승高僧들의 기
여를 통해 이루어졌음을 소개하기도 하였다.

> 高僧 均如는 華嚴經講釋에 鄕札을 純用하였으니 균여 門人의 記錄에
> 보였으나 그러나 후대에 이르러서 拜華思想에 당한 한문학자등이 三國史
> 記를 편찬함에 당하야 古昔으로부터 전래하던 향찰적 문헌 즉 소위 古記
> 등은 이를 다 捨取하여 채용치 아니하였음으로 조선고대문화의 진면목을
> 得見함이 지금은 불가능케 되었다. …一然이라는 고승은 高麗史臣 金富
> 軾이가 삼국사기를 편찬함에 고유 전래하는 고기 즉 향찰은 일개 不取한
> 것을 유감으로 여긴 바 있어 향찰문헌을 수습하여 삼국유사를 찬술하
> 여 후세에 전함으로 ….15)

예컨대 균여가 『화엄경』 강석에 향찰을 사용하였지만, 후대 학자와 김부
식이 『삼국사기』를 편찬하는 과정에서 한자만을 사용한 탓에 古來로 전래되
고 있던 향찰 문헌은 무용지물이 되었다. 그러나 일연이 『삼국유사』를 찬
술하면서 잔존하고 있었던 향찰을 수습하여 수록했다는 것이다. 우리나라
는 비록 한문을 차용借用하여 모두 기록하였지만, 그 사용법은 한자의 음音
이나 훈訓, 그리고 의義를 취하여 그 의미를 표기하였다. 이능화는 한자와
향찰을 통해 한국문화의 독자성을 강조하였고, 고유문화에 대한 보존과 계
승의지가 승려에 의해서 이루어졌음을 소개하고 있는 것이다.

한편 한국학계에 동양사학의 기초를 세운 역사학자 김상기金庠基(1901~
1977)는 고대 동양에서 보편적으로 인심人心을 통섭해 온 것은 유교도, 도
교도 아닌 불교였음을 전제로, "불교는 동양사에 있어서 전체적으로 역사
인식의 대상이 되는 통기統基(unit)"라고16) 하였다. 예컨대 불교가 유구한

---

15) 李能和, 「朝鮮佛敎와 文化關係」, ≪佛敎≫ (新)39, 1942, 6~7쪽.

세월동안 동양의 역사전개와 그 운명을 같이하면서 역사인식의 보편적 대상이 되는 하나의 척도로 인식한 것이다. 이것은 불교가 비록 외래종교지만, 그 나라에서 발생하여 전해 내려오는 고유인 문화인 전통문화로서의 가치를 지니고 있음을 의미한다. 그는 한국의 고대문화에 끼친 불교요소를 소개하였다. 이른바 고대의 고유신앙인 신교神敎가 불교의 유입으로 점차 변화를 일으켰다는 것이다.

> 고려 仁宗 때 妖僧 묘청이 地德說을 이용하여 평양천도를 권유할 때 林原驛에 大華宮을 창건하고 그 안에 八聖堂을 둔 것인데, 재래팔위의 神에게 각기 文殊 釋迦佛을 權現으로서 안배한 것은 명백히 本地垂跡思想에서 나온 것이다. 그런데 八聖은 또한 八仙으로 쓰였나니 생각건대 八聖의 聖은 佛菩薩을 가리킨 것이며, 八仙의 仙은 在來神을 의미한 것이다.[17]

김상기는 이 글에서 한국의 토착신앙과 불교의 유입 이후의 변화상을 관찰하였다. 그는 팔관회八關會가 재래의 신교적神敎的 의식儀式에서 불교유통 이후 팔관이라는 명칭 아래에서 불교적 의식으로 행해졌을 것으로 해석하기도 하였다.[18] 인용문은 고려시대 묘청의 난 당시 묘청이 세운 대화궁의 팔성당八聖堂이 불교의 부처와 보살뿐만 아니라 토착신앙에 존재하는 8명의 신神을 의미하는 것이라고 하였다. 본지수적本地垂跡은 본체인 부처나 보살이 중생구제를 위해 일시적으로 신神의 모습으로 이 세상에 나타났다는 설로, 일반적으로 불교를 무격신앙巫覡信仰과 습합하여 토착화시키는 방편이

---

16) 金庠基, 「朝鮮佛敎와 文化와의 關係」(一), ≪佛敎≫ (신)39, 1942, 12쪽.
17) 金庠基, 「朝鮮佛敎와 文化와의 關係」(二), ≪佛敎≫ (신)41, 1942, 9~10쪽.
18) 金庠基, 앞의 글(一), ≪佛敎≫ (신)39, 1942, 16쪽.

다. 요컨대 김상기는 이 글을 통해 첫째, 불교 유입이후 토착문화와 충돌·습합을 통해 토착화되어가는 과정을 살폈다. 둘째, 불교가 한국의 역사와 문화에 영향을 끼친 역할에 주목하였다. 셋째, 인도와 중국의 공예·음악·천문·지리 등이 불교와 함께 한국에 유입되면서 한국의 문화와 문명이 이전과는 달리 더욱 풍성해졌고 세련되었음을 강조하였다. 아울러 불교는 단순히 문화적 영향뿐만 아니라 한국의 역사적 사실과 역사인식의 기준이라는 점에서 그 중요성을 인식한 것이다.

이밖에 김영수와 같은 불교계의 지성은 한국불교의 특색과 가치를 첫째, 신라의 불교 전래 당시 이차돈의 순국으로 인해 신라를 불국화한 것, 둘째, 시세時勢에 순응하는 대방편이었던 세속오계世俗五戒, 셋째, 원효가 해동종海東宗을 창설하여 한국불교의 색채를 지닌 것, 넷째, 선禪이 중국에서는 남종南宗과 북종北宗으로 분립되었지만, 한국의 선종은 중국 선종의 5파派가 분립되기 전 이미 전래되어 달마의 정법안장正法眼藏을 유지한 점, 그밖에 사리신앙·대장경, 선종이 염불과 강경을 숭상하는 것을 한국 불교의 특색으로 선정하였다.19)

이와 같이 일제강점기 불교계 지성들은 우선 불교전래 이전과 이후의 한국 역사전개상을 분석하여 문화양상의 변화 등에 주목하였다. 토착신앙과 불교의 습합현상을 통해 불교유입이후 다양한 문화요소의 증가를 설명하였고, 질적 측면 또한 세련미와 기술적 측면에서의 우수성 등을 높이 평가하였다. 이와 같은 현상은 확실히 불교가 중요한 인자가 되었으며, 인도나 중국과는 또 다른 고유한 한국의 문화적 요소를 창출했음을 소개하였다. 결국 이들은 한국역사와 전통문화의 우수성과 독자성을 한국의 불교 속에서 찾거나 불교의 기여를 소개하는데 진력하였다.

---

19) 金映遂,「朝鮮佛敎의 特色」,≪佛敎≫ 100, 1932, 29~31쪽.

3. 불교인식의 가치와 의미

일제강점기 지성들은 불교가 한국에 전래된 이후 다양하게 전개된 현상들에 주목하였다. 각 시대의 전개과정에서 나타난 불교의 역할과 기여를 발견했고, 그것이 불교발생지인 인도와 불교가 전래된 중국의 불교와는 다른 특색을 지니고 있음을 소개하였다. 이와 같은 지성들의 불교인식이 지닌 궁극적 목적은 한국불교가 지닌 우수성뿐만 아니라 한국의 가치를 재발견하고 한국인이 탁월한 문화적 역량을 지니고 있음을 계몽하는데 있었다.

이상의 講說은 요약하건대 全佛敎의 중요한 일부분으로 조선불교의 科目을 수립하고자 함이며, 그 實相論上의 공적을 증명하려 함이며, 조선불교의 緣起가 지닌 지위를 확정하려 함이고, 그리하여 그 문화적 意義와 세계적 관계를 살필 필요를 제창하고자 한 것이니 남방불교니 북방불교니 명목이 있으며, 인도불교 중국불교를 칭하여 이르기를 각각 교리적으로 중요한 요소임과 역사적으로 특수한 구분임을 밝히게 지금에 거의 많은 비밀과 오묘함을 천명하여 불전연구의 요체를 스스로 이루고 활발히 법륜을 추진하여 佛化流傳의 주축을 엄히 만들어 불교전체의 교량과 맥이 된 조선불교는 아직 그 이름도 세우지 않고 그 뜻도 분명하지 않고 큰 영향과 중요한 가치는 아울러 인정되지 않아 희미하게 보이는 바도 없고 간간히 들리는 바도 없음이 가능하겠는가. 세계 학계에 있어서는 일대 欠典이 아니며 조선 鰲門에 있어서는 일대 치욕이 아니겠는가. 조선불교의 더러운 면목과 어두운 神彩를 우리들의 어두운 현상대로 등한히 버려둘 것인가.[20]

---

20) 六堂學人, 「朝鮮佛敎의 大觀으로부터 「朝鮮佛敎通史」에 及함」, 『朝鮮佛敎叢報』12, 1918, 38쪽.

인용문은 최남선이 1918년 『조선불교통사朝鮮佛敎通史』 출간에 즈음하여 그 가치와 의미를 『조선불교총보』에 기고한 글이다. 그는 이 글의 앞부분에서 조선 문화에 미친 불교의 영향을 비롯하여 동서교통사와 한국불교, 불교유통 상의 한국의 지위, 불전의해佛典義解상의 한국의 공헌 등을 통해 한국불교의 특성과 역사적 기여 등을 설명하였다.[21] 이어서 그는 자신이 이와 같은 내용을 장황하게 나열한 것은 먼저 조선불교의 계통을 세우고, 한국불교가 역사적 전개 속에서 보여준 공적을 증명하고, 또한 그 문화적 의의와 세계적 관계를 살필 필요성을 제창하고자 함이라고 하였다. 그러나 한국불교는 그 위상과 가치에도 불구하고 "아직 그 이름도 세우지 않고, 그 뜻도 분명하지 않고, 큰 영향과 중요한 가치는 인정되지 않을 뿐만 아니라 희미하게 보이지 않고 있다."고 지적하였다.

1500년 이래의 조선사는 정치법제, 교학문예라는 어떤 방면으로든지 불교와 불교도의 관련을 제외하고는 해석하고 밝게 판단할 수 없으므로 연래로 많고 적은 주의를 이번에 더하여 3가지 느끼는 것이 더욱 들어 깨달으니 제1은 조선의 사회와 문물에 대한 불교의 영향이 극심하고 커서 거의 無事不染, 無物不被의 觀이 있으며 더욱 上中世紀에 있어서는 새로운 안건, 새로운 제목을 봉착하는 족족 그 이면에 투철하고 핵심을 바로잡자면 반드시 불교사부터 시작하여야 겠음을 매순간 절감함이요, 제2는 나에게 因緣傳이 없으며, 高僧傳이 없으며 三寶記가 없으며 西域記가 없으며, 傳燈錄이 없으며, 歷代通載가 없어 천년의 위대한 흔적이 10에 1도 존재치 못하고 善慧의 光焰이 어둠속에 소멸했다. 설령 한조각의 자료가 사방에 흩어져있더라도 한 사람이 한때의 힘으로 도저히 좌우에 이르지 못할 것이니 옛 정성이 아무리 독실하여도 매번 재료를 얻

---

21) 六堂學人, 위의 글, 1918, 21~35쪽.

기가 어려우면 소망을 잃어버리는 것이요. 제3은 일연의 삼국유사, 각훈의 海東高僧傳 이후로 의천의 수집과 교정에는 守其의 錄이 있으며, 최근에는 大東禪敎攷, 佛祖源流, 東師列傳 등 다소의 찬술이 있것만, 이러한 중요한 책도 전해지고 있는 책이 이미 귀하고 아는 자가 역시 적어 이 방면의 역사적 관념이 희박하고 소홀하여 비록 유명한 지식인이라도 조선불교에 대해서는 蘊蓄이 없으며, 느끼고 생각하는 바가 없어 쌓인 의심이 산과 같으나 就質에 사람이 없다.[22]

장황한 인용문은 최남선이 한국불교는 우선 역사인식에서 비롯되어야 함을 강조한 글이다. 그는 한국불교의 역사는 불교를 문화의 원류로 삼고 생활의 기조를 이룬 것으로 정의하고 있다. 그는 한국의 사회와 문물에 대한 불교의 영향이 커서 그 이정표와 핵심은 반드시 불교사에서 찾아져야 함을 강조하였다. 그러나 역사적 전개를 거치면서 수많은 불교저술들이 산일散逸되어 불교사 이해나 그 인식이 희박하여 불교계 지성이라 하더라도 그에 대한 온축蘊蓄이 없어 명확한 이해뿐만 아니라 사론史論 역시 온전히 제시하지 못한 상황이라는 것이다. 결국 그는 현재와 미래의 한국불교를 체계화시키고 재건하기 위해서는 먼저 역사적 자각을 최우선시하라고 강조하고 있는 것이다.

일제강점기 한국불교사 연구는 단절된 한국불교사를 복원하여 체계화시키는 것이었다. 그러나 남아있는 자료는 일천했다. 불교 탄압의 오랜 시기를 거친 이후여서 불교사상과 신앙뿐만 아니라 기록까지도 사라진 상태였다. 승려의 도성출입이 허용되고, 근대학문이 도입되면서 불교는 종교로서의 가치와 위상을 지닐 수 있게 되었다. 그러나 한국불교 재건의 기초가 되는 과거의 흔적은 산일散逸되고 편린片鱗으로 산천과 사찰에 존재할 뿐이

22) 六堂學人, 앞의 글, 『朝鮮佛敎叢報』12, 1918, 41~42쪽.

었다. 한국사에서 불교가 차지하는 위상과 기여, 그리고 인도와 중국과는 다른 한국불교의 독자성을 규명하기 위해서는 자료수집과 분류가 시급한 과제였다.

일제하 불교사 연구는 이능화·권상로·박봉석과 같은 불교계 지성들의 적극적인 자료수집과 정리의 노력이 없었다면 불가능한 일이었다. 먼저 이능화는 조선의 승려마저도 조선불교의 역사를 알지 못하며, 조선불교 1500년 이래로 계통적 역사가 절무絕無함을 안타깝게 여겨 조선불교에 대한 참고자료를 제공한다는 동기로 자료수집에 착수하였다.23) 고승의 비문과 사지寺誌와 각종 기문, 선교禪教의 종파, 산문의 관속慣俗 등을 막론하고 우리나라 불교사와 관계된 것이면 무엇이든 수집하였다.

> 종래 조선의 불교는 전혀 사회에서 도외시되어 이 땅의 학자로 이를 연구하는 자가 전혀 없었지만, 노형(이능화)이 다년 연찬한 결과와 같은 일대 저술을 보는 것은 축하할 일입니다.…·조선의 正史 野乘과 金石文 등은 물론이요 널리 중국의 事蹟을 통람하고 신문잡지 官報類에 이르기까지 섭렵하여 빼놓은 것이 없고, 과거의 사실을 상세하게 했을 뿐만 아니라 현대까지 분명히 하였으니 실로 완전한 일대 불교사로 일찍이 조선에는 그 유례가 없는 저작입니다.24)

인용문은 이능화의 『조선불교통사』를 본 총독부 내무부장관과 학무국장이 보낸 편지 내용이다. 그동안 한국불교를 연구하는 학자가 전연 없었다는 그들의 언급은 당시 지식인들 사이에서 한국불교에 대한 관심을 지닌 인물이 없었음을 알 수 있다. 한국의 역사와 함께 그 궤를 같이해 온 불교

---

23) 이능화, 「『朝鮮佛教通史』에 就하여」, 『朝鮮佛教叢報』6호, 1917, 33쪽.
24) 宇佐美騰夫·關屋貞三郎, 「李能和 殿」, 『朝鮮佛教叢報』 10호, 1918, 65~66쪽.

였지만, 오랜 사회적 천대 속에서 그 전통성과 역사성까지도 사라져버렸다는 것이다. 비록 자료적 성격과 단순한 내용의 나열이 흠결로 남아있는 것은 사실이지만, 『조선불교통사』는 한국불교사 관련 저술 한권 없는 당시의 상황에서는 경이로운 일이었다. 그의 이 노고를 계기로 한국불교사의 학문적 체계화뿐만 아니라 불교계의 당면과제였던 불교개혁의 기초와 명분을 마련할 수 있었다고 해도 과언이 아니다.

한편 권상로 역시 고승의 입적한 날을 기준으로 200여 명의 전기를 정리한 『조선고승시순고朝鮮高僧時順考』를 ≪불교≫지에 수록하였다. 그는 "조선불교가 비록 오래되지 않았지만, 훼손되고 흩어진 것은 극도에 이르러 고승의 명자名字까지도 잊어버렸으니 행적이야 물어 무엇하겠는가."라고[25] 탄식하고 비문과 문집에서 아는 대로 이것을 주어모아 보는 중에 정리한다고 하였다. 그가 고승석덕高僧碩德의 저술목록을 정리한 것도 이와 동일한 배경을 지니고 있다. 그는 일제강점기 한국불교사 탐구에 대한 열정을 지닌 몇 안되는 인물이기도 하다. 불교전래부터 한국불교사를 정리한 『조선불교약사朝鮮佛教略史』를 찬술했으며, 『조선왕조실록』에서 불교기록만을 발췌하여 『이조실록불교초존李朝實錄佛教抄存』을 소개하기도 하였다. 아울러 한국불교의 사상과 역사를 살필 수 있는 옛 고승들의 저술을 수집하고 정리하여 목록화한 자료만도 총 466종이나 된다.[26]

佛法이 우리나라 문화에 공헌한 것이 지대했음에도 불구하고 그 신이한 기록이 남아있지 않음을 한탄했다. 다행스러운 것은 다 없어지지 않았지만, 비바람에 휩쓸리기도 하고, 흩어지고 빠져서 온전히 갖추어지지 못해 근거를 찾을 수 없다. 만약 그대로 방치해 둔다면 100년 후가 두

---

25) 權相老, 「朝鮮高僧時順考」, ≪佛教≫ (新)32~43, 1942.
26) 退耕, 「朝鮮高僧碩德의 저술이 몇 권이나 됩니까」, ≪불교≫ 46·47합호, 1928.

렵다.27)

조선총독부 도서관에 근무하던 박봉석 역시 소화16년(1941) ≪불교≫지를 통해 우리나라 고승의 전기 자료를 정리한 『청구승전보람靑丘僧傳寶覽』을 소개하면서 "우리나라 고승의 전기를 내가 밤낮으로 근심하여 널리 구하기를 10년이 지났다."고 하였다. 자료 수집은 삼국시대에서 조선시대까지이며, 우리나라 승려들은 기본이고 그 외에 전법승傳法僧, 독신거사 등을 모두 수록하였다. 그의 자료수집의 범위는 방대했다. 『삼국사기』·『고려사』를 비롯한 우리나라 정사류正史類와 『삼국유사』를 비롯한 불교관계 사서史書 그리고 『해동금석원海東金石苑』, 『조선금석총람朝鮮金石總覽』, 『조선사찰사료朝鮮寺刹史料』 등 당시 조선총독부 조사자료집 뿐만 아니라 『대정신수대장경』과 『대일본속장경』, 『대일본전서』와 같은 일본의 불교관계자료 그리고 전집과 문집, 사지, 비석, 탁본 등 다양한 자료를 기초로 정리한 것이다. 이밖에 ≪불교≫28)·『조선불교총보』를 비롯한 당시 불교계의 잡지는 고승들의 단편적인 비문을 비롯해 다양한 불교 사료를 소개하고 이에 대한 관심과 연구를 독려하기도 하였다.

이와 같은 광범위하고도 적극적인 자료수집의 노력으로 불교계에서는 일련의 저술들이 간행되기도 하였다. 우선 권상로는 1917년 『조선불교약사』를 간행하였다. 이 책은 총 328쪽으로 되었으며, 내용은 제 1편 삼국불교, 제 2편 고려불교, 제 3편 조선불교 등 3편 총 470여 항목에 걸쳐 한국불교의 주요 사건, 인물 등을 연대순으로 약술하였으며 부록으로 본편의 이해를 돕기 위한 제종종요諸宗宗要, 불조약계佛祖略系, 편중인명고篇中人名

---

27) 朴奉石, 「靑丘僧傳寶覽」, ≪불교≫ (신), 1940, 부록1~12쪽.
28) 姜裕文은 事蹟記·高僧傳·金石文類 등을 광범위하게 수집하여 ≪불교≫지에 「朝鮮佛敎年表」를 제작하기도 하였다.(≪불교≫ (신)34·35·36·37, 1942)

考, 조선역대약계朝鮮歷代略系를 함께 수록하였다. 1900년대 초에서 해방 이전까지 45년 동안 약 300여 종이 출판되었다. 그러나 대부분이 경전과 강원교재 등을 활자로 간행하거나 한글로 번역하여 간행하는 경우가 가장 많고, 그 다음으로는 영험설화와 염불집 등이 출간되었다. 비록 한국불교를 복원하고 체계화시켜 그 정체성을 규명하고자 한 저술들은 드물었지만, 권상로의 노력은 한국불교를 연구하는 시발점이 되기도 하였다.

이능화의 『조선불교통사』는 불교사의 공백기로 남아있던 조선시대 불교사를 복원하는 토대이자 결정적인 역할을 했다. 『조선불교통사』는 1918년 간행되었으며, 상·중·하의 3편으로 구성된 방대한 분량의 저서다. 이에 대한 연구 성과에 의하면 상편 총 674쪽 가운데 282쪽이 조선시대가 차지하고 있으며, 「인명세목人名細目」에서 다루고 있는 300명 가운데 조선시대가 93명, 「사암탑상급건명세목寺庵塔像及件名細目」에서는 조선시대 90건으로 다른 시대에 가장 많은 분량을 차지하고 있다. 한국불교사의 중요한 사건과 인물, 경전, 교리, 사상 등 다양한 주제를 분류하여 서술한 하편 「이백품제二百品題」에서 70개 항목이 조선시대를 차지하고 있다. 여기에는 태조의 불교신앙, 대장경의 일본청구, 해인사 장경인출, 대장경 고증, 불교종파와 5교 양종, 5교 양종이 선교양종으로 통합, 승록사부터 선교양종도회소로 변화과정, 연산군과 중종 대 불교계의 동향과 승관선발실태, 사찰재산 등 조선시대 불교와 관련한 다양한 내용을 수록하고 있다. 더욱이 조선후기 선禪 논쟁論爭에 대한 그의 관심은 후학들의 연구에 단초를 제공해줄 정도로 중요한 의미를 지니고 있다.

이능화의 이와 같은 조선시대 불교사에 대한 관심의 배경은 일차적으로는 불교사 복원이 목적이었지만, 한국불교가 지닌 독자성과 정체성을 확립하려는 의도 역시 강하게 작용하였다. 아울러 그가 살고 있는 당대의 현실 불교를 이해하고 개혁하는 기초로 삼기도 하였다. 이능화는 1918년 『조선불교통사』 이후 ≪불교≫지에 20여 회에 걸쳐 「이조불교사李朝佛敎史」를 연재했고, 「조선불교사朝鮮佛敎史」와 「조선불교본말朝鮮佛敎本末」 등을 집필하기도 했다.

한편 이와 같은 불교사 찬술과 인식은 과거를 통해 한국불교의 본질과 특색을 살피고, 현재와 미래불교를 준비하기 위한 것이었다. 예컨대 일제강점기 현실불교의 당면과제를 해결하기 위한 기초로, 그리고 불교에 대한 부정적 인식을 해소하기 위한 중요요소였다. 일본에게 국권을 강탈당한 후 불교계는 사찰령寺刹令의 억압과 구속 하에 있었다. 그러나 자주적인 종단 건설, 전통불교에 대한 회의와 부정에 기초한 불교혁신, 전통의 회복, 종명과 종조에 대한 개념 확립 등은 당시 불교계가 중흥과 발전을 위한 일련의 노력들이었다. 이와 같은 당시 불교계의 총체적인 변화의 기초에는 지나간 불교사가 자리 잡고 있었다. 예컨대 불교사에서 현실불교가 변화하고 나아갈 길을 모색했던 것이다.

> 近來 文學上에 太古普愚國師로 海東初祖를 정함이 번번이 나타나고 있는데 이것은 심한 듯하다. 태고가 重興祖라함은 그럴 수 있지만, 어떻게 初祖가 되겠는가.[29]

1910~1920년대의 불교계는 태고 보우국사를 종조로 인식하는 경향이 짙어졌다. 예컨대 태고를 '조선불종朝鮮佛宗의 비조鼻祖'라 하였고[30] 당시 선교양종의 사원에 "기천승려幾千僧侶로부터 종문개조宗門開祖로 숭앙"하고 있다고[31] 하였다. 1929년 1월 3~5일, 승려대회를 통해 제정된 조선불교 선

---

29) 方寒巖, 「海東初祖에 대하야」, ≪佛敎≫ 70, 소화5년(1930), 9쪽.
30) 해동불보사, 「北漢山太古寺 重修案 趣旨」, ≪海東佛報≫ 1, 1913년, 58쪽.
31) 도전춘영, 「북한산의 유적」, 『조선불교총보』 3, 1917, 27쪽.

교양종의 종헌宗憲에도 보우국사를 종조로 규정하였다.32) 방한암은 이에 대해 "도의道義가 서당지장에게 법인을 얻어 귀국하니 이것은 달마가 진단震 旦의 초조初祖됨과 같이 도의가 해동海東의 초조初祖됨은 지자智者를 불대不待 하고 가히 판정할 일 아닌가"라고33) 하였다. 권상로 역시 도의가 조계종의 종조宗祖임은 주저할 바 아니며34)「가지산보림사보조선사비迦智山寶林寺普照禪師 碑」 등을 근거로 조계종의 종조는 도의국사라고 강력하게 피력하였다.35)

결국 종조논쟁은 태고설에 대한 한암의 도의설 주장이 있었지만, 1935 년 조선불교 선종의 종규와 1941년 4월 조선불교 조계종의 태고사법에는 태고 보우가 종조로 등장하였다. 이와 같이 1910년대부터 1945년 해방까 지 종지·종통과 함께 종조문제는 한국불교사 인식에 기초한 논쟁이었다.

4. 맺음말

일제강점기 불교와 불교계는 격동기 속에서 다양한 문제와 과제를 안고 있었다. 우선은 폐허가 된 한국불교의 본래 위상과 가치를 확립하는 일이 었다. 근대학문의 수용과 함께 전통불교에 대한 반성은 불교개혁이라는 이 름으로 진행되었다. 일제강점기 우리 불교사에 대한 연구는 이와 같은 명 실상부한 배경 속에서 진행되기 시작하였다. 당시 불교계의 지성들은 불교 수용부터 통일신라, 고대, 조선시대 불교가 지닌 특징과 기여에 대해 검토 하기 시작하였다. 아울러 식민지 시기의 당면과제였던 독립과 자주적인 정

---

32)「宗憲」, ≪불교≫ 56, 1929.
33) 방한암, 앞의 글, 8쪽.
34) 權相老,「古祖派의 新發見」, ≪佛敎≫ (신)31, 1941.
35) 安東相老,「曹溪宗旨」, ≪불교≫ (신) 49, 1943, 12쪽.

체성을 회복하기 위한 시도는 불교계만의 문제는 아니었다. 1910년대부터 민족주의자를 중심으로 한 국권회복운동은 우리민족이 지니고 있었던 고유의 특성 즉 '국수國粹'를 보존하는 일이었다. 불교는 우리 역사 속에서 전래하는 풍속·습관·제도 등의 근간 가운데 중요한 자리매김을 하고 있었던 것이 사실이다.

불교계의 지성들은 과거의 부정적인 불교인식에서 벗어나 근대학문의 차원에서 한국불교를 사상, 신앙, 정치사회적 측면으로 세분화시켰다. 연구방법 역시 신비적 경향을 탈피하여 객관적 연구를 시도하였다. 문헌적 사실 외에 그 시대의 유물과 지리·미술 등 그 시대의 사조와 성격 등을 면밀히 검토하여 과학적 객관적 불교사 연구를 시도한 것이다. 이와 같은 연구 분야의 분류와 방법론의 제시는 한국불교가 지닌 가치와 개성을 면밀히 살필 수 있는 계기가 되기도 하였다. 조선시대의 불교를 무가치한 것으로 평가했던 다카하시 토오루조차도 그 시대의 종교적 면모와 가치를 재인식할 정도였다.

우선 최남선은 교가 한국의 문화를 예술적이게 했으며, 우리의 생활을 사상적이게 했다고 하였다. 이것은 한국문화가 불교수용이전과 비교했을 때 문명과 문화적 진전이 괄목할 정도로 성장 발전했음을 강조한 것이다. 아울러 불법佛法을 구하기 위한 노력이 한국인의 덕과 재능을 깊고 넓게 할 수 있었던 기회를 제공해주었다고 하였다. 동양사학자 김상기 역시 한국의 고유 토착문화가 불교유입을 계기로 더욱 풍성해지고 세련되었음에 주목하였다. 이밖에 지성들은 한국의 역사 속에서 전개된 불교의 특징적 요소를 선정하여 국가적 기여와 영향 등을 소개하였다. 이와 같은 일제강점기 지성들의 적극적인 불교사 인식을 위한 노력은 일차적으로는 불교계의 현실 과제를 해결하려는 기초에서 비롯되었지만, 거시적 측면에서는 암울한 식민지 상황을 극복하기 위한 구심점 역할을 했던 것이다.

II. 일제강점기 日帝强占期 고대불교사 연구경향과 성격

1. 고대불교사 연구의 배경

　일제강점기에 진행된 한국불교사 연구는 순전한 학문적 발전을 전제로 이루어진 것만은 아니다. 한 시대의 역사가 그 시대의 총체적인 요소를 포함하듯 이 시기의 불교사 연구는 일제의 강점과 불교정책, 당시 불교계의 전통불교수호와 개혁, 근대불교학의 형성과 발전이라는 다양한 현실문제와 결부되어 진행되었다. 이른바 암울한 시대상황과 불교계의 정체성 확립 의지가 불교사 연구의 기본적 방향이 되었다. 더욱이 조선시대 지속적인 불교탄압과 소외에 기인한 우리 불교사에 대한 무지와 불교계의 일본화 경향은 불교사 연구의 시대적 당위성을 지니고 있었다.

　일제강점기 불교계에서 진행된 한국불교사 연구는 이능화·권상로를 중심으로 한 불교계의 몇몇 지식인에 의해 이루어졌을 뿐[1] 사실상 일천하다.[2) 이들에 의해 근대학문에 기초한 체계화와 내용분석과 기술記述이 시도되었다. 그러나 산일散逸된 자료를 수집하고, 그 편린을 모아 정리하는 노고와 의미는 지대했지만, 분석은 엉성했고, 사론史論은 민족주의民族主義와 우리 불교사의 우수성을 선양하는데 그치고 있었다. 그들의 연구역량의 한계탓도 있겠지만, 그들이 살았던 시대상을 고려한다면 이러한 성과조차도 일정한 의미를 지니고 있는 것은 분명하다. 여하튼 이 시기 한국불교사 연구는 현재적 관점에서 살폈을 때 수집한 자료를 기초로 근대학문의 틀에서 연구되고 기술되었다.

한편 일제강점기에 진행된 한국불교사연구에 관한 여러 사정은 아직까지 알려지지 않았고, 시도되지도 않고 있다. 일제강점기를 중심으로 한 근대불교에 대한 관심과 연구조차 1990년대 초반에 와서야 비로소 시작된 것을 보면 이 시기 불교사 연구에 대한 관심은 소홀할 수밖에 없었을 것이다. 근대불교사 연구는 여전히 '항일'·'친일'·'일제의 불교정책'·'전통불교의 수호'·'불교의 대중화'·'종단설립'이라는 다양한 주제를 연구대상으로 하고 있으며,[3) 단순한 자료나열이나 소개에서 벗어나 체계화와 세분화

1) 일제강점기에 진행된 대표적 불교사 연구의 성과는 다음과 같다. 李能和, 『朝鮮佛教通史』, 신문관, 1918 ; 權相老, 『新撰朝鮮佛教史』, 油印本, 1900 ; 權相老, 『朝鮮佛教史』, 혜화전문학교, 1917 ; 權相老, 『朝鮮佛教略史』, 신문관, 1917 ; 金映遂, 『朝鮮佛教史』, 중앙불교전문학교, 1939 ; 金海隱, 『朝鮮佛教史大綱 : 朝鮮佛教宗派變遷史論』, 松廣寺, 1920.
2) 일제강점기 불교사 연구의 사정을 소개하고 있는 글은 다음과 같다. 김수태, 「이능화의 사회사연구」, 『충남사학』 3, 충남대사학회, 1988 ; 이종은, 『이능화연구 : 한국종교사학을 중심으로』, 집문당, 1994 ; 이재헌, 「일제하 불교학자들의 역사인식과 학문적 입장에 관한 연구」, 『한국학대학원논문집』 10, 한국정신문화연구원, 1995 ; 이재헌, 『근대한국불교학의 성립과 종교인식-이능화와 권상로를 중심으로』, 한국정신문화연구원 한국학대학원박사학위논문, 1999 ; 이재헌, 「권상노불교학의 근대적 성격」, 『불교학연구』 4, 불교학연구회, 2002 ; 김효탄, 「이능화의 불교사 인식」, 『불교학보』 40, 동국대불교문화연구원, 2003 ; 한상길, 「조선시대 불교사 연구와 『조선불교통사』」, 『불교학보』 40, 동국대 불교문화연구원, 2003 ; 이재헌, 『이능화와 근대불교학』, 지식산업사, 2007.
3) 김광식, 「근대불교사연구의 성찰-회고와 전망」, 『민족문화연구』 45, 고려대학교 민족문화연구원, 2006.

를 시도하고 있다. 이 과정에서 학자들 간의 근대불교라는 개념이해와 해석, 그리고 인식 차 역시 드러나고 있는 실정이다.[4] 이러한 논쟁은 시대상에 대한 다양한 시각과 연구방법론에서 비롯되었지만, 역사와 철학을 상호 보완하는 면밀한 검토를 통해 논쟁의 간극을 좁히는데 간과한 부분이 있다. 그것은 이 시기에 진행된 불교사 연구를 검토하는 일이다. 당시 진행된 불교사 연구는 정체성뿐만 아니라 다양한 불교계의 현실문제와 결부되어 진행되었기 때문이다. 따라서 한국불교가 지닌 특성과 근대라는 보편성의 간극을 좁히기 위해서는 이 시기에 진행된 불교사 연구 역시 일정한 영향을 지니고 있다고 할 수 있다.

이글은 근대 불교사학사(佛敎史學史)차원의 검토와 함께 근대불교의 본질을 파악하는 기초를 마련하는 것이 궁극적 목적이다. 우선 이 시기 진행된 고대불교사연구의 배경을 살피고자 한다. 일차적으로는 학문적 차원에서의 배경이 있을 것이고, 일제강점기 한국불교가 지닌 정체성과 함께 불교계의 다양한 현실 문제를 극복하는 과정에서 불교사 연구의 필요성을 인식했을 것이다. 이와 같은 배경 하에 이루어진 연구경향은 불교수용과 전개에 따른 문화사적 의미, 원효·의상·자장과 같은 인물의 생애와 사상, 석굴암을 위시한 불교문화재 등을 소개하고 있다.

이글은 고대불교사 연구배경과 경향을 통해 일제강점기 학문적, 현실적 성격을 파악하여 일차적으로는 근대불교사학사를 정리하고, 근대불교에 대한 다양한 해석의 간극을 좁히는데 기여하고자 한다.

---

4) 조성택, 「근대한국불교사 기술의 문제 : 민족주의적 역사기술에 관한 비판」, 『민족문화연구』 53호, 고려대학교 민족문화연구원, 2010. 조성택의 이 글은 근대한국불교사 연구가 항일과 친일이라는 이분법적 구도에서 이루어진 민족주의적 역사기술에 근거를 두고 있어 근대한국불교의 다양성을 모색하는 기회를 제거했다고 밝혔다.(조성택, 앞의 글, 587~591쪽) 이에 대해 김광식은 조성택의 민족불교비판이 조계종의 정체성을 흔든다며 반박했고, 이후 반박과 재반박이 이어졌다.(『법보신문』1122호(2011.11.23)·1123호(2011.11.30)·1124호(2011.12.7)

일제강점기 불교사 연구와 기술은 일련의 학문적 측면과 시대적 상황에 따른 배경을 지니고 있다. 첫째, 우리 불교사에 대한 정리의 필요성에서 비롯되었다. 이능화는 1907년 무렵부터 1916년까지 약 10여 년 동안 조선의 각종 사서와 다양한 사료를 수집하여 고대에서 근대에 이르는 한국불교사를 총결집하여 『조선불교통사』를 펴냈다.

> 서역의 無爲之法(불교)이 우리 동방의 인연 있는 땅에 들어왔다. 金剛의 名山은 이때부터 法起菩薩이 사는 곳이 되었고, 해인사의 대장경 또한 세계의 法寶가 되었다. 도를 얻은 禪僧과 法侶들이 삼대같이 많았고, 불법을 지키는 국왕과 대신들이 숲처럼 빽빽했다. 12종파의 연혁과 900사찰의 由緒가 조각조각 난 채 파묻혀 있고, 먼지더미 속에 버려져 있었으므로 귀가 있어도 들을 수 없고 눈이 있어도 볼 수 없었다. 재주가 없는 내가 이를 염려하여 어리석음을 무릅쓰고 일을 시작하였다.5)

이능화는 조선에 불교가 수용된 이후 이 땅이 불연佛緣이 깊고, 대장경 조성과 같은 세계적 업적을 달성했지만, 고려 이후 세월이 흐르고 탄압과 소외로 우리불교의 발자취를 알 수 있는 흔적들을 찾아보기 어렵다고 했다. 『조선불교통사』에 서문을 쓴 예운산인猊雲山人 혜근惠勤은 "사실을 기록한 책은 지금까지 천 년 동안 저술한 것이 거의 없어 천지에 우뚝한 불문佛門의 일들이 거울에 비친 구름 그림자 비치듯 눈앞에 스쳐갔다."고 개탄하고 애석하게 여겼다.6) 10여 년 동안 고승의 전기를 수집하여 『청구승전보람靑丘僧傳寶覽』을 찬술했던 박봉석朴奉石 역시 "불법佛法이 우리나라 문화에 공

---

5) 李能和, 「自序」, 譯註『朝鮮佛敎通史』 1 上篇(佛化時處), 동국대학교 출판부, 2010, 54쪽.
6) 猊雲山人 惠勤, 「序」, 譯註『朝鮮佛敎通史』 1 上篇(佛化時處), 동국대학교출판부, 2010, 50쪽.

헌한 것이 지대했음에도 불구하고 그 신이神異한 기록이 남아있지 않음을 한탄했다."7) 유교이념을 기초로 한 조선의 건국 이후 불교는 사원寺院과 사원전寺院田이 국가로 환수되고, 출가가 제한되었으며, 종단이 축소되었다가 급기야 해체되는 지경에 이르렀다. 승려는 혹독한 수탈과 착취로 흩어진 탓에 선교학禪敎學의 수학修學은 융성했던 전대前代와는 비교할 수 없었다. 이와 같은 불교계의 암울한 상황 속에서 사찰은 잡초가 무성했고, 우리 불교의 사정을 알 수 있는 다양한 전적류典籍類는 아궁이 속으로 들어가고, 바람을 막는 문풍지나 벽을 바르는 용도로 전락한 쓸모없는 종이에 지나지 않았다. 이것이 일제강점기 불교계지식인들이 불교사를 연구한 시발점이다. 그들은 산일된 채 겨우 남아있는 불교사의 편린들을 10여 년 이상 산천을 헤매며 수집하고 정리하였다. 흩어진 퍼즐을 조합하여 불교사를 복원하고 체계화시키고자 한 것이다.

둘째, 이 시기 불교사 연구는 국학진흥 차원에서도 진행되었다.

시방으로부터 半世紀쯤 前에 西洋의 一著述家가 朝鮮의 歷史와 民俗을 紹介하는 書에 「隱士國」Hermit Nation이라는 說明을 부친 일이 있다. 미상불 政治的 國際的 關係는 그만두고라도 文化史的 關係 – 學術的 興味로만 하야도 東方에 있어서 매우 重要性을 가진 朝鮮이 그다지 世界에 알려지지 않고 또 太平洋의 孤島와 亞弗利加深林中의 蠻人까지 學究劇中에서 각기 큰 광대노릇을 하는 中에 오랜 傳統과 중요한 地位를 가진 朝鮮의 價値만이 아직 正當하게 認識되지 아니함은 진실로 現代에 잇는 一奇怪事라고 할 수 있다.8)

---

7) 朴奉石, 「靑丘僧傳寶覽序」, 《佛敎》(新)21, 불교사, 昭和5년(1930), 1~2쪽.
8) 崔南善, 「朝鮮佛敎-東方文化史上에 잇는 그 地位」, 《佛敎》74, 佛敎社, 昭和5년(1930), 1쪽.

인용문은 문화운동가이자 사학자였던 최남선(1890~1957)이 1930년 7월 하와이에서 열린 범태평양불교대회에 참석하기 위해 작성한 글의 일부분이다. 그는 "문화사적 관계-학술적 흥미만으로도 동양에서 매우 중요성을 가진 조선이 그다지 세계에 알려지지 않고 아직 정당하게 인식되지 않은 진실로 해괴한 일"이라고 지적하고 있다.

1930년대는 국학國學이 유행한 시기였다. 신채호·정인보·장지연을 중심으로 한 연구자들은 현실비판에서 민족사의 바른 이해를 꾀하였고, 민족사 속에서 한국의 빛을 다시 발견하고자 노력하였는가 하면 말과 글을 선양, 발전시켜서 한국의 얼을 고취시키려고 하였다. 국학의 정신은 이전의 중국문화를 숭상하여 자기문화를 비하하던 태도에서 벗어나고, 일제의 식민통치에서 생긴 문화적 자기상실감에서 벗어난 강한 민족적인 자기인식을 중시하는 것이었다. 나아가 동아시아문화권에서 차지하는 한국문화의 위치와 성격을 정당하게 정립하려 하였다.

최남선은 불교문화가 조선의 역사와 문화에 금자탑을 형성했음을 강조하였다. 그는 중국의 삼론종三論宗이 고구려 승려 승랑僧朗에 의해 그 정의正義를 밝혀서 삼론종의 면목을 발양發揚했고 삼론종의 초조요, 동방불교건설의 선구자라고 할 만하다고 하였다.[9] 그는 신라승 원측이 유식의 현리玄理를 가르치지 않았는데 통하고 오해悟解가 신神에 들어가서 현장의 제자 규기窺基가 따를 수 없다고 했고, 중국 화엄종의 개립開立에 의상의 공적이 적지 않아 반도半島와 지나支那 양자 간에는 선후先後와 본지本支를 말할 수 없음이 사실이라고 하였다.[10] 언론인이자 국사학자 장도빈張道斌(1888~1963) 역시 고대조선에게 대이익을 내린 것은 불교라고 전제하고, "삼국

---

9) 최남선, 앞의 글, 8쪽.
10) 최남선, 앞의 글, 8~11쪽.

문명의 최고찬란, 최발달한 방면에 있어서는 불교를 제외하고는 다른 것이 없다. 정신상 문명의 평등이니 동포이니 희생이니 하는 주의가 불교로 말미암아 이루어졌다."고11) 하였다. 당시 불교계의 석법정釋法淨도 "불교전래와 함께 문화의 수반물로 불상의 조각, 사원의 건축, 건학입사建學立師의 교육법, 경문經文의 이서異書, 신앙의식의 정신적 문화와 일용생활에 미친 의례, 신교리新敎理 전개의 정신적 개척 또는 기구·의복 등의 다양한 새로운 전개를 보았다."고12) 하였다.

이와 같은 한국 역사 속의 불교문화의 우수성 천명은 일본에 불교를 전파시킨 사실도 빼놓지 않았다.

明治維新 이후 日本文化는 泰西文明을 수입하여 모든 문화가 발달하였음을 東洋諸國에 선진적으로 自任하였지만, 천백 여 년 전부터 명치유신 초까지 일본국민의 정신세계를 지배하고 물질계를 좌우한 일본문화는 朝鮮佛敎의 혜택이었다. 종교·예술·문학·과학을 통해 어느 것이든지 조선불교 승려의 손을 거치지 않은 것이 없기 때문이다.13)

사불산인四佛山人은 일본은 명치유신을 계기로 서구문화를 적극적으로 수용하면서 그 발전을 이룩한 것으로, 그 이전에는 조선불교와 승려가 전한 불교문화와 문물이 기초가 되어 종교·예술·문학·과학이 발전했다고 하였다. 최남선 역시 "전법傳法초의 일본에 있어서는 본토인本土人은 다만 충실한 신도될 뿐이요, 그 지도자와 중심인물과 기술가 등은 고구려·백제·신라에서 초빙된 승려와 반도의 이주민이었다."고14) 하였다. 김태흡이 조선

11) 張道斌, 「古代佛敎」, 『朝鮮佛敎叢報』 21, 30본산엽합사무소, 대정9년(1920), 16~22쪽.
12) 釋法淨, 「海東佛法의 傳來小考」, ≪佛敎≫ (新)31, 불교사, 소화16년(1941), 31쪽.
13) 四佛山人, 「朝鮮佛敎와 日本文化의 關係」, ≪佛敎≫ 70, 불교사, 소화5년, 2쪽.
14) 최남선, 앞의 글, 34쪽.

의 일본문화 전파에 대한 글을 발표하면서 "조선불교가 국내뿐만 아니라 일본의 문화까지 발전시켰던가하는 것을 느끼고 고대조선 불교도의 활동이 얼마나 눈이 부시게 힘이 있었는가 함을 여러 동지에게 알리기 위해"라고 한 것을 보면 불교사 복원과 함께 우리 불교사의 가치를 알리고자 한 계몽적 성격 역시 지니고 있었음을 알 수 있다.

셋째, 일제강점기 불교사 연구는 당시 불교계의 현황과 교단설립의 기초가 되었다.

> 近來 文學上에 太古普愚國師로 海東初祖를 정함이 번번이 나타나고 있는데 이것은 심한 듯하다. 태고가 重興祖라함은 그럴 수 있지만, 어떻게 初祖가 되겠는가.[15]

1910~1920년대의 불교계는 태고 보우국사를 종조로 인식하는 경향이 짙어졌다. 예컨대 태고를 '조선불종朝鮮佛宗의 비조鼻祖'라 하였고[16] 당시 선교양종의 사원에 "기천승려幾千僧侶로부터 종문개조宗門開祖로 숭앙"하고 있다고[17] 하였다. 1929년 1월 3~5일, 승려대회를 통해 제정된 조선불교 선교양종의 종헌宗憲에도 보우국사를 종조로 규정하였다.[18] 방한암은 이에 대해 "도의가 서당지장에게 법인을 얻어 귀국하니 이것은 달마가 진단震旦의 초조初祖됨과 같이 도의가 해동海東의 초조初祖됨은 지자智者를 부대不待하고 가히 판정할 일 아닌가"라고[19] 하였다. 권상로 역시 도의가 조계종의 종조임은 주저할 바 아니며[20] 「가지산보림사보조선사비迦智山寶林寺普照禪師碑

---

15) 方寒巖, 「海東初祖에 대하야」, ≪佛敎≫ 70, 불교사, 소화5년(1930), 9쪽.
16) 「北漢山太古寺 重修案 趣旨」, 『海東佛報』 1, 해동불보사, 1913년, 58쪽.
17) 도전춘영, 「북한산의 유적」, 『조선불교총보』 3, 30본산연합사무소, 1917, 27쪽.
18) 「宗憲」, ≪불교≫ 56, 불교사, 1929.
19) 방한암, 앞의 글, 8쪽.

」등을 근거로 조계종의 종조는 도의국사라고 강력하게 피력하였다.[21]

결국 종조논쟁은 태고설에 대한 한암의 도의설 주장이 있었지만, 1935
년 조선불교 선종의 종규와 1941년 4월 조선불교 조계종의 태고사법에는
태고 보우가 종조로 등장하였다. 이와 같이 1910년대부터 1945년 해방
까지 종지·종통과 함께 종조문제는 한국불교사에 기초한 논쟁이었다.

2. 고대불교사 연구의 경향

일제강점기 고대불교사 연구와 기술 경향은 대체로 네 분야로 분류
된다. 첫째, 고대불교개관, 둘째, 인물과 사상연구, 셋째, 불교문학·미술·
음악, 넷째, 자료수집과 정리이다.

(1) 고대불교古代佛敎 개관槪觀

필자	제 목	간행지(호수)	출판사	간행연도
四佛山人 (朴勝周)	朝鮮佛敎와　日本文化의 關係	≪불교≫ 30	불교사	소화5년
金泰洽	東洋佛敎의 槪說 (四. 朝鮮의 佛敎, 起源과 三國)	≪불교≫ 35	불교사	소화2년
釋法淨	海東佛法의 傳來小考	『신불교』 31	불교사	소화16년
張道斌	古代朝鮮佛敎	『조선불교총보』 21	30본산연합사무소	대정9년
朴昌斗	新羅佛敎의 大觀	≪불교≫ 73·75·76·77·78·80· 81·82	불교사	소화5~6년

---

20) 權相老, 「古祖派의 新發見」, ≪佛敎≫ (신)31, 불교사, 1941.
21) 安東相老, 「曹溪宗旨」, ≪佛敎≫ (신)49, 불교사, 1943, 12쪽.

필자	제 목	간행지(호수)	출판사	간행연도
獅吼生	新羅佛教界의 法會儀式	『조선불교총보』 19	30본산연합사무소	대정8년
雲陽沙門	教史(3장 朝鮮史) 教史(5장 三國史) 6장 新羅사~7장 高麗史	『조선불교월보』 3~13	조선불교월보사	명치45년 ~대정2년
徐海曇	原法興始	『조선불교월보』 3	조선불교월보사	명치45년
尙 玄	佛家十三宗의 來歷	『불교진흥회월보』 1권 2호	불교진흥회본부	대정4년
尙玄居士	佛祖遺骨東来史	『조선불교계』 1~3		대정5년
金映塗	通度寺之戒壇에 就하야	≪一光≫ 4	중앙불전교우회	소화8년
金映塗	通度寺의 舍利와 袈裟	≪一光≫ 7	중앙불전교우회	소화11년
鄭斗石	日本佛教傳來와 百濟佛教 와의 關係	≪金剛杵≫ 25	조선불교동경 학우회	소화16년
豊山映眞	新羅時代の禪宗小考	≪金剛杵≫ 26	조선불교동경 학우회	소화18년
蒺藜園人	法起菩薩과 普德閣氏 兩 緣起를 읽고서	≪金剛山≫ 2	금강산사	소화10년
張道煥	佛教傳播의 平面相	≪新生≫ 3	신생사	소화21년
李外潤	三國時代佛教의 信仰特色 小考	≪鹿苑≫ 1	조선불교학생 동맹	소화22년
金鍾安	寺院經濟의 史的考察 (貴族佛教時代를 中心으로)	≪鹿苑≫ 2	조선불교학생회문화부	소화22년
李夏雨	新羅文化의 小考察	≪鹿苑≫ 2	조선불교학생회문화부	소화22년

위의 표는 일제강점기 불교계의 언론지에 나타난 고대불교사 개설에 해당하는 글의 목록이다. 대체로 불교의 발생과 중국전래, 그리고 조선불교의 수용과 그 시대적 전개와 관련된 내용, 그리고 우리나라 불교의 수용과 종파형성, 고대불교의 대표적 성격을 띠고 있는 신라불교, 고대조선불교의 일본전파 사정을 기술한 약 5종으로 분류된 글들이 실려 있다.

우선 운양사문雲陽沙門은 「교사敎史」라는 제목으로 ≪조선불교월보≫에 1912년 2월부터 1913년 8월까지 1년 6개월 동안 인도·중국·조선불교사를 개설적으로 기술하였다. 이 가운데 5~9호까지는 「삼국사三國史」, 10~

11호까지는 「신라사新羅史」를 기술하였다. 그는 "불교가 인도에서 동래東來하여 3,000년 역사를 지나오는 과정을 기술하고자 한다. 장황한 세월을 거쳤지만, 먼저 대략 그 개요를 거론하였다."[22]

> 고구려 · 백제 · 신라순으로 불교가 전래된 것은 세속의 말을 따른 것에 불과하다. … 我朝鮮에 佛敎의 유입함이 이미 오래되었도다. 삼국유사에 "新羅 月城東龍宮南에 有迦葉佛宴坐石하니 其地는 前佛時에 伽藍之墟라. 卽今黃龍之地"라하니 이 자취를 보건대 부처이전의 때로 이와 같은 일은 劫前事와 동일하여 가히 증험하지 못할 것이다. 江原道 高城郡 楡岾寺 사적에 "釋迦滅後文殊師利菩薩이 金鑄五十三尊像하고 又鑄一鐘하여 安佛像于鐘內하고 將泛于海에 祝曰有緣國土로 가면 나 역시 따라가 說法度生하리다. 그 종이 바다를 건너 많은 나라를 지나다가 金剛山 東安昌縣浦口에 정박하니 신라 제2대왕 南解王 원년이요 중국 前漢平帝元始四年甲子라. 현의 재상 盧偆이 왕에게 아뢰어 이해에 유점사를 건립하여 봉안하였다."하니 불멸후 953년이라 漢明帝 永平11년 戊辰보다 65년 빠르니 栴檀瑞像과 祇園精舍를 제외하고는 伽藍과 像奉이 조선보다 먼저인 것은 세계에 없도다.[23]

예컨대 서기 4년 문수사리보살이 조성하고 주조한 53존불尊佛과 종鐘이 금강산 포구에 도착하여 유점사를 창건하고 안치하였으니 인도를 제외하고 사찰과 불상봉안이 조선보다 빠른 나라는 없다고 지적하였다. 『삼국유사』와 「유점사사적기」에 기초한 운양의 주장은 사실 신빙할 만한 기록은 아니다. 학술적 성격이기보다는 포교목적의 글로 생각된다. 반면 언론인이

---

22) 雲陽沙門, 「敎史」, ≪朝鮮佛敎月報≫1, 朝鮮佛敎月報社, 明治45년(1912), 3쪽.
23) 雲陽沙門, 「敎史」, ≪朝鮮佛敎月報≫5, 朝鮮佛敎月報社, 明治45년(1912), 36~37쪽.

자 국사학자 장도빈(1888~1963)은 1920년 3월 27일 조선불교회 제1회 강연회의 요지문인 「고대조선불교古代朝鮮佛教」라는 글에서 고대조선에 대이익을 내린 것은 불교라고 전제하고 불교를 기초로 진리·정치·예술·교육 등이 널리 유포되었다고 하였다. 그가 고대불교의 특징으로 제시한 것은 다음과 같다.

> 三國의 平等主義가 實行되었으니 三國이 佛教를 信하기 前엔 다 階級主義뿐이오, 社會平等主義가 無하더니 當時 國君이 佛教를 信한 後로부터 自己特權을 降하여 高僧을 待하기를 國師와 王師로 尊함이 이로부터 平等主義가 行하고 階級主義가 破하였더니 李朝에 至하여 階級主義가 復活하였다. 古代僧侶는 四海同胞主義를 持하였음으로 釋迦氏의 一切衆生 皆有佛性이라 하시는 說을 朝鮮에서 실행하였다.… 고대 승려는 犧牲主義를 實行함으로 日本과 支那에 傳教術法함에 다 成功을 得하였으니 當時 僧侶는 斯世를 위하여 衆生을 苦海에서 不濟하면 不可한 줄 自覺하여 自己犧牲을 不顧하고 社會前導를 作한 故로 當時 道德과 學術로부터 政治軍事上까지도 不與한데가 無하고 至於橋梁과 踱磨와 如한 物을 作하여 民生에게 利케 한 事이 枚擧키 難하나니 그의 筋力과 身體와 精神은 社會만 爲할 뿐이다.24)

장도빈은 평등주의와 사해동포주의, 그리고 희생주의가 고대조선불교의 특징으로 인식하였다. 즉 불교를 신봉하기 전은 계급주의뿐이었지만, 불교 신봉 이후에는 국군國君이 자기 권력을 낮추었으며, 특히 일체중생이 모두 불성佛性을 지니고 있음을 실행한 사해동포주의는 인도나 중국, 일본조차도

---

24) 장도빈, 「古代朝鮮佛教」, 『조선불교총보』 21, 30본산연합사무소, 대정9년(1920), 18~19쪽.

실행하지 못한 부분이라고 인식하였다. 더욱이 원효와 양지良志의 조탑造塔이나 담징이 일본 법륭사에 그린 벽화는 동양제일로 지금까지도 저명하며, 중국·일본·티벳·몽고에도 없고 오직 조선에만 존재한 특색은 승려가 국가를 위해 군사상 헌신한 것이라고 하였다.

이 시기 고대불교에 대한 서술은 대체로 인물의 사상과 신앙, 불교미술을 중심으로 한국불교가 지닌 역사문화적 가치를 소개하는데 활용되었지만, 단편적 검토도 이루어졌다.25) 특히 신라불교사는 그 자체가 지닌 가치로 인해 다방면에서 진행되기도 하였다.26) 이하우는 우선 신라문화가 우리 문화의 연원이 되었다고 인식하고, 예술사상의 꽃인 불국사·석굴암은 신라인의 영롱한 심미안을 탄식하면서 감상하기에 충분하고, 예술적 천재미는 신라인이 아닌 이상 조각할 수 없다고 극찬하였다.

> 우리가 여기에서 특히 留意할 것은 위에서 예로 몇 유물유적을 들어 말한 것과 같이 표면에 나타난 그 優美하고 호화스럽고 懺細한 妙技로서 그 당대 예술품의 表衆에 현혹되어 단순히 찬양하는 것만은 예술에 사는 이유가 아니다. 즉 우리는 이와 같은 문화를 건설케 하고 지속하게 하였는 그 이면에 숨은 본질관계를 검토하는 것이 참다운 문화의 뜻을 알기 때문이다. 이제까지 우리는 문화라고 말하면 통속으로 그 무엇이 생산활동으로부터 유리되었는 것, 산업과 근로로부터 관계된 것이 먼 것 같이 관념되고 있었다. 심하게는 전혀 산업과 근로를 혐오하고 싫어하는 것같

---

25) 徐海曇,「原法興始」,《조선불교월보》2·3, 조선불교월보사, 명치45년(1912) ; 釋法淨,「海東佛法의 傳來小考」,《佛敎》(신)31, 불교사, 1941 ; 李能和,「佛祖遺骨東來史」,『朝鮮佛敎界』2·3, 東洋敎報社, 대정5년(1916).
26) 일제강점기 신라불교 연구와 성과는 다음과 같다. 朴昌斗,「新羅佛敎의 大觀」,《불교》73, 불교사, 소화4년(1930) ; 獅吼生,「新羅佛敎界의 法會儀式」,『朝鮮佛敎叢報』19, 30본산 연합사무소, 대정8년(1919) ; 李夏雨,「新羅文化의 小考察」,『鹿苑』2, 조선불교학생회문화부, 1947년.

이 생각되었다. 이것은 필경 이러저러한 문화현상을 그 본질과 틀리게
생각하는 것이며, 문화의 근원에 생각이 미치지 못하고 문화의 의의를
알지 못한 까닭이다.[27]

　　당시 불교사 서술의 경향이 그 역사적 문화적 가치에 대한 규명과 선양
일변도로 진행된 것과는 달리 이하우는 신라의 불교미술을 통해 색다른 문
화관을 제시하였다. 예컨대 유물과 유적을 중심으로 한 신라 불교문화의
우수성과 귀족문화만을 강조하지는 않았다. 즉 불교문화가 노예자 소유계
급의 문화생활의 침전물이었으며, 오락의 것이었지만, 신라 예술의 직접
생산자는 귀족에게 예속된 즉 신라 예술의 직접 생산자는 노동민중으로 이
들이 신라문화의 직접 개척자고, 예술품의 공작자라고 하였다. 요컨대 "예
술사상의 금자탑은 확실히 귀족을 위한 노예문화요, 민중착취의 표현이며,
음울한 노예생활의 중압을 자아내게 하는 화려한 귀족문화"로 인식하였
다.[28] 이밖에 사후생獅吼生은 일본 승려 원인圓仁이 찬술한 『입당구법순례
행기入唐求法巡禮行記』에 소개된 중국 산동성 적산촌 신라사원의 신라新羅 강경
의식講經儀式과 송경의식誦經儀式의 절차와 내용, 의의 등을 소개하였다.[29]
그는 한국불교사상 혜량惠亮 · 원광圓光 · 원효元曉 · 태현太賢 · 법해法海를 비롯
한 많은 고승들의 법회의식의 종류는 많았지만, 그 구체적인 내용에 대해
서는 상술詳述한 것이 전무全無하다고 지적하고, 불교사 연구에 중요한 가치
를 지니고 있다고 평가하였다.

　　한편 석법정釋法淨은 고구려 불교전래 시말을 분석한 글을 소개하였
다.[30] 고구려의 불교수용 동기, 고구려 불교를 비판한 조선시대 유학자들

---

27) 이하우, 앞의 글, 46쪽.
28) 이하우, 앞의 글, 48쪽.
29) 獅吼生, 「新羅佛敎界의 法會儀式」, 『朝鮮佛敎叢報』 19, 30본산연합사무소, 대정8년(1919).
30) 釋法淨, 「海東佛法의 傳來小考」, ≪佛敎≫ (新)31, 佛敎社, 1941년.

의 편견을 비판했고, 고구려에 전래된 교법敎法을 소개하였다. 먼저 『대동선교고大東禪敎攷』의 기사를 근거로 고구려의 불교수용은 당시 국제적 통호책으로 전진前秦의 부견符堅이 고구려와 국교國交를 여는 방책으로 불법佛法을 유통流通시켰다고 했다.31) 다음은 신문화개벽운동新文化開闢運動이라하여 고구려가 상하인민上下人民의 민심수습과 사기진작을 위해 불교를 수용했다는 것이다. 즉 소수림왕은 불법수용과 함께 왕성에 태학을 세워 국학國學을 진흥시키고, 불상의 조각과 사원의 건축, 기구의복器具衣服제정 등 정신과 일용사日用事에서 신문화를 전개했다는 것이다. 그는 고구려의 이러한 상황을 중국의 역사서 『양서梁書』「제이전諸夷傳」・『위서魏書』「고구려전高句麗傳」・『삼국지三國志』「위지동이전魏志東夷傳」・『후한서後漢書』「동이전東夷傳」・『남제서南齊書』「동이전東夷傳 고려국高麗國」・『주서周書』「이역전異域傳 고구려高句麗」・『수서隋書』「고구려高句麗」조條 등을 인용하며 상세히 설명하였다. 아울러 석법정은 1485년(성종 16) 서거정 등이 왕명에 의해 신라 초부터 고려 말까지 편찬한 역사서 『동국통감東國通鑑』이 삼국三國의 불교사실佛敎史實에 대해 혹평을 한 것을 두고 "일시一時의 편견偏見이요, 시의時宜와 대국大局을 통관通觀한 정론正論이라고 볼 수 없다."고32) 일축하고 구체적인 반론을 전개하였다.

한편 석법정은 고구려 불교의 전래자 순도順道에 대해 『해동고승전海東高僧傳』이나 『삼국유사三國遺事』가 그 국적이나 누구인지 알 수 없다고 했음을 지적하고 "그 명호 '순도順道' 두자가 천축이나 서역어는 아니고 지나승支那僧의 도림道林・도안道安・순세順世 등과 같은 것이요, 천축 서역의 명名은 서축어西竺語 그대로 불렀다고 했으며, 한 말漢末부터 동진東晉 말末까지 276

---

31) 석법정, 앞의 글, 28쪽, 석법정은 『대동선교고』의 "소수림왕 때를 살펴보면 燕主인 慕容 暐가 秦王 符堅에게 항복을 하고, 遼東으로 가는 길이 이때에 뚫린다. 이것은 秦나라 스님이 고구려에 오게 된 來歷이다."라는 기사를 근거로 고구려 불교수용을 역사적으로 해석하고자 했다.
32) 석법정, 앞의 글, 33쪽.

년 동안 서역과 천축에서 한漢에 온 승려의 이름을 살펴 본 결과 그 나라의 이름 1자字를 성姓처럼 사용하였다고 하였다. 결국 그는 몇 가지 논증을 통해 순도가 한승漢僧이고, 서역이나 호승胡僧이 아니며, 당시 장안長安에 유행하고 있던 반야학과 선의 실천법과 반야·대집부 등을 전래한 것으로 추정하였다.33)

석법정의 고구려 불교수용 시말을 소개한 이글은 『삼국사기三國史記』·『동국통감東國通鑑』·『해동고승전海東高僧傳』·『삼국유사三國遺事』·『고승전高僧傳』·『대동선교고大東禪敎攷』와 같은 국내 사료뿐만 아니라 중국의 역대사서 등을 기초로 역사적 검증을 시도한 것으로 당시로서는 상당히 분석적이고, 논증적 성격을 지니고 있다.

(2) 인물人物과 사상思想

인물연구는 일제강점기에 진행된 불교사 연구에서 수량적으로 가장 많은 성과물을 제시했다. 기본적인 행적검토부터 사상과 신앙, 저술, 그리고 한국불교사에 미친 영향에 이르기까지 다양하게 전개되었다. 고대불교사 연구에서 인물 연구와 평가에 대한 성과는 다음과 같다.

필자	제 목	간행지(호수)	출판사	간행연도
許永鎬	元曉佛敎의 再吟味(서론)	《불교》 (신)29~35	불교사	소화16·17년
方寒巖	海東初祖에 對하야	《불교》 70	불교사	소화5년
金泰洽	義相大師와 華嚴哲學	《불교》 55	불교사	소화4년
徐京保	慈藏律師(1~4)	《불교》 (신)48,	불교사	소화18년

---

33) 석법정, 앞의 글, 39~40쪽.

필자	제 목	간행지(호수)	출판사	간행연도
		《불교》 (신)50, 《불교》 (신)51, 《불교》 (신)52		
松谷室法雲	異次頓의 殉敎와 栢栗寺石幢刻文의 片貌	《불교》 (신)53	불교사	소화18년
無無居士	德山會下에 新羅僧	『조선불교총보』 1	30본산연합사무소	대정6년
無無居士	雲門會下에 新羅僧	『조선불교총보』 3	30본산연합사무소	대정6년
獅吼生	海東大旅行家慧超三藏	『조선불교총보』 18	30본산연합사무소	대정8년
金瑛周	諸書에 現한 元曉華嚴疏敎義	『조선불교총보』 12 · 13	30본산연합사무소	대정7년
和幢	元曉의 女性觀	《불교》 (신)28	불교사	소화15년
未詳	祭元曉聖師文	《불교》 60	불교사	소화4년
瓊林居士	元曉大聖(上 · 中 · 下)	『조선불교』 27 『조선불교』 28 『조선불교』 32	조선불교사	대정15년 대정15년 소화1년
大谷政平	王和尙의 神兵과 土瓶	《불교》 (신)41	불교사	소화17년
雲山頭陀	法空和尙傳	『조선불교월보』 6	조선불교월보사	명치45년
雲山頭陀	義淵禪師傳	『조선불교월보』 3	조선불교월보사	명치45년
雲山頭陀	阿道和尙傳	『조선불교월보』 2	조선불교월보사	명치45년
雲山頭陀	順道和尙傳	『조선불교월보』 1	조선불교월보사	명치45년
雲山頭陀	圓光法師傳	『조선불교월보』 8	조선불교월보사	대정원년
尙玄居士	臨濟家風과 新羅智異山和尙	『조선불교계』 1		대정5년
河村道器	眞表律師와 長安寺의 開創	《一光》 3	중앙불전교우회	소화6년
權退耕	祗林寺의 光有聖人	《一光》 8	중앙불전교우회	소화12년
權相老	阿度에 대한 小考	《一光》 9	중앙불전교우회	소화14년
趙明基	義湘의 傳記와 著書	《一光》 9	중앙불전교우회	소화14년
趙明基	太賢法師의 著書와 思想	《一光》 10	중앙불전교우회	소화15년
鄭晄震	海東瑜伽正宗初祖憬興國師	『조선불교총보』 14	30본산연합사무소	대정8년
	寄紫閣無名新羅頭陀僧	『조선불교월보』 16	조선불교월보사	
趙明基	元曉宗師의 十門和諍論硏究	《金剛杵》 22	조선불교동경학우회	소화12년

일제강점기 불교계의 고대 인물 연구는 대체로 원효·의상·자장이 주류

를 이루었고, 경흥·태현·혜초와 함께 중국 선문禪門에서 수학한 신라승 역시 소개하였다. 자료수집 역시 중요한 관심사가 대두된 시기여서 인물의 저술과 전기에 대한 대략적 소개를 중심으로 이루어졌다.

원효 연구는 인물자체가 지니고 있는 가치와 위상 때문에 활발하게 이루어졌다. 최남선은 조선의 불교가 지닌 진정한 자랑이 인도나 중국불교와는 다른 조선불교의 독창성이라고 전제하고 인도·서역의 서론적 불교와 중국의 각론적 불교에 대해 조선은 최후의 결론적 불교를 건립하는데, 원효가 "이 영광스러운 임무의 표현된 자"로 평가하였다.[34]

> 教法의 亂脈, 종단의 偏執을 눈앞에 보고 스스로 개탄하던 나머지 이것을 稱正하고 타파할 一大烽火를 높게 든 이야말로 원효 其人이었다. 教를 三藏의 全海에 찾고 行을 一心의 玄廟에 닦아서 神襟을 洞照하고 性道를 深窮하여 聖教를 覺海에 돌리고 凡者를 實相에 들게 하였을 뿐만 아니라 1600년의 조선불교의 斡流를 지었는 것이다. 선교쌍수를 특징으로 하는 조선불교 조계종은 그 종명의 유래여하를 불문하고 항상 종학적 이해를 揚棄統一 계정혜를 鼎主하는 근본사상의 원류는 오직 원효 교학에서 볼 수 있는 것으로 조계1종으로 돌아간 조선불교는 원효에서 출발한 조선 교리사의 속에서 그 宗旨를 全味할 수 있는 것을 확신할 것이다.[35]

허영호는 신라불교사에서 원효가 지닌 역할과 가치를 언급하고, 그가 "어떤 사람의 또는 어떤 종宗에서의 교상판석敎相判釋에 얽매이지 않았고, 스스로 어떤 교판敎判아래서 그 사상을 한정하지 않고 있는 그대로 보았다."

---

34) 최남선, 앞의 글, 12쪽.
35) 허영호, 「원효불교의 재음미」, 《불교》 (신)29호, 불교사, 소화16년(1941), 14쪽.

고 원효와 그의 사상이 지닌 본질을 지적하였다. 결국 그는 일제강점기 조선불교계, 특히 조계종이 그 종명宗名과 종지宗旨와는 상관없이 계정혜戒定慧의 근본사상의 원류를 원효학元曉學에서 찾아야 함을 강조하였다.

조명기는 원효의 십문화쟁론에 주목하였다. 그는 신라시대부터 5교9산이 성립되었으나 교파敎派는 신라 초에 분열되었음을 전제하고 새로운 대승종지인 원융화쟁을 제창하였다고 하였다. 그의 글은 원효 사상을 소개하는 것 이상으로 일제강점기 조선의 사상계와 지식인에게서 보이는 혼란과 무질서를 질타하고 있다. 예컨대 "우리사회에는 노리老狸같은 정치가와 분승糞蠅같은 종교가가 배출하고 비열무식한 한학자가 성기盛起하여 사회의 전도는 점점 암흑으로 향하고 말았다."고[36] 하였다. 결국 원효의 십문화쟁론을 통해 일제강점기 정치와 사상계를 비판하고 원효가 제시한 화쟁의 해법을 통해 질서를 바로잡기를 바란 것이다.

한편 화당和幢은 원효의 여성관을 살폈는데, 불교교리와 경전문학, 계율 등을 토대로 원효의 파계행위를 정당화시키고자 하였다. 즉 원효가 요석공주와 정을 통하고, 설총을 낳았다는 것은 원효가 체득한 대승교리의 일면으로 생각하는 것이 옳다고 했으며, 대승불교는 만사萬事를 포용하는데 특징이 있다면 소녀의 연애도 구태여 버릴 것이 아니고, 오도悟道의 과정으로 보며, 원효의 공주사건도 육도만행六度萬行의 하나로 인식한 것이다.[37] 화당의 이와 같은 논지는 당시 불교계가 일본불교의 영향으로 대처식육帶妻食肉의 풍조가 만연된 상황에서 청정비구의 계율문제와 상반되었기 때문으로 해석할 수 있다. 원효의 파계를 강조하여 대처식육의 정당성을 내세웠지만, 자신의 글 역시 분명하거나 타당한 주장은 미흡한 편이다.

---

36) 조명기, 「원효종사의 십문화쟁론 연구」, 『금강저』 22, 조선불교동경유학생회, 1937, 20~21쪽.
37) 和幢, 「元曉의 女性觀」, ≪불교≫ (신)28, 불교사, 1940. 32~33쪽.

이밖에 원효의 저술소개도 이루어졌는데[38] 중국과 우리나라의 장소목록 章疏目錄에 수록된 원효의 저술을 찾았고, 고려시대 편찬된 "『동문선』 권 80 에 수록된 원효의 저술 서문은 저술 중에 어느 부분만 적당히 뽑아서 원효 의 서문이라고 한 것"을 지적하고 그 오류를 구분하기 위해 원효저술의 일 반적 구성을 다음과 같이 제시하였다.

> 원효는 어떤 經論의 疏記를 찬술할 때는 반드시 그 각 部의 처음에 二
> 門 三門내지 十門까지 별도로 열거하여 놓았다. 해동원효 기신소의 제1권
> 의 처음에 「將釋此論略有三門 初標宗體, 次釋題名, 其第三者依文改義
> 第一標宗體者, 然夫云云」이라했다. 때문에 지금 제시한 서문과 같이 어
> 느 부분을 삭제한 듯 하니 그 안에 將釋으로 내지 第1標宗體者然字까지
> 뽑아 삭제하고 그 다음 글만 가려 뽑아 이것을 서문이라 한 것이다.[39]

의상·자장·태현·경흥 연구는 양적 측면에서 원효연구에 미치지 못한 다. 특히 의상 연구는 김태흡이 소개할 당시만 해도 그 연구가 전무全無한 실정이었다.[40] 그는 의상의 생애와 선묘설화, 부석사 창건연기, 그리고 화엄철학의 대강을 설명하였다. 김태흡의 의상에 대한 기술이 당시 인물 연구의 일반적 경향이라면 조명기는 사료를[41] 통해 속성俗姓·출생出生·출 가出家·입당入唐·귀국歸國·시적示寂을 비교분석하였다. 그는 의상교학이 지 닌 특징을 중심으로 기술했는데, 법계도法界圖와 본존관本尊觀, 전법방식傳法 方式이 그것이다. 특히 의상의 본존관에 대해서는 "무량수불無量壽佛이 비로

38) 조명기, 앞의 글, 21~25쪽.
39) 「元曉著述의 序文」, 『朝鮮佛敎叢報』20, 대정9년(1920).
40) 김태흡, 「의상대사와 화엄철학」, ≪불교≫ 55, 불교사, 소화4년(1929)
41) 조명기, 「의상의 전기와 저서」, 『一光』9, 불전교우회, 소화14년(1939), 20쪽. 조명기가 의
    상의 행적을 규명하면서 참고한 자료는 三國遺事·宋高僧傳·海東高僧傳·法界五祖略記·白
    花道場發願文略解·六學僧傳·三國史記·東京通誌·賢首書簡 등이다.

자나불毘盧遮那佛이라하여 염불念佛을 더한 것이 특색이라고 하였다. 즉 의상 스님의 백화도량발원문白花道場發願文이나 부석사원융국사비浮石寺圓融國師碑에도 같은 방식으로 아미타가 즉 무량수이고, 무량수가 즉 비로자나라고 하였고, 또한 관세음보살이 아미타불을 정대한 것을 인因하여 의상은 아미타불과 관세음보살을 본사本師로 하여 정토사상과 화엄교학과의 융화를 보이고 있다."고42) 하였다.

> 의상이 所依하는 경전은 물론 華嚴이나 海印圖에 의하여 특이한 전법 방식이 있다. 의상이 귀국 후 해인도를 교과서로 하여 제자에게 교수하는 동시에 傳法三寶를 作하여 제자 중에 華嚴奧旨를 徹悟하여 교화를 담당할만한 자가 있으면 이 해인도 1매를 傳하여 信을 표하는 것이다. 이것은 마치 선종에서 의발을 전함과 같은 規禮이나 또 화엄종 본산에서는 해인과 華嚴經板과 無孔珠를 삼보로 하고 대대로 전하는 것이 종풍을 삼는다.43)

조명기는 의상이 화엄일승법계도를 전수하고 그 뜻을 깨친 이가 있으면 법계도 1매를 전하니, 화엄종에서는 해인海印과 화엄경판華嚴經板과 무공주無孔珠를 삼보로 삼고 이를 대대로 전한다고 하였다. 그는 지리산 화엄사의 삼종화엄三種華嚴의 석벽石壁과 해인사와 부석사에 소장되어 있는 주周·진晉·정원貞元 당시의 『화엄경』 고대판古代板, 그리고 해인사에 유전遺傳하는 수정주水精珠를 근거로 제시하였다. 그는 법상종의 대가 태현太賢에 대해서도 소개하였다. 태현의 사상과 학문을 통해 신라사상의 주류와 특징을 찾아내기도 하였다. 즉 태현은 스승이라고 전해지고있는 원측圓測과 도증道證

---

42) 조명기, 앞의 글, 31쪽.
43) 조명기, 앞의 글, 31~32쪽.

의 석의釋義에 대해서 조술적祖述的 태도를 취하지 않고 오히려 비판적 태도를 취했으며, 태현이 화엄華嚴과 기신起信 등은 원효의 것을 다인多引하였고, 법상法相 방면 유식唯識 등에는 원측의 것을 인용하였다고 하였다. 결국 조명기는 태현이 "어떤 경우에는 원측의 학설을 찬讚하고, 어떤 경우에는 타인의 해석을 찬讚하여 학문상으로는 일점一點의 정실情實관계와 파벌문제에 인착因着하지 않았다."고44) 하여 원효의 화쟁사상을 계승한 까닭에 일승가一乘家의 주장에 대하여 조화적 태도를 취한 것을 높이 평가하였다. 이와 같은 태현에 대한 긍정적 평가와는 달리 정황진鄭晄震은 『삼국유사』에 태현법사를 유가대덕瑜伽大德이라고 기록한 것은 괴이하다고 평가하고 태현은 "경흥보다 후배이며, 유식에 대한 저술도 경흥법사에 필적하지 못한다."고45) 하여 상반된 인식을 하기도 하였다.

　일제강점기 고대불교인물의 행적과 사상에 대한 연구는 다양하게 진행되었는데, 대체로 행적과 저술의 소개에 한정되어 진행되었다.

(3) 자료수집

　일제강점기 불교계에서 진행된 불교사 연구와 기술에서 빼놓을 수 없는 중요한 위치를 차지하고 있는 것은 자료수집과 정리다. 사실 근대 불교사 연구와 기술은 일련의 학자들의 노고에 의해 이루어진 결과라고 할 수 있다. 이들은 단편적인 자료라 할지라도 불교계의 언론지에 소개하였다.

---

44) 조명기, 「태현법사의 저서와 사상」, 『일광』10, 불전교우회, 소화15년(1940), 39쪽.
45) 정황진, 「불교사학연구-해동유가정종초조경흥국사」, 『조선불교총보』15, 대정8년(1919), 51쪽.

필자	제 목	간행지(호수)	출판사	간행연도
尙 玄	慶州石窟佛像	『불교진흥회월보』 1권 3호	불교진흥회본부	대정4년
稻田春水	智異山大華嚴寺新羅時代華嚴石壁經考	『불교진흥회월보』 1권 4호	불교진흥회본부	대정4년
關野貞	朝鮮最古의 木造建築(1~3) 浮石寺無量壽殿과 祖師堂	『조선불교』 52 『조선불교』 53 『조선불교』 54	조선불교사	소화3년 소화3년 소화3년
牛場眞玄	新羅時代의 不可殺爾(상·하)	『조선불교』 15 『조선불교』 16	조선불교사	대정14년
未詳	新羅의 傳說	『조선불교』 75	조선불교사	소화5년
元曉 撰	佛說阿彌陀經序(8종의 서문)	『조선불교총보』 20	30본산연합사무소	대정9년
猊雲 撰	眞表律師傳簡	『조선불교총보』 10	30본산연합사무소	대정7년
元曉 遺著	法華經宗要序	『조선불교총보』 6	30본산연합사무소	대정6년
崔彦撝	眞澈國師塔碑銘	『조선불교총보』 3	30본산연합사무소	대정6년
記者 選	大朗慧和尙白月葆光之塔碑銘并序	『해동불보』 4 『해동불보』 6 『해동불보』 7 『해동불보』 8	해동불보사	대정3년 대정3년 대정3년 대정3년
稻田春水	江原道江陵地藏禪院朗圓大師悟眞塔碑銘	『조선진흥회월보』 1권 6호	불교진흥회본부	대정4년
	寶林寺普照禪師靈塔碑銘并序	『조선불교』 1	조선불교사	대정5년
	眞鏡大師塔碑銘并序	『불교진흥회월보』 1권 9호	불교진흥회본부	대정4년

내가 朝鮮佛敎通史의 材料蒐集에 착수한 것은 10년 전(융희 원년, 1907년) 경이다. 그때부터 나는 우선 일본, 상해, 북경 등지로부터 佛書 기타 참고에 관한 서적 약간 部帙을 구입하였다. 諸方으로부터 경성에 이르기까지 僧師들에게 교제를 게을리하지 않아 자문을 은근히 하여 고승의 碑狀이라든지 사원의 誌記라든지 禪敎의 宗派라든지 산문의 慣俗을 막론하고 관련된 事蹟이라하면 言說도 청취하고 문자로도 접수하며 市上에서 寓目하는 것도 불서요, 架上에 貯置하는 것도 佛書요, 燭下에 抄寫한 것도 불서요, 심지어 침상에서 夢寐한 것도 불서다. 일개 무식자같이 百不知百不聞하고 주야로 종사하는 것은 불서뿐이었던 까닭으로 家人에게 "십년공부나무아미타불"이라하는 조소까지 들었노라.[46)]

인용문은 『조선불교통사』를 편찬한 이능화(1869~1943)의 술회다. 일찍이 그는 경성유학중에 조선에 불교가 유입된 이후 그 흥망성쇠와 종파의 연혁을 알고자하였지만, 아는 이가 드물었고, 한국 불교가 그 역사만큼이나 유구하지만 실상 1500여 년의 계통적 역사에 조선인들이 무지無知한 것에 통탄했다고 한다. 나중에 『조선불교통사』를 받아 본 조선총독부 내무부장관과 학무국장도 "종래 조선의 불교는 전혀 사회에서 도외시되어 이 땅의 학자로 이를 연구하는 자가 전혀 없어 불교에 관한 저서가 없는 것을 불교문헌상에 일대 결함인줄로 유감으로 생각하였습니다."라고47)했을 정도다.

그는 10여 년 동안 일본과 상해 등지에서 자료를 구했고, 불교계의 승려와 교유를 통해 고승의 비문碑文・사지寺誌・저술著述뿐만 아니라 입으로 전해 내려오는 구술口述까지도 수집하는 노고를 아끼지 않았다.

생각건대 조선은 崇儒排佛하는 風을 이룬지 지금까지 5백 년 동안 도서의 散佚과 堂塔의 毁敗는 실로 차마 말로 형언할 수 없는 지금 불교에 관한 編著를 내놓는 것이 容易치 아니한 줄은 누구라도 알고 있거늘 노형은 분연히 손을 들어 刻苦精勵하여 털끝만큼도 관헌 또는 다른 사람의 도움 없이 혼자 힘으로…48)

조선총독부 관료들은 이능화가 조선의 정사 야승과 금석문 등은 물론이요 널리 중국의 사적을 통람하고 신문잡지 관보류에 이르기까지 섭렵하여

46) 이능화, 「조선불교통사에 취하여」, 『조선불교총보』6호, 30본산연합사무소, 대정6년(1917), 33쪽.
47) 宇佐美騰夫・關屋貞三郎, 「李能和 殿」, 『조선불교총보』10, 30본산연합사무소, 대정7년(1918), 65~66쪽.
48) 宇佐美騰夫・關屋貞三郎, 앞의 글, 67쪽.

빼놓은 것이 없고, 과거의 사실을 상세하게 했을 뿐만 아니라 현대까지 분명히 하였으니 실로 완전한 일대 불교사로 일찍이 조선에는 그 유례가 없는 저작이라고 극찬하고 특히 하편의 「2백품제」는 그 고증의 정밀함과 식견이 탁월함은 경탄할만하다고 하였다.

권상로(1879~1965) 역시 조선불교의 역사를 황망하다고 전제하고 그 흔적이 착락錯落과 산일散逸이 극도에 까지 이르러 고승석덕의 명자名字까지도 잊어버리는 지경을 한탄하고 비문과 문집에서 아는 대로 주어 모아보는 중에 입적한 날을 기준으로 고승의 행장을 정리하기도 했다.[49] 아울러 권상로는 고승석덕高僧碩德의 저술도 수집하였는데, 당시에는 그 책자는 물론이고 총목록조차도 얻어 보지 못했다고 한탄하였다. 그가 책명과 연대, 보관 장소까지 정리하여 목록화한 자료만도 총466종이었다.[50] 권상로의 이러한 노고는 『조선불교약사朝鮮佛教略史』라는 결과물을 낳기도 하였다.

자료수집에 대한 관심은 조선총독부 도서관에 근무하던 박봉석朴奉石에게도 예외는 아니었다. 그는 고승전인 『청구승전보람靑丘僧傳寶覽』을 세상에 내놓았는데 그 배경은 다음과 같다.

> 佛法이 우리나라 문화에 공헌한 것이 지대했음에도 불구하고 그 신이한 기록이 남아있지 않음을 한탄했다. 다행스러운 것은 다 없어지지 않았지만, 비바람에 휩쓸리기도 하고, 흩어지고 빠져서 온전히 갖추어지지 못해 근거를 찾을 수 없다. 만약 그대로 방치해 둔다면 100년 후가 두렵다. 우리나라 고승의 전기를 내가 밤낮으로 근심하여 널리 구하기를

---

49) 권상로, 『朝鮮高僧時順考』, ≪불교≫ (신)32, 1942년. 권상로는 한국불교사상 고승의 입적일 기준으로 1월부터 12월까지를 상정하여 ≪불교≫ (신)지(32~43호)에 1942년 1월부터 12월까지 게재하였다.

50) 退耕, 「조선고승석덕의 저술이 몇 권이나 됩니까」, ≪불교≫ 46·47합호, 불교사, 소화3년 (1928)

10년이 지났다. 친구 조명기와 김삼도가 와서 간행하여 세상에 내놓기를 권했다. 제목을 「청구승전보람」이라고 했다. 수집의 시대적 범위는 삼국시대부터 조선시대까지다. 우리나라 승려들 외에 전법승, 독신거사 등을 모두 실었다. 삼국과 신라시대에는 비록 전기가 없다할지라도 문헌에서 발췌하여 실었다.51)

박봉석은 소중한 불교사의 흔적들이 사라지는 것을 안타까워하여 10여 년 동안 수집하여 삼국시대부터 조선시대까지의 고승의 전기를 정리하였다. 수집 자료의 규모를 보면 『삼국사기三國史記』·『삼국유사三國遺事』를 비롯한 우리나라 정사류正史類와 불교관계 사서史書 그리고 『해동금석원海東金石苑』, 『조선금석총람朝鮮金石總覽』, 『조선사찰사료朝鮮寺刹史料』 등 금석문류을 중심으로 한 당시 조선총독부 조사자료집 뿐만 아니라 『대정신수대장경大正新脩大藏經』과 『대일본속장경大日本續藏經』, 『대일본전서大日本全書』와 같은 일본의 불교관계자료 그리고 전집全集과 문집文集, 사지寺誌, 비석碑石, 탁본拓本 등 방대한 자료를 기초로 수집해서 정리하였다.52) 그는 또한 당시까지 현존하고 있었던 경판經板의 사정을 조사하여 발표하기도 하였다.53)

이밖에 강유문은 불교연표를 작성하여 연재하였는데54) 참고자료는 삼국사기, 삼국유사, 조선사찰사료, 고려사, 이조실록, 조선불교통사, 조선선교사, 신증동국여지승람, 대동금석목大東金石目 경북오본산고금기, 불국사고금창기, 조선인명사전, 연려실기술, 조선금석총람, 발연사진표율사장골비, 해동고승전, 일본서기, 금강산유점사사적, 대둔사지, 동양역사사전,

---

51) 박봉석, 「청구승전보람」, ≪불교≫ (신)21, 불교사, 1940년, 부록1~12쪽.
52) 박봉석은 『청구승전보람』을 ≪불교≫ (신)에 1940년 2월부터 1944년 1월까지 약 4년 동안 게재하였다.
53) 載藥山人, 「海東叢林紙魚譚」, ≪불교≫ (신)59, 불교사, 소화19년(1944), 17~23쪽.
54) 姜裕文, 「朝鮮佛敎年表」, ≪불교≫ (신)34·35·36·37, 불교사, 1942.

지나문화사적 등 광범위했다.

(4) 불교문학·미술·음악

일제강점기 불교문화에 대한 관심은 이능화·권상로·박봉석 등 불교사와 불교문화에 관심을 갖고 10여 년 이상 자료수집과 정리에 열정을 쏟았던 몇 사람에 의해 시작되었다. 이들에 의해 폐허가 되고, 먼지가 쌓인 채 버려진 고찰古刹을 비롯한 승려의 비문碑文과 저술著述, 그리고 유물遺物들이 세상 밖으로 나왔고, 관심을 받기에 이르렀다.

조선총독부 역시 한국의 정체성 말살의 도구로 문화재 조사를 장기간에 걸쳐 실시하기도 했다. 당시 조선총독부 사사과社寺課 주임이었던 도변창渡邊彰은 명치 45년부터 대정 1년까지 1년 동안의 고적조사古蹟調査를 수행하는 과정에서 2종 6목의 고적분류 기준을 마련하였다.[55] 그는 2종을 "직접 국가자체의 광채光彩와 문화를 창륭昌隆하는데 적절한 자료가 될 것과 간접으로 국가의 광채光彩와 세도인심世道人心에 호감화好感化를 주는 자료"로 구분하였다. 일제는 이후 1916년에는 8개 조항의 「고적급유물보존규칙古蹟及遺物保存規則」을 제정하였고, 1929년에는 「국보보존법國寶保存法」, 1933년에는 「중요미술품重要美術品들의 보존保存에 관한 법률法律」을 만들기도 하였다.

---

55) 渡邊彰, 「朝鮮의 古蹟調査에 就하여」, ≪朝鮮佛敎月報≫ 13, 조선불교월보사, 대정2년 (1913), 12~16쪽.

필자	제 목	간행지(호수)	출판사	간행연도
姜在鎬	高句麗時代古墳壁畫에서 본 佛敎思想	≪불교≫ 54	불교사	소화3년
小田省吾	檀君傳說에 대하여(日文, 1~4)	『조선불교』 22·23·24·25	조선불교사	대정15년
尙玄居士	海東佛界에 梵唄源流	『불교진흥회월보』 1권 5호	불교진흥회본부	대정4년
許永鎬	高句麗의 原音推定에 대해서	≪金剛杵≫ 20	조선불교동경학우회	소화7년
許永鎬	「樂浪」語義考	≪신생≫ 창간호 ≪신생≫ 2	신생사	소화21년
	中國의 新羅僧 詩	『조선불교월보』 17	조선불교월보사	
金包光	金山寺의 石鐘	≪녹원≫ 2	녹원사	1957년

일제강점기 불교미술에 대한 관심은 불교계뿐만 아니라 국학진흥의 차원에서도 중요한 문제였다.

조선에서 가장 오래된 것은 무엇이며, 가장 아름다운 것은 무엇이오, 세계적 자긍심으로 빛나는 것은 무엇이며, 학술상 府藏되는 것은 무엇인가. 첫째도 불교적 유산이오, 둘째도 불교적 유물이니 오랜 세월을 거쳐 오면서 만물의 웅장함과 형태가 모두 사라졌지만, 國寶가 불교 안에 있고, 백성들의 순수함이 이안에 있다. 회화조소가 그러하며, 건축과 제조가 그러하며, 벌레 먹은 1권의 經이라도 그러하며, 글자가 떨어진 한조각의 비석 글도 그러하며, 한 폭의 勝景과 한 채의 堂宇도 아름다운 명예를 보유한 것은 모두 불타의 자비로운 광명을 입지 않은 것이 없다.[56]

최남선은 불교유산과 유물이 조선뿐만 아니라 세계적 가치가 있음을 언급했고, 불교사상과 신앙뿐만 아니라 한국의 역사와 사상, 한국인의 순수

---

56) 六堂學人, 「朝鮮佛敎의 大觀으로부터 「조선불교통사」에 급함」, 『조선불교총보』 11, 대정7년(1918), 22쪽.

함이 포함되어 있음을 강조하였다. 그는 석굴암을 사례로 들어 "전무후무한 당시 분위기를 배경으로 하고 원만현묘圓滿玄妙한 불교정신을 기연機緣으로 하여 조선인의 대기백 대역량이 온전히 한 예술로 표현된 민족적 보탑인 동시에 일면 문화사상에 있어서는 동서고금을 녹인 불교미술의 집대성이다."라고 하였다.[57]

요컨대 일제강점기 불교유산에 대한 인식은 관심의 대상은 아니어서 본격적인 연구가 진행된 것은 아니었지만, 국학진흥이나 불교사 복원의 노력과 함께 그 가치를 재인식하게 되었다.

3. 고대불교사 연구의 성격과 의미

일제강점기에 진행된 고대불교사 연구는 근대학문의 체계와 연구방법론을 통해 다양한 주제가 소개되었다. 우리나라 고대불교사의 개관부터 인물과 사상, 불교미술, 불교문학, 그리고 자료수집의 경향을 통해 그 연구의 성격을 살펴보면 다음과 같다.

첫째, 한국불교사의 복원과 정체성 확립의 노력이다. 불교가 탄압받기 시작한 조선시대 이후 불교계는 점진적으로 해체되기 시작했다. 승려들의 수행과 사상에 대한 성숙과 발전은 기대하기 어려웠고, 이전 시기처럼 자가自家의 기록은 『서역중화해동불조원류西域中華海東佛祖源流』나 『동사열전東師列傳』과 같은 고승전을 비롯하여 양란 이후 유행한 사지寺誌를 통해 그 사정을 겨우 알 수 있을 뿐이었다. 이후 비록 일본 승려의 노력으로 도성출입이

---

57) 최남선, 「조선불교-동방문화사상에 잇는 그 지위-」, 《불교》 74호, 불교사, 소화5년 (1930), 18~22쪽.

재개된 것을 계기로 불교계의 복권이 점차 이루어지고, 근대학문의 바람이 불어오기 시작하면서 유구한 불교사에 대한 관심이 고조되기 시작하였다. 이능화·박봉석·강유문·권상로와 같은 인물들의 자료수집에 대한 열정은 『삼국사기』·『고려사』와 같은 정사류史類와 중국 역대사서, 그리고 『삼국유사』·『해동고승전』을 비롯한 고승비문과 저술 등을 기초로 산일散逸된 채 잊혀진 불교사의 편린을 재구성하기 시작하였다. 불교수용부터 삼국불교의 동향이나 사상이 수많은 사료를 통해 객관적으로 검증을 받아 세상에 나오면서 조선시대 유학자들이 허황되고 맹랑하다는 오해와 비난이 사라지기 시작하였다. 10여 년 이상동안 지속된 자료수집의 노력과 근대학문의 연구방법론을 통해 정리된 한국불교는 더 이상 소외된 것도 아니었고, 믿을 수 없는 신비한 것은 더욱 아니었다. 이 시기 불교사가佛敎史家들은 불교를 우리나라에 전해 준 아도와 순도를 사료검증을 통해 객관적이고도 치밀하게 분석해 나가기 시작했고, 인물과 사상을 통해 중국불교와는 다른 독자성과 우수성을 밝혀내기도 하였다. 더욱이 암울한 민족혼을 되살리기 위한 정신사적 기초를 제공하여 한국불교가 지닌 독자성뿐만 아니라 그 정체성까지도 규명하기 시작하였다.

둘째, 한국불교사 연구의 체계화와 방법론을 모색하였다.

> 과거 불교사학가의 연구태도는 대개 종교적 성격으로 전설적, 신비적 경향을 탈피하지 못하였으므로 종종 불교사학가가 아니라고 비판받았다. 그러나 불교사학가들은 이에 대해 반박할 용기도 없고 대응할 계책도 강구하지 않고 불교사학가 자신이 스스로 감내한 듯하다. 이러한 경향은 다만 불교사가 뿐만 아니라 불교이외의 종교사학가들의 태도도 역시 그러하다. 이것이 과거 종교사학가의 일반경향이니 오늘날 세계 과학문명의 대조류 중에 처해서는 이러한 경향은 알맞지 않아 안타깝다.[58]

인용문은 일제강점기 불교사 연구의 태도와 방법론을 제시한 정황진의 글이다. 예컨대 그는 종래의 불교사가佛敎史家들이 전설적, 신비적 경향을 탈피하지 못해 불교사학자가 아님을 비판받았던 사실을 지적하고, 서구 역사학 연구방법론을 적극 수용하여 객관적인 연구태도를 견지하자고 주장하였다. 즉 정황진은 "새로운 불교사 연구를 위해 문헌에만 의존하지 않고 그 시대의 유물과 그 시대의 사회경제 상태와 그 시대의 내외 역사 지리 미술과 그 시대의 일반사회의 사조와 성격과 그 시대 사상의 변천과 그 시대의 종교 신앙의 깊이 정도 등 실제 상태를 세밀히 관찰하여 또 이들 상태를 다른 다수의 사회일반사실과 비교 연구하여 이에 엄격히 비평하고 적당한 판단을 내려야 그 역사상 사실의 진정한 의미를 분명히 할 것이다."라고59) 하였다. 이른바 종교적 신화적 성격이 강한 종래의 종교사 연구태도에서 벗어나고자 한 것이다. 박창두 역시 "불교를 중심삼아서 신라를 보려는 것이 아니고 신라를 중심으로 하고 신라의 불교를 관찰하려는 관계상 필연적으로 이상의 세 목적을 요하게 된다."60)고 하였다. 그가 제시한 세 가지 연구목적은 다음과 같다.

> 1은 불교가 신라에 전래되어 어떠한 波紋으로 진전하여갔는가, 즉 그의 경과를 관찰하려는 것인데 이는 불교중심논구라 할 것이다. 2는 신라 문화발달에 불교가 어떤 공헌을 하였는가 환언하면 일반문화를 중심으로 하고 불교가 그의 교섭을 하려는 것이다. 3은 신라를 만든 저들의 신앙에 영향을 준 불교 즉 신라 국민신앙과 불교의 교섭을 보려한다.61)

---

58) 鄭晄震, 「佛敎史學硏究-海東瑜伽正宗初祖憬興國師」, 『朝鮮佛敎叢報』 14, 삼십본산연합사무소, 대정8년(1919), 26~27쪽.
59) 정황진, 앞의 글, 27~28쪽.
60) 박창두, 「신라불교의 대관」, ≪불교≫ 73, 불교사, 소화5년(1930), 12쪽.
61) 박창두, 앞의 글, 12쪽.

박창두는 위의 연구목적을 위해 삼조선=朝鮮에 대한 개요62) 삼한~고구
려63), 백제의 건국64), 고구려·백제·신라의 문화 특히 종교65) 신라의
강역과 도성과 불교전래66) 그리고 고구려와 백제의 불교문화67) 불교가
신라문화와 국민신앙에 준 영향68)불교와 국민신앙69) 등 세부적인 주제를
통해 고조선 각 시대의 문화와 민족 신앙부터 삼국의 역사개요와 강역, 그
리고 삼국의 종교와 불교 전래, 불교가 신라문화와 국민신앙에 준 영향 등
을 분석하여 기술하였다. 여기에는 광범위한 자료가 활용되었다. 박창두가
이글을 기술하면서 활용한 연구 자료는 『삼국사기=國史記』와 『동사강목東史
綱目』을 비롯한 각종 일반사서(11종), 『고승전』과 『해동고승전』 등의 승전
僧傳, 『조선금석총람』과 같은 금석문류金石文類(23종), 『조선불교통사』와 『조
선선교사』, 『조선불교약사』와 같은 동시대 불교사 연구 성과(7종)도 망라
했다. 자료취급 역시 우선 『삼국사기=國史記』를 연구의 기준으로 하지만,
그 오류는 이차자료인 불교관계 자료를 활용하여 보완한다고 하였다. 불교
관계 자료 역시 역사적인 입장에서 각종各種 기전紀傳과 불교사佛教史를 취급
하는 것을 본무本務로 하겠다고 하였다. 사료내용이 모순될 때는 시대적으로
관찰하여 구기록舊記錄에 의하여 한다고 했다. 금석문은 다른 자료에 비해
역사적 사실을 풍부히 담고 있지만, 다른 기록과 비교하겠다고 하였다.70)
　요컨대 정황진과 박창두의 고대불교사 연구는 확실히 동시대 불교계에

62) 박창두, 앞의 글, 《불교》 75, 불교사, 소화5년(1930), 27~31쪽.
63) 박창두, 앞의 글, 《불교》 76, 불교사, 소화5년(1930), 12~16, 41쪽.
64) 박창두, 앞의 글, 《불교》 77, 불교사, 소화5년(1930), 23~25쪽.
65) 박창두, 앞의 글, 《불교》 77, 불교사, 소화5년(1930), 26~28쪽.
66) 박창두, 앞의 글, 《불교》 78, 불교사, 소화5년(1930), 32~39쪽.
67) 박창두, 앞의 글, 《불교》 80, 불교사, 소화6년(1931), 33~37쪽.
68) 박창두, 앞의 글, 《불교》 81, 불교사, 소화6년(1931), 36~39쪽.
69) 박창두, 앞의 글, 《불교》 82, 불교사, 소화6년(1931), 24~27쪽.
70) 박창두, 앞의 글, 《불교》 73, 불교사, 소화5년(1930), 13~14쪽.

서 진행된 일반적 연구경향과 다른 성격을 보이고 있다. 자료 활용부터 분석과 기술에 이르기까지 입체적 연구태도를 보이고 있는 것이다. 즉 종교학의 범주가 아닌 역사학의 범주에서 한 시대의 불교를 정치·경제·사회·문화 등 다양한 입장에서 객관적으로 살피고 있는 것이다.

셋째, 한국불교가 지닌 역사적 위상과 가치 규명에 진력하고 있는 점이다. 일제강점기 고대불교사 연구를 중심으로 한 한국불교사 연구에 가치를 부여하며 활발하게 진행된 것은 조선시대 불교 탄압, 일제의 침탈, 불교의 왜색화 경향, 교단의 재건, 근대학문의 도입 등 조선 말기부터 전개된 격동기와 직접적인 관련이 있다. 즉 1895년 승려의 도성출입이 다시 허용되면서 침체된 한국불교와 불교계를 부흥시키려는 일련의 노력들이 일어나고 있었다. 교단설립敎團設立과 종지宗旨·종명宗名·종조宗祖 정립을 위해 진력했던 시기다. 아울러 불교계의 왜색화 경향은 한국불교가 지닌 독자성과 정체성을 저해하는 결정적인 요인이 되어갔다. 특히 대처식육帶妻食肉은 한국불교의 전통성과 정통성을 근본적으로 무시한 말살정책이었다.

이와 같은 당시 불교계가 안고 있었던 내외문제는 1930년대 국학진흥운동과 함께 한국불교가 지닌 자주성을 회복하고자 했고, 교단재건의 이념을 모색하고 설정해 나갔다. 예컨대 최남선은 석굴암을 "조선인의 대기백 대역량이 온전히 한 예술로 표현된 민족적인 보탑인 동시에 일면 문화사상에 있어서는 동서고금을 녹인 불교미술의 집대성"으로 평가했고, 고려대장경에 대해서는 "세계에 있는 책판미술내지 일반 공예양심의 최고표현이며, 조선민족혼의 일현시一顯示로 보고 이것을 조선으로부터 인류에 제공한 정신적 교훈으로 보는 것도 무위無謂한 일이 아니라고"71) 했다. 불교계에서도 고구려가 불법전래 이후 문화와 문명의 진전을 보았다고72) 했고, "일

---

71) 최남선, 앞의 글, 21~25쪽.

본의 고대예술은 조선불교의 혜사물惠賜物"이라고73) 하는가 하면 원효는 "뚜렷이 조선불교를 창작하였고, 조금도 인도나 중국의 불교로 바탕을 삼지 않았다."고74) 하였다.

요컨대 일제강점기 진행된 고대불교사 연구와 기술은 불교계의 내외적인 상황과 다양한 현안의 사이에서 일차적으로는 한국불교사의 복원과 체계화를 위해 진력했고, 한국불교의 중흥을 위한 기초를 제공했다. 아울러 한국의 역사와 문화가 지닌 위상과 가치를 재발견하여 민족의식을 고취하고자 했던 국학진흥의 차원에서도 중요한 역할을 담당하기도 한 것이다.

4. 맺음말

일제강점기의 우리나라 고대불교사 연구는 불교사의 복원과 체계화, 1930년대 유행했던 국학진흥운동, 근대 불교교단의 설립을 둘러싸고 연구되기 시작했다. 불교가 수용된 이후 한국 역사상 찬란한 문화와 문명을 남겼던 위상과는 달리 겨우 명맥만 유지하고 있었던 상황에 스스로 문제제기가 이루어진 것이다. 불교는 또한 일제의 침략과 탄압이라는 암울한 시대 상황을 극복하는 강한 민족적 자기인식의 촉매제가 되기도 하였다.

이와 같은 배경에서 출발한 고대불교사 연구는 삼국의 불교사를 구성하고 있는 인물과 사상, 불교문학과 미술 등 불교문화, 그리고 광범위한 자료수집과 정리 등이 망라되었다. 비록 그 방법론이 단순히 사료를 재구성하는 수준에 머무른 것이 사실이지만, 10여 년 이상 자료를 수집하고 재정리하여 발전적 인식 속에서 한국불교사를 체계화시키고자 했던 노력은 지

---

72) 석법정, 「해동불법의 전래소고」, 《불교》 (신)31, 불교사, 1941, 31쪽.
73) 사불산인, 「조선불교와 일본문화의 관계」, 《불교》 70, 불교사, 1930, 3~4쪽.
74) 불교조선성찬회, 《불교》 60, 불교사, 소화4년(1929), 35~36쪽.

대한 것이었다. 더욱이 근대학문의 연구방법론이나 태도를 기초로 한 연구 경향은 김부식이나 조선의 유학자들이 비난했던 괴력난신怪力亂神의 수준은 아니었다. 국가와 시대상황을 중심으로 불교를 인식하고자 했으며, 불교가 한 시대 전반에 어떤 영향을 주었는지를 객관적으로 검토하고자 하였다. 또한 한국 불교가 인도나 중국불교와는 다른 독창성과 자주성을 찾고자 노력하였다. 원효·의상·태현 등을 통해 중국불교와는 다른 면모를 찾았고, 불국사나 석굴암, 고려대장경 등을 통해 우리 불교가 지닌 사상성과 예술성이 세계적임을 강조하였다.

결국 일제강점기 진행된 고대불교사 연구는 한국불교사의 복원과 정체성 확립의 의지에서 출발하여 그 연구의 체계화와 합리적 방법론을 모색할 수 있는 기회를 마련하였다. 이와 같은 고대불교사 연구의 기초적 성격은 궁극적으로 한국불교가 지닌 역사적 위상과 가치규명의 기회이기도 하였다. 특히 이 시기 불교사 연구는 1895년 승려의 도성출입이 재개되면서 교단설립이라는 불교계의 시급한 현안을 해결하는 이론적 기초가 되기도 하였다. 이미 사라져버린 종지와 종통, 종조를 재확립하는 과정에서 지난날의 교단과 고승들의 흔적을 살펴 근대불교계의 이념과 사상을 확립하였으며, 발전의 기틀로 삼기도 하였다.

일제강점기 진행된 불교사 연구와 기술에 대한 검토는 전무全無한 실정이다. 그 자체가 지닌 연구의 가치뿐만 아니라 근현대 불교사 연구가 학자간의 개념이해와 인식 차의 간극을 좁히는 기반이 될 것이다. 민족불교만으로 이해될 수 있는 상황도 아니었으며, 그렇다고 민족불교를 도외시할 수도 없는 시대적 상황이 엄연히 존재한 것이 사실이다. 다만 당시 진행되었던 불교사 연구와 기술에 대한 검토가 근대불교사를 둘러싸고 벌어질 수 있는 다양한 논쟁을 합리적으로 해소할 수 있는 중요한 기반이 될 것이라고 생각한다.

III. 일제강점기 조선시대불교사 연구의 동향과 성격

1. 조선시대 불교사 연구의 배경

일제강점기의 한국불교사 연구는 일반사의 차원에서는 민족문화에 대한 자각과 함께 일제의 민족문화 말살정책에 저항했던 국학운동國學運動의 차원에서 진행되었다. 당시 불교계 역시 한국사의 전개에서 불교가 지닌 종교적·문화적 가치를 확인하고 체계화시키기 위해 우리 불교사에 대한 자료 수집과 연구에 진력하였다. 아울러 당시 불교계가 직면해 있었던 정체성의 확립이라든가 교단재건과 혁신의 측면에서도 불교사에 관심을 기울였다. 예컨대 한국문화는 불교수용이후부터 세련되었고 문명화로 진입하였다고 평가하였으며, 고려시대의 대장경 판각은 가장 완벽한 교정을 거친 세계의 중보重寶로 인식하였다.

한편 조선시대 불교사에 대한 인식은 일제강점기 지성들조차도 불교의 가치로 내세울 만한 것이 드물다는 견해가 지배적이었다. 당시 간행된 불교계의 잡지에 수록된 조선시대 불교관련 글이 양적인 측면에서 살폈을 때

자료를 제외하면 고대·고려와 현저한 차이를 보이는 것은 그 단적인 예다.[1] 조선시대의 불교는 이전시대와는 달리 교리의 발전이 있었던 것도 아니고 인물의 사상 역시 빈곤하였다. 불교탄압정책은 불교계의 사회적 위치를 급락시켰고, 승려의 지위 역시 국가의 엄격한 통제로 수탈과 착취의 대상이 되었다. 그러나 일제 강점기의 지성들은 암울한 조선시대의 불교 역시 그 종교적 특성과 사회적 기여, 혹은 사상과 신앙이 지닌 가치에 주목하였다. 아울러 한국불교사에 대한 이해와 체계를 확립하는 일도 시급한 과제중의 하나였다.

일제강점기에 진행된 조선불교사에 대한 연구는 매우 미진한 실정이다.[2] 아직까지 산재해 있는 근대불교에 대한 객관적 이해를 위해서는 당시 진행된 불교사 연구에 대한 검토가 필요하다. 근대불교계가 당면한 문제와 정체성 등을 살필 수 있는 실마리가 담겨있기 때문이다.[3]

본 논문은 일제강점기 지성들의 한국불교사 연구와 그 인식의 이해를 전제로 조선시대 불교사 연구의 동향과 성격을 검토할 것이다. 확실히 조선시대 불교사 연구는 고대와 고려불교사 연구와는 다른 성격을 지니고 있었다. 수집한 자료를 분류하고 분석하여 불교사뿐만 아니라 일제강점기 불교

---

1) 필자가 일제강점기 간행된 불교계 잡지에서 수집한 자료에 의하면 조선시대 불교사 관련 자료는 69종으로 고대(65)·고려(59)보다는 분량 상에서 우위를 점하지만, 자료만 40여 종 이상이 된다.
2) 일제강점기 진행된 조선불교사에 관한 직접적인 연구 성과는 아직 본격적으로 시도되지 않았다. 다만 이능화와 그의 저술『조선불교통사』이나 권상로를 중심으로 이루어졌을 뿐이다. 이종은, 『이능화연구 – 한국종교사학을 중심으로』, 집문당, 1994 ; 이재헌, 「일제하 불교학자들의 역사인식과 학문적 입장에 관한 연구」, 『한국학대학원논문집』 10, 한국정신문화연구원, 1995) ; 김효탄, 「이능화의 불교사 인식」, 『불교학보』 40, 동국대불교문화연구원, 2003 ; 한상길, 「조선시대 불교사 연구와『조선불교통사』」, 『불교학보』 40, 동국대 불교문화연구원, 2003 ; 이재헌, 『이능화와 근대불교학』, 지식산업사, 2007.
3) 오경후의 연구는 일제강점기 진행된 불교사 연구동향과 인식을 일제강점기 불교계의 상황과 결부시켜 시도하고 있다. 오경후, 「일제강점기 고대불교사 연구경향과 성격」, 『보조사상』 38, 보조사상연구원, 2012, 236~237쪽.

계가 지니고 있었던 과제를 이해하는데도 기여하고자 한다.

　일제강점기에 진행된 불교사 연구와 찬술 가운데 조선시대 불교사는 사실 당시 지성들의 연구목적이나 의미와는 일정한 거리를 두고 있었다. 찬술의 경향과 인식이 불교가 한국의 역사와 문화에 금자탑을 형성했음을 강조했다면 조선불교사의 면면은 내세울 만한 것도, 기념할 것도 거의 없었기 때문이었다.

　이능화가 불교가 이 땅에 들어온 이후 "금강명산金剛名山에 법기보살法起菩薩이 사는 곳이 되었고, 해인사의 대장경은 세계적 법보法寶가 되었다. 도를 얻은 선승禪僧과 법려法侶들이 삼대같이 많았고, 불법佛法을 지키는 국왕과 대신들이 숲처럼 빽빽했다."고4) 했지만, 정작 조선시대 불교사의 전개는 탄압과 소외, 그리고 수탈과 착취의 연속이었다. 그러나 이능화가 『조선불교통사』의 자서自序에서 '포교지용布敎之用'이라고 한 것처럼 내세울 것 없고 암울한 한 시대의 역사이지만, 그것조차도 이해하지 못하고 있는 대중들을 위해 사실史實을 소개하고 역사의식을 고취시키는 일종의 포교와 계몽의 역할을 기대했던 것이다.

　　불교의 세계적 유통과 동방적 특색은 오직 조선불교에 대한 깊은 이해를 기다려야 비로소 그 전체를 개관할 것이오, 동시에 불교사상과 불교문명의 역사적 발전과 지리적 분포를 보고 해석하게 될 것이지만 아직까지 조선불교란 것의 인식이 심히 부족하고 연구는 저절로 미치지 못함은 매우 한스러운 일이 아닐 수 없으며, 조선의 현상으로 보건대 지금 일체의 정신적 원천이 모두 고갈되고 일체의 문화상 靈能이 모두 고갈되어 병이 들고 부패한 物心으로 兩極한 今日에 진작시킬 방법이 한두 가지에

---

4) 조선불교통사역주편찬위원회, 「自序」, 『역주조선불교통사』 1, 동국대학교 출판부, 2010, 54쪽.

그칠 것은 아니지만 수 십 세기 사이에 한 결 같이 계속해서 우리에게 靈
能을 공급한 불교의 진흥이 지극히 중요한 일이다.[5]

당대의 사학자 최남선崔南善 역시 조선불교는 불교의 세계적 전파와 동양
적 특색을 이해하는데 중요한 의미를 지니고 있는 것으로 불교전체의 교량
과 맥의 역할을 하였지만, 조선불교에 대한 인식이 부족하고, 연구도 제대
로 이루어지지 않고 있다고 한탄했다. 더욱이 그는 "조선불교는 아직 그
이름도 세우지 않고, 그 뜻도 분명하지 않고, 큰 영향과 중요한 가치는 아
울러 인정되지 않아 희미하게 보이는 바도 없고 간간히 들리는 바도 없
다."고 하였다. 이능화를 비롯한 권상로[6]·박봉석[7]·강유문[8] 등이 10여
년 동안 자료를 수집하고 분류한 배경 역시 한국불교사를 체계화시키고,
대중들에게 불교사 인식을 확산시키고자 한 것이었다. 당시 조선시대 불교
사 이해 역시 한국불교사 전반에 대한 연구와 인식의 부진의 차원에서 비
롯된 것으로 이해할 수 있다.

한편 일본인 학자 다카하시 토오루의 다음과 같은 지적은 당시 조선시대
불교사에 대한 인식과 그 연구의 가치를 엿볼 수 있어 주목할 만하다.

조선사회에서 승려들을 매우 천대하는 경향이 강하다. 또한 조선어에
서도 승려들의 타락한 일면을 기록하여 배척한 것만이 있다. 이러한 면
모를 종합한다면 조선불교는 실제로 사멸한 것이다. 나 역시 조선의 사
상과 신앙을 연구할 때 이것이 가치 없는 것으로 생각하여 조선불교를

5) 六堂學人, 「朝鮮佛教의 大觀으로부터 『朝鮮佛教通史』에 及함」(『조선불교총보』 12, 30본산연
   합사무소, 1918, 39쪽.
6) 權相老, 「朝鮮高僧時順考」, ≪佛教≫ (신)32~43, 불교사, 1942, 1~12쪽.
7) 朴奉石, 「海東叢林紙魚譚」, ≪佛教≫ (신)59, 불교사, 1944.
8) 姜裕文, 「佛教年表」, ≪佛教≫ (신)34~37, 불교사, 1942.

연구할 생각이 없었다. 경성 부근의 사찰이 종교적 취미도 없고, 권위도 없는 지극히 속화된 요리집과도 같기 때문이었다. 더욱이 궁녀가 기도하는 곳이었고, 양반과 부호가 기녀를 데리고 숙박하는 장소였기 때문이다. 때문에 승려 역시 권위가 없고, 학문이나 도덕은 조금도 볼 수 없는 극히 俗化된 것으로 보았다. 또한 승려들이 사회적으로 멸시 당했고, 그 멸시에 대해 저항할 기운도 없었다. 또한 조선시대의 문헌에 승려를 멸시하거나 타락한 존재로 기술하고 있었다. 이것이 당시 경성 불교의 모습이었다.9)

  예컨대 다카하시는 당시 경성에 거주하며 그가 본 경성의 사찰과 승려를 조선불교의 전부라고 생각했던 것이다. 학문과 도덕이 없고, 멸시당하고 멸시에 대한 저항도 없는 무기력한 존재로 인식한 것이다. 그러나 고교형은 1912년 가을에 월정사에 가서 실록과 서적 등을 볼 기회가 있었는데, 당시 월정사 승려들의 엄정하고 정연한 수행생활을 보고 "조선불교도 역시 조선인의 사상과 신앙에 일정한 영향력"을 지니고 있었을 것으로 생각하고 조선불교사 연구를 시작하였다. 예컨대 그가 그동안 보았던 경성부근의 타락한 사찰의 모습과는 다른 것이었다. 사찰이 지극히 정돈되어 있었고, 승려가 세 부류로 구분되어 한 부류는 좌선坐禪을 하고, 한 부류는 염불念佛을 하고, 한 부류는 독경讀經하였다. 사찰의 진면목을 보았다고 하였다. 때문에 그는 "따라서 사찰의 여러 가지 의식작법儀式作法이 정돈되어서 나는 실제 종교의 신앙을 가지고 있는 사람의 집단지된 사찰이라는 기분이 있었다."고10) 하였다. 결국 그는 "조선의 불교는 없다고 이제까지 생각했지만, 산중 승려에게 이와 같은 불교의 잔영殘影이 잔존해 있다. 그러면 조선

 9) 高橋亨, 「僧兵과 李朝佛敎의 盛衰」, ≪불교≫ 4, 불교사, 1924, 8쪽.
 10) 고교형, 앞의 글, 9쪽.

불교도 역시 조선인의 사상과 신앙을 어느 정도까지는 지배한 것으로 생각하고 연구의 가치가 있는 것으로 느끼고 연구를 시작하였다."고 하였다. 비록 탄압받고 소외되었지만, 불교는 조선인의 사상과 신앙이라는 정신문화를 일정하게 지배하고 있었음을 지적한 것이다. 시대마다 불교가 지닌 순기능에 주목한 것이다.

한편 조선시대 불교사 연구는 청허 휴정과 사명 유정을 중심으로 한 인물연구에 주목하였는데, 두 인물의 신앙信仰과 학덕學德을 기술記述했던 김태흡은 "추모하고 경모하는 마음과 세상 사람들에게 두 인물의 인격과 도덕을 흠모케 하려한다."고 찬술의 배경을 언급하였다.[11] 두 인물은 임진왜란 당시 승병으로 참전하여 호국불교의 면모를 보여 준 점에서 높이 부각되기도 하였다. 아울러 김태흡은 당시 일본불교도가 일본불교 개조開祖의 기념제를 성대하게 개최한 것을 보고 조선불교의 무기력함을 지적하기도 하였다.[12] 즉 한국불교사의 대표적 고승을 선양하는 것은 불교의 대중화를 통해 그동안 침체되어있었던 불교의 위상을 향상시키려는 의도를 지니고 있었던 것이다.

결국 일제강점기 조선시대 불교사 연구는 한국불교사의 체계화와 대중화를 위한 계몽과 포교의 차원에서 이루어졌다. 아울러 조선시대의 역사적 상황에서 전개된 불교의 사상과 신앙이 지닌 종교적 특성이나 승려들의 국가사회적 역할과 기여와 같은 가치를 규명하려는 의도에서 비롯되었다. 이와 같은 찬술의 배경은 일제강점기 불교계가 안고 있었던 한국불교의 정체성 인식의 미흡이나 불교의 사회적 위치를 향상시키고자 했던 의도 역시 담겨져 있는 것이다.

---

11) 김태흡, 「松雲大師의 信仰과 그 學德」, ≪불교≫ 54, 불교사, 1928 ; 「西山大師의 信仰과 그 學德」, ≪불교≫ 58, 불교사, 1929.
12) 素荷, 「壬辰兵亂과 朝鮮僧兵의 活躍」, ≪불교≫ 39, 불교사, 1927, 32쪽.

2. 조선시대 불교사 연구의 경향

일제강점기에 진행된 조선시대 불교사 연구는 개설과 인물, 사상·신앙, 그리고 조선시대 진행된 국역불전으로 구분할 수 있다.

(1) 조선시대 불교사 개관

필자	제 목	간행지 (호수)	출판사	간행연 도
金泰洽	東洋佛敎의 槪說(조선의 불교)	《佛敎》 38·40	불교사	1927
無能居士 (李能和)	李朝佛敎史 第1編	《佛敎》 제1호	불교사	1924
	李朝佛敎史 1장 太祖의 불교	《佛敎》 창간호~3	불교사	1924
	李朝佛敎史 2장 高麗大藏經과 日本의 請求	《佛敎》 4~5	불교사	1924
	李朝佛敎史 3장 李朝以來海印藏經印出事實	《佛敎》 6	불교사	1924
	李朝佛敎史 4장 高麗以來의 大藏經에 관한 事蹟	《佛敎》 7	불교사	1924
	李朝佛敎史 5장 高麗雕造大藏經板의 考證	《佛敎》 8	불교사	1925
	李朝佛敎史 6장 佛敎의 宗派와 五敎兩宗	《佛敎》 9	불교사	1925
	李朝佛敎史 7장 五敎兩宗이 禪敎兩宗으로됨	《佛敎》 10	불교사	1925
	李朝佛敎史 8장 僧錄司로부터禪敎兩宗都會所	《佛敎》 11	불교사	1925
	李朝佛敎史 9장 禪敎兩宗의 中廢~11 장 禪敎兩宗의 又廢	《佛敎》 12	불교사	1925
	李朝佛敎史 12장 선교양종의 부흥 13장 禪敎兩宗과 禪科의 始終	《佛敎》 13	불교사	1925
	李朝佛敎史 14장 燕中兩王朝의 僧選 狀態~16장 宣祖時에 戰功을 立한 僧 徒에게 禪科를 特授	《佛敎》 15	불교사	1925
尙玄居士	李朝抑佛史 其一 ~ 其六	『佛敎振興會月報』 1권4·5·6·7·8·9호	불교진흥회본부	1915
素荷	壬辰兵亂과 朝鮮僧兵의 活躍	《佛敎》 35·38·39	불교사	1927

高橋亨	僧兵과 李朝佛敎의 盛衰	≪佛敎≫ 4～11	불교사	1924～1925
記者 選	朝鮮敎史遺考	『海東佛報』 6·8	해동불보사	1914
李丙燾	李朝太祖의 開國과 當時의 圖讖說	≪一光≫ 8	중앙불전교우회	1937

우선 이능화는 1924년 7월부터 1926년 10월까지 ≪불교≫지에 20회에 걸쳐 「이조불교사李朝佛敎史」라는 제목으로 조선불교사를 연재하였다. 고대와 고려시대 불교사에 대한 전반적인 소개는 많이 이루어졌지만, 조선시대 불교사에 대한 개관적인 소개는 이 글이 처음이다. 찬술의 시간적 범위는 태조 대부터 조선후기까지 해당한다. 그는 연대기적 서술보다는 조선시대 불교사를 설명할 수 있는 대표적인 주제를 선정하여 기술하였다.

그는 이 장편의 글에서 태조 이성계의 불교신앙심과 정책, 고려대장경의 판각과 조선시대 대장경의 인출과 일본의 청구, 종파와 5교양종, 선교양종으로 통폐합되는 과정, 승과의 시행과 폐지, 사찰의 재산 등의 항목을 통해 조선불교사의 전반적인 사정을 기술하였다. 2장부터 5장에 걸쳐 기술한 대장경에 관한 사실은 고려시대 대장경 판각작업부터 고려 말 조선 초의 일본의 대장경 청구를 소개하였다. 아울러 역대 왕의 대장경 인출, 대장경과 관련하여 실록을 비롯한 여러 사서와 문집 등에서 그 기사를 발췌하여 소개하기도 하였다. 이능화는 이러한 사실을 실록을 비롯해 이정형李廷馨의 『동각잡기東閣雜記』나 이덕무의 『청장관전서靑莊館全書』, 『범우고梵宇攷』 등에서 그 근거를 밝히기도 하였다.13) 그는 대장경판을 2본으로 추정하기도 하고, 강화에 경판이 있음에도 불구하고 중국에 가서 대장경을 인출해와 각 절에 봉안한 사실을 이해할 수 없는 일14)이라고 하였다.

---

13) 無能居士, 「第3章 李朝以來海印藏經印出事實」, 『李朝佛敎史』 6, ≪佛敎≫ 6, 불교사, 1924, 28～36쪽. 이능화는 이덕무의 『靑莊館全書』, 『盎葉記』에 수록된 세조대 대장경 인출과 관련된 기록인 搨印節目 1책을 발췌하여 소개하였으며, 「伽耶山記」·「海印寺大藏經」·「記海印寺八萬大藏經事蹟」도 역시 소개하였다.

이능화는 6·7·9·10·11·12·13장에서 불교佛敎의 종파宗派와 오교양
종五敎兩宗, 선교양종으로 통합, 폐지, 부흥 등을 소개하기도 하였다. 그가
약 7개의 장에서 종파를 거론한 것은 조선시대 불교사를 불교정책을 중심
으로 서술하였음을 의미한다. 탄압의 차원에서 이루어진 종파의 통폐합으
로 조선시대 불교계가 그 근본적인 변화와 함께 축소되었음을 시사한 것이
다. 그는 "조선불교의 종파가 인도와 중국의 그것과 서로 같음을 전제하였
다. 예컨대 구사종俱舍宗·성실종成實宗·삼론종三論宗·섭론종攝論宗·지론종地
論宗·천태종天台宗·법상종法相宗·자은종慈恩宗·진언종眞言宗·정토종淨土宗·율
종律宗·화엄종華嚴宗·열반종涅槃宗·선적종禪寂宗 등이 구비되었다고 하였다.
그러나 이 종파 외에 신라와 고려의 여러 기록에는 다른 종파가 있었음을
밝혀냈다. 즉 신라시대에는 신인종神印宗 혹은 문두루종文豆婁宗, 해동종海東宗
혹은 분황종芬皇宗이 있었으며, 고려에는 시흥종始興宗·총지종摠持宗 혹은 다
라니종陀羅尼宗·천태소자종天台疏字宗·천태법사종天台法事宗·법성종法性宗·원
융종圓融宗·도문종道門宗·중도종中道宗 등이 있었다고 하였다.15) 이 가운데
신인종은 진언종의 별파別派이며, 해동종 혹은 분황종·법성종·원융종·도
문종 등은 화엄종이요, 선적종은 곧 구산문 조계종, 총지종 혹은 다라니종
은 진언종, 천태소자 및 법사종은 천태종의 분류며, 시흥종 및 중도종은
모두 화엄종의 지방적 별명別名으로 추정하였다.

5교 양종은 고려 태조 때 설치되었지만, 고려사 기록은 원종元宗 때부터
조선 초까지 존재했다고 보았으며, 조선이 건국되면서 불교배척의 결과로
혁파논의가 있었다고 하였다. 다음 선종을 합하여 조계종으로, 5교를 합하

---

14) 無能居士, 「第5章 高麗雕造大藏經의 考證」, 『李朝佛敎史』 8, 《佛敎》 8, 불교사, 1925,
    38~39쪽.
15) 無能居士, 「第6章 불교의 종파와 오교양종」, 『李朝佛敎史』 9, 《佛敎》 9, 불교사, 1925 ,
    26쪽.

여 화엄종으로 하자는 논의를 하였으며, 이후 오교양종에 속한 사찰 한곳 외에는 사사전구寺社田口를 혁파하자는 논의 등을 소개하였다.

> 대개 반도의 불교는 이때부터 국가에서 이를 건설하여 사찰을 조성하고 田民을 賜給하고 住持의 직을 任免하고 焚修의 업을 부담시켰다. 그리하여 파괴함에도 이를 국가에만 맡기고, 인민은 전부가 불교신자임에도 불구하고 전연 무관계로 袖手傍觀만 할뿐이었다. 이것으로 본다면 지금 세계 각국에 정치와 종교를 分立하여 인민 자유에 맡기는 것은 참으로 문명의 극도라 할 것이다.[16]

이능화는 1911년 총독부가 제정하고 시행한 사찰령의 시초가 조선전기의 불교정책에서부터 비롯되었다고 하였다. 예컨대 태종대 사찰소유의 전민民民을 빼앗고, 승려 수를 정하거나 사찰을 감소시키고, 종파를 통폐합시켰는데 이것은 불교가 침체된 원인이었으며, 이 악순환이 사찰령에서 재현된 것으로 본 것이다. 때문에 그는 정교분리를 국민에게 맡기는 것을 문명의 최고수준으로 평가하였다. 요컨대 일제강점기 사찰령에 의한 당시 불교계의 여러 가지 모순과 폐단을 지적한 것이다.

그는 8장과 13·14·15·16장에 걸쳐 조선시대 승록사僧錄司의 폐지와 선교양종도회소의 설치, 승과僧科의 시종始終을 기술하였다. 종파통합과 승과의 설치와 폐지를 통해 조선의 불교정책의 전개와 불교계의 기능과 위상이 축소되어가는 과정을 기술하였다.

> 爾來 禪教兩宗은 不生不滅의 상태로 이조 최후까지 존속하여 왔다.
> 現行 寺刹令에 의하여 조선불교를 禪教兩宗의 名義下에 31대본산의 寺

---

16) 無能居士, 앞의 글, 31쪽.

法을 인가한 것은 즉 조선불교 그것의 유래 역사를 존중 응용한 것이다.[17]

그는 조선시대의 이와 같은 불교 종파의 통폐합이 조선왕조 전시기 동안 존재해오다가 사찰령이라는 이름으로 계승되었다고 지적하였다. 결국 불교에 대한 국가의 간섭과 통제는 불교 자체의 존립이라든가 독자성이 무시되고 그와 같은 한계는 불교 자체의 사상과 신앙 등의 발전과 성숙을 저해하는 요인으로 보았다. 사찰령 이후 한국불교는 조선시대의 선례에 따라 '조선불교선교양종'이라는 종명을 선택할 수밖에 없었는데, 그것은 국가의 간섭과 통제가 계승되고 있었음을 의미한다고 보았다. 그러나 17·18장의 사찰재산에 대해서는 고려후기 불교계의 폐단과 관련하여 사원경제가 지닌 모순을 지적하기도 했다. 예컨대 "국가에서 사찰에 전민을 사급賜給한 본래 의도는 분수승焚修僧으로 하여금 국리민복國利民福을 기원하기 위해서다. 출가 승려가 노비를 부리고 안일安逸함은 석존釋尊의 율법律法에서 허락하지 않는 것인데 승려가 노비를 타인에게 사사로이 양도하는 것은 더욱 이치에 맞지 않는 일이다. 조선의 유신儒臣들이 사찰의 전민田民을 감소시킨 일은 불교를 억압하는 일이지만, 그 이치가 틀리지는 않는다."고[18] 하여 불교계의 모순을 비판하기도 하였다.

이능화는 이밖에 『조선왕조실록』과 『연려실기술』, 그리고 조선중기의 문신 이자李耔(1480~1533)가 쓴 『음애일기陰崖日記』, 남효온南孝溫(1454~1492)의 『추강냉화秋江冷話』에 수록된 조선시대의 억불사례를 모아 소개하기도 하였다. 예컨대 조선초기인 성종 대에 일어났던 유생들이 정업원淨業院의 불상佛像을 탈취한 사건이나[19] 김효온의 불교신앙심에 대한 유신들의 비난, 그리고

---

17) 無能居士, 「第12章 禪敎兩宗의 復興」, 『李朝佛敎史』 13, 《佛敎》 13, 불교사, 1925, 24쪽.
18) 無能居士, 「第17章 寺刹財産」, 『李朝佛敎史』 17, 《佛敎》 20, 불교사, 1926, 15쪽.
19) 尙玄, 「李朝抑佛史」 其一, 『불교진흥회월보』 1권 4호, 불교진흥회본부, 1915, 31~32쪽.

향시鄕試에서 불공佛供을 긍정적으로 기술했다하여 징계한 사실을 소개하였다. 아울러 연산군 대 유생儒生 수 십 인이 경기도 광주의 청계사에 몰래 들어가 불교경전을 무단으로 빼내온 일이라든가, 중종 대 흥천사 사리각舍利閣 화재로 유생들을 처벌한 일등을 소개하였다.[20]

한편 「승병僧兵과 이조불교李朝佛敎의 성쇠盛衰」을 통해 조선시대 불교사를 개관한[21] 다카하시 토오루는 한국불교가 신라·고려·조선불교가 각기 다른 특질을 지니고 있음을 전제하였다. 예컨대 "신라시대의 불교는 신라인의 성질을 나타내어 실로 기려綺麗한 미술을 나타냈다." 고려의 불교는 "신앙도 높지 않고, 순일함도 없지만, 그 열렬한 점에는 고려불교는 일종의 이채異彩가 있다."고 그 가치를 평가했지만[22] 조선시대에 대해서는 조선인의 사상과 신앙에 일정한 영향력을 지니고 있다고 언급했을 뿐이다.

다카하시는 한국불교사를 종교행정의 역사라고 전제하고, 불교의 성쇠흥망이 그때의 정부의 시정방침에 관계되었다고 하였다. 즉 "소급하여 2000년 전부터 불교성쇠흥망을 살펴본 즉 이상한 일은 불교의 성쇠흥망이 당시 정부의 시정방침施政方針에 관계되었다."고 하였다.

그는 이글에서 본 주제인 승병의 기원, 발달과 결말을 거론하기 전에 조선불교의 대강을 설명하였다. 그는 조선시대 불교사를 두시기로 나누어 1기는 성종대왕까지를 대체로 말하였고, 2기는 연산군부터 조선 말기까지의 대강을 언급했다. 즉 성종 대까지는 승과僧科가 시행되고 있어서 승려는 준 관리로 일정한 위치를 차지하고 있었지만, 연산군 대부터는 선종과 교종본산이 철폐되고 연산군 10년 승과僧科를 실시하고자 했지만, 폐지되고 이에 따라 지금까지 이어 온 국가와 승려의 공적 관계는 단절되었다고 보

---

20) 尙玄, 「李朝抑佛史」 其一~六, 『불교진흥회월보』 1권 4~9호, 불교진흥회본부, 1915.
21) 高橋亨, 「僧兵과 李朝佛敎의 盛衰」, 《불교》 4·5·6·7·8·9·10, 불교사, 1924~1925.
22) 高橋亨, 앞의 글, 《불교》 4, 불교사, 1924, 11~12쪽.

앉다. 승과가 시행되는 한 승려는 준관리準官吏로 조선사회에서 일정한 위치를 차지하고 있었다는 것이다. 요컨대 승과시행과 같은 불교정책을 기준으로 구분한 것이다.23) 아울러 조선불교를 교리의 방면과 전등방면, 선조대의 임진왜란과 승병, 송운대사 등을 소개하였는데, 11종→7종→선교양종으로 종파가 통폐합되는 과정에서 청허 휴정 이후에는 조선불교가 선교분립禪敎分立에서 합병되어 선도 아니고 교도 아닌 조선 특유의 종지로 정착했다고24) 지적하였다.

다카하시 토오루는 이밖에 임진왜란에 대해서는 "일본과 같은 섬나라가 적은 토지를 소유하고 나라를 부강하게 하고 그 나라의 경제를 견실히 하고자 함에는 대륙의 대국과 자유로운 통상무역이 없으면 안될 것이다. 중국이 일본의 통상요구를 허용하지 않자 풍신수길은 명明에 허락을 얻기 위해 위협적으로 시위운동을 하여 그것이 무단히 조선에도 영향을 미치게 되었다."고25) 하였다. 일본이 조선을 공격할 의도는 없었고 단순히 일본 내의 경제적 사정을 해소하기 위한 정당성만을 주장하고 있을 뿐이다. 조선 승려가 전쟁에 참여한 것 역시 근본적으로는 호국불교의 전통에 기인한 것이었지만, 현실적으로 전쟁에 참여하여 상당한 공을 세워 과거시험에 합격하여 등계登階한 것과 같은 자격을 받고자 하였으며, 도첩을 받아 승려로서 보장받기를 원하였다고26) 하였다. 그러나 다카하시 토오루가 이 글을 집필한 의도는 일제강점기 조선총독부의 조선지배와 사찰령 시행의 정당성을

23) 高橋亨, 앞의 글, ≪불교≫ 4, 불교사, 1924, 13~14쪽.
24) 高橋亨, 앞의 글, ≪불교≫ 5, 불교사, 1924, 11쪽.
25) 高橋亨, 앞의 글, ≪불교≫ 8, 불교사, 1925, 27쪽. 고교형은 당시 임진왜란에 대한 일본 측의 연구 성과를 기초로 일본이 조선을 침략한 것은 풍신수길의 제국주의도 아니고, 영토를 구한다는 功名心에 의한 것이 아니라고 하였다. 명과의 통상무역을 위해 위협적으로 시위운동을 하는 과정에서 그것이 조선에 영향을 미친 것으로 이해하였다.
26) 高橋亨, 앞의 글, ≪불교≫ 8, 불교사, 1925, 29~30쪽.

홍보하는데 있었다.

寺內伯에 의하여 朝鮮寺刹令이 발포된 것이다.……이 사찰령에 의
하여 비로소 조선사찰이 그 재산권을 認証함이 되었다. 또 처음으로
조선사찰의 寺格이 承認되었다. 즉 本山이 三十이되고, 그 三十本山
의 주지는 총독의 인가를 얻어 주지가 되었다. 또 처음으로 오랫동안
그 시행이 폐지되었던 승려의 位階가 법으로 정해졌다. 그러므로 지
금까지 사람이면서 사람이 아닌, 인간이외의 비천한 자로 대우를 받
던 승려의 사회적 위치가 갑자기 향상되어 본산주지는 우선 奏任대우
로 말할만한 지위를 얻었다. 또 정부의 지도 장려에 의하여 사찰은
뜻대로 포교소를 건조하고 불법을 보급함이 되었다. … 이와 같이 조
선불교가 처음으로 생명을 얻음에 이른 것은 사내총독의 정교에 의한
것이다.27)

결국 탄압을 받고 있었던 조선불교가 조선 총독 데라우치 마사다케寺內正
毅의 사찰령에 의해 부활의 기회를 맞았다는 것이다. 다카하시는 데라우치
총독을 "조선불교사에 영구히 잊지 못할 불교의 옹호자"라고 하면서 불교
를 숭신하고 흥하게 했던 역대의 태종무열왕·왕건·이성계와 같은 차원에
서 평가하기도 하였다. 그러므로 1923년 여름 그가 금강산 장안사에서 조
선 승려를 대상으로 조선시대 승병僧兵을 비롯한 조선시대 불교를 강의한
실질적인 목적은 사찰령이 미천한 한국불교와 승려에게 그 지위를 회복시
켜주는 역할을 강조하기 위한 것이었다.
한편 장도환張道煥은 「여말麗末과 이초李初의 유불儒佛의 관계關係」에서 고려
말 대두된 주자성리학이 조선의 건국이념으로 작용하면서 불교와의 관련성

---

27) 高橋亨, 앞의 글, ≪불교≫ 4, 불교사, 1924, 10~11쪽.

을 검토하였다.28) 그는 고려불교는 신라불교와 동일하게 귀족불교라는 특수계급으로 존립된 것은 사실이지만, 고려의 역사전통이 문화적文化的 사상색思想色으로서 대립하기까지는 매우 집단적이고 교융적이어서 외래의 문화가 침입하여 대립할 기회를 주지 않고 섭취하였던 것이 재래의 문화색이었던 까닭에 정치변동 이외에 대립색은 없었다고 하였다.

> 그러나 려말에 있어서는 벌써 그런 호의로서 해석하고 善意로 타협할 기회를 주기 전에 불교내부의 부패가 一原이 된 점도 있었지만, 왕조의 말기에 정치의 頹色이 극도에 달해서 무엇인지 민중으로 하여금 급격하게 외래조직화한 사상적 결사적 흥미에 충동을 주게 되자 宋儒의 결사적인 외래사상체계가 그대로 들어오게 되고 佛敎對 宋儒간에 알력되는 문화의 질적 차이에서 격론되던 논쟁방법까지를 가져와 조선불교 輸入後 一次도 道佛儒佛이 타협은 있었으나) 큰 對立擯斥은 없었던 것이었는데 일천년간 처음으로 큰 反目이던 것이다.29)

장도환은 고려 말 시작된 불교비판과 불교와 유교의 충돌은 우선 불교내부의 폐단과 정치의 모순을 일차적인 원인으로 꼽았다. 이와 같은 폐단은 당시 신선한 충격을 주었던 주자성리학의 유입과 함께 송宋의 성리학자의 불교비판론이 그대로 활용되어 그동안 단 한 번도 큰 대립이 없었던 유교와 불교사이의 반목이 발생하였다고 하였다. 그러나 장도환은 그 대립의 근본원인은 유교사상이 종교적으로나 신앙적인 측면에서 비롯된 것이 아닌 문화적, 현실적 원인에서 비롯된 정치이론의 결사적 행동이 원인이라고 하였다. 아울러 조선시대 불교정책의 단면에 대해서도 의견을 보였는데, 우

---

28) 張道煥,「麗末과 李初의 儒佛의 關係」1~6, 《불교》 (신)47·48·52·53·54·56, 불교사, 1943.
29) 장도환, 앞의 글, 《불교》 (신)47, 불교사, 1943, 15쪽.

선 그는 태조와 태종대 승려들에게 노비를 분정分定한 것은 이전의 귀족사회에 준거하여 특별대우를 받았던 결과가 이어진 것으로 해석하였으며[30] 조선불교는 명종 대 부활된 승과僧科가 부활되었다가 불과 수 년 만에 혁파되었는데, 승과의 폐지는 승려의 소질素質이 저하되는 첫 단계였고, 국가시험에 의해 인재를 선발하지 못해 교학敎學이 발달하지 못하고 교육열 역시 감소하게 되었다고[31] 지적하였다.

> 雜駮한 민간신앙이 가미된 國祀가 모두 미래의 禍福을 좌우하는 鎭護神으로 알았던 만큼 風化를 위주한 제사의 습속만이 아니고 곧 당시 인민의 知的 生活을 반증하는 동시에 유교가 다시 宗敎儀式에로 재건을 보게 된 것이다. 결국 유불의 알력은 종교적 이론 차이보다도 현실적 정치 대상이 그 주요 원인이던 것이 다시 고유한 민간사상인 天思想 그대로 宗敎擬態化로 변하였던 것에서 알게 된다.[32]

인용문은 조선왕조가 하늘과 산천山川에 제사지내는 것을 지적한 것이다. 즉 유교이념에 입각한 조선의 정치나 부정적 불교정책이 불교가 종교적 성격을 철저히 부정했음에도 불구하고 산천에 제사지내는 종교행의宗敎行儀가 그대로 답습된 것은 송유宋儒의 이단異端·미신관迷信觀의 비판적 관점이 자기모순에 빠진 것으로 지적하였다. 결국 장도환은 고려 말부터 시작된 불교비판론과 조선의 불교정책이 사상적 측면보다는 당시의 시대상황과 정치적 모순 등에 기인한 것으로 평가하였으며, 불교비판론 역시 송유宋儒의 그것을 무비판적으로 수용했음을 지적하였다.

---

30) 장도환, 앞의 글, ≪불교≫ (신)47, 불교사, 1943, 21쪽.
31) 장도환, 앞의 글, ≪불교≫ (신)48, 불교사, 1943, 16쪽.
32) 장도환, 앞의 글, ≪불교≫ (신)53, 불교사, 1943, 8~9쪽.

(2) 사상·신앙

필자	제 목	간행지(호수)	출판사	간행연도
朴漢永	蓮潭과 仁岳과의 關係	≪金剛杵≫ 20	동경동맹	1932
之一 譯	金秋史가 白坡和尙에게 보낸 辨妄證十五條	≪禪苑≫ 2	선학원	1932
金泰洽	世宗大王의 信佛과 月印千江之曲	≪佛敎≫ 69	불교사	1930
張道煥	淨業院과 婦人運動과의 歷史的 意義	≪金剛杵≫ 20	동경동맹	1932

일제강점기 한국불교사에서 나타난 사상과 신앙은 불교가 한국의 역사와 문화를 고양시켰다는 중요한 요소로 작용하였다. 인도와 중국불교와는 다른 한국불교의 특성과 독자성을 원효·의상을 비롯한 고승들의 사상을 통해 그 가치를 규명하고, 고려의 의천과 지눌을 통해 선교통합과 한국 선의 위대성을 천명하기도 하였다. 그러나 조선시대는 지속적인 탄압과 수탈로 인한 불교계의 외부적인 요인으로 인해 내세울 만한 사상은 찾아보기 힘들다. 종파의 통합과 승과의 폐지가 그 원인이라고 할 수 있다. 그러나 일제강점기의 지성들은 고대·고려불교와는 다른 조선불교의 사상을 찾아 단편적으로나마 소개하는데 게을리 하지 않았다.

1929년 조선불교 교정敎正에 취임하여 불교계를 지도하였던 박한영朴漢永은 당시 불교계의 학인學人들을 위해 조선후기 연담 유일蓮潭有一과 인악 의첨仁岳義沾의 『화엄경華嚴經』 사기私記에 대해 거론하였다. 그는 「연담과 인악과의 관계」에서 연담과 인악은 출생과 주석처가 호남과 영남으로 교류가 없었지만, 연담은 설파 상언에게 『화엄경』 전부를 지리산智異山 영원암靈源庵·안국암安國庵에서 수학하였고, 인악은 『화엄경華嚴經』「십지품十地品」만을 설파에게 영원암에서 수학하였다고 하였다.

両老가 各其 四教와 大教의 私記教十卷을 著述하였으되 二記중에 蓮
無仁說하고 仁無蓮說이오 다만 雪坡老의 講說은 兩記에 各有하니라.
蓮仁兩老와 淸凉疏鈔의 관계는 兩老가 모두 淸凉疏鈔에 대하여 당시 諸
大講老의 해설을 集鈔한 것이 日蓮潭記 日仁岳記 그것이라. 청량의 의
지를 極力解釋한 것이오, 別義는 寸解도 無하니라[33]

박한영은 연담과 인악의 저술에는 서로의 견해를 인용하고 반영한 흔적
은 없지만, 당나라 청량이 저술한 화엄경소초에 견해를 밝힌 것은 동일하
다고 하였다. 즉 그는 두 사기私記가 청량의 의지義旨를 해석한 것이라고 하
였다. 그러나 그는 청량소초의 은과隱科는 풀이하기 어려운 곳이 있어 "머
리는 있지만, 꼬리가 없고, 꼬리와 머리가 모두 없고, 잘못되고 누락된 것
이 별을 늘어놓은 것처럼 많다."고[34] 지적하고는 후학들에게 혼동하지 말
것을 당부하였다. 『화엄경』에 대한 관심은 사실 18세기 불교계의 한 특징
으로 화엄법회가 성행하였고, 경전에 대한 주석서도 광범위하게 저술되었
다. 박한영이 소개한 「인악기」나 「연담기」가 그것으로 조선후기부터 강원
講院에서 널리 교재로 활용한 두 사기를 일제강점기에도 수학修學했던 것으
로 보인다.

한편 일제강점기 불교계에서는 19세기에 전개되었던 선禪에 대한 우열논
쟁도 소개하였다. 추사 김정희가 백파 긍선에게 보낸 편지, 「변망증십오조
辨妄證十五條」를 번역하여 소개한 것이다. 이 편지는 먼저 백파 긍선이 『선문
수경禪門手鏡』에서 선을 조사선祖師禪, 여래선如來禪, 의리선義理禪의 삼종선으
로 나누고 이 가운데 조사선은 상근기, 여래선은 중근기를 위한 것으로 격
외선格外禪에 해당된다고 보았고, 의리선은 하근기를 위한 것이라고 설명하

---

33) 박한영, 「연담과 인악과의 관계」, 『금강저』 20, 동경동맹, 1932, 34쪽.
34) 박한영, 앞의 글.

였다. 이에 대해 초의 의순은 『선문사변만어_{禪門四辨漫語}』에서 근기의 우열에 따라 선을 세 종류로 차등화한 긍선의 주장을 비판하고, 다만 방편 상으로는 사람을 기준으로 조사선과 여래선으로 구분하며 법을 기준으로 하면 조사선이 교외별전의 격외선, 여래선은 모두 의리를 포괄한 의리선일 뿐이라고 반박하였다. 추사 역시 이 논쟁에 참여하여 백파의 주장을 15개 항목으로 구성하여 논박하였다.

지일_{之一}은 추사의 15개 항목을 번역하여 소개하면서 "원효_{元曉}와 보조_{普照}는 신라인_{新羅人}이라하였는데 보조는 두 명이다. 서장_{書狀}과 두터운 이는 보조국사 지눌이며, 보조선사가 아닌데 보조_{普照} 체징_{體澄}의 연대만 알고 보조국사 지눌의 연대는 모르고 있다. 또한 원효와 화쟁국사를 두 사람으로 착각하고 있다."고[35] 하여 추사의 오류를 비판하였다. 그러나 내용에 대한 정확하고 깊은 분석은 시도하고 있지 않아 단순한 소개와 설명에 그친 한계가 있다.

장도환과 김태흡은 조선시대 불교신앙의 일면을 소개하기도 하였다. 장도환은 조선시대 도성 내에 있었던 여승방_{女僧房}이었던 정업원_{淨業院}의 실상을 소개하였다. 즉 조선 유가도덕에 쫓겨 온 성인부녀로 구성된 정업원의 사회적 환경은 교단상의 문제만이 아닌 조선의 가족과 부녀도덕의 측면에서도 살필 수 있다고 하였다. 태종연간에 부녀자의 출가를 금했지만, 고아를 양육하여 성장한 니승_{尼僧}은 세종 이후에 전부 궁중여관_{宮中女官} 혹은 궁녀에 편입하고, 과부와 늙은 부인에 한하여 출가를 허락하였다. 그러나 비구니는 대개 연화활동_{緣化活動}에 참여하여 사찰창건을 지원했는데, 대개 일상생활이 매우 곤궁한 상황이어서 소녀를 도제라고 하여 생활도구로 반려를 삼을 뿐이었다는[36] 것이다. 장도환은 조선시대 정업원을 통해 비구니

---

35) 之一, 「김추사가 백파화상에게 보낸 변망증십오조」, 《선원》 2, 선학원, 1932, 36쪽.

를 비롯한 여성 불교인들의 사회적 지위가 일제강점기에도 여전히 열악함을 언급하였다. 김태흡은 월인천강지곡月印千江之曲의 편찬을 통해 세종과 세조의 깊은 신앙심을 소개하였다. 즉 그는 1929년 겨울 희방사를 방문하여 월인천강지곡月印千江之曲을 필사하여 소개하면서 해제와 더불어 두 왕이 집권초기에는 강력한 척불의 군주였지만, 점차 불교신앙인으로 변해갔음을 설명하였다.[37]

(3) 인물

필자	제 목	간행지(호수)	출판사	간행연도
白象生	無學禪師에 대하여	『朝鮮佛教』 54	조선불교사	1928
金泰洽	松雲大師의 信仰과 그 學德(上·中·下)	『朝鮮佛教』 63(상)·64(중)·66(하)	조선불교사	1929
徐京保	涵虛和尙의 行狀	≪佛敎≫ (新)53	불교사	1943
退耕	鞭羊禪師의 一生	≪佛敎≫ 79	불교사	1931
退耕相老	梅月堂에 대한 小考	≪一光≫ 6	중앙불전교우회	1931
金泰洽	松雲大師의 信仰과 그 學德	≪佛敎≫ 54	불교사	1928
金泰洽	西山大師의 信仰과 그 學德	≪佛敎≫ 58	불교사	1929
洪奭鉉	僧將處英(雷默)의 略傳	≪佛敎≫ 19	불교사	1930
河村道器	王師無學及び釋王寺の創建に就て	≪一光≫ 2	중앙불전교우회	1929
朴允進	印度阿育王과 朝鮮世祖大王에 對하야	≪金剛杵≫ 20	동경동맹	1932
釋天輪	四溟堂松雲大師와 景徹玄蘇의 一面	≪金剛杵≫ 22	동경동맹	1937
趙明基	無學大師의 逸話	≪鹿苑≫ 창간호	녹원사	1957
禹貞相	西山大師의 出家動機(상·하)	≪鹿苑≫ 4·5	녹원사	1958
河村道器	王師無學及び釋王寺の創建に就て	≪一光≫ 2	佛專校友會	1929

---

36) 장도환, 「淨業院과 婦人運動과의 歷史的 意義」, 『금강저』 20, 동경동맹, 1932, 32쪽.
37) 김태흡, 「世宗大王의 信佛과 月印千江之曲」, ≪불교≫ 69, 불교사, 1930.

일제강점기 불교사 연구에서 인물연구는 이론적인 측면뿐만 아니라 당시 불교계의 가치 규명과 위상 정립의 차원에서도 중요한 의미를 지니고 있다.

우리는 일본불교도가 각종 開祖의 紀念祭法要 執行의 盛大함을 보고 朝鮮佛敎徒가 너무도 無神經함을 느꼈다. 元曉, 義湘, 慈藏, 指空, 懶翁, 無學, 太古 등 諸聖은 말할 것도 없거니와 西山, 泗溟 만하여도 傳敎, 弘法이나 日蓮, 親鸞, 道元, 榮西만 못하지 않지만, 자손을 만나지 못한 까닭으로 후세에 香火를 받드는 자도 희소하다고 생각하고 실로 感慨無量하였다. 바라건대 우리 조선 불교도 宗祖觀念을 널리 심기 위해 원효, 의상, 자장, 의천, 나옹, 무학 등 諸聖의 기념제를 행하고 널리 사회에 선전하는 동시에 특히 태고국사, 청허선사, 송운대사의 4대 기념제는 대대적으로 법요를 거행하고 사회에 널리 알려주기를 바라는 바이다.38)

김태흡은 한국불교사에서 일본 못지않게 걸출한 인물이 배출하였지만, 후손들의 무관심과 나약함 때문에 그 가치를 온전히 인지하지 못할 뿐만 아니라 제사조차도 지내지 못하고 있음을 한탄하였다. 이것은 일제강점기라는 구조적 제약도 있었지만, 한국불교가 지닌 가치에 대한 인식이 매우 소극적이었기 때문이다.

장도빈 역시 『불교佛敎』지를 통해서 불교사 속의 인물들의 가치를 강조하기도 했다. 즉 "조선불교사에서 수많은 인물들이 배출되었지만, 원효의 학해學解, 도선의 홍교弘敎, 의천의 흥학興學, 태고·나옹의 수선修禪, 청허의 기절氣節의 6인을 특별히 거론할 수 있다."고 하였다.39) 그 가운데 고려

---

38) 김태흡, 「壬辰兵亂과 朝鮮僧兵의 活躍」, ≪佛敎≫ 39, 불교사, 1927, 32쪽.

말의 태고 · 나옹 이후 조선초기의 무학 · 환암이 태고 · 나옹을 계승해오다
가 함허 · 청허가 다시 그 뒤를 계승하여 수선의 진체眞諦가 더욱 그 정화精
華를 발하고 선종의 세력이 천하를 덮게 되었다고 했다.

일제강점기 소개된 청허 휴정과 사명 유정은 그들의 수행력이나 임
진왜란 당시 참여한 호국불교의 표상으로 단연 관심의 대상이 되었다. 김
태흡은 이정구李廷龜와 장유張維가 찬한 서산대사의 비문을 기본사료로『청
허집淸虛集』과『선가귀감禪家龜鑑』,『선교석禪敎釋』등을 기초로 생애와 업적
을 소개하였다. 그는 서산대사를 조선불교의 중흥조로 평가하였으며, 함허
涵虛와 더불어 서산을 조선불교사상 최후의 2대 명성明星이라고 하였다.40)
그는 또한『사명집泗溟集』과『분충서난록奮忠舒難錄』을 기초로 사명대사의 일
생을 연대기적으로 서술하였는데, 주요내용은 사명당의 명민함과 학덕으
로 유자儒者들과의 교유交遊, 그가 남긴 시, 임란 당시의 활동 등을 기술하
였다. 사명당의 신앙에 대해서는 유년시절부터 냇가에서 모래를 모아 탑을
쌓고 돌을 세워 부처님이라 하였고, 임금으로부터 환속하면 많은 땅과 높
은 벼슬을 하사하겠다는 제의를 받았지만 거절한 점을 들고 있다.41) 석천
륜釋天輪 역시 사명당의 생애, 일본 승려 경철 현소景徹玄蘇와의 교유사실과
임진왜란 당시 강화사講和師로 활동한 일면을 언급하였다.42) 결국 서산과
사명에 대한조명은 두 인물을 소개하여 세상 사람들에게 그 인격과 도덕을
흠모케 하기 위해 그들의 신앙과 학덕을 조명한다고 하였다.

한편 일제강점기 불교 인물사 연구에서 주목할 만한 글은 일본인 학자
도기 가와무라河村道器가 쓴 무학왕사에 대한 검토다.

---

39) 장도빈,「東洋佛敎의 槪說」,《불교》40, 불교사, 1927, 18쪽.
40) 김태흡,「西山大師의 信仰과 그 學德」,《불교》58, 불교사, 1929, 43쪽.
41) 김태흡,「松雲大師의 信仰과 그 學德」,《불교》54, 불교사, 1928. 이 글은 1929년 일본
   어로『조선불교』63 · 64 · 66호에 다시 소개되기도 하였다.
42) 釋天輪,「泗溟堂松雲大師와 景徹玄蘇의 一面」,『금강저』22, 金剛杵社, 1937.

朝鮮 寺刹의 開創年代, 開祖人物 등에 대해서 정확한 史傳이라고 할
만한 것이 거의 없다. 석왕사 역시 그 예외는 아니다. 절에서 편찬한『雪
峯山釋王寺案內記』와 같이 史家의 입장에서 보아 一顧의 가치가 없는
곳이 많다.43)

　　그는 우선 조선사찰의 개창연대나 개조인물에 대한 정확한 역사자료라
고 하는 것이 전무全無한 실정이라고 불교사를 설명할 수 있는 자료의 빈곤
을 지적하였다. 그는 각종 사료를 기초로 무학의 생애와 저서나 성격, 그
리고 석왕사의 창건연대를 고증하였다. 예컨대 변계량卞季良이 찬撰한 무학
대사 탑명塔銘과 조림祖琳이 찬한 행장을 기초로 무학의 성씨가 염廉(應允撰論無
學事蹟說), 성成(無學秘記), 박朴(一錄), 문文씨성 집안의 비첩婢妾의 자식(三嘉縣人諺
傳, 鏡巖集)이었음을 나열했고, 정작 변계량의 비문에는 성과 이름이 없다고
하였다.44) 그의 기술은 당시 불교계의 맹목적인 전기傳記 저술과는 달리
상세한 고증을 통해 설명하고 있는 것이 이채롭다.45)
　　이와 같이 일제강점기 불교계 지성들은 비록 조선의 불교가 겨우 명맥을
유지해 가는데 급급했지만, 한국불교사에 면면히 전해진 법등法燈을 지키고
자 진력했던 인물들이 배출되었음을 강조하였다. 비록 자료에 대한 고증과
같은 면밀한 분석은 충분하지 못했지만, 인물의 전기와 업적을 기술한 것
은 궁극적으로 조선불교가 지닌 저력을 소개하고, 자긍심을 고취시키기 위
한 것이었다.

---

43) 河村道器, 「王師無學及び釋王寺の創建に就て」, 『一光』 2, 중앙불교전문학교교우회, 1929,
　　29쪽.
44) 河村道器, 앞의 글, 29~34쪽.
45) 무학에 대해서는 白象生의 글. 「無學禪師に就て」, 『조선불교』 54, 조선불교사, 1928도 보
　　이는데, 1928년 여름 총독부 종교과의 度邊 彰 일행과 無學禪師入寂地인 金藏寺에 답사하여
　　「王師無學自超尊者終焉舊蹟」 비를 발견한 것을 계기로 무학의 일대기를 소개하였다.

4) 불전언해

필 자	제 목	간행지(호수)	출판사	간행연도
尙玄	禪門永嘉集과 金剛經說義	『朝鮮振興會月報』 1권 8호	불교진흥회본부	1915
江田俊雄	釋譜詳節と月印千江之曲と月印釋譜	《一光》 7	중앙불전교우회	1936
退耕	李朝時代佛敎諸歌曲과 名稱歌曲의 關係	《一光》 7	중앙불전교우회	1936
江田俊雄	朝鮮語譯佛典に就いて	《一光》 4	중앙불전교우회	1933
韓龍雲	國寶的 한글 經板의 發見經路	《佛敎》 87	불교사	1934
記者 選	西山大師禪敎釋	『海東佛報』 4·5	해동불보사	1914

조선시대 불전언해사업은 고려시대 대장경大藏經의 판각板刻이나 인출印出
과 견줄만한 것이었다. 사상과 신앙, 불교계의 위상 등 모든 면에서 이전
시대와 비견될만한 것이 없는 상황에서 불전언해가 지닌 불교사적 의미는
지대한 것이었다. 일제강점기 불교계의 지성들은 석보상절釋譜詳節·월인천
강지곡月印千江之曲·월인석보月印釋譜를 비롯한 불교가곡을 발굴하고, 해제를
작성했으며, 그 문화사적 위상을 소개하였다. 먼저 권상로는 당시까지 현
존했던 불교가곡을 정리하고, 찬불가의 근원을 밝히는데 주력하였다.[46]
그가 사료史料와 고승의 문집을 기초로 파악했던 불교가곡은 다음과 같다.

類 型	曲 目
鄕歌體	『三國遺事』 所收 諸篇·均如傳 中의 願王歌 11篇
純漢文	懶翁和尙三歌(百衲歌·枯髏歌·靈珠歌) 法藏和尙懶翁三歌足·太古和尙 太古歌·金守溫 讚佛歌 箕城和尙念佛還鄕曲
鮮漢文 交用	懶翁和尙 自責歌·參禪曲·世祖大王 月印千江曲 淸虛和尙 回心曲·東華和尙 勸王歌

---

46) 退耕,「李朝時代 佛敎諸歌曲과 名稱歌曲의 關係」,『一光』 7, 중앙불전교우회, 1936.

권상로는 이어서 세종·세조대에 저작된 장단長短찬불가를 소개하였는데, 그것은 사리영험기舍利靈驗記에 있는 찬불가讚佛歌(短篇)와 석보상절월인천강지곡釋譜詳節月印千江之曲(長篇)이다. 이 가운데 석보상절釋譜詳節·월인천강지곡月印千江之曲은 둘로 나누어 석보상절과 월인천상지곡으로 보아야 한다고 하였다.

> 석보상절은 그 속에 註疏처럼 쓰여 있는 長行文을 가리키는 것이요,
> 월인천강지곡은 가곡체로 되어 있어 第一, 第二로 章節을 붙이고, 구절
> 이 있는 것 즉 大文처럼 極行으로 올려 쓴 것을 지칭한 것이다.47)

권상로는 그 절차에 대해서는 석보상절을 먼저 짓고 그 안에 대의大意를 절략節略하여 가곡으로 만든 것이 월인천강지곡인 즉 그 제목도 역시 제작된 선후를 따라서 석보상절釋譜詳節 월인천강지곡月印千江之曲이라 한 것이라고 하였다. 그러나 "실제의 책에 실려 있는 문면文面으로 보아서는 월인천강지곡을 위에 놓고, 석보상절을 밑에 두어야 타당할 것이다."라고 하였다. 사리영험기舍利靈驗記 역시 세종 31년 내불당內佛堂을 짓고 낙성경독회落成慶讀會를 하는 도중 일어난 상서로운 이적異迹을 기술한 것인데 그 안에 새롭게 제작한 성곡聲曲 7곡曲, 신악新樂 9장章을 소개하고는 이것이 조선에서 저술된 불교가곡류佛教歌曲類 중에 본격적으로 제작된 찬불가라고 단언하였다. 그는 계속해서 위에서 언급한 가곡류의 원류原流를 밝히고자 하였다. 그는 명나라 태종이 영락永樂 15년(1417)에 친제親製한 것으로 가곡을 짓기 위해 편찬한 「제불세존여래보살존자신승명경諸佛世尊如來菩薩尊者神僧名經」에서 유래했을 것이라고 하였다. 즉 이 경전에는 총 2만이라는 제불세존여래보살존

---

47) 퇴경, 앞의 글, p.32.

자신승諸佛世尊如來菩薩尊者神僧의 이름이 수록되어 있다는 것이다. 권상로는 이 경전이 조선에 전래된 것을 계기로 명칭가곡으로 제작되었을 것으로 추정하였다.

> 은연중 그 영향이 미친 것은 상상컨대 사리영험기중에 있는 찬불가와 석보상절에 한 가지 편찬되어 있는 월인천강지곡이 그것이라고 생각하는 것은 첫째, 月印千江之曲이니 仰鴻慈之曲이니 發大願之曲이니하는 곡명 중에 '之字'를 명칭가곡에서 본떠온 것이오. 둘째, 사리영험기중에 있는 七曲의 명칭은 명칭가곡 중에 있는 곡명을 그대로 옮겨온 것이오. 셋째, 석보상절이 이미 正音讀本으로 된 것이지만, 그것을 다시 가곡화하여 일반의 오락구를 만들어서 남녀노소가 모두 常誦하게 만들자는 생각도 역시 명칭가곡에서 얻었으리라고 단언하는 것은…48)

권상로는 이와 같이 우리나라 가곡류의 표기나 곡명의 동일성을 검토하여 우리나라 가곡류의 원류가 명 태종의 명칭가곡에서 비롯되었음을 설명하였다.

한편 일본인 학자 강전준웅江田俊雄은 언해불전의 현황을 파악하고 석보상절과 월인천강지곡 · 월인석보가 지니고 있는 문화사적 의의를 발견하고자 했다. 그는 조선이 자국어로 만든 불교경전이 있다는 것은 일종의 민족문화를 자각하는 표현이라고 전제하여 한국문화가 지닌 가치를 정당하게 평가하였다. 그는 국역불전을 형식상 한문에 언문의 토를 달아 해석한 언해경전諺解經典, 한문을 조선어로 직역과 의역한 언해경전諺解經典, 그리고 한자음을 언문으로 베낀 음역경전音譯經典으로 분류하고 해제를 붙였다. 그가 파악하고 해제를 붙인 언해불전 가운데 간기刊記가 있는 것은 전체 59종이며,

---

48) 퇴경, 앞의 글, p.38.

간기가 불분명한 것은 23종이었다.[49] 주목할 만한 것은 조선시대의 언어
불전의 명맥을 이어 당시 현대 국문으로 번역한 불교경전을 비롯한 불서류
佛書類도 소개하고 있는 점이다. 예컨대 백용성이 우리말로 옮긴 『조선글화
엄경』을 비롯한 10종과 권상로 · 김태흡 · 한용운이 번역하고 편역한 다양
한 불서류를 소개하고 있는 점이다.[50] 이것은 조선시대 언해불전의 명맥
을 이어 현대에도 불교경전의 대중화를 통한 한국문화의 정체성을 계승하
고 있음을 의미한 것이기도 하다. 아울러 그는 석보상절과 월인천강지곡 ·
월인석보가 인출된 경위와 그 내용적 고찰을 소개하기도 했는데, 세책이
지닌 문화사적 의의를 다음과 같이 정리하였다.

첫째, 불교사적 관점에서 본다면 조선어를 이용하여 이렇게 대규모
로 불교를 조직화한 것은 排佛儒者들이 있음에도 불구하고 世宗 · 世祖
父子가 깊은 불교신앙을 보냈다는 점이다. 둘째, 문학사상에서 보면 조
선시대의 위대한 종교적 작품이다. 특히 月印千江之曲은 가요로써 특이
한 것이다. 셋째, 語學史上에서 보면 덧붙여 실린 訓民正音의 가치는
물론 글 전체가 초기 朝鮮語研究에 가장 중요한 자료이다. 月印釋譜 각
권 상호간에는 이미 많은 音譯綴字 등의 같고 다름을 볼 수 있다. 넷째,
書誌學的으로 보면 活字印刷의 稀講書로서 판각의 古逸本으로서 귀중한
것이다. 그러나 안타깝게도 完本이 전해지지 않고 있다.[51]

강전준웅은 세 국역불전國譯佛典이 혹독한 배불정책의 시행과 탄압에
도 불구하고 왕의 신앙심에 기초한 것이라고 하였다. 이것은 불교가 지닌
종교적 가치를 높이 평가했다는 의미도 된다. 특히 월인석보는 불교의 심

49) 江田俊雄, 「朝鮮語譯佛典に就いて」(『一光』4, 불전전우회, 1933, pp.37~50.
50) 江田俊雄, 앞의 글, 50쪽.
51) 江田俊雄, 『釋譜詳節と月印千江之曲と月印釋譜』, 『一光』 7, 불전전우회, 1936, 22쪽.

오한 진리를 예술적으로 승화시키고, 석가의 인격과 권능을 신화적으로 미화함으로써 영웅의 일생을 찬탄하는 전형적인 서사시의 구조를 지니고 있다. 또한 별곡계통의 악장체를 집대성한 거작으로 자리를 굳혔고, 용비어천가와는 달리 일관된 서사성을 지님으로써 시가문학사상 중요한 구실을 해왔다는 점에서 강전준웅의 평가는 그 타당성을 지니고 있다. 더욱이 석보상절과 월인천강지곡은 똑같이 갑인자甲寅字를 사용하고 있는데, 이와 함께 쓰인 한글 활자를 포함하여 서지학의 연구에 귀중한 자료가 되고 있다. 월인석보역시 조선 초기 유통된 중요경전이 취합된 것이므로 당시 불교경전의 수용태도를 살필 수 있는 자료이다. 결국 이 세 국역불전은 조선전기 불교사를 중심으로 문학·인쇄술 등 조선전기 문화의 결정체라고 할 수 있다.

이밖에 한용운은 1931년 7월 2일부터 4일까지 전주 안심사安心寺에서 한글 경판을 조사하였는데 당시 조사결과 『원각경圓覺經』·『금강경金剛經』· 『은중경恩重經』 등의 경판과 천자千字·유합類合을 합하여 총 650여 판을 정리하기도 하였다. 그는 당시 월인천강지곡의 권판이 일부분만 남아있는 실정에서 이러한 발견은 조선불교와 아울러 학계를 위해서 경하慶賀할 바이며, 조선의 국보적 가치를 지녔다고 하였다.[52]

3. 조선시대 불교사 연구의 성격

일제강점기 지성들이 진행한 조선시대 불교사 연구는 양적으로나 질적으로 고대와 고려 불교에 대한 연구보다는 만족스럽지 못하다. 이것은 조선시대 불교가 지닌 태생적인 한계 때문이기도 하다. 그러나 일제강점기라

---

52) 韓龍雲, 「國寶的 한글經板의 發見經路」, ≪불교≫ 87, 불교사, 1934, 44쪽.

는 암울한 시대상황과 당시 불교계가 안고 있었던 여러 가지 문제와 과제 속에서 조선시대 불교사 연구는 몇 가지 측면에서 중요한 성격을 지니고 있었다.

첫째, 한국불교사의 복원과 체계성 확립의 성격을 지니고 있다. 일제강점기 진행된 한국불교사 연구는 근대학문에 직접적인 영향을 받아 객관적인 연구방법론을 지향하고 있다는 점에서 현재 한국불교사 연구의 출발점이다. 일제강점기 한국불교사 연구는 근대불교와 직결되어 있는 조선불교의 탄압과 소외로 인한 황폐화와 일제의 민족문화말살정책 등의 요인으로 고대나 고려불교와는 달리 당시 지성들의 관심에서 멀어졌다. 그러나 당시 국학진흥의 차원에서 우리 역사에 대한 관심고조와 함께 불교사 연구도 진행되었고, 조선시대 불교사 역시 편린을 모으기 시작하였다. 비록 걸출한 인물들의 사상이나 기념비적인 불교건축과 조형물은 생산되지 못했지만, 탄압과 소외를 거듭했던 사실일지라도 정리하여 우리 불교사의 공백을 메워갔다.

이능화는 조선전기부터 선조대까지의 불교정책과 종파의 축소과정 등을 통해 불교사의 개관을 정리하였으며, 고교형은 조선시대 불교사를 포함한 한국불교사를 '종교행정의 역사'로 전제하고 정부의 불교보호 여부에 따라 성쇠盛衰가 엇갈렸다고 분석하였다. 또한 임진왜란 당시 청허 휴정과 송운 유정을 중심으로 한 의승군義僧軍의 호국활동과 대장경의 인출이나 국역불전의 간행과 같은 조선시대 불교사가 지닌 개성 역시 찬술하였다. 요컨대 일제강점기 조선시대 불교사 연구는 일차적으로 한국불교사에 대한 무지無知를 반성하고 그 복원과 체계화 노력이 계기가 되었다.

둘째, 조선시대 불교사가 지닌 가치규명과 긍정적 인식의 성격을 지니고 있다. 이능화는 한국불교사에 대한 이해조차하지 못하고 있는 일제강점기를 살고 있는 대중들에게 포교의 목적으로 불교사를 기술한다고 하였다.

일인학자 다까하시 토오루는 조선인의 사상과 신앙에 일정한 영향력을 행사한 것이 조선불교라고 하였다. 그의 조선불교사 기술記述이 일본의 조선지배를 정당화시키고, 일본불교가 후진적인 한국불교를 선진화시켰다는 논리를 구체화시키는 것이 궁극적인 목적을 지니고 있었지만, 그가 경성에서 본 조선불교의 무기력함과 후진성과는 달리 당시까지 엄존하고 있었던 수행상과 사상·신앙이 조선불교의 정체성과 독자성임을 인정하기도 했다. 김태흡이 조선의 서산·사명대사의 기념제를 통해 사회에 널리 알리기를 바랐고, 에다 토시오는 조선시대가 배불론자排佛論者의 시대임에도 불구하고 국역불전은 왕과 왕실의 불교신앙의 소산으로 불교가 지닌 저력이나 조선시대의 위대한 종교적 작품으로 평가하였다. 이것은 불교가 쇠퇴한 시대조차도 그 기능을 다하여 조선시대 불교의 가치를 선명하게 해주었다.

셋째, 유교와 불교의 관계를 중심으로 한 조선시대 불교가 지닌 구조이해의 성격을 지니고 있다. 조선건국을 시작으로 본격화된 국가이념 확립에 기초한 주자성리학의 대두와 불교 배척과 탄압은 왕조말기까지 지속되었다. 이 현상은 결국 일제강점기를 중심으로 한국불교 재건에 결정적인 걸림돌로 작용하였다. 다까하시 토오루는 조선불교는 승과의 폐지를 계기로 그 사상과 교육이 침체되었고, 결국 연산군 대 승과의 폐지를 기점으로 조선불교의 시기가 양분되었다고 하였다. 또한 세종대 종파합병으로 선과 교가 상호 대립했으며, 선종 승려는 선만 닦고, 교종 승려는『화엄경』만 배웠다고 하였다. 더욱이 서산대사 이후에는 조선불교가 선교분립에서 합병되어 선도 아니고 교도 아닌 조선 특유의 종지宗旨로 되었다는 것이다.53) 이것은 조선불교가 지닌 특성보다는 질적으로 쇠퇴한 원인으로 해석할 수 있다.

한편 장도환은 고려후기 불교 내부의 부패와 정치적 혼란이 백성들에게

---

53) 高橋亨, 「僧兵과 李朝佛教의 盛衰」, ≪불교≫ 5, 불교사, 1924, 11쪽.

주자성리학에 대한 충동을 일으키게 했다고 하였다. 다만 유교와 불교의 근본적인 대립은 유교사상이 종교적으로나 신앙에서 비롯된 것이 아니고 문화적, 현실적으로 갖게 된 정치이론의 결사적 행동에서 비롯된 것으로 해석하였다. 요컨대 대립은 사상보다는 정치에서 비롯되었다는 것이다. 그러나 하늘과 산천에 제사지내는 종교행의가 지속되어 부정적인 이단·미신관이 자기모순에 빠졌다고 비판하기도 했다. 결국 그는 유교와 불교의 알력은 현실적 정치대상이 그 주요원인이었다고 해석하였으며, 다카하시 역시 이러한 맥락에서 한국불교는 종교행정의 역사로 결론짓기도 하였다.

이와 같이 당시의 지성들은 조선불교사를 체계적으로 정리하면서 유교와 불교의 대립, 불교정책의 부당성, 주자성리학의 종교성 박약과 자기모순 등을 통해 조선불교의 쇠퇴배경을 거론하였고, 사상적인 대립보다는 정치적 상황에 따른 대립과 갈등구조로 해석하였다.

4. 맺음말

일제강점기 우리 불교사 연구는 식민지 시기의 암울한 상황을 극복하고자 전개한 국학진흥운동의 차원에서 시작되었다. 조선에서 근대기로 넘어오는 과정에서 불교수용부터 근대까지 계통을 세워 정리한 개론서 한 권 없었던 지성들의 한탄에서 비롯된 것이기도 하다. 과거의 흔적들에서 그 편린만을 보고서 우리 불교가 지닌 자긍심과 정체성을 회복하기란 기대하기 어려운 일이었다. 조선의 불교탄압은 불교의 정체성마저도 희미하게 만들어버렸다. 때문에 일제강점기 조선시대 불교사 연구는 고대와 고려시대 불교와는 달리 내세울 만한 사상도 인물도 없었던 것이다. 그러나 당시의 불교계 지성들은 우리 불교사의 편린을 찾기 시작했고, 복원과 체계화를 시도했다. 여기에는 일제강점기라는 암흑기를 견뎌내야만 하는 정신적 기초가 필요했기 때문이었다.

조선시대 불교사가 비록 이전 시대와 견줄 수 없는 탄압과 소외의 역사이자 암울한 역사이기는 하지만, 감추지 않고 있는 그대로 묘사했다. 비록 고교형과 같은 일본인 학자들이 조선시대 불교사를 비천하게 그렸고, 선진적인 일본불교와 사찰령이 한국불교를 발전시켰다는 황당한 논리를 내세웠지만 역시 사실史實을 통해 불교사를 규명해나가기 시작했고, 자긍심을 고취시키기도 하였다. 불교계의 지성들은 우선 조선의 불교탄압이 사상이나 신앙을 겨냥하기 보다는 현실 정치가 지닌 역할관계로 규정지었다. 때문에 조선시대의 불교사를 정치와 불교행정의 역사로 자리매김하기도 한 것이다. 그들은 나라의 위기를 구하고자 했던 서산과 그의 제자 사명대사를 기렸고, 그 정신을 일제강점기라는 엄혹한 시절을 극복하는 정신의 기초로 삼고자 하였다. 일본인 학자조차도 세종과 세조 때 간행된 국역불전國譯佛典을 통해 이전 시대와 비견되는 문화사적 가치를 찾고자 했다.

요컨대 일제강점기 지성들은 우리 불교사에서 가장 암흑기였던 조선시대 불교사를 통해 일차적으로 불교사를 복원하고 체계화시키고자 진력했다. 이어서 인물, 사상·신앙, 국역불전 등을 통해 이전 시대와는 다른 특성과 가치를 규명하고자 노력하였다.

Ⅳ. 석전石顚 박한영朴漢永의
불교사관佛敎史觀과 그 가치價値

1. 일제강점기 불교사 연구와 석전石顚의 자료수집

석전石顚 박한영朴漢永(1870~1948)이 일제강점기 선교학禪敎學의 종장宗匠이자 불교개혁운동의 선구자였다는 것은 주지의 사실이다. 그는 승려의 도성출입이 다시 시작된 대한제국기와 사찰령이 시행되었던 일제강점기를 살다간 인물이다. 오랜 탄압과 소외로 폐허가 된 한국불교의 전통을 근대의 격랑 속에서 부흥시키고자 진력했던 인물이기도 하다. 한용운과 동시대의 불교개혁운동을 전개했지만, 한국불교의 전통과 정체성 수호의 측면에서는 다른 길을 걷기도 했다.

박한영 연구는 그가 한국근대불교사에서 차지하고 있는 위상이나 가치에 비해 용성龍城이나 만해萬海만큼 충분히 이루어지고 있지 않다. 그의 저술과1) 개혁운동2) 문학과3) 항일운동4) 불교사상5) 언론6) 등에 관한 단편적인 연구가 있지만, 박한영이라는 인물에 대한 숲과 나무를 체계적으로

정리하기에는 부족한 실정이다. 다행히 종걸·혜봉이 10여 년 동안 산일散
逸된 자료를 모으고, 3년의 집필기간을 거쳐 일생록『석전 박한영』을 출간
하였다.[7]

---

1) 김상일,「石顚 朴漢永의 저술 성향과 근대불교학적 의의」,『佛敎學報』46, 동국대불교문화연
구원, 2007 ; 金昌淑,「石顚 朴漢永의 《戒學約詮》과 歷史的 性格」,『한국사연구』107, 한국
사연구회, 1999.
2) 노권용,「석전 박한영의 불교사상과 개혁운동」,『禪文化硏究』8, 한국불교선리연구원, 2010
; 睦楨培,「朴漢永의 現代佛敎運動論」,『석림』13, 동국대석림회, 1979 ; 윤석인,「韓國 近
代 佛敎改革運動의 理念과 特徵」,『東洋學硏究』4, 원광대동양학연구소, 2008 ; 이기운,「근
대기 僧伽의 교육체제 변혁과 자주화운동」,『佛敎學報』48, 동국대불교문화연구원, 2008 ;
한종만,「박한영의 사회운동-3백년 불맥 속의 인물들」,『불교사상』29, 불교사상사, 1986 ;
한종만,「박한영의 悟行合一」,『불교와 유교의 현실관』, 원광대 출판국, 1981 ; 한종만,「朴
漢永과 韓龍雲의 韓國佛敎近代化思想」, 원광대학교, 1971.
3) 고재석,「특집: 한국 근대불교와 문학의 상관성」,『民族文化硏究』45, 고려대학교 민족문화연
구원, 2006 ; 김미선,「불가의 詩禪不二 사상-석전의 詩禪一揆를 중심으로」,『동양철학연구』
56, 동양철학연구회, 2008 ; 김미선,「詩僧 鼎鎬禪師의 시세계」,『漢文古典硏究』16, 한국
한문고전학회, 2008 ; 김상일,「石顚 朴漢永의 불교적 문학관」,『佛敎學報』56, 동국대불교
문화연구원, 2010 ; 윤재웅,「서정주 번역『석전 박한영 한시집』, 2006에 대하여」,『한국문
학연구』32, 동국대한국문학연구소, 2007 ; 김상일,「石顚 朴漢永의 기행시문학의 규모와 紀
實의 시세계」,『한국어문학연구』65, 동악어문학회, 2015 ; 김예진,「일제강점기 詩社활동과
書畵合璧圖 연구-珊碧詩社 書畵合璧圖를 중심으로-」,『美術史學硏究』268, 한국미술사학회,
2010.
4) 오경후,「映湖朴漢永의 抗日運動」,『보조사상』33, 2010.
5) 임형석,「박한영『인학절본』번역과 사상적 문맥」,『동아시아불교문화』15, 동아시아불교문화학
회, 2013 ; 한종만,「『육조단경』과 박한영」,『육조단경의 세계』, 서울, 민족사, 1989 ; 金相
日,「20세기 초 한국 불교계지식인의 동서양문명성 인식 - 불교잡지에 게재된 石顚 朴漢永의
담론을 중심으로」,『한중인문학회 국제학술대회』2015 ; 심재룡,「근대 한국 불교의 네 가지
반응 유형에 대하여 : 論: 한국 근대 불교의 四大思想家」,『철학사상』16, 서울대철학사상연
구소, 2003 ; 이기운,「한국 근대불교잡지에 나타난 사회인식의 근대적 전환:修養論을 중심으
로」,『한국선학』24, 한국선학회, 2009 ; 이병욱,「한국근대불교사상의 세 가지 유형-근대
적 종교상황에 대응하는 새로운 종교활동이라는 관점에서」,『신종교연구』20, 한국신종교학
회, 2009.
6) 김상일,「근대 불교지성과 불교잡지-석전 박한영과 만해 한용운을 중심으로-」,『한국어문학
연구』52, 동악어문학회, 2009 ; 민희주,「1920년대 잡지『東明』의 성격과 石顚 朴漢永의
「林開話」」,『人文論叢』70, 서울대인문학연구원, 2013.
7) 종걸·혜봉,『영호 정호 대종사 일생록-석전 박한영』, 신아출판사, 2016.
  이 책은 석전의 생애를 시기별로 나누어서 살폈고, 당대 지식인들과의 교유, 항일운동 등을 면
  밀하게 살폈다. 뿐만 아니라 석전의 生家터, 사미시절 住錫處, 그리고 독립운동 참여 등 새로
  운 사실들을 발굴하여 정리하였다. 필자들이 10년 동안 석전의 행적을 더듬으며 발로 쓴 성과

이 글은 석전 박한영의 한국불교사 연구와 그 인식을 검토하는 것으로 그 목적을 삼고 있다. 그는 일생동안 저술과 교육·언론활동을 통해 한국불교의 정체성을 확인하고자 진력하였고, 그것은 불교개혁운동의 중요한 기반이 되기도 하였다. 따라서 이글은 우선 일제강점기 불교계에서 진행된 불교사 연구의 경향을 살피고, 석전의 불교사 자료수집과 연구를 검토하고자 한다. 불교사의 귀중한 자료는 교세敎勢의 부침浮沈 속에서 흩어지고 사라졌지만, 근대학문의 사조 속에서 한국불교사를 객관적으로 복원하고자 하는 노력이 당시 불교계에서 진행되었다. 석전의 불교사 자료수집과 관심은 그 배경과 의미를 이해하는 실마리가 될 것이다. 아울러 석전이 『해동불보海東佛報』를 비롯한 언론지와 저술을 통해 제시했던 한국불교사 관련 자료를 분석하여 그의 한국불교사 인식의 단면을 살피고자 한다. 그의 불교사 관련 자료수집과 저술은 일차적으로 한국불교사의 복원을 목적으로 하였지만, 일제강점기 침체된 근대불교를 개혁하고 부흥하는 기초로 삼고자한 것이 궁극적 목적이었다. 때문에 석전의 불교사관佛敎史觀은 한국불교의 정체성 확립과 함께 개혁과 부흥이라는 과제해결의 가치를 지니고 있다.

　일제강점기 한국불교사 연구는 일제의 강점과 불교정책, 당시 불교계의 전통불교수호와 개혁, 근대불교학의 형성과 발전이라는 다양한 현실문제와 결부되어 진행되었다.[8] 『조선불교통사朝鮮佛敎通史』를 쓴 이능화는 조선에 불교가 수용된 이후 이 땅이 불연佛緣이 깊고, 대장경과 같은 세계적 법보法寶가 있었지만, 고려이후 탄압으로 "12종파의 연혁과 900사찰의 유서由緒가 조각조각 난 채 파묻혀 있고, 먼지더미 속에 버려져 있었으므로 귀

이기도 하다. 그러나 여전히 한국근대불교사에서 석전의 가치를 규명하고 선양하는 과제는 온전하게 이루어지지 않고 있다.
8) 오경후, 「日帝强占期 古代佛敎史 硏究傾向과 性格」, 『普照思想』38, 普照思想硏究院, 2012, 235쪽.

가 있어도 들을 수 없고, 눈이 있어도 볼 수 없었다."고9) 하였다. 10여 년 동안 고승高僧의 전기傳記를 수집하여『청구승전보람靑丘僧傳寶覽』을 찬술했던 박봉석朴奉石 역시 "불법佛法이 우리나라 문화에 공헌한 것이 지대했음에도 불구하고 그 신이神異한 기록이 남아있지 않음을 한탄했다."10) 이와 같이 근대사조의 유입에 따라 근대학문에 입각한 한국불교사를 정리하고자 했지만, 남아있는 고귀한 유산遺産이 거의 멸실되었음을 한탄한 것이다.

한편 이 시기 한국불교사 연구는 당대의 지성知性들에 의해 국학진흥國學振興의 차원에서도 시도되었고11) 당시 불교계의 현황과 교단설립의 기초가 되기도 하였다. 예컨대 방한암方漢岩은 종조宗祖 설정의 과정에서 보우普愚와 도의道義 사이에서 벌어진 논쟁에서 "도의가 서당 지장에게 법인法印을 얻어 귀국하니 이것은 달마가 진단震旦의 초조初祖됨과 같이 도의가 해동의 초조初祖됨은 지자智者를 불대不待하고 가히 판정할 일이 아닌가."라고 했으며12) 권상로 역시 「가지산보림사보조선사비迦智山寶林寺普照禪師碑」등을 근거로 조계종의 종조는 도의국사라고 강력하게 피력하기도 하였다.13) 이와 같이 1910년대부터 1945년 해방까지 불교계의 종지宗旨 · 종통宗統 · 종조宗祖 규정문제는 불교사를 기초로 한 불교계의 현실적 과제를 해결하기 위한 밑거름이 되었다.

일제강점기 불교에서 진행된 불교사 연구는 고대부터 조선시대에 이르기까지 불교사 개관, 인물과 사상, 불교문학과 예술, 그리고 자료수집과

---

9) 이능화, 「自序」, 譯註『朝鮮佛教通史』1 上篇(佛化時處), 동국대학교 출판부, 2010, 54쪽.
10) 박봉석, 「靑丘僧傳寶覽序」, 《佛教》 (新)21, 불교사, 1930, 1~2쪽.
11) 신채호 · 정인보 · 장지연과 같은 지성들의 국학에 대한 강조는 이전의 중국문화를 숭상하여 자기문화를 비하하던 태도에서 벗어나고 일제의 식민통치에서 생긴 문화적 자기상실감에서 강한 민족적인 자기인식을 중시하고자 하였다.
12) 方漢岩, 「海東初祖에 대하야」, 《佛教》 70, 불교사, 1930, 9쪽.
13) 安東相老, 「曹溪宗旨」, 《佛教》 (新)49, 불교사, 1943, 12쪽.

정리에 이르기까지 광범위하게 진행되었다.

〈표1〉일제강점기 불교계 대표지성들의 한국불교개관[14]

필 자	제 목	간행지(호수)	출판사	간행 연도
崔南善	朝鮮佛敎 －東方文化思想에 잇는 그 地位	≪佛敎≫ 74	불교사	1930
崔南善	朝鮮佛敎의 大觀으로부터 『朝鮮佛敎通史』에 及홈	『朝鮮佛敎叢報』 11·12	30본산연합 사무소	1918
崔南善	朝鮮歷史에 대한 佛敎	≪불교≫ 7	불교사	1924
金泰洽	東洋佛敎의 槪說	≪불교≫ 35	불교사	1927
權相老	朝鮮佛敎史獨斷(1~3)	≪佛敎時報≫ 54	불교시보사	1940
權相老	朝鮮의 禪宗은 어떠한 歷史를 갖었는가	≪선원≫ 創刊號·2호	선학원	1931 · 1932
退耕	朝鮮에서 自立한 宗派	≪불교≫ 54	불교사	1928
權相老	朝鮮と朝鮮佛敎	『조선불교』 21·23	조선불교사	1925
退耕	朝鮮佛敎史의 離合觀	≪불교≫ 62	불교사	1929
退耕	朝鮮佛敎의 三代特色	≪불교≫ 50	불교사	1928
金庠基	朝鮮佛敎와 文化와의 關係(1·2)	≪불교≫ (신) 39·41	불교사	1942
李能和	朝鮮佛敎와 文化關係	≪불교≫ (신) 42	불교사	1942
李能和	朝鮮佛敎의 三時代	≪불교≫ 31	불교사	1927
尙玄居士	朝鮮佛敎歷史	『佛日』 1·2	佛日社	1924
李能和	風水迷信의 弊害原流에 對하야 儒佛兩家의 關係를 論함	『佛敎振興會月報』 1권 1호	불교진흥회본 부	1915
法雲	朝鮮의 國家佛敎縱橫觀(1·2)	≪불교≫ (신)59·60·62	불교사	1944
金映遂	朝鮮佛敎의 特色	≪불교≫ 100	불교사	1932
金包光	朝鮮佛敎의 傳燈과 敎理	『一光』 2	중앙불전교우 회	1929
晶海喆宇	歷史上에 現하는 조鮮僧侶와 外國布敎의 가치	『조선불교총보』 9	30본산연합 사무소	1918
許永鎬	朝鮮佛敎의 立敎論	≪불교≫ 11	불교사	1937
高橋亨	朝鮮佛敎に就いて	『조선불교』 66·67	조선불교사	1929
俞萬兼氏	朝鮮佛敎の過去及び現在	『조선불교』 37·39	조선불교사	1927
猊雲散人	吾東佛史의 闕失	『海東佛寶』 2	해동불보사	1913
晩悟生	甚矣라 歷史에 無關心이여	『金剛山』 2	금강산사	1935

〈표 1〉은 1910~1940년대까지 불교계에서 간행한 잡지에 실린 지성知性들의 글이다. 글의 제목은 개설적 성격이 강하지만, 내용은 한국의 역사 속에서 전개된 다양한 불교의 현상을 해석하고 분석하여 그 특징이라든가, 각 시대마다 불교가 기여한 바를 기술한 불교사론이나 한국불교문화론이라고 할 수 있다. 이능화·권상로·김영수·김태흡 등은 각 시대의 다양한 불교사를 통해 한국불교사를 체계화하고 대중화시키는데 기여하였다.

> 종래 조선의 불교는 전혀 사회에서 도외시되어 이 땅의 학자로 이를 연구하는 자가 전혀 없었지만, 노형(이능화)이 다년 연찬한 결과와 같은 일대 저술을 보는 것은 축하할 일입니다.···· 조선의 正史 野乘과 金石文 등은 물론이요 널리 중국의 事蹟을 통람하고 신문잡지 官報類에 이르기까지 섭렵하여 빼놓은 것이 없고, 과거의 사실을 상세하게 했을 뿐만 아니라 현대까지 분명히 하였으니 실로 완전한 일대 불교사로 일찍이 조선에는 그 유례가 없는 저작입니다.15)

인용문은 이능화의 『조선불교통사』를 본 총독부 내무부장관과 학무국장이 보낸 편지 내용이다. "그동안 한국불교를 연구하는 학자가 전연 없었다."는 그들의 언급은 당시 지식인들 사이에서 한국불교에 대한 관심을 지닌 인물이 거의 없었음을 알 수 있다. 이능화뿐만 아니라 권상로 역시 고승의 입적한 날을 기준으로 200여 명의 전기를 정리한 『조선고승시순고朝鮮高僧時順考』를 ≪불교≫지에 수록하였다. 그는 "조선불교가 비록 오래되지 않았지만, 훼손되고 흩어진 것은 극도에 이르러 고승의 명자名字까지도 잊

---

14) 오경후, 「日帝强占期 知性들의 佛教史 認識과 그 價値」, 『원불교사상과 종교문화』 65, 원광대원불교사상연구원, 2015, 32~33쪽에서 재인용.

15) 宇佐美騰夫·關屋貞三郎, 「李能和 殿」, 『朝鮮佛教叢報』 10호, 1918, 65~66쪽.

어버렸으니 행적이야 물어 무엇하겠는가."라고16) 탄식하고 비문과 문집에서 아는 대로 이것을 주어모아 보는 중에 정리한다고 하였다. 그가 고승석덕高僧碩德의 저술목록을 정리한 것도 이와 동일한 배경을 지니고 있다. 그는 일제강점기 한국불교사 탐구에 대한 열정을 지닌 몇 안되는 인물이기도 하다. 불교전래부터 한국불교사를 정리한『조선불교약사朝鮮佛敎略史』를 찬술했으며,『조선왕조실록』에서 불교기록만을 발췌하여『이조실록불교초존李朝實錄佛敎抄存』을 소개하기도 하였다. 아울러 한국불교의 사상과 역사를 살필 수 있는 옛 고승들의 저술을 수집하고 정리하여 목록화한 자료만도 총 466종이나 된다.17)

> 우리나라 역사학의 계통에 밝지 못한 것이 우리민족의 일대 부끄러운 모습이다. 우리나라의 역사가 유구하지만 그것을 아는 자는 거의 없고, 김부식의『삼국사기』와 일연의『삼국유사』가 있지만 다른 나라의 문명사와 비교하고자 한다면 아주 사소하다.…우리나라의 불교도는 士大夫의 습속을 따라 중국의 風敎를 답습하여 중국의 經史·詩文·人物·事實만을 읽고 기록할 뿐이다. 심지어 城邑·山川·樓觀·草樹의 이름조차도 중국을 모방하니 중국인이 우리나라를 小中華라고 한 것이다. 이것이 우리나라의 불교역사가 분명치 않은 이유이다.18)

인용문은 석전이 한국불교사에 대한 자료를 수집하고 연구해야 하는 당위성을 피력한 글이다. 우리나라 불교사가 유구한 역사적 경험만큼이나 문명과 문화의 진전에 기여한 바가 크지만, 그 독자성이나 우월성을 아는 이

---

16) 權相老, 「朝鮮高僧時順考」, ≪佛敎≫ (新)32~43, 불교사, 1942.
17) 退耕, 「朝鮮高僧碩德의 저술이 몇 권이나 됩니까」, ≪불교≫ 46·47합호, 1928.
18) 朴漢永, 「朝鮮佛敎와 史蹟 尋究」, ≪해동불보≫ 8호, 1914. 3쪽.

는 적다고 지적하였다. 더욱이 집안의 보배를 두고 유자儒者들의 습속을 맹목적으로 답습하여 내전內典과 수행修行보다는 중국의 경사經史에 심취하여 중국인조차도 우리나라를 소중화小中華라고 일컫는다고 하였다. 때문에 우리나라의 역사뿐만 아니라 불교사 역시도 그 전후시말前後始末을 알지 못하고 있다고 비판하였다. 사실 이와 같은 지적은 박한영 뿐만 아니라 불교계의 개혁을 주장했던 동시대 불교계 지성들 역시 같은 입장을 취하고 있었으며, 우리나라 불교사 자료수집과 연구의 배경으로 대두되었다.

〈표 2〉 석전 박한영의 한국불교사자료수집

제목	전거
大東禪教攷	『海東佛寶』 1~6호
朝鮮教史遺稿	『海東佛寶』 6 · 8호
精註四山碑銘	해남스님 소장(1931)
白月葆光之塔碑銘幷序	『海東佛寶』 4~8호
智異山實相寺重興事蹟詩序	『海東佛報』 1호
「松廣寺祠院事蹟碑」	『海東佛報』 3호
娑婆敎主釋迦如來靈骨舍利浮圖碑幷序	『海東佛報』 2호
大覺國師墓誌銘	『海東佛報』 5호
雪破大師碑銘幷序	『海東佛報』 1호
喚醒堂大禪師碑銘幷序	『海東佛報』 2호
鞭羊堂大禪師碑銘幷序	『海東佛報』 3호
楓潭堂大禪師碑銘幷序」	『海東佛報』 1호
華嚴宗主函溟堂大禪師碑銘幷序	『海東佛報』 6호

〈표 2〉는 박한영이 발견하고 소개하여 현재까지 전하고 있는 불교사자료목록이다. 이 가운데 그 자료적 가치가 가장 높은 것은 『정주사산비명精註四山碑銘』이다. 사산비명은 최치원이 찬撰한 「지리산쌍계사진감선사비명智異山雙溪寺眞鑑禪師碑銘(河東)·「만덕산성주사대낭혜국사비명萬德山聖住寺大朗慧國師碑銘(藍浦)·「희양산봉암사지증대사비명曦陽山鳳岩寺智證大師碑銘(聞慶)·「초월산숭복사비명初月山崇福寺碑銘(慶州)으로 신라 불교사를 비롯하여 한문학사·사상사

등 여러 면으로 자료적 가치가 높은 문헌이다. 그 자료적 가치로 인해 대대로 불교인들 사이에서는 과외독본課外讀本으로 널리 읽혀져 왔다. 조선 선조·광해군 때 중관 해안(中觀海眼, 鐵面老人)이 처음으로 『고운집孤雲集』에서 네 비문을 뽑아 책으로 엮고 주석을 붙인 이래, 연담 유일蓮潭有一·몽암蒙庵·홍경모洪景謨 등의 주해가 이어졌으며, 근세까지 십 수종의 주해본이 나왔다.

최근 이 책을 복사했던 김지견의 조사에 의하면[19] 책의 크기는 29cm×20cm이고, 한지에 정갈하게 필사했다고 한다. 「사산비명주해연기四山碑銘註解緣起」의 끝부분에 '佛紀 2958年)(1931) 辛未 梧月 日 石顚 鼎鎬筆識'이라고 쓰여 있다. 분량은 전체 82장이고 1쪽이 10행, 주는 쌍행雙行 23~24자로 짜여 있다. 원문에는 이두토吏頭吐가 있으나 주해註解에는 토吐가 없다.[20]

살피건대 이 사산비명은 明의 萬曆年間에 鐵面老人으로 號한 이가 고운집 중에서 가려내어 編寫하므로써 마침내 看經餘暇의 필독의 서로 삼았던 것이다. 그렇지만 문체는 아름답게 騈儷로 짝을 이루고 旨義는 자못 오묘함에 난삽하여 걸핏하면 수많은 典籍을 끌어옴으로써 一語一句마다 典據가 문제되지 않은 것이 없다. 독서량이 많은 식자가 아니고서는 좀체 깃들인 뜻을 領會할 수가 없었기 때문에 새로 배우는 무리는 콧잔등을 찡그리고 매우 싫어하였다. 우리 철면노인은 비록 노파심이 간절하기는 했어도 의혹을 풀기에만 급급한 나머지 그 중 수십 구절을 略解했을 따름이고 南岳의 蒙菴 穎公이 諸家에 자문하여 해석이 훨씬 확실하

19) 김지견이 일본에서 입수한 복사본은 그가 일본 유학중 현재 통도사 율주 혜남스님에게 빌린 복사본이라고 한다. 석전의 상좌이자 전강제자인 雲起스님이 傳講기념으로 혜남스님에게 주었던 것이다.(종걸·혜봉, 영호 정호 대종사 일생록 『석전 박한영』, 신아출판사, 2016, 593쪽.)
20) 김지견, 「糟粕뢰四山碑銘발굴기」, 『사산비명 집주를 위한 연구』, 한국정신문화연구원, 1994, 14~20쪽.

게 되었기는 하나 나아가 의문되는 곳을 제쳐놓은 곳이 태반인 것을 고려하면 아직 揚雄의 제자 侯芭만 하다고 할 만큼은 못되었다. 그런데 가까이 純祖·憲宗代의 무렵 漢城의 處士 洪敬謨가 사정이 있어 남으로 楚山에 이주하여 그곳에서 여생을 지내게 되었다. 처사는 雅稱이니 널리 典籍을 섭렵하고 內學의 造詣가 깊었던 까닭에 일찍이 龍門精舍를 찾아가 白坡 亘璇과 더불어 佛門의 道友관계를 맺었다고 한다. 여가를 보낼 적에 줄곧 이 사산비명을 좋아하다가 드디어 붓을 들어 出處를 析明하고 段節을 按排함으로써 讀者로 하여금 어려워 막힐 염려 없이 마치 칼날이 살을 뼈에서 도려내듯이 환히 저자의 진상을 보게 하였으니 이 또한 남을 위한 布施라고 하지 않을 것인가. 단지 유감스러운 것은 손에 이어 전사해오면서 字義가 많이 어긋난데다가 異論이 분분하여 더욱 심하게 갈피를 잡지 못하게 되었다는 것이다. 나 鼎鎬는 감히 두려움을 품지 않고 7월의 初秋를 맞아 안개가 서린 듯 침침한 눈을 씻어가며 그 틀린 곳을 들어내고 쓸데없는 곳을 잘라내어 一本을 집필하였으니 同志者가 이를 간행하여 멀리 유포하기를 기다리고 있기에 그 주해한 연유를 詳敍하는 것이다. 설사 나를 탐탁지 않게 여기는 無風起浪의 쓸모없는 짓을 하였다는 비난이 있다하여도 그 꾸짖음에 구애 않으리라.21)

인용문은 석전이 찬한 『사산비명주해연기四山碑銘註解緣起』의 일부분이다. 석전의 연기緣起에 의하면 첫째, 훼손되어 사라진 숭복사비의 비편碑片을 우연히 찾아내어 숭복사비崇福寺碑가 경주 동면東面에 소재하였음을 알게 되었다는 것이다. 둘째, 철면노인으로 불렸던 중관 해안中觀 海眼이 『고운집孤雲集』 중에서 베끼고 묶어(주해註解) 문체는 아름답게 병려로 짝을 이루었지만, 밝히고자 하는 궁극의 뜻이 오묘하고 번다하였으며, 수많은 전적典籍을 참

---

21) 박한영, 「四山碑銘註解緣起」, 『精註四山碑銘』(김지견, 「정주사산비명 발견기」, 『사산비명집주를 위한 연구』, 한국정신문화연구원, 1994, 21~23쪽.)

고하고 인용하여 용어와 구句가 전거의 문제를 지니고 있었다. 때문에 식자층이 아니고서는 그 의미를 이해하기에 한계가 많았다. 셋째, 해안의 주해는 의혹을 풀기에만 급급하여 수십 구절만을 약해略解했을 뿐 의문스러운 문장이 풀리지 않은 채 그대로였다. 넷째, 이후 홍경모가 문장의 출처를 분석하여 밝히고, 단과 절을 안배하여 읽는 사람으로 하여금 막힐 염려 없이 규명하였다. 다섯째, 그러나 전사傳寫하는 과정에서 자의字義가 많이 어긋나고, 이론異論이 분분하여 이전 주해본註解本 보다 어렵고 혼란스러운 것이 더욱 심했다. 여섯째, 석전은 홍경모의 주해본을 기초로 틀린 곳을 바로잡고, 번다한 문장은 없애 일본一本을 집필했다고 하였다. 일곱째, 뜻을 함께하는 자가 있다면 이를 간행하여 널리 유포되기를 바랐다.

요컨대 석전은 이전 주해본의 단점을 보완하고, 난해한 부분을 쉽게 풀이하여 '정주精註'한 것이다. 그는 사산비명 외에 홍석주洪奭周의 『교인계원필경집서校印桂苑筆耕集序』와 서유구徐有榘의 원서原序를 전재하고 있다. 그리고 최문창후본전崔文昌候本傳·삼국사三國史·지증비중매금주증정智證碑中寐錦註證正·사산비교락열성도四山碑交絡列聖圖·대낭혜전大朗慧傳·지증전智證傳·혜소전慧昭傳 등의 전기傳記를 재록載錄하였다. 이것은 비문에 대한 광범위한 이해를 위한 것이기도 하였다.

한편 『해동불보海東佛報』에 소개한 「조선교사유고朝鮮敎史遺稿」는 「혁십이종치양종革十二宗置兩宗」·「선교과연혁禪敎科沿革」·「경행법전고經行法典攷」와22) 「선종교종禪宗敎宗의 연혁沿革」23)이다. 대체로 불교행정제도에 관한 내용으로 조선시대 유교가 국가이념으로 성립된 이후 불교계의 변화를 검토할 수 있는 자료들이다. 「혁십이종치양종革十二宗置兩宗」은 고대와 고려의 사찰寺刹과

---

22) 박한영, 『朝鮮敎史遺稿』, 《해동불보》 6, 해동불보사, 1914.
23) 박한영, 『朝鮮敎史遺稿』(續前), 《해동불보》 8, 해동불보사, 1914.

승정僧政을 관장했던 12종宗이 조선의 태종대에 와서는 12종을 혁파하고 선교양종禪教兩宗만을 두었고, 사찰 소유의 토지를 혁파했지만, 사대부는 사찰에서 재齋를 지내고, 승려를 초청하여 공양을 올렸다는 내용을 소개하였다. 또한『대전통편大典通編』예전禮典에 수록되어 있는 도첩度牒의 양식이 수록된 도승전례度僧典例를 소개하였다.[24]「선교과연혁禪教科沿革」은『경국대전經國大典』예전禮典의「도승度僧」조條와『용재총화慵齋叢話』권9를 소개하여 승과를 거쳐 도첩을 받는 과정을 소개하였다. 아울러『국조보감國朝寶鑑』제22권의 승과부활과 그 명맥이 단절된 이유를 설명하기도 하였다. 석전은 조선시대 흥천사興天寺와 흥덕사興德寺를 선종과 교종의 수사찰首寺刹로 지정한 경위 역시 소개하기도 하였다. 예컨대『신증동국여지승람新增東國輿地勝覽』과 조선 태조 이래 고종까지의 조선왕조 편년사編年史로 영국인 헐버트(Hulbert, H. B.)가 한국인에게 위촉委囑하여 저작著作한『대동기년大東紀年』, 그리고『양촌집陽村集』등에서 발췌하여 조선시대 선종교종의 연혁을 소개하였다. 한계희韓繼禧가 찬撰한「흥천사신주종명興天寺新鑄鐘銘」이나 권근權近이 찬撰한「덕안전기德安殿記」를 부록으로 첨부하여 그 신뢰성을 높이기도 하였다.

2. 석전石顚의 불교사관佛教史觀

석전 박한영의 불교사관은 일제강점기 동안 그가 쓴 불교사 관련 저술著述과 사론史論에 구체적으로 반영되어있다.

---

24) 박한영,『朝鮮教史遺稿』,≪해동불보≫6, 해동불보사, 1914, 20~22쪽.

<표 3> 석전 박한영의 한국불교사관련 著述과 史論

제목	전거
『佛敎史攬要』	宗學院
李朝實錄佛敎抄存及索引	中央佛敎專門學校(1934)
佛敎의 興廢所以를 深究할 今日	『海東佛寶』 4호(1914)
朝鮮佛敎와 史蹟 尋究」	『海東佛寶』 8호(1914)
讀敎史論	≪朝鮮佛敎月報≫ 12 · 13(1913)
宗敎史 (日本維新三十年史中繹出)	『海東佛寶』 5 · 7호(1914)

〈표 3〉은 석전이 불교사 개론서와 한국불교사에 대한 자신의 입장을 정리한 사론史論의 목록이다.『불교사람요佛敎史攬要』는 석가모니의 일대기부터 인도·중국·한국불교사 등 세계불교사의 요지를 뽑아 찬술한 책이다. 석전이 강술講述한 것을 박봉석朴奉石이 편집하여 종학원宗學院에서 출간한 것으로 보인다. 현재 전하고 있는 책은 「통론統論」과 「석가본행기釋迦本行記」로 구성되었다.25) 우선 「통론」은 석가이후 인도·중국·한국·일본불교사를 요약하고 있어 전체의 구성 및 내용을 살펴 볼 수 있다. 이 가운데 한국불교는 고구려·백제·신라의 전래를 피력하였는데, 백제불교는 고구려불교보다 융성했고, 신라불교는 백제불교보다 융성했다고26) 하였다. 그 전통이 고려에 이어졌으며, 고려 초에 도선이 왕사가 되어 구산선문이 중흥하였으며, 이때부터 다시 승려의 출가가 활발해졌고, 불사佛事가 치성해졌다가 점차 쇄락해졌다고 하였다. 「석가본행기釋迦本行記」는 이 책의 제1장인데 대부분의 분량을 차지하고 있는데, 불교의 연원과 석가모니일대기 속에서 불교의 중요교리를 전체 7절로 나누어 소개하였다. 2장 이후는 인도와 중

25) 간행연대는 未詳이다. 현재 국립중앙도서관본(위창古172-3)이 있으며, 동국대도서관본 (B210.9박91복c2)은 影印本이다.
26) 『佛敎史攬要』, 5쪽.

국·한국·일본불교사를 수록한 것으로 보이는데 현전하지 않는다. 때문에 이 책은 「석가본행기釋迦本行記」와 같이 불교의 근본적인 사상과 그 가치에 집중되어있다. 이 책이 기본적인 불교교리와 함께 세계 불교국가의 불교전 개를 다루고 있는 것으로 보아 일제강점기 불교계의 실태와 밀접한 관계를 지니고 있다. 즉 일제강점기를 중심으로 한 시기는 불교와 그 역사에 대한 인식이 희박하여 석전의 입장에서는 당시 불교도들에게 불교이해의 체계와 한국불교사의 정체성을 확립하기 위해 인도나 중국·일본불교사와 함께 강 술한 것으로 보여 진다.

「독교사론讀敎史論」은 소고발원溯考發源, 창만아동昌曼亞東, 법륜미래法輪未來 로 구성되어 있다. 대체로 불교의 발생과 동아시아 불교의 융성, 그리고 미래불교의 중요성을 그 내용으로 하고 있다. 1. 소고발원溯考發源은 석가모 니 이전의 과거불 출현과 불교가 동방에 전래된 것은 동방에 미래의 불법 이 융성할 것임을 설명하였다. 2. 창만아동昌曼亞東은 불교의 발생과 전래 등을 설명하였다. 인도의 불교佛敎는 그 발상지에서 이미 자취를 감추었고, 동양의 여러 나라에서 융성하였다고 하였는데, 석가모니 멸후 마명馬鳴·용 수龍樹·무착無着·세친世親이 그 가르침을 더욱 융성시켰다고 하였다. 중국 에서는 현장법사玄奘法師가 인도를 순례하여 계현戒賢과 지광智光을 두루 참례 하고 대법大法(경전)을 받아 돌아왔고, 인도는 점차 불교가 약화되어 소멸 하였지만[27] 중국에서는 불도징과 구마라집이 보배를 품고 동東으로 건너 와 대승경전을 한역한 결과로 불국토를 장엄하는데 이르렀다. 또한 전진의 부견符堅 당시에는 순도와 아도 등이 고구려에 이르렀고, 마라난타는 백제 에 이르렀으며, 묵호자는 신라와 통하여 널리 교화하여 백제와 신라는 나 라사람들이 모두가 존숭하여 아름다운 풍속을 이루어 동으로는 일본, 서로

---

27) 朴漢永, 「讀敎史論」, ≪朝鮮佛敎月報≫12, 朝鮮佛敎月報社, 1913, 7~13쪽.

는 페르시아와 남으로는 미얀마와 북으로는 시베리아로 전해져 발전하니 위대하고 찬란하다.28) 결국 불교의 융성은 발생지 인도보다는 중국과 한국으로 전래되어 더욱 발전했다는 입장을 지니고 있다.

> 佛法이 우리나라에 전래되어 통일신라와 고려 중엽에는 宗匠·碩德이 배출되어 唐宋연간에는 그 이름을 빛냈으며, 그 권위나 국제문화관계에서도 불교도가 아니고서는 해내기 어려웠으며, 그 수행과 교화는 중국보다 뛰어났다. 중국의 五代 당시 兵禍로 불교가 쇠잔했을 때는 오월왕이 고려에 천태장소를 고려에 요청하여 그 章疏와 華嚴經論을 보내주었다. 고려 말에는 불교가 쇠잔해져 그 禍가 컸고, 李朝500년에 이르러서는 그 쇠잔함이 극에 달한 것을 모르는 이가 없다.…그러나 현재는 문화가 일신하여 사람들이 평등독립의 의의를 알아서 남에게 의지하고 자신의 이익을 추구하는 열등함이 점차 교화되고 남을 이롭게 하니 大同文明에 이르면 모든 생령들이 평등한 곳에 안주하여 無量大自在를 이룰 것이니 諸佛의 願이 달성될 것이다. … 불교는 과거와 현재의 불교가 아닌 未來의 佛敎다.29)

인용문은 3. 법륜미래法輪未來에서 한국불교사의 전개를 개관한 내용이다. 석전은 우리나라의 불교를 구분지어 삼국시대는 배태시대胚胎時代, 나려시대羅麗時代는 장성시대壯盛時代, 조선은 노후시대老朽時代였다면 오늘날은 복활시대復活時代로 규정한 바 있다.30) 한국불교사에 대한 그의 통찰력을 엿볼 수 있는 대목이다. 그는 조선이전의 불교가 장성시대로 규정될 만큼 찬란한 것이었지만, 조선시대의 오랜 탄압으로 일제강점기에 와서는 내세울

---

28) 朴漢永, 앞의 글, 21~22쪽.
29) 朴漢永, 앞의 글, 22~24쪽.
30) 映湖 生, 「佛敎의 興廢所以를 深究할 今日」, 『海東佛寶』4호, 1914, 3쪽.

것이 없는 초라한 지경에 이르렀다는 것이다. 그러나 미래불교를 발전시키는 것이 동시대 불교도가 부담해야 할 사명감임을 역시 강조하였다. 때문에 석전은 조선의 불교가 노후했던 까닭과 미래불교의 진흥振興을 깊이 생각하여 노후불교의 잔재는 극복하고, 미래불교 진흥의 싹을 키우는 책임이 가벼운 것이 아니고 중대한 것이라고 하였다.

석전의 미래불교에 대한 입장은 다른 논설에서도 볼 수 있는데, 불교는 과거와 현재의 불교가 아니라 구경원만장엄究竟圓滿莊嚴의 미래불교라고 단언하였다. 즉 "과거의 불교시대는 설리說理와 설사說事를 널리 실험해보지 않은 시대요, 현대와 미래불교는 이사원융理事圓融을 실현해서 사사事事에 전창全彰할 중대한 시대라 보면서 물질문명과 과학이 발달할수록 天을 초월한 경지에 바탕해서 사람의 실상實相에 묘전妙詮하는 불교야말로 중대한 과업을 안고 있는 것"31)으로 보았다. 결국 석전은 구경원만장엄의 화엄법계가 구족한 미래불교를 기대하고 있었다. 이것은 그의 불교사론佛敎史論을 관통하는 화두이기도 하였다.

前代佛敎가 老朽한 원인은 지적하자면 (불교를 비판하는)여론이 갑자기 치성하자 모두 大法의 운수소관이라고 말하는 사람이 많았고, 그 다음은 조정에서 외호하는 힘이 지극히 약하고 탄압의 바람이 더욱 거셌다. 또한 유교가 치성하여 그 침해를 감당하기 어려웠다고 한다. 모두들 이렇게 말하지만 나의 좁은 소견으로는 모두가 그렇다고 볼 수 없다. 왜 그러한가. 만사와 만법의 성쇠원인은 구체적인 내적 원인과 외적 조건이 갖추어지지 않으면 가능하지 않다. 그러므로 이상의 말은 밖의 조건들이 복잡한 관계이다. 어찌 내적인 실제는 보지 못하는가. 내적인 쇠락은 불교가 융성했던 고려시대부터 치료하기 어려운 병의 뿌리가 전해 내려와

---

31) 朴漢永, 「多虛는 不如少實」, ≪해동불보≫2호, 해동불보사, 1914, 87~89쪽.

만연한 것이다. 불교가 지닌 眞相敎育이 불완전하여 바다와 같은 부처님
의 가르침과 그 福田을 민족사회에 발휘하여 이익 되게 한 것은 불가능
하였고, 다만 밖으로 사찰을 창건하고 장식하고 왕과 신료들과의 유대관
계를 백방으로 도모하다보니 나라는 이미 망하고 가르침 역시 이미 무너
졌다. 때문에 조선전대에 이르러서는 안과 밖으로 병이 퍼져 배와 등에
고통이 있으니 죽지 않는 것만도 다행이다.[32]

　장황한 인용문은 석전이 조선시대 불교가 탄압받고 소외된 원인을 분석
한 글이다. 예컨대 석전은 조선의 불교가 노후한 원인을 "구체적인 내적
원인과 외적 조건이 갖추어지지 않으면 가능하지 않다."고 하여 연기법緣起
法으로 노후 원인을 설명하였다. 예컨대 일제강점기 불교계는 조선시대 불
교의 쇠퇴가 호법護法의 의지가 약하고, 유교의 흥성과 불교에 대한 침해를
그 원인으로 삼았다. 그러나 석전은 이와 같은 지적에 대해 대부분 외적
조건에서 그 원인을 찾는 것에 비판적이었다. 예컨대 불교가 융성했던 고
려시대부터 불교계의 고질적인 모순이 뿌리를 내려 시간이 지날수록 만연
되었다는 것이다. 불교계가 사찰을 창건하고 정권과의 유대관계만을 강조
한 결과라고 지적하였다. 급기야 왕조교체 이후에는 안팎으로 회복할 수
없는 지경에 이르러 죽지 않는 것만도 다행이라고 표현하였다. 신랄한 자
기비판이면서 참회의 표현이기도 하다. 석전은 한국불교가 그와 같은 암울
한 과거를 겪었지만, "우리 불교의 자생력이 충분하여 영민한 재주를 지닌
고승高僧과 인재가 끊이지 않고 계승했다면 대법운수大法運輸도 바로잡아 돌
이킬 것이며, 조정의 외호도 시절에 응했을 것이며, 외교外敎(유교)의 침해
도 미치지 못했을 것"[33]이라고 안타까워했다. 이와 같이 석전이 조선시대

---

32) 映湖 生, 앞의 글, 4쪽.
33) 映湖 生, 앞의 글, 4쪽.

의 불교를 지적한 것은 그것이 근대불교와 직결된 것이었고, 조선시대의 탄압과 소외에 이어 일제강점기에는 한국불교의 정체성과 우수성, 그리고 불교가 암울한 시기를 극복할만한 정신적 지주로서의 근간이 전무全無한 것으로 판단했기 때문이었다. 그러나 석전은 궁극적으로 미래불교를 강조하였다. 예컨대 시세時勢의 변화로 사람들이 평등독립의 의의를 알게 되어 남에게 의지하는 열등함이 점차 교화되고, 대동문명大同文明의 단계에 이르면 모든 생령들이 평등한 곳에 안주하여 무량대자재無量大自在를 이룰 것이니 이것이 제불諸佛의 원이 달성된 것이라고 하였다. 그러므로 석전이 기대했던 불교는 미래 불교였다.

이와 같이 석전의 불교사관은 학문적 관심에서 머물지 않고 실천적 의미를 지니고 있었다. 비록 불교수용 이후 융성했던 시대의 불교를 언급했지만, 동시대 불교의 부활을 위해 조선시대 불교가 탄압받았던 원인을 불교 내부에서 찾고자 하였다. 이와 같은 분석은 석전과 동시대를 살다간 불교계 지성들도 꺼려했던 부분이었고, 소극적인 대응만 있었을 뿐이다. 과거의 불교가 소외받을 수밖에 없었던 암울한 상황을 냉정하게 분석하여 미래불교를 부활시키고자 한 의지를 지니고 있었다. 그가 《해동불보》를 중심으로 한 불교계 언론에 동시대 불교와 불교도가 지닌 문제를 심각하게 지적한 것은 조선시대 이래 불교가 보여준 모순과 패배주의, 그리고 악습이었다. 결국 석전의 불교사관은 그가 직면한 동시대불교의 문제를 진단하고, 꿈꾸었던 미래불교의 부활에 대한 기초로 삼았다.

3. 석전石顚의 불교사관佛敎史觀이 지닌 가치價値

석전 박한영이 용성·만해와 함께 민족운동의 지도자로 평가받고 있는 것은 그의 행적에서 찾을 수 있다. 그는 1910년 10월 6일 체결한 조동종맹약曹洞宗盟約에 반대하여 만해와 함께 경상·전라 각 사찰에 통문을 돌려 반대운동을 전개하였다. 1920년 그는 동아일보와의 인터뷰에서 "우리의 주의主義는 역사적 생명을 가진 우리불교를 일본에 부속케 하는 것이 좋지 못하야 그래하는 것이었으나 그때 형편으로는 도저히 그러한 사상을 발표할 수 없슴으로 조선 현재불교의 연원이 임제종臨濟宗에서 발하였은 즉 조동종과 연합할 수 없다는 취지로 반대하였었오."라고[34] 자신의 입장을 밝혔다.

> 조선불교의 쇠퇴한 것을 분개하야 조선전국에 널너잇는 불교청년들이 維新會를 조직한 후 여러 가지로 불교유신을 운동 중이라 함은 임의 누차 보도한 바이어니와 그 회에서는 금번에 그 회원 劉碩規씨외 이천이백 팔십사명의 련서로 댱문의 建白書를 조선총독에게 뎨출하얏는대 그 요지는 먼저 됴선불교의 이천여년 동안의 력사를 들어 그 간난한 경로를 말하고 그와 가튼 중에도 그 시대에는 각각 자유가 잇셧슴으로 교화상에 큰 공헌이 잇섯스나 총독부에서 조선을 통치하게 된 후로 사찰령을 발표하야 삼십본산의 제도를 만드럿는대 그 후로 본산주지 사이에는 각각 가튼 권리를 밋고 서로 디위를 다토기에 골몰할 뿐아니라 본산주지는 말사주지를 압박하야 부질업시 서로 다투고 서로 미워하고 원망하는 폐단이 생기엇스며 이에 따라서 불교의 사업이라는 것은 말이 못되게 황폐 되얏슨 즉 당국에셔는 속히 본산과 말사의 뎨도를 폐지하고 금후부터는 각 사찰에 자유를 주어 경성에 통일긔관을 두고 모든 일을 하야 나가도록 하게 하야 주기를 바란다는 것이더라.[35]

---

34) ≪동아일보≫ 1920년 6월 28일 기사.
35) ≪동아일보≫ 1922. 04. 21.

1921년 2월 20일 조직된 불교유신회佛敎維新會 회원 2,284명이 사찰령을 폐지해 달라고 제출한 건백서建白書의 내용이다. 예컨대 이들은 사찰령 발표 후 본산本山주지들의 지위 다툼과 말사주지에 대한 횡포로 우리나라 불교사에서 대대로 내려온 자유와 교화의 공헌이 사라져 급기야 불교가 황폐해졌다고 지적했다. 아울러 그 대표로 박한영을 비롯한 15명을 선출하기도 했다. 이 건백서는 1922년 1월 7일 조선불교유신회 제2회 총회에서 토의되었고, 동년 3월 24일에는 제출하기로 결의되었다.36) 그러나 건백서를 제출한 이후 아무런 답변이 없자 1923년 1월 박한영朴漢永 · 김경홍金敬弘 등 7인을 위원으로 다시 건의하기로 결정하기도 했다.37)

한편 석전은 1919년 3 · 1운동을 계기로 임시정부 수립과 대동단大同團 참여 등 우국지사들과의 국권회복운동에도 적극적인 활동을 펼치기도 하였다. 이 가운데 한성임시정부는 3 · 1운동의 공식적인 법통을 이어받은 것으로 인정받았는데38) 박한영은 당시 13도 대표 25명 가운데 전북대표로 참여하기도 하였다. 석전은 국내에 한성임시정부가 수립되자 1919년 9월에는 이종욱李鍾郁 · 송세호宋世浩 · 정남용鄭南用과 함께 대동단大同團 사건事件에 참여하기도 하였다.39) 이밖에 석전은 1921년 11월 11일 미국 워싱턴에서 개최된 군축회의에 한국이 제출한 〈한국인민치태평양회의서韓國人民致太平洋會議書〉에 서명과 함께 참여하였다. 태평양회의는 군축문제와 극동문제를

---

36) ≪동아일보≫ 1922. 01. 7~9(『韓國近世佛敎百年史』 제3권 「各種團體編年」, 15~17쪽)
37) ≪동아일보≫ 1923. 01. 8(『韓國近世佛敎百年史』 제3권 「各種團體編年」, 19~20쪽)
38) 高珽烋, 「世稱 漢城政府의 組織主體와 宣布經緯에 대한 檢討」, 『한국사연구』 97, 한국사연구회, 1997, 168쪽.
39) 독립운동사편찬위원회편, 『독립운동사』 제8권(문화투쟁사), 1972, 885쪽. 대동단은 일제하 점조직의 비밀결사로 정식명칭은 朝鮮民族大同團이다. 1919년 3 · 1운동이 실패하자 회한에 빠진 全協을 비롯한 몇몇 선각자들이 민족의 전면적인 참여를 통하여 다시 한번 독립운동을 전개하고자 전국의 각계각층을 망라한 11개 사회대표자가 만든 단체다.(신복룡, 『대동단실기』, 선인, 2003, 71쪽.)

주된 의제로 한국인의 관심을 끌었던 것이다. 임시정부는 중국의 산동문제를 다루면서 한국문제도 포함해 줄 것을 요구하는 외교를 펼쳤다. 즉 "열국列國이 일본의 무력정책을 방지하고, 세계의 평화와 한국의 독립 자유를 위하여 노력해 줄 것"을 희망하는 회의서를 보낸 것이다. 이 〈한국인민치태평양회의서〉에는 이상재李商在·양기탁梁起鐸과 같은 국민대표를 위시하여 국내의 민족단체·종교·교육·경제, 그리고 각 군郡의 대표 등 109명의 서명과 명단이 수록되어있는데, 박한영과 홍보룡洪莆龍 역시 불교대표로 참여하였다. 그는 민족문화창달과 국학발전에도 기여하여 1929년 조선어사전편찬위원회가 창립되어 조선어사전을 만들 때는 발기인으로 참여했으며, 1934년 5월 한국과 그 인근지역의 역사와 문화를 연구할 목적으로 설립된 진단학회의 찬조회원으로도 활동하였다.

이와 같은 석전 박한영의 한국불교의 전통을 지키고자 했던 보종운동保宗運動과 개혁운동, 그리고 민족운동의 근간에는 그의 불교사상과 불교사를 중심으로 한 역사의식이 자리 잡고 있었다. 더욱이 그가 살다간 시기는 불교전통의 명맥이라도 남아있었던 조선시대보다 더욱 암울한 시기였다. 한국의 역사성이나 정체성까지도 소멸되어갔고, 그 근간을 지키고 있었던 불교문화 역시 그 전통성을 잃어갔다. 때문에 석전의 입장에서 불교사에 대한 관심은 단순히 학문적인 것이거나 정체성 회복에 머물지 않았다. 역사의식은 민족운동으로 연결되었고, 불교개혁운동으로 귀결되었다.

> 일본과 중국은 禪燈과 敎乘이 질서와 조리가 정연하여 밝게 빛나거늘 우리는 어찌 없는가. 우리의 禪匠과 講伯을 이 땅에서 배출하였는데 自家의 筆錄은 그림자와 소리도 없고 한가한 중에도 일본과 중국의 찬술을 얻어 보니 조선불교도가 어찌 얼굴이 두껍지 않은가. 이것이 조선의 佛敎史蹟을 연구하고자 하는 마음이 일어나는 것이 그 첫 번째다. 삼가 살

펴보니 가락국은 곧 불타국이오, 동해가의 금강산은 곧 衆香界이다. 그 佛法淵源이 인도에 직접 닿았으니 실제로 중국의 漢明帝가 金人의 꿈을 꾸기 이전이었던 것은 의심할 여지가 없지만 實錄이 전하지 않아 무릇 고구려 소수림왕 2년에 불법이 처음 들어온 것으로 알고 있다. 더욱이 고구려의 이불란사와 초문사를 살피지 않고 이름이 지어진 뜻과 어느 땅에 창건했는지 그 여부를 모르니 조선불교도가 어찌 어둡지 않는가. 이것이 조선불교의 역사를 연구하는 마음이 일어나는 두 번째 이유다.

인문이 하루가 다르게 점차 넓게 열리고 있으니 저자거리의 속된 노래를 부르는 이나 붓을 놀리는 이조차도 전문적인 학술을 분류하고, 변천되어 내려온 내력의 역사를 모아 세계무대에 널리 알려 그 명예가 섞여지거늘 청구산하의 불교사의 대강을 지어 보존하라. 아. 이와 같이 한다면 如來의 집에서 衣食을 의존하는 이가 세계학식은 말할 것도 없고 自家의 보배로운 佛法에만 머무르겠는가. 이것이 조선불교의 역사를 연구하는 마음이 일어나는 세 번째 이유다.40)

인용문은 석전이 불교사를 연구해야 하는 이유를 정리한 글이다. 그는 우선 우리나라 역사학의 계통에 밝지 못한 것이 우리 민족의 일대 부끄러운 모습이라고 하였다. 더욱이 유구한 역사와 문화를 지니고 있지만, "중국의 풍교風敎를 답습하여 중국의 경사經史 · 시문詩文 · 인물人物 · 사실事實만을 읽고 기록할 뿐이다. 심지어 성읍城邑 · 산천山川 · 누관樓觀 · 초수草樹의 이름조차도 중국을 모방하니 중국인이 우리나라를 소중화小中華라고 한 것"이라고 한 점에 대해 매우 안타깝게 생각했다. 때문에 석전은 일본보다는 우월하고 중국과 비교해서 뒤지지 않았던 불교문화가 있음에도 불구하고 일본과 중국의 불서佛書를 읽고, 일본과 중국의 승려만을 추앙할 뿐 자가自家의

---

40) 朴漢永,「朝鮮佛教와 史蹟 尋究」, ≪해동불보≫8호, 1914. 3~5쪽.

필록筆錄은 그림자와 소리도 없는 것이 불교사 연구의 첫 번째 이유라고 밝혔다. 사실 이와 같은 지적은 박한영 뿐만 아니라 불교계의 개혁을 주장했던 동시대 불교계 지성들 역시 같은 입장을 취하고 있었으며, 우리나라 불교사 자료수집과 연구의 배경으로 대두되었다. 석전은 우리나라 불교가 중국보다는 먼저 전래되었음에도 불구하고 『삼국사기』의 공인公認기록만을 믿어 그 시원始原에 대해서는 관심조차 갖지 않고 있음을 연구의 두 번째 이유로 정하였다. 그러나 석전은 한국불교사의 대강을 분류하고 변천되어 온 내력의 역사를 모아 세계무대에 널리 알려 그 명예를 선양하는 것이 그 궁극적인 이유라고 하였다.

> 대개 조선불교사적을 연구하는 대강은 첫째, 불교가 들어온 시초를 연구하고(佛法來渡之源委), 둘째, 고승들의 전등 연기 사적을 밝히며(高僧傳燈之起緣), 셋째, 탑·사찰·불상·보물 등의 연혁을 연구하고(塔寺像寶之沿革), 넷째, 대장경판 금석문 등의 명칭과 사적을 밝히며(藏板金石之名稱), 다섯째, 창작하여 제작했거나 그림 예술품을 연구하고(建造製圖之美術), 여섯째, 범패나 옛 음악을 보존하는 것(梵音古樂之保存)41)

석전은 한국불교사를 연구해야하는 이유를 제시하고 구체적으로 그 대상을 여섯 가지로 설정하였다. 예컨대 불교수용의 시초부터 고승의 전등傳燈기록과 유물과 유적 그리고 대장경과 불교음악과 미술을 포함한 불교예술에 이르기까지 다양한 자료를 수집하고 연구해야한다고 거듭 강조하였다. 중국이나 일본과 견주었을 때 그 독자성과 우수성을 지니고 있었지만, 오랜 기간 동안 탄압과 소외로 겨우 명맥만을 유지하고 있었지만, 석전에

---

41) 朴漢永, 「朝鮮佛教와 史蹟 尋究」, ≪해동불보≫8호, 1914. 3~5쪽.

게 지나간 우리 불교사는 근대의 격랑과 일제강점기라는 엄혹한 시기를 견딜 수 있는 정신적, 문화적 전통이었다. 더욱이 그가 강조했고, 기대했던 미래불교의 출발점이기도 했다. 결국 석전에게 한국불교사는 교육과 포교, 개혁운동이라는 실천적 의미를 부여하였다.

4. 맺음말

석전 박한영의 불교사 연구와 그 사관史觀은 역사학의 범주에서만 설명될 수 없다. 즉 그의 행적은 선교학에 대한 수행과 연구, 그리고 일제강점기 승가교육, 개혁운동이라는 불교계가 안고 있었던 보종운동保宗運動과 시대적 과제에 국한되지 않는다. 한성임시정부 수립과 대동단大同團, 조선어사전편찬, 진단학회 등 항일과 독립운동뿐만 아니라 국학운동에도 관심과 지원을 아끼지 않았다. 이와 같은 그의 다양하고 적극적인 민족운동의 근간에는 한국불교에 대한 역사인식이 자리 잡고 있었다.

석전은 우선 한국불교사의 각 시대별 특성을 규정하였다. 고대의 배태胚胎와 고려의 장성壯盛을 지나, 조선불교를 노후老朽로, 미래불교를 부활復活로 규정하였다. 이 가운데 그의 관심은 조선과 미래불교에 있었다. 불교수용 이후 그 발달과 성숙이 중국과 일본보다 우수했지만, 조선의 오랜 탄압과 소외로 그 명맥만을 유지하고 있으며, 후학들은 그 흔적조차도 관심두지 않고 있음을 안타까워 한 것이다. 석전은 불교의 노후를 동시대 지성들의 여론과는 달리 내부에서 찾고자 하였다. 예컨대 불교본연의 수행과 그 가치보다는 사찰의 창건과 중건만을 힘쓰고, 당대의 정권이나 지배층과의 유대를 강조한 탓이라고 하였다. 석전이 조선불교의 노후에 관심을 둔 이유는 불교의 탄압과 소외, 그리고 폐허를 통해서 미래불교를 준비하기 위한 것이었다. 그는 현대와 미래불교는 이사원융理事圓融을 실현해서 사사事事에 전창全彰할 중대한 시대라고 인식하였다. 결국 그가 생각한 미래불교는 열등함이 교화되고 평등독립과 대동문명이 실현되어 무량대자재無量大自在를 이루어 제불諸佛의 원願이 달성될 것으로 예견했다.

이와 같은 불교사 인식은 불교사 관련 자료 수집을 이끌기도 하였다. 고승의 비문을 조사하여 소개하였고, 『조선왕조실록』과 유학자들의 문집, 그리고 조선의 법전法典 속에서 불교의 흔적을 찾기도 하였다. 특히 그가 새롭게 정리한 『정주사산비명』은 이전의 주해본註解本이 지닌 복잡하고 어려운 내용을 알기 쉽고 간단하게 정리했다는 평가를 받기도 하였다. 결국 석전이 우리 불교사 자료를 찾고, 다시 정리한 것은 과거 불교의 모순을 정확하고 냉정하게 지적하여 미래불교의 기반을 마련하기 위한 것으로 해석할 수 있다.

V. 1910년대 이마니시 류今西龍의
삼각산三角山 명칭해석에 대한 검토

1. 이마니시 류今西龍의 『경기도고양군북한산조사보고서京畿道高陽郡北漢山調査報告書』 검토

　삼각산三角山은 삼국시대 이래 과거 2,000년의 역사가 담겨진 '북한산성北漢山城'을 비롯한 수많은 역사, 문화유적과 100여개의 사찰, 암자가 곳곳에 산재되어 있다. 현재 '북한산北漢山'으로 널리 알려져 호칭되고 있는 삼각산은 1983년 4월 2일 도봉산을 포함한 지역을 국립공원으로 지정하면서 그 명칭을 '북한산국립공원'이라고 하였다. 이른바 '북한산국립공원'은 그 홈페이지에 "우리나라의 15번째 국립공원으로 지정되었으며, 그 면적은 서울특별시와 경기도에 걸쳐 약 79.916㎢, 평수로 환산하면 약 2,373 만 평이고, 우이령을 중심으로 남쪽의 북한산 지역과 북쪽의 도봉산 지역으로 구분된다. 수도권 어디에서도 접근이 용이한 교통 체계와 거대한 배후도시로 연평균 탐방객이 500만에 이르고 있어 단위 면적당 가장 많은 탐방객이 찾는 국립공원으로 기네스북에 기록되어있다."고[1] 하였다. 그러나 "남쪽의 북한산 지역"이라는 명칭에 대해서는 그 유래나 역사문헌의 검토와 같은 실증적이고 객관적인 검토가 이루어지지 못한 채 명명되어 심각한 문제를 야기하고 있다.

'삼각산'이 '북한산'으로 그 명칭이 바뀐 것은 1917년 경성제국대학의 교수였던 일본인 이마니시 류今西龍가 조선총독부에 제출한 보고서에서 비롯되었다. 예컨대 이마니시는 『경기도고양군북한산유적조사보고서京畿道高陽郡北漢山遺蹟調査報告書』로 표기하여 본래 명칭인 '삼각산'을 '북한산'이라고 표기하였으며, 내용 또한 삼각산을 단순히 북한산 안에 위치한 일부분의 산 정도로 파악하여 기술하고 있다. 심지어 명칭에 대한 오류를 지적하고 있는 글이나 책조차도 '삼각산'의 명칭보다는 '북한산'을 그대로 표기하고 있다.2)

이 글은 현재 북한산으로 잘못 표기된 삼각산 명칭에 대한 역사적 규명과 복원을 목적으로 기술하였다. 첫째, 삼각산이 북한산으로 잘못 인식된 결정적 계기가 된 이마니시 류의 『유적조사보고서』의 내용을 비판적으로 검토하고자 한다. 삼각산의 지정학적 성격을 기초로 한 명칭과 산의 고유한 명칭은 구분되어야 하기 때문이다. 둘째, 선학先學들의 연구 성과를 기초로 삼각산의 여러 명칭을 역사적으로 검토하고자 한다.3) 이마니시의 삼

---

1) http://bukhan.knps.or.kr/divide.aspx?menu=005&submenu=001(북한산국립공원 홈페이지 공원개요 참조)
2) 이에 대해 서울시 강북구는 삼각산 명칭 복원을 위해 적극적인 운동을 벌이고 있다. 2003년 삼각산이 국가지정문화재 명승 제10호로 지정되면서, 2004년에는 건교부와 서울시 지명위원회에 명칭복원을 정식으로 요청하고 관계전문가 간담회를 개최하기도 했다. 또한 2005년에는 세계 9개국 12개 도시가 참여한 가운데 삼각산 국제포럼을 개최하였으며, 동년 10월에는 산림청에서 북한산을 삼각산으로, 백운대를 백운봉으로 바꿀 것을 권고하는 성과도 있었다.
3) 삼각산에 대한 연구를 위해 참고할만한 자료는 다음과 같다. 이 가운데 민경길의 연구는 이 글을 작성하는데 많은 도움을 주었음을 밝힌다. 『三國史記』·『高麗史』·『新增東國輿地勝覽』·『朝鮮王朝實錄』·『我邦疆域考』: 今西龍, 「경기도고양군북한산유적조사보고서」, 조선총독부, 1917 ; 조선총독부편, 「朝鮮古蹟調査報告-大正五年度朝鮮古蹟調査報告」, 소화49년 ; 경성부편, 『경성부사』 제1권, 1934 ; 민경길, 『북한산』 1(역사지리잡고), 집문당, 2004.

각산에 대한 인식과 해석이 지닌 오류를 지적하기 위해 필요한 작업으로 생각된다. 셋째, 소위 이마니시 류가 북한산으로 규정하고 있는 지역에 분포한 사찰을 중심으로 그 명칭의 용례用例를 『신증동국여지승람』에 수록된 내용을 기초로 검토할 것이다. 실제로 삼각산의 명칭을 사용하고 있기 때문이다. 이와 같은 문헌적 검토를 통해 현재 북한산으로 호칭되고 있는 삼각산이 그 역사성과 함께 본래의 이름을 회복하기를 기대한다.

『경기도고양군북한산유적조사보고서』4)는 1917년 당시 조선총독부의 고적조사위원이었던 이마니시 류今西龍가 조선총독부 고적조사위원장에게 제출한 조사보고서다. 이마니시 류는 1916년 8월 29일부터 30일까지 이틀 동안 삼각산의 유적과 유물을 현지조사한 후 1917년 7월 최종보고서를 작성하여 조선총독부에 제출하였다. 제목은 『경기도고양군북한산유적조사보고서』다. 조선총독부는 이 보고서를 포함한 조선고적조사보고서들을 함께 묶어 1917년 12월 최초 발행한 것을 소화 49년(1974) 일본 국서간행회가 再刊하였다.5) 목차는 다음과 같다.

第一章 北漢山槪說
第二章 古北漢山城
第三章 北漢山城
第四章 莊義寺址
第五章 三川寺址
第六章 北漢山ノ諸寺院及寺址
其一. 太古寺, 第二. 僧伽寺, 其三. 文殊寺, 其四. 津寬寺, 其五. 扶

---

4) 이하 『遺蹟調査報告書』로 칭한다.
5) 조선총독부편, 『조선고적조사보고-대정오년도조선고적조사보고』, 소화49년, 31~33쪽(민경길, 『북한산』 1(역사지리잡고), 집문당, 2004, 11쪽. 각주 23)에서 재인용.

旺寺, 元曉庵, 奉聖庵, 祥雲寺, 其六. 重興寺址, 其七. 神穴寺址, 其

八. 輔國, 普光, 圓覺, 國寧, 鎭國, 龍巖ノ諸寺址, 其九. 香林, 積石,

淸凉, 道成, 元覺, 西岩ノ諸寺址

第七章 舊行宮其他ノ建築物

第八章 新羅眞興王巡狩碑

이 보고서는 전체 8장, 32쪽 분량으로 구성되어 있다. 북한산 개설부터
북한산성의 연혁을 정리하였고, 장의사莊義寺와 삼천사三川寺 터 등 삼각산
지역의 사찰, 행궁과 기타 건물에 대해서도 그 연혁과 여러 사정 등을 정
리하였다. 아울러 진흥왕순수비眞興王巡狩碑에 대해서도 고증작업을 거쳐 수
록하였다. 요컨대 삼각산을 역사지리적으로 정리한 자료적 성격이 강하다.

> 북한산은 삼각산으로도 불리우고 별도로 華山이라는 이름도 있으며,
> 신라시대에는 負兒嶽으로 불렸다. 북한산의 명칭은 漢江의 南廣州에 솟
> 아있는 漢山에 대한 호칭으로서, 삼각산이라고 하는 것은 仁壽 · 白雲 ·
> 萬景의 세봉우리가 우뚝 솟아 있는 것이 마치 삼각과 같은 것에서 유래
> 되었다. 부아악이라는 이름은 仁壽峯의 형태에서 비롯되었다는 설이 있
> 다. 三國史記 雜誌 · 高麗史 地理志 · 世宗王實錄地理志 · 東國輿地勝覽
> 등이 모두 이 산을 삼각산 또는 부아악으로 부르고, 북한산의 호칭을 이
> 지방의 이름으로 사용하였다. 북한산은 앞의 세봉우리 외에 廉峭峰 · 元
> 曉峰 · 義湘峰 · 龍穴峰 · 噴炊峰 · 羅漢峰 · 文殊峰 · 普賢峰으로 둘러싸인
> 형상을 하고 솟아있고···.6)

인용문은 이마니시가 『유적조사보고서』에 삼각산과 북한산을 구분하여
규정지은 개념이다. 즉 그는 삼각산에 대해서 인수봉 · 백운봉 · 만경봉이

---

6) 今西龍, 『유적조사보고서』 1쪽.

마치 삼각과 같은 것에서 유래되었음을 전제하고 이 세봉우리에 국한시켜 삼각산으로 정의하였다. 반면 북한산의 명칭에 대해서는 이 지방명으로 사용하였다고 전제하고 있지만, 삼각산을 구성하고 있는 세봉우리 외 주변의 많은 봉우리, 창릉천昌陵川과 한강으로 흐르는 여러 개천, 북한산의 지맥으로 낙타산과 인왕산, 비봉 등의 산과 봉우리를 거론하여 그 영역을 확대하고 있다. 때문에 이마니시는 삼각산이 옛 문헌에 기술된 것처럼 북한산의 이칭異稱이기보다는 북한산의 한 부분으로 이해하고 있을 뿐이다.

한편 이마니시는 북한산으로 호칭된 경위를 제2장 고북한산성古北漢山城에서 다음과 같이 언급하였다.

> 이 산을 북한산으로 칭하기에 이른 것은 조선조 숙종 당시 옛 북한산성이 이 산에 있었을 것으로 단정하고 이러한 단정을 기초로 이 산에 다시 산성을 만드는 일의 타당성 여부를 논의하다가 산성이 완성된 후 그 이름을 '북한산성'으로 명명하였기 때문에 그 이후 이 산의 일반적 이름이 '북한산'으로 된 것 같다.[7]

이마니시는 조선 숙종 때 삼각산에 옛 북한산성이 있었을 것으로 단정하고 다시 산성을 축조한 이후 '북한산성'으로 명명하고 그 이후부터 이 산의 일반적 이름을 북한산이라고 부르게 된 것 같다고 하였다. 요컨대 이마니시가 규정한 북한산의 명칭 규정은 일관적이지 못하다. 인용문 a)에서는 산의 명칭보다는 '지방명'이라고 하여 지정학적 명칭으로 표현하였지만, 삼각산보다는 그 범위가 큰 산의 명칭으로서 '북한산'을 규정하고 있다. 또한

---

7) 今西龍, 「유적조사보고서」, 2~3쪽 ; 조선총독부편, 「朝鮮古蹟調査報告-大正五年度朝鮮古蹟調査報告」, 소화49년, 31~33쪽 ; 민경길, 『북한산』 1(역사지리잡고), 집문당, 2004, 11쪽. 각주 23)에서 재인용.

b)에서는 조선 숙종 조 옛 북한산성을 다시 축조하고 산성의 이름을 기초로 '북한산'으로 불리게 되었다고 해석하였다. 이와 같은 이마니시의 북한산에 대한 명칭은 영토적 개념보다는 산의 명칭으로 규정하고 있으며, 숙종조 북한산성의 재 축조를 계기로 북한산의 명칭이 일반화되었다고 주장하였다.

이와 같은 이마니시의 '북한산' 명칭 규정은 삼각산을 비롯하여 그 밖의 명칭과 많은 혼란을 야기시켰으며, 급기야 '북한산 국립공원'이라는 이름하에 국립공원으로 지정된 계기가 되었다. 삼각산을 역사지리적 측면에서 고찰한 민경길은 "그 이유를 정확히 알 수는 없으나 아마도 '북한산'을 '한강이북지역'을 의미하는 말로 사용하면서 그 안에 있는 국립공원이라는 의미로 그와 같은 이름을 붙였거나, '북한산'을 산 이름으로 사용하면서 공원 내의 대표적인 산인 이 산의 이름을 따서 그 같은 이름을 붙인 것이 아닌가 생각된다. 만약 후자가 사실이라면 이는 역사적 고증을 도외시한 경솔한 작명作名이었다고 하지 않을 수 없다."고[8] 지적하였다.

2장에서는 이마니시 류가 소홀히 한 삼각산과 북한산을 비롯한 산의 여러 명칭을 옛 문헌을 기초로 면밀히 검토하고자 한다. 이와 같은 옛 문헌 검토는 삼각산과 북한산을 지방명이라는 영토적 개념과 산의 명칭으로 구분하는 기초를 제공할 것이다.

2. 사료史料 속의 삼각산三角山과 북한산北漢山의 명칭名稱

삼각산은 2,000여 년 동안의 역사만큼 그 이름도 다양하다. 부아악負兒

---

8) 민경길, 『북한산』 1(역사지리잡고), 집문당, 2004, 13쪽.

嶽, 삼각산三角山, 화산華山, 북한산北漢山 등 그 형태와 시대적 역할에 따라 많은 별칭別稱을 지니고 있다. 역사적 문헌을 기초로 명칭과 그 성격을 살펴보자

(1) 부아악負我嶽과 횡악橫岳

삼각산과 관련된 가장 오래된 기록은 『삼국사기三國史記』「백제본기百濟本紀」기사다.

a) 백제의 시조 온조왕은 그 아버지는 鄒牟인데, 혹은 朱蒙이라고도 하였다. (주몽은) 북부여에서 난을 피하여 졸본부여에 이르렀다. 부여 왕은 아들이 없고 딸만 셋이 있었는데 주몽을 보고는 보통 사람이 아니라는 것을 알고 둘째 딸을 아내로 삼게 하였다. 얼마 지나지 않아 부여 왕이 죽자 주몽이 왕위를 이었다. (주몽은) 두 아들을 낳았는데 맏아들은 비류라 하였고, 둘째 아들은 온조라 하였다.(혹은 주몽이 졸본에 도착하여 越郡女를 아내로 맞아들여 두 아들을 낳았다고 하였다.)

주몽이 북부여에 있을 때 낳은 아들이 와서 태자가 되자 비류와 온조는 태자에게 용납되지 못할까 두려워 마침내 오간·마려 등 열 명의 신하와 더불어 남쪽으로 갔는데 백성들이 따르는 자가 많았다. (그들은) 드디어 漢山에 이르러 負兒嶽에 올라가 살 만한 곳을 바라보았다.[9]

b) 3산 5岳이하 명산대천에 지내는 제사는 大祀·中祀·小祀로 구분되어 있다. … 소사는 霜岳, 大加耶郡·雪岳, 迸城郡·花岳, 斤平郡·鉗岳, 七重城·負兒岳, 北漢山州 [10]

---

9) 『三國史記』 卷第23, 「百濟本紀」 第1 始祖溫祚王條
10) 『三國史記』 卷第32, 「雜志」 第1 祭祀

인용문 a)는 백제의 건국설화로 고구려 시조 주몽의 아들 비류와 온조가 그들을 따르는 무리와 함께 남쪽으로 내려가다 "한산에 이르렀을 때 부아악에 올라가서"살기 적합한 땅을 찾다가 동생 온조가 하남河南에 적당한 곳을 발견하고 그곳에 도읍했다는 내용이다. b) 역시 『삼국사기』 「잡지」 가운데 제사지祭祀志의 내용으로 신라시대 소사小祀를 지내던 명산 가운데 하나가 부아악이며, 그 소재지를 '북한산주北漢山州'로 밝히고 있다. '부아악'은 현재 삼각산의 백운대나 인수봉으로 널리 해석되고 있는데, 민경길은 '북한산주'를 현재 한강 이북 서울지역으로 해석하였다.11) 요컨대 부아악은 산으로 북한산주는 영토의 명칭으로 해석한 것이다.

'부아악'에 대한 표기나 해석은 이후에도 빈번히 나타난다. 즉 조선시대 북한산성 축성공사 때 승군을 지휘했던 성능聖能의 『북한지北漢誌』는 '부아악'은 인수봉이 "등 뒤에 바위하나가 덧붙어 있는—巖贅於峰背"형상이라 생긴 이름이고, '삼각산'은 인수봉·백운봉·만경봉의 세봉우리가 우뚝 서 있는 것이 깎아 세운 듯한 '3개의 뿔'과 같아서 생긴 이름이라고 했다. 『북한지』에서는 부아負兒의 의미를 아이를 업은 형상이란 뜻으로 본 것이다. 일제시대에 간행된 『경성부사京城府史』에서는 '부아負兒'를 '뿔'의 향찰표기로 해석하였으며12) 이숭녕 역시 '부아負我'를 남성의 음낭陰囊인 '불'의 향찰표기로 재해석하면서 불→화火→화華로 변하여 '화산華山'이라는 이름이 생긴 것으로 보았다.13) 요컨대 이숭녕은 인수봉 중간에 붙어 있는 속칭 '귀바위'를 '불', 즉 남성의 음낭陰囊으로 본 것이다. 또한 이상태는 부아악이나 삼각산의 명칭에 대한 여러 해석을 정리하여 '불뫼'나 '뿔뫼'를 한자의 소리를 빌려 표기한 것이 '부아악'인데 '불뫼火山'로부터 후일 발전된 이름이 '화산華山'

11) 민경길, 앞의 책, 7쪽.
12) 경성부편, 『京城府史』 제1권, 1934, 331쪽.
13) 이숭녕, 「북한산성연구-위용 갖춘 서울의 진산-」, 월간『산』, 1984년 1월호 78쪽

이고 '뿔뫼角山'에서 후일 더욱 구체적으로 발전한 이름이 '삼각산三角山'이라고[14] 하였다.

　민경길은 이와 같은 해석을 종합하여 "'부아負兒'는 『경성부사』의 해석과 같이 '뿔角'의 향찰표기이고, 삼각三角'은 '쇠뿔牛角'의 변형된 향찰표기로 보았고, '쇠뿔'은 삼각산 제1봉인 인수봉의 형상을 말하는 것으로 '쇠'가 발음이 비슷한 '세'로 변하여 이를 향찰로 표기한 것이 '삼三'이고, '뿔'은 그 뜻에 따라 '각角'으로 표기함으로써 결국 '쇠뿔뫼'가 '삼각산三角山'으로 표기된 것"이라고 해석하고 있다.[15] 조선후기 문인이자 우이동에서 3대째 살았던 홍양호 역시 「우이동장기牛耳洞庄記」에서 삼각산과 그 동쪽 아래 골짜기인 우이동의 이름을 풀이하면서 산 이름에 '뿔'이라는 글자가 쓰였으니 뿔이 있으면 그 밑에 귀가 없을 수 없기에 골짜기의 이름에는 '이耳(귀)'라는 글자가 쓰인 것으로 풀이하였다.[16]

　　a. 文咨明王 16년(507) 겨울 10월에 사신을 위나라에 보내 조공하였다. 왕은 장수 高老를 보내 말갈과 함께 백제의 漢城을 칠 것을 꾀하여 橫岳 밑으로 나아가 주둔하였는데, 백제가 군사를 내어 맞아 싸우므로 물러났다.[17]

　　b. 多婁王 4년(서기 31) 가을 8월에 高木城의 昆優가 말갈과 싸워 크게 이기고 200여 명의 머리를 베었다. 9월에 왕이 橫岳 아래에서 사

14) 이상태, 「도성의 진산 북악산」, http://www.kcf.or.kr/kcf/wzine/2000.
15) 민경길, 앞의 책, 15~16쪽
16) 홍양호, 「우이동장기」, 『이계집』 권13. 有山曰三角. 角之下. 洞曰牛耳. 稱角. 稱耳. 角者不可無耳歟. 在上. 在下. 從上而耳從下歟. 峻而聳角如. 也. 虛而藏耳如.受也.威以服遠. 以容物. 君子之象歟. 於是. 有所感焉. 天下無周久矣. 侯之盟. 聞有執牛耳者. 於東海之上. 是名焉. 魯連之所慕歟. 房之所遊歟. 則居是洞者.亦其魯連, 子房之徒也.崇禎後.有洪氏家於是.今三世云
17) 『三國史記』卷 第19 「高句麗本紀」第7 文咨明王條

냥하였는데 한 쌍의 사슴을 연달아 맞히니 여러 사람들이 탄복하고 칭찬하였다.18)

  c. 武寧王 7년(507) 여름 5월에 고목성의 남쪽에 두 개의 목책을 세웠고, 또 長嶺城을 축조하여 말갈에 대비하였다. 겨울 10월에 고구려 장수 高老가 말갈과 더불어 漢城을 공격하고자 꾀하여 橫岳 아래에 진군하여 주둔하였다. 왕은 군사를 보내 싸워 이를 물리쳤다.19)

 인용문은 『삼국사기』의 「고구려본기」와 「백제본기」의 나타난 삼각산의 다른 이름인 '횡악橫岳'에 대한 언급이다. 「백제본기」의 다루왕多婁王 때는 횡악 아래에서 사냥을 했고, 기루왕己婁王 17년(서기 93) 가을 8월에는 횡악에 큰 돌 다섯 개가 떨어졌다고20) 하였다. 또한 진사왕辰斯王 7년(391) 8월에는 왕이 횡악 서쪽에서 사냥을 하였고21) 아신왕阿莘王 11년(402) 여름에는 크게 가물어서 왕이 횡악에 제사를 지내니 비가 왔다고22) 하였다. 또한 고구려 문자명왕 때는 고구려 장수 고노高老가 말갈과 함께 한성漢城을 치려고 횡악 아래에 진군하므로 백제 무령왕이 이를 물리쳤다고 한다.

 요컨대 사료와 선학들의 해석을 기초로 부아악과 횡악을 정리하자면 첫째, '부아악'은 북한산주에 있는 산이다. 둘째, '부아'는 뿔의 향찰표기로 '삼각'이라는 산의 이름은 쇠뿔의 변형된 향찰표기다. 셋째, 인수봉, 백운봉, 만경봉 세 봉우리가 세 뿔과 같다고 해서 삼각산이다. 넷째, 횡악 역시 부아악이나 삼각산, 혹은 화산華山이라고도 하였다. 이상의 해석은 삼각

---

18) 『三國史記』 卷 第23 「百濟本紀」 第1 多婁王條
19) 『三國史記』 卷 第26 「百濟本紀」 第4 武寧王條
20) 『三國史記』 卷 第23 「百濟本紀」 第1 己婁王條
21) 『三國史記』 卷 第25 「百濟本紀」 第3 辰斯王條
22) 『三國史記』 卷 第25 「百濟本紀」 第3 阿莘王條

산이 부아악·횡악·화산의 다른 이름이며, 지금 현재 공식적으로 호칭되고 있는 '북한산' 명칭은 "부아악이 북한산주에 있다."는 『삼국사기』 기록을 근거로 살폈을 때 영토적 의미가 강한 것으로 정의 내릴 수 있다. 한국학중앙연구원이 펴낸 『삼국사기』 역주본은 횡악을 "현재의 서울 북한산"[23] 혹은 삼각산[24]으로 해석하고 있다.

(2) 삼각산三角山

삼각산 명칭은 고려초기부터 최근에 이르기까지 사용되고 있다. 특히 조선초기의 관찬사서 『고려사』는 전체 27개의 삼각산 관계 기사가 나타난다. 예컨대 세가 12, 지志 4, 열전 11개의 삼각산 기사가 보인다. 이 가운데 「지리지」는 삼각산이 "신라에서는 부아악負兒嶽이라고 불렀다."고[25] 하여 삼각산 명칭이 삼국시대와 통일신라시대의 '부아악'을 계승하고 있음을 살필 수 있다.

    a. 목종 9년에는 다시 삼각산 神穴寺로 가 있었다. 이때에 천추태후는 비밀리에 여러 번 사람을 파견하여 그를 해치려 하였다. 이때에 신혈사의 한 노승이 방안에 땅굴을 만들어 그를 숨기고 그 위에 침대를 놓아 불의의 사변을 방지하였다.[26]

    b. 병오일에 왕이 常慈院에 머물러서 시어사 崔謂를 시켜 御衣와 차, 향 등속을 가지고 삼각산 僧伽窟에서 비를 빌게 하였다.[27]

---

23) 한국학중앙연구원, 역주『삼국사기』 3 주석편(상), 1997, 519쪽.
24) 한국학중앙연구원, 역주『삼국사기』 3 주석편(상), 1997, 615쪽.
25) 『고려사』 제56권 제 제10 지리1 양광도
26) 『고려사』 제4권 세가 제4 현종 1, 현종 병진 7년조

c. 신유일에 왕이 삼각산 藏義寺에 갔다가 그 길로 僧伽窟에 갔다. 여기서 通義侯 僑를 시켜 文殊窟에 가서 태후와 모든 종친들과 각궁 공주들의 명의로 각각 옷을 시주하게 하였다.[28]

『고려사』에 수록된 삼각산 관련기사는 왕과 왕실·신료들이 삼각산에 행차하여 기우제를 지내고, 국가의 안녕과 왕의 수복壽福을 기원한 내용들을 소개하고 있다. 예컨대 a는 현종의 즉위 과정에서 삼각산 신혈사神穴寺에서 위기를 피했다는 내용이며, b는 숙종이 삼각산 승가굴僧伽窟에서 기우제를 지냈다는 내용이다. 아울러 c는 예종이 왕실의 안녕을 기원하기 위해 삼각산의 장의사와 승가굴, 그리고 문수굴文殊窟 등의 사찰에 옷을 시주한 내용을 소개하고 있다. 이밖에 『고려사』는 큰 비가 내려 삼각산의 국망봉國望峯이 무너지거나[29] 운석이 떨어지는 상황까지도 빠짐없이 수록하고 있다.[30]

이와 같이 고려시대 삼각산은 국태민안과 왕과 왕실의 안녕을 기원하는 종교적 성지로 인식되었다. 때문에 숙종은 삼각산과 같은 명산대천의 신호神號에 각각 인성仁聖 두 자를 더 붙이고 제사를 지내게 하라고 조서를 내리기도 하였다.[31]

삼각산 : 楊州 지경에 있다. 華山이라고도 하며, 신라 때에는 부아악이라고 하였다. 平康縣의 分水嶺에서 잇닿은 봉우리와 겹겹한 산봉우리가 높고 낮음이 있다. 빙빙 둘러서 양주 서남쪽에 이르러 道峯山이 되

---

27) 『고려사』 제12권 세가 제12 숙종 갑신 9년 8월조
28) 『고려사』 제13권 세가 제13 예종2 예종 경인 5년 8월조
29) 『高麗史』 第54卷 志 第8 五行 2 木
30) 『高麗史』 第55卷 志 第9 五行 3 土
31) 『고려사』 제11권 세가 제11 숙종1 숙종 신사 6년 3월조

고, 또 삼각산이 되니, 실은 京城의 鎭山이다. 고구려 동명왕의 아들 沸流 · 溫祚가 남쪽으로 나와서, 한산에 이르러 부아악에 올라가 살 만한 땅을 찾았으니, 바로 이 산이다.[32]

삼각산 :【도성 밖 正北에 있으니, 一名은 華山이다. 신라 때에는 부아악이라 일컬었다.】도성의 진산은 白岳이다. 山頂에 祠宇가 있어서 삼각산의 신을 제사 지내는데, 백악을 붙여서 지낸다. 中祀로 한다.】[33]

인용문은 조선전기의 대표적인 역사지리지 『신증동국여지승람』과 『세종실록』 「지리지」에 수록된 삼각산에 대한 설명이다. 예컨대 삼각산은 신라 때 부아악이라고 하였으며, 화산華山 혹은 화악華岳[34]이라고도 하였다. 조선후기 김정호 역시 "삼각산은 부의 북쪽 15리쯤 거리로 백제 때에는 부아악으로 불렸으며, 혹은 횡악 혹은 화산"이라고[35] 하였다. 이밖에 『증보문헌비고增補文獻備考』· 『북한지北漢志』· 『여지도서輿地圖書』 등 대부분의 역사지리서를 중심으로 한 옛 문헌은 삼각산을 본명으로 표기하고 있다.

(3) 북한산北漢山

북한산이라는 이름은 이미 이마니시가 언급한 것처럼 본래 산 이름이 아니라 "한강 이북의 서울지역"을 가리키는 이름이었다.

---

32) 『新增東國輿地勝覽』 제3권 漢城府 「山川」 三角山조
33) 『世宗實錄』 地理志 京都漢城府조
34) '화산' 또는 '화악'이라는 명칭은 고려후기부터 조선후기까지 삼각산의 美稱으로 주로 문학작품에 등장한다고 한다(민경길, 앞의 책, 8~9쪽
35) 金正浩, 『大東地志』 卷1 漢城府 山水條

'북한산성'이라는 명칭은 한강 이북의 산에 의지해 만든 성이기 때문에 생긴 것이지 산 위에 만든 성이기 때문에 생긴 것은 아니다.(위례고)

이 북한산성이 혹시 높은 산 위에 있었던 것이 아닐까 하는 사람도 있지만, 북한산성은 한강 이북지역을 말하는 北漢山에 있는 성이란 말이지, '삼각산'을 말하는 북한에 있는 山城이 아니다.(한성고)[36]

인용문은 다산 정약용이 자신의 저술『아방강역고』에서 북한산성의 개념을 언급한 부분이다. 예컨대 '북한산성'의 의미를 삼각산의 다른 이름인 북한산에 있는 성이 아닌 한강 이북지역을 말하는 북한산에 있는 성을 의미한 것이다. 요컨대 북한산은 한강 이북을 가리키는 영토적 의미가 강한 것이다.

16년(555) 봄 정월에 비사벌에 완산주를 설치하였다. 겨울 10월에 왕이 북한산에 순행하여 강역을 넓혀 정하였다. 11월에 왕이 북한산에서 돌아왔다. 왕이 거쳐 지나온 州郡의 1년간 租와 調를 면제해 주고 그 지역의 죄수 가운데 두 가지 사형죄를 제외하고는 모두 용서해 주었다.[37]

17년(825) 봄 정월에 헌창의 아들 梵文이 高達山 도적 壽神 등 100여 명과 함께 반란을 꾀하여, 평양에 도읍을 세우고자 하여 북한산주를 공격하였다.[38]

한강 이북지역을 말하는 북한산의 구체적 표기는 '북한산주北漢山州'다.『삼국사기』에 보이는 북한산주는 진흥왕이 한강 이북의 서울지역을 백제로부

---

36)『我邦疆域考』권3「慰禮考」「漢城考」
37)『삼국사기』권 제4,「신라본기」제4 진흥왕조.
38)『삼국사기』권 제10,「신라본기」제10 헌덕왕조.

터 빼앗은 이후 신라의 강역으로 확장하였으며, 동왕 18년(557)에 신주新
州대신 설치하였다가 동왕 29년(568)에 폐지한 영토였다. 그 후 진평왕
26년에 다시 주로 설치되었다.[39]

이와 같은 사례는『신증동국여지승람』한성부조에서도 살필 수 있다.

> 원래 고구려의 北漢山郡이었는데, 백제의 온조왕이 빼앗아 성을 쌓았
> 으며, 近肖古王이 南漢山으로부터 옮겨 도읍하였다. 1백 5년을 지나 盖
> 鹵王 때에 이르러, 고구려의 장수왕이 와서 도성을 포위하니, 개로왕이
> 달아나다가 피살되고, 아들 文周王이 도읍을 熊津으로 옮겼다. 후에 신
> 라 眞興王이 북한산에 이르러 封疆을 정하고, 18년에 북한산주의 軍主
> 를 설치하고, 경덕왕이 漢陽郡이라 고쳤다.[40]

> 본래 고구려의 南平壤城이니, 一名 北漢山郡이다. 백제 근초고왕이,
> 東晉 簡文帝 咸安 2년(372 임신에 南漢山으로부터 와서 도읍을 정하여
> 【남한산은 지금의 廣州】1백 5년을 지내고, …[41]

한편 북한산이라는 이름이 삼각산의 또 다른 이름으로 사용되기 시작한
것은 조선후기부터인 것으로 보인다. 예컨대 추사 김정희는「진흥왕이비고
眞興二碑攷」에서 진흥왕순수비의 위치를 "북한산 승가사 옆에 있는 비봉 꼭대
기북한산승가사방北漢山僧伽寺傍 비봉지상碑峰之上"라고 하여 북한산을 산 이름
으로 사용하였다.[42] 이마니시 류는 '북한산'이 산 이름으로 일반화된 시기
를 숙종 때로 보았다.[43] 그러나『조선왕조실록』을 비롯한 여러 사서는 여

---

39) 한국학중앙연구원, 역주『삼국사기』3 주석편(상), 1997, 324쪽.
40)『新增東國輿地勝覽』第3卷 漢城府條
41)『世宗實錄』地理志 京都漢城府條
42) 민경길, 앞의 책, 11쪽
43) 이마니시의 보고서 참조.

전히 북한산을 산의 명칭이 아닌 영토적 의미로 인식하고 있었다.

> 북한산성은 三角山의 온조의 옛터에 있다. 숙종 37년 신묘(1711년)에 대신 李濡가 건의하여 산성을 쌓고 행궁을 세우고 餉穀·군기를 저장하여, 방위하는 곳을 만들었다. 성의 둘레 7,620보, 성랑 121, 將臺 3, 池 26, 우물 99, 대문 4, 暗門 10, 창고 7, 큰 절 11, 작은 절 3곳을 설치하였다. 성의 향곡은 선혜청에서 책정하여 보낸다. 성첩·군기는 훈련도감·금위영·어영청의 3개 영에서 창고를 설치하고 구역을 나누어서 지키며, 經理廳을 설치 鄕校洞에 있다 하여 관리하였다. 영종 23년 정묘(1747년)에 북한이 당연히 총융청의 근거지가 되어야 하므로 왕의 특명으로 경리청을 폐지하고, 합쳐서 본청에 붙이게 하고 전적으로 북한을 주관하게 하였다.44)

인용문은『만기요람』에 수록된 북한산성 기사다. 숙종 대에는 청나라가 조선에 출병을 요구한다는 소문과 함께 명나라에 대한 의리상 출병 요구에 응할 수 없다는 분위기가 일반적이었다. 북한산성은 만약 출병요구를 거절할 경우 청나라가 문책을 해오면 이에 대응하기 위한 하나의 방어책이었다. 여하튼『만기요람』은 북한산성이 삼각산의 온조의 옛터 즉 백제시대 처음 만들어진 것으로 알려진 옛 산성 터에 축성되었다고 했다.『조선왕조실록』에서 '삼각산'은 전체 275건의 용례가 보인다. 대부분의 기록이 삼각산에 기우제를 비롯한 기상이변이나 왕의 병 치유를 위한 산신제의 내용이다.

요컨대『조선왕조실록』의 삼각산에 관한 기록은 산의 명칭이 확실하다. 반면 '북한산'은 전체 193건의 용례가 나타났다. 이 가운데『숙종실록』에서 96건이 나타나 가장 많은 수를 차지한다. 즉 산성축조에 관한 기사다.

---

44) 徐榮輔·沈象奎,『萬機要覽』, 軍政編三 摠戎廳, 北漢山城

『세종실록』지리지에 보이는 북한산의 명칭은 '북한산군'·'북한산주'·'북한산성'으로 표기되었다. 『숙종실록』이 가장 많은 북한산성관계기사를 수록하고 있는데, '북한산'보다는 '북한산성'의 명칭이 압도적으로 많은 양을 차지하고 있다. 이에 대해 민경길은 "조선조 숙종 당시에 삼국시대의 북한산성이 삼각산에 있었던 것으로 본 것은 사실이다. 그러나 그 당시에도 '삼각산' 또는 '북한산성'을 '북한北漢'이라고 부르기는 하였어도, 삼각산을 '북한산'이라고 부른 예는 없다."고45) 하였다. 이밖에 삼각산은 '솥을 엎어 놓은 모양의 산'이란 뜻의 '복정覆鼎' 또는 복정산覆鼎山, 혹은 '종을 엎어 놓은 모양의 산'이라는 뜻의 복종覆鍾이라는 이름을 삼각산의 별칭으로 사용했다고 한다.46)

요컨대 북한산이나 북한산성의 명칭은 여러 사료를 기초로 살펴보았을 때 '한산의 북쪽에 있는 산이나 산성' 한강 이북지역의 산이라는 의미로 규정할 수 있다.

3. 용례用例를 통해 본 삼각산三角山 명칭名稱의 역사성

삼각산은 그 명칭이 생겨난 이래 지금까지도 존재하고 있다. 다음은 조선시대 대표적 역사지리서인 『신증동국여지승람』한성부 불우조와 고적조47)에 수록된 사찰과 관련 내용이다. 사찰이 위치한 소재지 역시 보이는데 모두 삼각산으로 표기하고 있음을 살필 수 있다.

---

45) 민경길, 앞의 책, 12쪽.
46) 민경길, 앞의 책, 9~10쪽. 민경길은 복정산의 명칭이 홍유손의 「中興寺重創記」, 김수온의 「道成庵記」, 홍언필의 「覆鼎懸崖」, 홍양호의 「兼山樓記」에 보이며, 성해응의 「山水記」 인왕산조에서는 覆鍾으로 쓰이고 있다고 하였다.
47) 『新增東國輿地勝覽』第3卷 漢城府

「佛宇」

香林寺 三角山에 있다.

○ 고려조 顯宗 경술년 난리에 태조의 梓宮을 이 절로 옮겼다가, 7년 병진에 顯陵으로 還葬하였으며, 9년에 거란[契丹]의 蕭遜寧이 다시 여기에 移安하였다가, 10년에 다시 현릉으로 모셨다.

石積寺 삼각산에 있다.

淸涼寺 삼각산에 있다.

○ 고려조의 李資玄이 春川 淸平山에 있었는데, 睿宗이 南京 지금 서울)에 순행하여 그 아우 資德을 보내어 行在에 나오게 하여, 청량사에 머물게 하였다. 일찍이 불러 보고 養性하는 要訣을 물었는데, 心要 한 편을 드리니 왕이 감탄 칭찬하며 대우가 매우 후하였다.

重興寺 삼각산에 있다.

○ 고려조의 중 普愚가 일찍이 절 동쪽 봉우리에 집 짓고 살며 太古라고 편액하고, 永嘉體를 모방하여 노래 한 편을 지었다. 보우가 죽자 李穡이 碑銘을 지었다.

僧伽寺 삼각산에 있다.

○ 고려조 李頲의 중수기에 이런 말이 있다. "崔致遠의 문집을 보면, 옛날 신라 시대의 狼跡寺 중 秀台가 대사의 거룩한 행적을 익히 듣고, 삼각산 남쪽에 좋은 자리를 정하여 바위를 뚫어 굴을 만들고 돌을 쪼아 형상을 그리니 대사의 어진 모습이 더욱 우리나라에 비쳤다. 국가에서 천지의 재변과 수재·한재의 재난이 있으면 기도를 드려 물리치게 하였는데, 언제나 즉석에서 영험이 있었다." 하였다.

○ 고려조 俞元淳의 시에, "구불구불한 돌다리에 구름을 밟고 올라가니, 좋은 집 높이 있어 조화의 고장 같아라. 가을 이슬 가늘게 떨어지니 천 리 眼界 상쾌하고, 석양이 멀리 잠기니 저 강물 밝게 빛이 난다. 공중에 오락가락 가는 아지랑이 향불 연기[香穗]에 잇닿았고, 골짜기에서 우는 한가한 새 소리 경뇌 소리 대신하네. 그보다 부러운 일은 高僧의 마음, 인간 세상의 名利란 도무지 마음에 없다네." 하였다.

- 鄭麟趾의 시에. "높은 바위 산길은 험한데, 지팡이 짚고 또 덩굴 더 위잡네. 처마 가엔 가던 구름 머물고, 창 앞엔 쏟아지는 폭포 많을세라. 차를 끓이니 병에서 가는 소리나고, 물을 길으니 우물에 작은 물결 지네. 두어 명 高僧 있어, 觀公하기도 하고 노래도 부르네." 하였다.
- 柳方善의 시에, "승가의 법당 높은 데 의지했는데, 예전 놀던 일 계산하니 오랜 세월 지났네. 어느 날 또다시 그 禪榻 가에서, 등잔불 돋우고 조용히 앉아 찬 밤을 지내 볼꼬." 하였다.

三川寺 삼각산에 있다.
- 고려조의 李靈幹이 지은 碑銘이 있다.

「古蹟」

神穴寺 삼각산에 있다.
- 고려조에 顯宗이 중이 되어 이 절에 거처하였는데 千秋太后가 자주 사람을 보내어 해치려 하였다. 절에 늙은 중이 있어 방 안에 굴을 파고 숨긴 다음, 그 위에 평상을 두어서 불측한 변을 방지하였다. 하루는 왕이 우연히 시냇물 흐르는 것을 보고 시를 짓기를, "한 줄기 시냇물 白雲峯에서 나오니 만 리 먼 바다에 길이 절로 통하네." 하였다. 잔잔하여 바위 아래 있단 말을 마소. 많은 시일 안 가서 용궁龍宮에 이른다네." 하였다

이밖에 문수사나 진관사 역시 "삼각산에 있다."고 하였다. 한편 이마니시 류가 1910년대 조사한 사찰은 다음과 같다.

莊義寺址 · 三川寺址 · 太古寺 · 僧伽寺 · 文殊寺 · 津寬寺 · 扶旺寺 · 元曉庵 · 奉聖庵 · 祥雲寺 · 重興寺址 · 神穴寺址 · 輔國 · 普光 · 圓覺 · 國寧 · 鎭國 · 龍巖寺址 · 香林 · 積石 · 清涼 · 道成, 元覺, 西岩

위의 사찰들은 대부분 『신증동국여지승람』에 수록된 사찰과 동일한 점을 살펴 볼 수 있다. 그러나 조선시대 당시에는 존재했었지만, 이마니시가 조사한 당시에는 거의 폐허가 되어 절터로 변한 상태였다.

4. 맺음말

서울 북쪽에 위치한 삼각산은 장구한 세월동안 우리 역사와 함께 한 명산이자 성지聖地다. 역사적 기록은 이와 같은 사실을 분명히 입증하고 있다. 아울러 '삼각산'이라고 하는 이 산의 명칭은 '부아악'이래 가장 오랜 세월동안 정식 명칭으로 불러졌고, 그것은 오늘날도 변함없이 지속되고 있다. 반면 '북한산'은 이 산의 명칭에 대해서 잘못 인식하고 있는 이마니시 류조차도 '한강 이북지역의 산'이라는 영토적 의미로 받아들이고 있다. 적어도 '한강 이북지역의 산"의 올바른 명칭은 삼각산인 것이다. 『삼국사기』를 비롯해 『고려사』·『조선왕조실록』은 이와 같은 사실을 분명히 입증하고 있는 것이다. 조선후기의 대표적인 실학자 다산 정약용조차도 "북한산성은 한강 이북지역을 말하는 북한산에 있는 성이란 말이지 '삼각산'을 말하는 북한에 있는 산성이 아니다."라고 하여 북한산을 한강 이북지역을 의미한다고 하였다. 이것은 한강 이북지역의 산은 삼각산임을 대변해주고 있음을 의미한다. 우리는 이와 같은 사실을 역사서와 여러 해석으로 알고 있다.

삼각산은 현재 '북한산'이라는 이름으로 불리고 있다. 더욱이 '북한산국립공원'이라는 명칭으로 우리나라뿐만 아니라 세계적으로 소개되고 있다. '삼각산'이라고 하는 본래 이름이 우리의 역사서에 엄연히 존재하고 있지만, 우리는 그 이름을 온전히 부르지 못하고 있다. 일제시대 일본인 학자 한 사람의 부족한 이해에서 비롯된 왜곡된 조사보고서 결과가 그대로 21

세기인 지금까지도 대한민국의 대표적인 명산이자 성지의 이름이 되어 버린 것이다. 더욱이 역사적 사실을 기초로 '삼각산'이 본래의 명칭이라는 엄연한 사실을 인식하고 있음에도 불구하고 공식적인 명칭이 개정되지 않는 것은 더욱 심각하고 부끄러운 일이다.

참고문헌

사료·원전

경성부 편, 『경성부사』 제1권, 1934.

鏡虛, 「華嚴寺上院庵復設禪室定完規文」, 『鏡虛集』, (『韓國佛敎全書』 11), 동국대학교, 1994.

『高麗史』, 「地理志」.

今西龍, 「京畿道高陽郡北漢山遺蹟調査報告書」, 조선총독부, 1917.

金正浩, 『大東地志』 卷1 漢城府 山水條

박한영, 『석전문초』, 法寶院, 1962.

박한영, 『석전시초』 法寶院, 1935.

白龍城, 「僧侶肉喰妻帶問題に關する嘆願書」, 『朝鮮佛敎』 第27號, 1926.

『奉恩本末寺誌』.

『三國史記』, 「百濟本紀」·「雜志」.

徐榮輔·沈象奎, 『萬機要覽』, 軍政編三 摠戎廳, 北漢山城.

禪宗中央宗務院, 『朝鮮佛敎禪宗首座大會會錄』, 中央印刷所, 1935.

선학원, 『禪學院略史』, 1986.

『世宗實錄』, 地理志 京都漢城府條.

신규탁 편역, 『華嚴宗主擎雲元奇大禪師散告輯』, 도서출판 중도, 2016.

『新增東國輿地勝覽』 제3권 漢城府 「山川」三角山條.

『我邦疆域考』 권3 「慰禮考」「漢城考」.

李能和, 『朝鮮佛敎通史』 上·下, 신문관, 1918.

「宗憲」『대한불교조계종법령집』, 대한불교조계종, 1994.

『增補文獻備考』 권61 예고 6 제단 1, 嶽海瀆·山川條.

『擇里志』, 「卜居總論 山水 三角山條」.

한국학중앙연구원, 역주『삼국사기』 3 주석편(상), 1997, 519쪽.

姜裕文, 「朝鮮佛敎年表」, ≪불교≫ (신) 34·35·36·37, 1942.

權相老, 「朝鮮高僧時順考」, ≪佛敎≫ (신)32~43, 불교사, 1942.

金泰洽, 「護禪論」, ≪禪苑≫ 제2호, 禪學院, 1932.

金映遂, 「朝鮮佛敎의 特色」, ≪佛敎≫ 100, 1932.

無能居士, 『李朝佛敎史』 1~16, ≪佛敎≫ 창간호~15, 불교사, 1924~1925.

朴奉石, 「靑丘僧傳寶覽」, ≪불교≫ (신), 1940, 附錄.

朴奉石, 「海東叢林紙魚譚」, ≪佛敎≫ (신)59, 불교사, 1944.

박한영 저, 김효탄 역, 『戒學約詮 註解』, 동국역경원, 2000.

尙玄, 「李朝抑佛史」 其一~六, ≪불교진흥회월보≫ 1권 4~9호, 불교진흥회본부, 1915.

서울특별시사편찬위원회, 『서울六百年史』, 민속편, 1990.

石顚 著, 『映湖大宗師語錄』, 동국출판사, 1988.

선학원, 「禪學院日記要抄」, ≪禪苑≫ 第2號, 선학원, 1932.

선학원, 「禪學院創設緣起錄」, 『韓國近世佛敎百年史』 제2권.

禪學院, ≪禪苑≫ 創刊號~4號, 1931~1935.

猊雲山人(崔東植), 「華嚴大敎師大本山仙巖寺住持錦峰堂傳」, ≪朝鮮佛敎叢報≫ 4, 1917.

六堂學人, 「朝鮮佛敎의 大觀으로부터 『朝鮮佛敎通史』에 及함」, ≪조선불교총보≫ 12,

장도빈, 「고대불교」, ≪조선불교총보≫ 21, 30본산연합사무소, 대정9년(1920)

張道煥, 「麗末과 李初의 儒佛의 關係」 1~6, ≪불교≫ (신)47·48·52·53·54·56, 불교사,

崔南善, 「朝鮮佛敎 - 東方文化史上에 잇는 그 地位」, ≪佛敎≫ 74, 1930.

최남선, 「조선불교 - 동방문화사상에 잇는 그 지위」, ≪불교≫ 74, 불교사, 소화5년(1930)

최남선, 「조선역사에 대한 불교」, ≪불교≫ 7, 불교사, 1924.

최남선, 조선불교대관으로부터 『조선불교통사』에 급함」, ≪조선불교총보≫ 11·12, 31본산연합사무소, 1918.

≪每日新報≫.

단행본

강석주·박경훈, 『제8장 한국불교 왜색화에 대한 저항』, 『불교근세백년』, 민족사, 2002.

경봉, 『삼소굴소식』, 통도사호국극락선원, 1998.

鏡虛惺牛禪師法語集刊行會, 「先呼鏡虛和尙行狀」, 『鏡虛法語』, 인물연구소, 1981.

독립운동사편찬위원회, 『독립운동사』 제4·8권, 독립유공자사업기금운용위원회, 1970.

독립운동사편찬위원회편, 『독립운동사자료집』 6·7·8·9, 고려서림, 1970~1984.

동국대학교백년사편찬위원회, 『동국대학교백년사』, 동국대학교, 2006.

법진, 『選佛場』 -安居芳啣錄과 首座大會會錄-, 한국불교선리연구원, 2007.

修德寺 惠公 編, 『滿空語錄』, 1968.

신복룡, 『대동단실기』, 양영각, 1982 : 『대동단실기』, 선인, 2003.

정광호, 『난세를 어떻게 살아갈 것인가』, 새밭, 1980.

조면구, 『북한산성』, 대원사, 1994.

조선불교통사역주편찬위원회, 『역주조선불교통사』, 동국대학교출판부, 2010.

조정래, 『황홀한 글감옥』, 시사인북, 2009.

한국불교근현대사연구회, 『22인의 증언을 통해 본 근현대불교사』, 선우도량출판부, 2002.

漢巖, 「先師鏡虛和尙行狀」, 『鏡虛集』(『韓國佛敎全書』 11), 동국대학교출판부, 1994.

한용운 지음, 이원섭 옮김, 『조선불교유신론』, 운주사, 1992.

한종만 편, 『韓國近代民衆佛敎의 理念과 展開』, 한길사, 1980.

논문

姜萬吉, 「申采浩의 英雄·國民·民衆主義」, 단재기념사업회, 『申采浩의 思想과 民族獨立運動』, 형설출판사, 1986.

강은애, 「만해 한용운의 행적에 대한 종교학적 고찰」, 『선문화연구』 18, 한국불교선리연구원, 2015, 7~46쪽.

高橋亨, 「僧兵과 李朝佛敎의 盛衰」, ≪불교≫ 4·5·6·7·8·9·10, 불교사, 1924~1925.

고영섭, 「한국불교사기술의 사관과 주체」, 『한국불교사연구』 2012년 봄·여름 / 제1호, 2012.

고재석, 「특집 : 한국 근대불교와 문학의 상관성」, 『民族文化硏究』 45, 고려대학교 민족문화연구원, 2006.

_____, 『한용운과 그의 시대』, 역락, 2010, 1-462쪽.

권상노, 「조선불교개혁론」, ≪조선불교월보≫ 3~18호, 1912.4~1913.7.

金敬執, 「鏡虛의 定慧結社와 그 思想的 意義」, 『韓國佛敎學』 21, 한국불교학회, 1996.

金侖世, 「行狀記」, 『벼랑 끝에 서서 길을 묻는 그대에게』, 밀알, 1985.

김경집, 「근대 擎雲元奇의 교화활동」, 『보조사상』 40집, 보조사상연구원, 2013.

_____, 「일제하 불교계 혁신운동의 연구현황과 과제」, 『선문화연구』 창간호, 한국불교선리연구원, 2006.

김광식, 「1926년 불교계의 대처식육론과 백용성의 건백서」, 『한국독립운동사연구』 11, 한국독립운동사연구소, 1997.

_____, 「근대 불교사 연구의 성찰·회고와 전망」, 『민족문화연구』 45, 고려대학교 민족문화연구원, 2006.

_____, 「근대불교개혁론의 배경과 성격」, 『종교교육학연구』 7, 한국종교교육학회, 1998.

_____, 「근현대 화엄사의 사격과 진진응·이동헌」, 『대각사상』 18, 대각사상연구원, 2012.

_____, 「만해 한용운의 看話禪과 大衆佛敎論」, 『불교학보』 80, 동국대불교문화연구원, 2017.

_____, 「선학원의 설립과 전개」, 『선문화연구』 창간호, 한국불교선리연구원, 2006.

_____, 「용성의 건백서와 대처식육의 재인식」, 『선문화연구』 4집, 한국불교선리연구원, 2008.

_____, 「일제하 선학원의 성격」, 『한국근대불교사연구』, 민족사, 1996.

_____, 「일제하의 불교출판」, 『대각사상』 9, 대각사상연구원, 2006.

_____, 「조종현의 불교 사상과 한용운」, 『불교학보』 75, 동국대학교 불교문화연구원, 2016.

_____, 「조종현의 불교사상과 한용운」, 『불교학보』 75, 동국대학교 불교문화연구원, 2016.

_____, 「한용운 민족사상의 연원」, 『한국선학』 31, 한국선학회, 2012.

_____, 「한용운불교연구의 회고와 전망」, 『만해학보』 8, 만해사상실천선양회, 2004.

_____, 「한용운의 불교 근대화 기획과 승려결혼 자유론」, 『대각사상』 11, 대각사상연구원, 2008.

_____, 『우리가 만난 한용운』, 참글세상, 2010, 1~317쪽.

──────, 『한용운연구』, 동국대학교 출판부, 2011, 1~478쪽.

김광식·신규탁·고영섭·정도·법상·자현·김상일·오경후, 『석전 영호대종사 : 한국불교의 초석을 세우다』, 조계종출판사, 2015.

金度亨, 「近代改革期의 歷史敍述과 變法論」, 『韓國文化硏究』 3, 2003.

김미선, 「불가의 詩禪不二 사상─석전의 詩禪一揆를 중심으로」, 『동양철학연구』 56, 동양철학연구회, 2008.

──────, 「詩僧 鼎鎬禪師의 시세계」, 『漢文古典硏究』 16, 한국한문고전학회, 2008.

金相日, 「20세기 초 한국 불교계지식인의 동서양문명성 인식 – 불교잡지에 게재된 石顚 朴漢永의 담론을 중심으로 –」, 『한중인문학회 국제학술대회』, 2015.

김상일, 「근대 불교지성과 불교잡지 : 석전 박한영과 만해 한용운을 중심으로」, 『한국어문학연구』 52, 동악어문학회, 2009.

──────, 「石顚 朴漢永의 기행시문학의 규모와 紀實의 시세계」, 『한국어문학연구』 65, 동악어문학회, 2015.

──────, 「石顚 朴漢永의 불교적 문학관」, 『佛敎學報』 56, 동국대학교 불교문화연구원, 2010.

──────, 「石顚 朴漢永의 저술 성향과 근대불교학적 의의」, 『佛敎學報』 46, 동국대학교 불교문화연구원, 2007.

──────, 「자비와 거울 마음으로 영혼을 씻겨주던 석전 박한영 선생」, 『스승』, 논형, 2008.

김상현, 「1910년대 한국 불교계의 유신론 – 불교개혁운동 탐구」, 『불교평론』 Vol. 2 No. 3 (통권 4), 2000. 10.

──────, 「한국근대의 전개와 불교」, 『불교학보』 60, 2011.

김성연, 「1930년대 한용운의 불교 개혁론과 민족의식 고취」, 『불교문예연구』 3, 동방문화대학원대학교 불교문화예술연구소, 2014, 179~212쪽.

김순석, 「선학원의 전통 선맥 계승운동과 '帶妻食肉'금지론의 전개」, 『일제시대 조선총독부의 불교정책과 불교계의 대응』, 경인문화사, 2004.

──────, 「중일전쟁 이후 선학원의 성격 변화」, 『선문화연구』 창간호, 한국불교선리연구원, 2006.

──────, 「한국근대불교계의 민족인식」, 『불교학여구회』 21집, 불교학연구회, 2008.

──────, 「한국불교사 기술의 사관과 주체」, 『한국불교사연구』 2012년 봄·여름 / 제1호, 2012.

──────, 『조선총독부의 불교정책과 불교계의 대응』, 고려대학교 박사학위논문, 2001.

김영태, 「虛의 韓國佛敎史的 位置」, 『德崇禪學』, 한국불교선학연구원, 1999.

김예진, 「일제강점기 詩社활동과 書畵合璧圖 연구 : 珊碧詩社 書畵合璧圖를 중심으로」, 『美術史學硏究』 268, 한국미술사학회, 2010.

김용태, 「한국근대불교의 대중화 모색과 정치적 세속화 – 대처식육을 중심으로 –」, 『불교연구』 35, 한국불교연구원, 2011.

──────, 「한국불교사 기술에 나타난 주제와 쟁점」, 『한국불교사연구』 2012년 봄·여름 / 제1호, 2012.

김윤우, 『북한산의 역사지리』, 범우사, 1996.

김종관, 「石顚 朴漢永 先生 行略」, 『전라문화연구』 3, 전북향토문화연구회, 1988

김종명, 「만공의 선사상 – 특징과 역할」, 『종교연구』 34호, 한국종교학회, 2004.

_____, 제3차 덕숭선학 학술대회 「만공사상의 특징과 역할」, 『덕숭선학』, 한국불교선학연구원, 2001.

김종인, 「한용운의 정치사상」, 『한국불교학』 80, 한국불교학회, 2016, 189~214쪽.

김지견, 「鏡虛禪師再考」, 『德崇禪學』, 한국불교선학연구원, 1999.

김진무, 「근대 합리주의 인간관의 유입과 佛性論의 재조명 : 梁啓超와 韓龍雲의 佛性論 이해를 중심으로」, 『한국선학』 29, 서울:한국선학회, 2011, 321~356쪽.

김창숙, 「石顚 朴漢永의 『戒學約詮』과 역사적 성격」, 『한국사연구』 107, 한국사연구회, 1999.

金昌淑, 「石顚 朴漢永의 『戒學約詮』과 歷史的 性格」, 『한국사연구』 107, 한국사연구회, 1999.

김효탄, 「이능화의 불교사 인식」, 『불교학보』 40, 동국대불교문화연구원, 2003.

노권용, 「朴漢永의 佛教思想과 維新運動」, 崇山朴吉眞博士古稀紀念 『韓國近代宗教思想史』, 崇山朴吉眞博士古稀紀念事業會, 1984.

_____, 「석전 박한영의 불교사상과 개혁운동」, 『禪文化研究』 제8집, 한국불교선리연구원, 2010.

대한불교조계종교육원편, 『조계종사』 –근현대편–, 조계종출판사, 2005.

류승주, 「사회진화론의 수용과 『朝鮮佛教維新論』 : 한용운의 불교적 사회진화론」, 『원불교사상과종교문화』 41, 원광대학교 원불교사상연구원, 2009, 249~279쪽.

만해한용운전집간행위원회, 『한용운전집』 1~6권, 신구문화사, 1973.

睦楨培, 「朴漢永의 現代佛教運動論」, 『석림』 13, 동국대석림회, 1979.

민경길, 『북한산』 1(역사지리잡고), 집문당, 2004.

민희주, 「1920년대 잡지『東明』의 성격과 石顚 朴漢永의 「石林閒話」」, 『人文論叢』 70, 서울대학교 인문학연구원, 2013.

박상란, 「1930년대 불교잡지 동화의 성격과 '전시동화(戰時童話)'의 문제」, 『선문화연구』 제12집, 한국불교선리연구원, 2012.

박재현, 「근대불교의 대처식육 문제에 관한 윤리적 고찰」, 『철학』 93, 한국철학회, 2007.

_____, 「만해 한용운의 禪의식을 중심으로 본 근대성과 탈근대성」, 『한국선학』 41, 한국선학회, 2015.

_____, 「만해 한용운의 평화사상」, 『통일과 평화』 Vol. 9 No. 2, 서울대학교 통일평화연구원, 2017.

_____, 『만해 그날들: 한용운 평전』, 푸른역사, 2015, 371쪽.

박정희, 「石顚 朴漢永의 茶 想念」, 『한국차학회지』 18, 2012.

박해당, 「滿空의 法脈에 대한 批判的 檢討」, 제3차 덕숭선학술대회 『만공과 한국선』, 한

　　　국불교선학연구원, 2001.

박희승, 「일제강점기 상해임시정부와 이종욱의 항일운동 연구」, 『大覺思想』 5, 2002.

박희승, 『지암 이종욱연구』, 동국대석사학위논문, 2001.

백순재, 「한국불교잡지사」 1~4, ≪범성≫ 1~5호, 1973, 1월~6월

　　　「한국불교잡지서지고」, ≪법륜≫ 100~105호, 1977, 6월~11월.

서재영, 「한국근대 불교개혁론의 전개와 교단개혁 : 조선불교유신론을 중심으로」, 『한국선
　　　학』 24, 한국선학회, 2009.

석길암, 「만해 한용운의 불교관 이해와 현대적 계승의 관점」, 『불교연구』 46, 한국불교연구
　　　원, 2017.

성타, 「경허의 선사상」, 박길진박사화갑기념 『한국불교사상사』, 1975.

소암, 「박한영 대종사」, 『불교사상』 22, 불교사상사, 1985.

송선개, 「석전 박한영의 불교 교육개혁에 관한 연구」, 동국대학교 석사학위논문, 1999.

송현주, 「근대 한국불교의 종교정체성 인식」, 『불교학연구』 제7호, 2013.

　　　「불교의 한국적 변용과 특징 : 한국적 독법을 통한 불교의 대중화 : 근대불교성전(Modern
　　　Buddhist Bible)의 간행과 한용운의 『불교대전』 : Buddhist Catechism, The Gospel
　　　of Buddha, 『불교성전』과의 비교를 중심으로, 『동아시아불교문화』 22, 동아시아불교문화
　　　학회, 2015.

　　　「한용운의 불교, 종교담론에 나타난 근대사상의 수용과 재구성」, 『종교문화비평』 11, 한국종
　　　교문화연구소, 2007.

　　　「한용운의 『불교대전』과 난조분유·마에다 에운의 『불교성전』의 비교연구 : 구조의 차이와
　　　인용 경전의 특징을 중심으로」, 『불교연구』 43, 한국불교연구원, 2015.

신규탁, 「석전 박한영 강백의 교학 전통 - 『화엄경』 십지품과 『선문염송집』연찬을 중심으
　　　로 -」, 『한국불교학』 70, 한국불교학회, 2014.

　　　「『십현담주해(十玄談註解)』에 나타난 만해 한용운 선사의 선사상」, 『선문화연구』16, 한
　　　국불교선리연구원, 2014.

신현숙, 「석전 박한영의 불교 유신운동에 관한 일고찰」, 동국대학교 석사학위논문, 1984.

심재룡, 「근대 한국 불교의 네 가지 반응 유형에 대하여 : 한국 근대 불교의 四大 思想家」,
　　　『철학사상』 16, 2003.

오경후, 「선학원운동의 정신사적 기초」, 『선문화연구』 창간호, 한국불교선리연구원, 2006.

　　　「映湖朴漢永의 抗日運動」, 『보조사상』 33, 보조사상연구원, 2010.

　　　「일제강점기 고대불교사 연구경향과 성격」, 『보조사상』 38, 보조사상연구원, 2012.

　　　「일제강점기 조선시대불교사 연구의 동향과 성격」, 『종교연구』 72집, 2013.

　　　「일제하 선원지의 창간과 그 성격」, 『한국사상과 문화』 44, 한국사상문화학회, 2008.

　　　「일제하 선학원의 설립과 중흥의 배경」, 『동방학지』 136, 연세대학교 국학연구원, 2006.

　　　「조선후기 불교계의 정체성 확립과 선교겸수 - 청허 휴정과 편양 언기를 중심으로 -」, 『지

방사와 지방문화』제21권 1호, 역사문화학회, 2018.

陸楨培, 「朴漢永의 現代佛教運動論」, 『석림』 13, 동국대 석림회, 1979.

윤석인, 「韓國 近代 佛教改革運動의 理念과 特徵」, 『東洋學研究』 4, 2008.

윤원철, 「法脈, 나무냐 江이냐 -"滿空의 法脈에 대한 비판적 검토"에 대한 논평」, 제3차 덕숭선학학술대회 『만공과 한국선』, 한국불교선학연구원, 2001.

윤재웅, 「서정주 번역 『석전 박한영 한시집』(2006)에 대하여」, 『한국문학연구』 32, 동국대학교 한국문학연구소, 2007.

윤종갑, 「한용운의 근대 인식과 서양철학 이해」, 『한국민족문화』 39, 釜山大學校韓國民族文化研究所, 2011.

윤종갑·박정심, 「동아시아의 근대 불교와 서양철학」, 『철학논총』 75, 새한철학회, 2014.

이기운, 「근대기 僧伽의 교육체제 변혁과 자주화운동」, 『佛教學報』 48, 동국대학교 불교문화연구원, 2008.

─────, 「한국 근대불교잡지에 나타난 사회인식의 근대적 전환 : 修養論을 중심으로」, 『한국선학』 24, 2009.

이덕진, 「鏡虛禪師의 '法化'와 '行履'에 대하여」, 『韓國禪學』 제4호, 韓國禪學會, 2002.

─────, 「일제 강점기불교계인물들에 대한 연구 성과와 동향 그리고 앞으로의 과제 : 불교사상에 대한 연구를 중심으로」, 『선문화연구』 창간호, 한국불교선리연구원, 2006.

─────, 「일제강점기 후반 불교계의 동향과 한용운의 불교사상」, 『불교문예연구』 3, 동방문화대원대학교 불교문화예술연구소, 2014.

─────, 「일제시대 불교계 인물들에 대한 연구 성과와 동향 그리고 앞으로의 과제 : 불교사상에 대한 연구를 중심으로」, 『禪文化研究』 1, 한국불교선리연구원, 2006.

이동순, 「조종현의 불교개혁론과 동요의 상관성」, 『한국아동문학연구』 24, 한국아동문학회, 2013.

李萬烈, 「丹齋史學에 있어서의 歷史主義 認識의 문제」, 단재기념사업회, 『丹齋申采浩의 民族史觀』, 형설출판사, 1980.

이병욱, 「근현대 한국불교의 사회참여 사상의 변화」, 『종교와사회』 1, 한국종교사회학회, 2010.

─────, 「한국 근·현대 불교개혁론의 전개와 유형」, 『한국종교』 37, 원광대학교 종교문제연구소, 2014.

─────, 「한국근대불교사상의 세 가지 유형 - 근대적 종교상황에 대응하는 새로운 종교활동이라는 관점에서 -」, 『신종교연구』 20, 한국신종교학회, 2009.

이병주, 『石顚 박한영의 생애와 시문학』, 선운사, 2012.

이복규, 《백팔번뇌》의 서발문」, 『국제어문』 63, 국제어문학회, 2014.

李逢春, 「朝鮮後期 禪門의 法統考 - 鏡虛의 法脈系譜를 중심으로-」, 『韓國佛教學』 22집, 1997.

이선이, 「『朝鮮佛教維新論』을 통해 본 만해의 근대불교 인식과 그 의미」, 『비교한국학』 Vol. 17 No. 2, 국제비교한국학회, 2009.

이숭녕, 「북한산성연구 - 위용 갖춘 서울의 진산 -」, 월간『산』, 1984년 1월호.

──────, 「북한산의 지리적 고찰」, 『산 좋아 산을 타니』, 박영사, 1982.

이재헌, 「근대 한국 불교개혁 패러다임의 성격과 한계」, 『종교연구』 18, 한국종교학회, 1999.

──────, 「일제하 불교학자들의 역사인식과 학문적 입장에 관한 연구」, 『한국학대학원논문집』 10, 한국정신문화연구원, 1995.

──────, 『이능화와 근대불교학』, 지식산업사, 2007.

이종은, 『이능화연구 : 한국종교사학을 중심으로』, 집문당, 1994.

이현희, 「대한민국임시정부와 지암 이종욱」, 『대각사상』 제10집, 대각사상연구원, 2007.

인권환, 「인권환 교수의 高大遺事(24)」, 고려대학교 교우회보, 2010. 12. 22.

임형석, 「박한영『인학절본』번역과 사상적 문맥」, 『동아시아불교문화』 15, 동아시아불교문화학회, 2013.

임혜봉, 「원종에 대항한 임제종의 종정 경운 원기」, 『천고에 자취를 감춘 학처럼』, 가람기획, 1999.

──────, 『종정열전』 1, 문화문고, 2010.

장영우, 「철운 조종현의 시세계」, 『비평문학』 58, 한국비평문학회, 2015.

전보삼, 「한용운 관계 문헌연구 : 1. 게재지별 분류해제」, 『한용운사상연구』 1, 만해사상연구원, 1980.

정경환, 「만해 한용운의 정치사상에 관한 연구」, 『민족사상』 Vol. 5 No. 4, 한국민족사상학회, 2011.

정광호, 「불교계 항일운동의 유형 및 투쟁」, 『일본침략기의 한일불교관계사』, 아름다운세상, 2001.

──────, 「한국근대불교의 대처식육」, 『한국학연구』 3, 고려대학교철학연구소, 1991.

──────, 「한국전통선맥의 계승운동」, 『근대한일관계사연구』, 인하대학교 출판부, 1994.

──────, 『근대한일불교관계사연구』, 인하대학교 출판부, 1994.

──────, 『일본침략시기의 한·일불교관계사』, 아름다운세상, 2001.

정성본, 「만공선사의 생애와 선사상연구」, 『한국불교학』 22집, 한국불교학회.

정연수, 「禪佛教傳統에서 본 韓龍雲의 佛教觀」, 『한국철학논집』 38, 한국철학사연구회, 2013.

──────, 「韓龍雲의『朝鮮佛教維新論』에 관한 批評的 考察」, 『한국철학논집』 40, 한국철학사연구회, 2014.

정혜정, 「만해 한용운의 불교유신사상에 나타난 '주체적 근대화'와 마음수양론」, 『불교학연구』 51, 불교학연구회, 2017.

조계종교육원, 「선학원의 창립과 전통불교수호」, 『조계종사』-근현대편-, 조계종출판사, 2001.

조명기, 「원효종사의 십문화쟁론연구」, 『금강저』 22, 조선불교동경유학생회, 1937.

조명제, 「한용운의 『조선불교유신론』과 일본의 近代知」, 『한국사상사학』 46, 한국사상사학회, 2014.

조성택, 「근대불교학과 한국 근대불교」, 『민족문화연구』 45호, 고려대학교 민족문화연구원, 2006.

_____, 「근대한국불교사 기술의 문제 : 민족주의적 역사기술에 관한 비판」, 『민족문화연구』 제53, 2010.

조현범, 「종교와 근대성 연구의 성과와 과제」, 『근대 한국종교문화의 재구성』, 한국학중앙연구원 종교문화연구소, 2006.

종걸, 「조사보고서 : 석전 박한영의 독립운동 활동상황」, 군산근대역사박물관, 2009.

종걸·혜봉, 『석전 박한영 : 영호 정호대종사 일생록 1870~1948』, 신아출판사, 2016.

차차석, 「근대선암사와 그 학풍」, 『보조사상』 40집, 보조사상연구원, 2013.

최동호, 「鏡虛의 禪的 系譜와 話頭의 詩的 解釋」, 『德崇禪學』, 한국불교선학연구원, 1999.

최병헌, 「近代 禪宗의 復興과 鏡虛의 修禪結社」, 『德崇禪學』, 한국불교선학연구원, 1999.

태진, 「경허·만공의 선사상연구-덕숭산문 형성을 중심으로-」, 동국대학교 대학원 박사학위논문, 1999.

한동민, 「1910년대 禪敎兩宗 30本山聯合事務所의 설립과정과 의의」, 『민족운동사연구』 25, 2000

한상길, 「근대 동아시아 思潮와 만해의 개혁사상」, 『선문화연구』 16, 한국불교선리연구원, 2014.

_____, 「조선시대 불교사 연구와 『조선불교통사』」, 『불교학보』 40, 동국대학교 불교문화연구원, 2003.

韓龍雲, 「國寶的 한글經板의 發見經路」, ≪佛敎≫ 87, 불교사, 1934.

한종만, 「4. 박한영의 사상」, 『불교와 한국사상』, 불교춘추사, 2009.

_____, 「박한영의 사회운동 - 3백년 불맥 속의 인물들」, 『불교사상』 29, 불교사상사, 1986.

_____, 「박한영의 悟行合一」, 『불교와 유교의 현실관』, 원광대 출판국, 1981.

_____, 「불교유신사상」, 『韓國佛敎思想史 - 崇山 朴吉眞博士 華甲紀念-』, 숭산 박길진박사 화갑기념사업회, 1975.

_____, 「『육조단경』과 박한영」, 『육조단경의 세계』, 민족사, 1989.

_____, 『朴漢永과 韓龍雲의 韓國佛敎 近代化思想』, 원광대학교, 1971.

황인규, 「한국 근현대 한국불교사의 서술과 고승」, 『한국불교사연구』 2012년 봄·여름 / 제1호, 2012.

찾아보기

저자 **오 경 후(吳京厚)**

동국대학교 및 동 대학원 사학과에서 공부하고 〈조선후기 사지(寺誌)편찬과 승전(僧傳)연구〉로
박사학위를 받았다. 저서로는 『조선후기 불교동향사연구』, 『사지와 승전을 통해 본 조선후기 불교사학사』,
『석전영호대종사』(공저) 등이 있다. 탄압과 소외받았던 조선시대 불교사를 규명하고 복원하고자
진력하고 있으며 그에 대한 논문을 다수 발표하였다. 현재 동국대 불교학술원 교수로 있다.

문현인문학총서 **21**

한국근대불교사론

2020년 5월 15일 초판인쇄
2020년 5월 25일 초판발행

지은이	오 경 후
펴낸이	한 신 규
펴낸곳	**문현**출판
표지디자인	이 은 영
편 집	이 은 영
주 소	05827 서울특별시 송파구 동남로 11길 19(가락동)
전 화	Tel.02-443-0211 Fax.02-443-0212
E-mail	mun2009@naver.com
등 록	2009년 2월 24일(제2009-000014호)

ⓒ 오경후, 2020
ⓒ 문현출판, 2020, printed in Korea

ISBN   979-11-87505-36-5 93910   **정가** 32,000원